Adolphe Cohn, Benjamin Duryea Woodward, Voltaire

Voltaire's Prose

Extracts Selected and Edited With Introduction And Notes

Adolphe Cohn, Benjamin Duryea Woodward, Voltaire

Voltaire's Prose

Extracts Selected and Edited With Introduction And Notes

ISBN/EAN: 9783744694742

Printed in Europe, USA, Canada, Australia, Japan

Cover: Foto ©Thomas Meinert / pixelio.de

More available books at **www.hansebooks.com**

VOLTAIRE

From a portrait by La Tour

Heath's Modern Language Series

VOLTAIRE'S PROSE

EXTRACTS

SELECTED AND EDITED

WITH INTRODUCTION AND NOTES

BY

ADOLPHE COHN

PROFESSOR OF THE ROMANCE LANGUAGES AND LITERATURES IN
COLUMBIA UNIVERSITY

AND

B. D. WOODWARD

PROFESSOR OF THE ROMANCE LANGUAGES AND LITERATURES IN
COLUMBIA UNIVERSITY

D. C. HEATH & CO., PUBLISHERS
BOSTON NEW YORK CHICAGO

INTRODUCTION.

IN a general way it may be said that the interest attaching to the life of a great writer is due almost entirely, in so far as it is legitimate, to a desire to understand his works as well as it is possible for them to be understood. How much, for instance, that is obscure in the *Divina Commedia* becomes clear for him who learns well to comprehend the political history of Italy during the Middle Ages, and the relation of Dante Alighieri to the public life of the Florentine republic! Not so with Voltaire. It is with no desire to penetrate the *Henriade*, the *Siècle de Louis XIV.*, or even the *Dictionnaire philosophique*, that we undertake the study of his life. The works just named have no place in the list of literary masterpieces which are justly to be considered as great masterpieces of art — of those productions of the human mind a full intelligence of which gives us a clearer conception of the possibilities of our kind. This name, Voltaire, does not stand before the world as that of a great artist. He is not a Shakspere, a Molière, a Goethe. And still few names, if any, flash more vividly than his in the darkness of the past. His place is among those great prime movers of ideas whose passage through the world has powerfully modified, for good or for evil, the facts and relations of life. We would place him among such men as Luther, Napoleon, Charles Darwin, Louis Pasteur.

What was achieved by him? The answer, if we do not care to go into all the details of a quantitative and qualitative analysis, can be easily given. But for the French Revolution there would be in the world to-day even more injustice, more oppression, more intolerance, more suffering, than we at present see around us; and but for Voltaire we might, perhaps, be still waiting for the great commotion which shook human society to its foundations, and scattered to the winds the broken remnants of feudalism. To add that the good was not wholly unmixed with evil is merely to say that Voltaire was a man.

His peculiar position is due to this, that to his contemporaries, and perhaps to himself, he was pre-eminently a man of letters. They thought of him, first of all, as a poet; they threw themselves upon his works, because from his works they derived greater intellectual enjoyment than from anything else that they could read; and what he said to them, whether in prose or verse, whether in a novel or a historical work or a tragedy, became so much a part of their being that they afterwards looked upon the world with other eyes than before, and were ready to base their own activity upon different principles.

These works, the rank of which as literary productions is far inferior to-day to that which was assigned to them by the men and women of the eighteenth century, are therefore interesting to us because they were the weapons with which he achieved the labor of his life. We study them as we study the strategy and military tactics of a Napoleon, as we study the statesmanship of a Richelieu or a Bismarck, or, better still, of an Abraham Lincoln. Here, instead of reading the man's biography in order to understand better his works, we turn to the works in order to understand better the man.

The main facts of his life are as follows: He was born in Paris, on November 21, 1694.[1] His father, a notary by the name of Arouet, was in good pecuniary circumstances, frequented the best society of his time, and was able to have his

---

[1] Many biographers, accepting Voltaire's own statement, give the month of February, 1694, and the village of Châtenay, near Paris, as the date and place of his birth; but it has been demonstrated by Mr. Gustave Desnoiresterres that the facts were as we state them in the text above.

sons, of whom François Marie, who later assumed the name of Voltaire, was the younger, given the best education then offered to young Frenchmen. When seven years of age he lost his mother, who seems to have been a very much admired woman; and from that time on a great share in his education fell to a very witty, very worldly, and not very puritanical friend of his mother, the Abbé de Châteauneuf, a member of one of the best families of the French nobility. Most of his education, however, he owed to the Jesuit fathers, in whose best college, the Collége Louis-le-Grand (now one of the *lycées* of the French government), he was placed as a boarding pupil by the notary Arouet. It need hardly be said that he was the most brilliant scholar in his class. He was also, not unnaturally, a great favorite with his teachers, although one of them, at least, very early predicted that he would not always be true to the religious teachings he received there.

On leaving the college he was more than ever taken in charge by the Abbé de Châteauneuf, who introduced him to the most polite, brilliant, and licentious circles of a society that was in its entirety remarkable for politeness, brilliancy, and licentiousness. The young man was second to none in the first two of these attributes, and was corrupted by the third decidedly less than one might suppose. What protected him was not any set of very strong moral principles, but an unconquerable need and desire for intellectual labor. Work and debauchery never go hand in hand, and Voltaire all his life was an indefatigable worker.

His sole ambition at the outset was to be a poet, and he wrote small pieces, "trifles light as air," in order to delight the highly aristocratic society in which he moved, and where his anacreontic rivals were not seldom members of the royal circles. "Are we all princes here, or all poets?" he once exclaimed in one of the suppers he attended.

It was during this stage of his career that Louis XIV. died (1715), and that the period known as the Regency (1715-1723) began, — a period noticeable for an incredible liberty of private talk and morals, and at the same time for frequent displays of arbitrary power on the part of the authorities. No one then used freer speech than François Arouet, and he had to pay for it. After a short stay in Holland, where he had gone as secretary to the Marquis de Châteauneuf, the ambassador of the late king, and whence he had to be sent back because of a love affair which might have had very unpleasant consequences, he had returned to Paris. He spoke as freely as any one, more wittily than any one, and the result was that he had to spend nearly a whole year as a prisoner in the Bastille. These were not his only troubles. He was several times exiled from Paris, and threatened with more severe punishment.

In one of his "exiles" he met an old public servant, Monsieur de Caumartin, whose conversations set in his mind the germs of two of his most important works, — a poem on Henri IV. and a history of Louis XIV.

The first production, however, that placed his name before the public at large was a tragedy, *Œdipe*, which was received with the greatest favor, although the young poet was considered at first very bold, and even disrespectful, for daring to treat a subject already treated by Corneille in a tragedy which is now forgotten, but which was then considered a masterpiece.

The plays he afterwards gave to the stage during this period of his life were not as successful; but a great deal of interest was created by the publication of a first draught of his poem on Henri IV., known then as the *Poëme de la Ligue*. The ideas of religious toleration which are advocated in the poem were not then near being adopted by the rulers of the country, irreligious though they might be at heart; and the work, in the absence of any freedom of public utterance, had to be secretly printed and circulated.

This period of Voltaire's life came abruptly to an end in 1726. Voltaire (he had taken that name, the origin of which

INTRODUCTION. vii

is still unexplained,[1] a few years before, on coming out of the
Bastille) happened to have a few word encounters with a young
and vain nobleman, the Chevalier de Rohan, a member of as
high a family as there was in the kingdom.[2] On such an
arena the nobleman was no match for the poet. He took his
revenge in a most brutal fashion. He had him seized by a
few ruffians, and beaten almost to death. At that time, against
such a person as a Rohan, a man who did not even belong to
the nobility had no chance whatever of legal redress. Voltaire
tried to compel his assailant to fight a duel with him, with the
sole result that the poet was again locked up in the Bastille, in
order to prevent a scandal. But the government knew that
his side of the quarrel was the right one, and, after a few days
of imprisonment, he was, at his own request, allowed to go
forth from prison on condition that he would at once leave the
country and retire to England.

Although separated from France by the Channel, Voltaire
at first thought of nothing but the humiliation that had been
inflicted upon him, and the means of avenging it. He even
took secretly a trip to the Continent, hoping to meet at last,
and fight, the Chevalier de Rohan. He did not meet him, and
soon learned that he could not safely remain in the country.
He therefore returned to England, resolved to make the best
of circumstances.

There everything was interesting to him. A country where
the citizen's freedom was protected by the *Habeas Corpus* act,
where men of letters, like Addison, were allowed to put their
intelligence at the service of the State, and to win promotion to
the highest offices of government; where the people were rep-

---

[1] Thomas Carlyle states Voltaire to be the anagram of Arouet l. j., supposed to
mean Arouet le jeune. But as Voltaire never used that way of designating himself,
Carlyle's hypothesis does not seem to be founded.

[2] The well-known motto of the Rohan family is : —
Roi ne puis,
Prince ne daigne,
Rohan suis.

resented in Parliament, and had not to obey the arbitrary will of the hereditary ruler and his favorites; where, finally, people of different religious creeds lived side by side in peace, and where religious intolerance, although not entirely obliterated, had at least lost a good deal of its ferocity. He determined to study the country well, and even for a while thought of making it his permanent home. He was everywhere admirably received. His introducer was no less a person than Henry St. John, Viscount Bolingbroke, whom he had known in France a few years before, and for whose brilliant and penetrating intellect he professed the deepest admiration. He rapidly acquired the language of the country, which he soon spoke and wrote with ease and fluency, and not without elegance. He saw and conversed with all sorts of people, filled his notebooks with interesting observations, studied English society, English literature, the manners of the people, their ideas, their public and private life; and he became among them such a conspicuous figure, that when he announced that he was about to publish for the first time in anything like a complete form his poem on Henri IV., he obtained permission to dedicate it to the Queen, had all the royal family and most of the nobility among his subscribers, and thus made something like a public event of the publication in England of a French poem which was not allowed free circulation in France.

Two interesting particulars are to be noted in connection with this first edition of *la Henriade*. The first is, that in order to prepare the English public for what they were to read, Voltaire composed and published in English two short essays, one theoretical, on the nature of epic poetry, the other historical, on the civil wars of France, which were not found unworthy to be read by a public familiar with the poetry of Dryden and Pope, with the prose of Addison, Richard Steele, and Jonathan Swift. The second shows us what an indomitable spirit dwelt within Voltaire's fragile body. In the first draught of his poem the celebrated Duc de Sully, Henri IV.'s great and trusted minister, played an important part; in the English edition, and in all subsequent editions, he figured not at all. This was the poet's answer to the living Duc de Sully, whose guest Voltaire had been when assailed by the Chevalier de Rohan, and who, mindful of his caste, and forgetful of his friendship, had refused to join in his guest's attempt to obtain redress for the outrage. Notice was served thereby that here was a man of letters who refused to bend the knee when insulted by the great, and who inflicted chastisement with the pen when the sword was condemned to hang powerless by his side.

The enormous success of *la Henriade* made Voltaire the foremost Frenchman of letters of his time. The French government, which proscribed the book, allowed the author to return to his country; and Voltaire left England after a stay of a little more than two years (1728). He was then thirty-four years old. He had battled with the world; he was conscious of his strength. The years that followed his return from England were years of intense productiveness. The performance of *Brutus* (1730), and especially of *Zaire* (1732), made him the foremost dramatic poet of his time, whether in or out of France. The publication of his *History of Charles XII.* placed him, as a writer of history, side by side with the most brilliant among the ancient writers. Sallust's and Livy's histories contain no narratives more striking than the French recital of the adventures of the Swedish hero. In the composition of the *Lettres philosophiques*, or *Letters concerning the English Nation*, a short pamphlet consisting of twenty-four letters, he showed himself a master of social, as well as of literary criticism, and for the first time openly preached the gospel of freedom, to which he remained attached all his life. Useless to say that such a work could not be published in France: it first appeared in an English translation; and the first French edition, which was issued without the author's knowledge, was seized, destroyed, and came near sending Voltaire to the Bastille for the third time.

Paris was decidedly not a safe place for him. He retired to the Château de Cirey, on the boundaries of Champagne and Lorraine, where he lived for a number of years with the owner of the château, the Marquise du Châtelet, under conditions which our age would not tolerate, but which were found quite natural in the eighteenth century. Madame du Châtelet was endowed with high mental gifts, so that Voltaire was in no danger, in her society, of interrupting his intellectual labors. He developed at Cirey what existed in germ in some of the chapters of the *Lettres philosophiques.* He undertook to popularize in France the Newtonian theory of universal attraction, hardly known there at that time. He continued writing tragedies, comedies, poems of all kinds. His name was continuously before the public; he was the great intellectual purveyor of his time.

The government itself yielded to his ascendancy. He was employed in diplomatic missions to Frederick II. of Prussia, who had craved his friendship and proclaimed himself his disciple; he was allowed to be elected a member of the French Academy; he was appointed a gentleman of the King's bed-chamber, and historiographer of France; he dedicated his tragedy of *Mahomet* to the Pope, Benedict XIV., who warmly thanked him for the honor; and if we credit a tradition that has been thus far neither proved nor wholly disproved, there was some talk at the Roman court of making him, though not a priest, a prince of the church, a cardinal!

But the favor of kings is fleeting. Moreover, there was no love lost between Voltaire and Louis XV. The poet soon retired from the court, and, with Madame du Châtelet, returned to Cirey, where both resumed their studious and busy life. In 1749 they were separated by death, amid circumstances that tried to the utmost the strength of Voltaire's friendship for the lady, and under the stress of which he behaved with the highest magnanimity. Stricken with deepest grief, he had nothing to do but to leave Cirey, and try to live in Paris. But after twenty years of continuous applause a natural reaction was beginning to appear in the attitude of the public towards him. Moreover, he felt keenly the loss of his friend, and life for a while seemed to him almost devoid of interest. In addition, it soon became clear that even at the height which he had reached, and being nearly an old man, he was not entirely safe in Paris. He therefore determined to accept the offers of Frederick II., who for years had begged him to take up his residence in Berlin. The consent of the French king, which was necessary, was reluctantly given, and Voltaire became a chamberlain of the king of Prussia. He was received at Berlin and Potsdam with demonstrations of admiration that were absolutely sincere, and demonstrations of friendship that were not wholly insincere, although coming from one of the craftiest of men. Between the King and Voltaire there was a kind of honeymoon, during which the *Siècle de Louis XIV.* was completed and published. Nothing can give any idea of the reception of the work. Never before had history been so presented to the European public. Everything was found there, clear and brilliant narratives, political explanations, philosophical ideas, and all with the fullest knowledge of the facts, and with absolute sincerity. Lessing, then a young man, was as enthusiastic as Frederick or Madame du Deffand.

But there were peculiarities in the natures both of Frederick and of Voltaire that made it impossible that they should long remain at peace unless apart from each other. It need hardly be said that neither of the two men was entirely blameless. A separation became necessary, and Voltaire was the first to recognize it. He left Berlin on March 26, 1753, after spending nearly three years at Frederick's court. The king's spite vented itself on him in a most characteristic fashion. Nothing happened to him while on Prussian soil; but after leaving Frederick's dominions, on a most trifling and ridiculous charge, he was, at the requests of the king's agent, arrested, and most ignominiously treated while in the territory of the feeble republic of Frankfort. The charge was so absurd that he had soon to be released; and all the German courts, filled with indignation at the treatment the illustrious Frenchman had received, vied with each other in the courtesies and attentions shown him until he arrived in Alsace, upon territory belonging to the king of France.

Strange was then his condition. He was sixty years old; he was the foremost literary man of his time; he was a gentleman of the king's bedchamber; he had forced the barriers that separated him from the privileged nobility; he was rich, — even before he settled at Cirey he had, by lucky speculations and shrewd investments, acquired a handsome fortune, which he managed continually to increase as long as he lived, — and yet he had not a place that he could call his home. The French king did not wish him in Paris; the Archbishop of Lyons did not wish him in Lyons. He had enough of kings; he determined to try a republic, and he settled in Geneva. High honors were shown him, and yet the republic did not consider him an altogether welcome guest. The magistrates of the Calvinistic republic lived in daily fear of the king of France, and were not sure that Louis XV. would be entirely pleased to see their city afford a refuge to the man whom he considered the most dangerous of his subjects. There were in the questions that divided the inhabitants of the republic other considerations that made Voltaire's enjoyment of republican liberty rather precarious. Only one thing was left for him to do, — to create, as it were, the very ground upon which he was to spend the last years of his life, and to establish thereon for himself something like a sovereignty. This he did. He bought or hired for life a few estates, the possession of which gave him the title of count, with a number of feudal privileges; and in 1758 he settled in the wilderness of Ferney, thus becoming a vassal of the King of France, but so situated that if his suzerain was in any way disposed to molest him, he could, with the aid of a pair of fleet horses, be on the foreign territory of Geneva a long time before the agents of the king could lay hands upon him. Thus he came, an old man of sixty-four, to settle upon the place where he was to live continuously for a longer period of time than he had lived anywhere since reaching man's estate. He took up his residence in Ferney in 1758, and never left it till February, 1778.

The period that elapsed between Voltaire's departure from Berlin and his purchase of Ferney had not been a fruitless one. In addition to numberless small pamphlets, to his poem on the Lisbon earthquake, to several of his most perfect tales, to his poem on the *Loi naturelle*, he had published his deepest historical work, his essay on Universal History, *l'Essai sur les mœurs et l'esprit des nations*, the greater part of which had been written several years before for Madame du Châtelet. Several years before, also, while still in Cirey, he had written a strange poem, which he for a long time, and for obvious reasons, refused to publish under his name, although to all who read it then it afforded almost unalloyed delight, — a condition of mind which we cannot easily realize to-day. This was the altogether too famous poem on Joan of Arc, *la Pucelle*. We shall not attempt to deny that Voltaire's staunchest admirers would prefer that *la Pucelle* had never been written. Although the whole construction of the work is so fantastic that Joan of Arc can hardly be said to be present in it save in name, everybody must wish that the purest heroine of patriotism had never been so much as mentioned in so licentious a production.

In Ferney we find Voltaire occupied with worthier objects. The place was a wilderness; he made it almost a paradise for human activity. The woods were cleared, workingmen were attracted, factories erected, a church was built bearing in gilt letters upon its front, "*Deo erexit Voltaire*." The patriarch of Ferney, as the master of the place came soon to be called, watched over the welfare of the inhabitants with paternal care;

he commended their work to everybody, and tried to find a market for their wares, availing himself for this purpose of the enormous circle of his correspondents, who, from the Empress of Russia, Catherine II., down, prized a letter from him more, perhaps, than any other present they could receive. In short, we see in him in those years one of the best specimens of the practical philanthropist. His family was not neglected. One of his nieces, Madame Denis, kept his house; his other relatives, a niece, Madame de Fontaine, who afterwards married the Marquis de Florian, the graceful author of *Gonzalve de Cordoue* and a number of charming trifles; his nephews, the Mignot brothers, the Abbé and the magistrate, — all had reasons to remember him gratefully. In addition, he enlarged his family by adopting into it a young girl, Marie Corneille, who was thought to be a direct descendant of Pierre Corneille, though her ancestor was in reality the poet's uncle. He gave the closest attention to her education, and, in order to give her a handsome dowry without exciting in his own kindred any animosity against her, published with notes and introduction a superb edition of Pierre Corneille's plays, all the proceeds of which he assigned to her. He so endeared himself to all those who approached him, that his last secretary, Wagnière, who was in his service from 1754 to 1778, could not, more than ten years after his death, speak of him otherwise than with tears in his eyes.

The greater part of his time, of course, was occupied by his literary labors. These labors, during this latest period of Voltaire's life, to a certain extent differed from his former literary activity. To be sure, tragedy, poetry, history, were not neglected by him. His *Tancrède*, his *Orphelin de la Chine*, were received with the greatest applause. His *History of Russia under Peter the Great* is in many respects superior to his *History of Charles XII*. But his chief concern was to speak as clearly and to act as powerfully as he could upon every occasion that arose of defending the cause of human freedom.

His utterances were not always known to be his, except by the quality of the argument, the wit of the expression, the aptness of the illustration. Tales, dialogues, pamphlets of all kinds, larger works, too, like the *Dictionnaire philosophique*, suddenly sprang into circulation, coming from nobody knew where, which attacked intolerance, oppression, tyranny, the assumption by man of the right of causing his neighbor to suffer because of differences of belief, of color, or of race. And although no one could exactly trace to its source this or that broadside, every one felt that these missiles, aimed at the ancient citadel of human servitude, were all directed from the inexhaustible arsenal at Ferney. Nothing had yet been changed in France. Louis XV. reigned, wielding a power as absolute as had ever been exercised by his great-grandfather. The way into the Bastille was as easy, the way out of it as hard, as ever. The courts of justice were, if anything, more hostile than before to any freedom of thought or speech; and yet this frail old man seemed the only one to defy all this coalition of tyranny. No wonder that every victim of oppression turned to him; that he was looked upon by all as the natural defender of the down-trodden, as the most powerful advocate of humanity. After the Toulouse Huguenot, Jean Calas, had been tortured and unjustly put to death upon the false accusation of having murdered one of his sons in order to prevent his becoming a Catholic, his bereaved family wandered hopeless and almost helpless until recommended to lay their case before Voltaire. As soon as he knew the truth he determined that, as far as it was possible, this great wrong should be righted. Everything was against him, the government, the church, the courts. He aroused public opinion, he engaged lawyers, he drew memorial after memorial, he placed all his fortune at the disposal of the victims of the deed, he accepted no compromise, he brought the government to terms, wrung from the King's council an order to the Toulouse magistrates to review the case, expunge the sentence, rehabilitate the memory of Jean Calas, and restore his property to his family. What he had done for the Calas family he more or less successfully endeavored to do for a number of others, — Sirven, La Barre, d'Etallonde, the enslaved peasantry of Mount Jura, Monsieur de Morangiès, Count de Lally-Tolendal. Years before he had attempted, but unsuccessfully, to save England from the shame of the judicial murder of Admiral Byng. He could not tolerate injustice, pursued it wherever it was to be discovered, and finally became such a leader of that public opinion which he may almost be said to have created, that wrongdoers came to tremble before him, and that the day of liberation seemed close at hand. While Louis XV. selfishly repeated, "After me, the deluge," Voltaire wrote, " Happy the young men! they will see beautiful things!"

For once his generous soul was filled with the brightest hopes. On coming to the throne, Louis XVI. had called to power honest and able men, who were determined to reform the kingdom and destroy the old abuses, — Turgot, Malesherbes. Less than two years later the court cabal, led by the frivolous and hard-hearted Marie Antoinette, prevailed upon him to dismiss from his councils the friends of the people, and again to hand over France as a prey to the horde of hungry courtiers. On hearing of this dismissal, one of the greatest crimes in history, which even taken alone justifies all the severity later displayed by the French Revolutionists against the royal family, Voltaire wrote, "Is it true! . . . I am stunned! It would have been too beautiful! France would have been too happy!"

This happened in 1776. Less than two years later Voltaire, who, after the death of Louis XV., had been repeatedly begged by his friends to come to Paris, where the people were eager to welcome the great defender of their rights, at last yielded to their entreaties. His physician, the celebrated Tronchin of Geneva, vainly remonstrated with him, saying that an oak cannot be transplanted at eighty. He reached Paris on February 10, 1778. No man ever received such a welcome, was the hero of such a continuous triumph. The common people, the *bourgeoisie*, the nobility, all vied with each other in paying him honor. Benjamin Franklin, who had just succeeded in bringing France to sign a treaty of alliance with the United States, took his own grandson to him; and Voltaire, now called no longer the poet, but the philosopher, placing his hands upon the youth's head, merely uttered these words which, better than anything else, sum up the ideas he had defended for upwards of sixty years, "God and Liberty!"

A few weeks later, on May 30, worn out by his extraordinary exertions, and by the very excitement of his triumph, he breathed his last in the city of his birth, which never gave to France and to the world a more glorious child.

No attempt has been made in this introduction to analyze Voltaire's ideas. The present volume has been compiled in order to enable the student to acquaint himself with them, not through the words of any interpreter, but by contact with the words, admirably lucid and eminently sincere, of Voltaire himself. We trust that the pages that follow may be found to be not too incomplete a representation of the mind of the great apostle of Liberty.

NOTE.

The text of the following selections is the text of the Moland Edition, Paris, Garnier, 1875, *et seq.* To every extract is appended the indication of volume and page in the edition. The editors have endeavored to select extracts that will enable the readers to understand what Voltaire achieved. Their purpose has not been purely, nor even mainly, literary. But the uniform excellence of Voltaire's prose enables them to present this volume to the students of the French language also, as a collection of models of style.

INTRODUCTION.

It is to be regretted that space did not allow for an adequate number of selections from Voltaire's *Correspondance*. This part of his literary labor must alone, from all accounts, have surpassed in bulk the sum total of all his other productions. It is proposed, therefore, to issue an additional volume of Extracts from Voltaire, chosen altogether from his *Correspondance*, provided the suggestion seems to appeal to those who would become more intimately acquainted with Voltaire.

CONTENTS.

	PAGE
INTRODUCTION	iii

CHAPTER I.—THÉÂTRE.

Des Trois Unités 1
Discours sur la Tragédie 5

CHAPTER II.—HISTOIRE.

Essai sur les Mœurs—
    Les Romains. Commencements de leur empire et de leur
        religion ; leur tolérance 12
    Causes de la chute de l'empire romain 15
    Des Normands vers le IXe siècle 19
    De Saint Louis, son gouvernement 21
    De Jean Hus 22
    De la Pucelle 25
    Idée générale du XVIe siècle 26
    De Cromwell 30
    Résumé 33

Siècle de Louis XIV—
    Introduction 36
    Richard Cromwell et Christine de Suède 41
    Commencements de Louis XIV. 44
    Soulèvement de la Hollande 45
    Bataille de la Boyne 48
    Parallèle de Louis XIV et de Guillaume III 50
    Pertes en Espagne 52
    Gouvernement intérieur 52
    Des sciences 53
    Bossuet 55

PRÉCIS DU SIÈCLE DE LOUIS XV —
 Le roi de France est à l'extrémité 57
 De la Corse. 58

HISTOIRE DU PARLEMENT DE PARIS —
 Avant-propos 63
 Journée de la Saint-Barthélemy. 65
 De l'Édit de Nantes. Discours de Henri IV au parlement 68

HISTOIRE DE CHARLES XII ROI DE SUÈDE —
 Bataille de Narva. 73
 Charles XII blessé. Bataille de Pultesh 81
 Discipline des Suédois 83
 Charles XII et Marlborough 84
 Bataille de Pultava 87
 Charles XII à Bender 92
 Jugement sur Charles XII 99

HISTOIRE DE L'EMPIRE DE RUSSIE SOUS PIERRE LE GRAND —
 Règne de Pierre Ier. Commencement de la grande réforme 102
 Guerre contre la Suède. Bataille de Narva. (Année 1700.), 109
 Pierre le Grand en France 112
 Jugement sur Pierre le Grand 116

CHAPTER III. — DICTIONNAIRE PHILOSOPHIQUE.

 Art dramatique. De la bonne tragédie française . . . 118
 Art poétique. 130
 Catéchisme chinois 133
 Conscience 136
 Cromwell 137
 Dieu, dieux. — De la nécessité de croire un Être suprême, 140
 Esprit 142
 Genre de style 144
 Goût 146
 Gouvernement. — Tableau du gouvernement anglais . . 148
 Histoire. — De l'utilité de l'histoire 152
 Homme. — Réflexion générale sur l'homme 154

	PAGE
Idée. — Comment tout est-il action de Dieu	154
Ignorance	155
Du juste et de l'injuste	156
Langues — Génie des langues	157
Persécution	158
Religion	159
Théiste	160
Vers et poésie	161

CHAPTER IV. — ROMANS.

LE MONDE COMME IL VA. VISION DE BABOUC	163
ZADIG, OU LA DESTINÉE. HISTOIRE ORIENTALE —	
La borgne	181
L'Envieux	185
La femme battue	189
L'esclavage	192
Le souper	195
La danse	199
Les énigmes	203
MICROMÉGAS. HISTOIRE PHILOSOPHIQUE —	
Voyage d'un habitant du monde de l'étoile Sirius dans la planète de Saturne	206
Conversation de l'habitant de Sirius avec celui de Saturne,	209
Conversation de Micromégas avec les hommes	213
SONGE DE PLATON	216
CANDIDE, OU L'OPTIMISME —	
Ce que devint Candide parmi les Bulgares	219
Arrivée de Candide et de son valet au pays d'Eldorado, et ce qu'ils y virent	222
Candide et Martin vont sur les côtes d'Angleterre; ce qu'ils y voient	229
D'un souper que Candide et Martin firent avec six étrangers et qui ils étaient	230
HISTOIRE D'UN BON BRAMIN	234
LE BLANC ET LE NOIR	237
LES AVEUGLES JUGES DES COULEURS	252

L'Ingénu. Histoire véritable —   page

Comment le prieur de Notre Dame de la Montagne et mademoiselle sa sœur rencontrèrent un Huron . . 254
Le Huron, nommé l'Ingénu, reconnu de ses parents . . 258
L'Ingénu va en cour. Il soupe en chemin avec des huguenots 262
Arrivée de l'Ingénu à Versailles. Sa réception à la cour, 265
Ce que l'Ingénu pense des pièces de théâtre 268

La Princesse de Babylone —

Description du palais du roi de Babylone, père de la belle Babylonienne. Portrait de cette incomparable beauté. Oracle qui ordonne son mariage, et à quelles conditions. Trois rois se présentent pour l'obtenir. Arrivée d'un quatrième prétendant 270
Tous les prétendants tentent d'accomplir l'oracle ; un seul réussit, et ne cesse pas d'être modeste. Oiseau merveilleux qu'il députe à Formosante avec un superbe présent. Quel était ce vainqueur. Son départ ; ce qui l'occasionne 275
L'oiseau merveilleux parle à Formosante ; il lui fait son histoire. Description du pays des Gangarides, d'où est son ami appelé Amazan. Entreprise infructueuse d'un roi des Indes sur cette contrée. Leurs richesses, leurs guerres, leur religion. Conseils de l'oiseau à la princesse 282
Amazan rencontre sur la route d'Albion un milord auquel il rend service. Singulière conversation qu'ils ont ensemble 287
Amazan arrive à la capitale des Gaules. Tableau de ce qu'il y remarque 289

CHAPTER V. — MÉLANGES.

Lettres Philosophiques —

Sur le parlement 294
Sur Descartes 297
Sur la tragédie 299

CONTENTS.   xxiii

CONSEILS A UN JOURNALISTE—   PAGE
   Sur l'histoire 301

SOMMAIRES DES PIÈCES DE MOLIÈRE—
   Le Misanthrope 305

FRAGMENT D'UNE LETTRE SUR UN USAGE TRÈS UTILE ÉTABLI
   EN HOLLANDE 307

DISCOURS DE M. DE VOLTAIRE A SA RÉCEPTION A L'ACADÉ-
   MIE FRANÇAISE 309

ÉLOGE FUNÈBRE DES OFFICIERS QUI SONT MORTS DANS LA
   GUERRE DE 1741 311

REMERCIEMENT SINCÈRE A UN HOMME CHARITABLE . . . 313

LES QUAND 315

A MONSEIGNEUR LE CHANCELIER
   (Requête pour la famille Calas) 317

SERMON DES CINQUANTE 318

TRAITÉ SUR LA TOLÉRANCE—
   De la tolérance universelle 320
   Prière à Dieu 321

AVIS AU PUBLIC SUR LES PARRICIDES IMPUTÉS AUX CALAS
   ET AUX SIRVEN—
   La tolérance peut seule rendre la société supportable . . 323

COMMENTAIRE SUR LE LIVRE DES DÉLITS ET DES PEINES—
   Idée de quelque réforme 324

LE PHILOSOPHE IGNORANT—
   Utilité réelle. Notion de la justice 325

PROFESSION DE FOI DES THÉISTES—
   Bénédictions sur la tolérance 328

LE PYRRHONISME DE L'HISTOIRE—
   Usage qu'on peut faire d'Hérodote 329
   Du dauphin François 330
   Des templiers 331

CONTENTS.

L' A, B, C, OU DIALOGUES ENTRE A, B, C — PAGE
 Des manières de perdre et de garder sa liberté 332
 De la meilleure législation 333
DÉFENSE DE LOUIS XIV 336
DISCOURS DE Me BELLÉGUIER 338
DE L'ENCYCLOPÉDIE. 339
COMMENTAIRE SUR L'ESPRIT DES LOIS —
 Avant-propos 342
 Commentaire sur quelques principales maximes de l'Esprit
  des lois 342

CHAPTER VI. — COMMENTAIRES SUR CORNEILLE.

A MESSIEURS DE L'ACADÉMIE FRANÇAISE 344
REMARQUES SUR BÉRÉNICE, TRAGÉDIE DE RACINE, REPRÉ-
 SENTÉE EN 1670 —
 Préface du commentateur 345

CHAPTER VII. — CORRESPONDANCE.

A un premier commis 348
Au prince royal de Prusse 351
A M. Lévesque de Burigny 356
A M. l'abbé Dubos 357
Au Père Tournemine 360
A Milord Hervey 362
A M. L. C. 367
A M. de Vauvenargues 369
A M. Sénac de Meilhan 372
A M. J.-J. Rousseau 373
A MM. Cramer frères 377
A Mademoiselle * * * 378
A M. Deodati de Tovazzi 380
A M. de la Harpe 387
A M. Bertrand 388
A M. de Chabanon 389
A M. Damilaville 390

CONTENTS.

	PAGE
A M. Bordes	398
A M. Bertrand	399
A M. * * *, conseiller au parlement de Toulouse	400
A M. l'abbé Cesarotti	402
A M. Mariott	404
A M. l'abbé Audra	406
A Catherine II	408
A M. de la Harpe	409
A M. le baron de Faugères	412
NOTES	417

VOLTAIRE'S PROSE.

CHAPTER I.—THÉÂTRE.

DES TROIS UNITÉS.

Qu'est-ce qu'une pièce de théâtre ? La représentation d'une action. Pourquoi d'une seule, et non de deux ou trois ? C'est que l'esprit humain ne peut embrasser plusieurs objets à la fois ; c'est que l'intérêt qui se partage s'anéantit bientôt ; c'est que nous sommes choqués de voir, même dans un tableau, deux événements ; c'est qu'enfin la nature seule nous a indiqué ce précepte, qui doit être invariable comme elle.

Par la même raison, l'unité de lieu est essentielle ; car une seule action ne peut se passer en plusieurs lieux à la fois. Si les personnages que je vois sont à Athènes au premier acte, comment peuvent-ils se trouver en Perse au second ? M. Le Brun[1] a-t-il peint Alexandre à Arbelles et dans les Indes sur la même toile ? « Je ne serais pas étonné, dit adroitement M. de Lamotte,[2] qu'une nation sensée, mais moins amie des règles, s'accommodât de voir Coriolan[3] condamné à Rome au premier acte, reçu chez les Volsques au troisième, et assiégeant Rome au quatrième, etc. » Premièrement, je ne conçois point qu'un peuple sensé et éclairé ne fût pas ami de règles toutes

puisées dans le bon sens, et toutes faites pour son plaisir. Secondement, qui ne sent que voilà trois tragédies, et qu'un pareil projet, fût-il exécuté même en beaux vers, ne serait jamais qu'une pièce de Jodelle[1] ou de Hardy,[1] ver-
5 sifiée par un moderne habile?

L'unité de temps est jointe naturellement aux deux premières. En voici, je crois, une preuve bien sensible. J'assiste à une tragédie, c'est-à-dire à la représentation d'une action; le sujet est l'accomplissement de cette action
10 unique. On conspire contre Auguste dans Rome: je veux savoir ce qui va arriver d'Auguste et des conjurés. Si le poëte fait durer l'action quinze jours, il doit me rendre compte de ce qui se sera passé dans ces quinze jours; car je suis là pour être informé de ce qui se passe, et rien ne
15 doit arriver d'inutile. Or, s'il met devant mes yeux quinze jours d'événements, voilà au moins quinze actions différentes, quelque petites qu'elles puissent être. Ce n'est plus uniquement cet accomplissement de la conspiration, auquel il fallait marcher rapidement; c'est une longue his-
20 toire, qui ne sera plus intéressante, parce qu'elle ne sera plus vive, parce que tout se sera écarté du moment de la décision, qui est le seul que j'attends. Je ne suis point venu à la comédie pour entendre l'histoire d'un héros, mais pour voir un seul événement de sa vie. Il y a plus: le spec-
25 tateur n'est que trois heures à la comédie; il ne faut donc pas que l'action dure plus de trois heures. *Cinna*,[2] *Andromaque*, *Bajazet*, *Œdipe*, soit celui du grand Corneille, soit celui de M. de Lamotte, soit même le mien, si j'ose en parler, ne durent pas davantage. Si quelques autres
30 pièces exigent plus de temps, c'est une licence qui n'est pardonnable qu'en faveur des beautés de l'ouvrage; et plus cette licence est grande, plus elle est faute.

Nous étendons souvent l'unité de temps jusqu'à vingt-

quatre heures, et l'unité de lieu à l'enceinte de tout un
palais. Plus de sévérité rendrait quelquefois d'assez beaux
sujets impraticables, et plus d'indulgence ouvrirait la carrière à de trop grands abus. Car s'il était une fois établi
qu'une action théâtrale pût se passer en deux jours, bientôt quelque auteur y emploierait deux semaines, et un autre
deux années ; et si on ne réduisait pas le lieu de la scène
à un espace limité, nous verrions en peu de temps des
pièces telles que l'ancien *Jules César*[1] des Anglais, où
Cassius et Brutus sont à Rome au premier acte, et en
Thessalie dans le cinquième.

Ces lois observées, non seulement servent à écarter les
défauts, mais elles amènent de vraies beautés; de même
que les règles de la belle architecture, exactement suivies,
composent nécessairement un bâtiment qui plaît à la vue.
On voit qu'avec l'unité de temps, d'action, et de lieu, il est
bien difficile qu'une pièce ne soit pas simple : aussi voilà
le mérite de toutes les pièces de M. Racine, et celui que
demandait Aristote. M. de Lamotte, en défendant une
tragédie de sa composition, préfère à cette noble simplicité
la multitude des événements : il croit son sentiment autorisé par le peu de cas qu'on fait de *Bérénice*, par l'estime où
est encore *le Cid*. Il est vrai que *le Cid* est plus touchant
que *Bérénice;* mais *Bérénice* n'est condamnable que parce
que c'est une élégie plutôt qu'une tragédie simple ; et *le
Cid*, dont l'action est véritablement tragique, ne doit point
son succès à la multiplicité des événements ; mais il plaît
malgré cette multiplicité, comme il touche malgré l'Infante,
et non pas à cause de l'Infante.

M. de Lamotte croit qu'on peut se mettre au-dessus de
toutes ces règles, en s'en tenant à l'unité d'intérêt, qu'il dit
avoir inventée et qu'il appelle un paradoxe : mais cette
unité d'intérêt ne me paraît autre chose que celle de l'ac-

tion. « Si plusieurs personnages, dit-il, sont diversement intéressés dans le même événement, et s'ils sont tous dignes que j'entre dans leurs passions, il y a alors unité d'action, et non pas unité d'intérêt.»
   Je soupçonne qu'il y a erreur dans cette proposition, qui m'avait paru d'abord très plausible ; je supplie M. de Lamotte de l'examiner avec moi. N'y a-t-il pas dans *Rodogune* plusieurs personnages principaux diversement intéressés ? Cependant il n'y a réellement qu'un seul intérêt dans la pièce, qui est celui de l'amour de Rodogune et d'Antiochus. Dans *Britannicus*, Agrippine, Néron, Narcisse, Britannicus, Junie, n'ont-ils pas tous des intérêts séparés ? ne méritent-ils pas tous mon attention ? Cependant ce n'est qu'à l'amour de Britannicus et de Junie que le public prend une part intéressante. Il est donc très ordinaire qu'un seul et unique intérêt résulte de diverses passions bien ménagées. C'est un centre où plusieurs lignes différentes aboutissent ; c'est la principale figure du tableau, que les autres font paraître sans se dérober à la vue. Le défaut n'est pas d'amener sur la scène plusieurs personnages avec des désirs et des desseins différents ; le défaut est de ne savoir pas fixer notre intérêt sur un seul objet, lorsqu'on en présente plusieurs. C'est alors qu'il n'y a plus unité d'intérêt ; et c'est alors aussi qu'il n'y a plus unité d'action.
   La tragédie de *Pompée* en est un exemple : César vient en Égypte pour voir Cléopâtre ; Pompée, pour s'y réfugier ; Cléopâtre veut être aimée, et régner ; Cornélie veut se venger sans savoir comment ; Ptolémée songe à conserver sa couronne. Toutes ces parties désassemblées ne composent point un tout ; aussi l'action est double et même triple, et le spectateur ne s'intéresse pour personne.

DISCOURS SUR LA TRAGÉDIE.[1]

Je vous avoue, mylord, qu'à mon retour d'Angleterre, où j'avais passé près de deux années dans une étude continuelle de votre langue, je me trouvai embarrassé lorsque je voulus composer une tragédie française. Je m'étais presque accoutumé à penser en anglais ; je sentais que les termes de ma langue ne venaient plus se présenter à mon imagination avec la même abondance qu'auparavant : c'était comme un ruisseau dont la source avait été détournée ; il me fallut du temps et de la peine pour le faire couler dans son premier lit. Je compris bien alors que, pour réussir dans un art, il le faut cultiver toute sa vie.

De la rime, et de la difficulté de la versification française. — Ce qui m'effraya le plus en rentrant dans cette carrière, ce fut la sévérité de notre poésie, et l'esclavage de la rime. Je regrettais cette heureuse liberté que vous avez d'écrire vos tragédies en vers non rimés ; d'allonger, et surtout d'accourcir presque tous vos mots ; de faire enjamber les vers les uns sur les autres, et de créer, dans le besoin, des termes nouveaux, qui sont toujours adoptés chez vous lorsqu'ils sont sonores, intelligibles, et nécessaires. Un poëte, disais-je, est un homme libre qui asservit sa langue à son génie ; le Français est un esclave de la rime, obligé de faire quelquefois quatre vers pour exprimer une pensée qu'un Anglais peut rendre en une seule ligne. L'Anglais dit tout ce qu'il veut, le Français ne dit que ce qu'il peut ; l'un court dans une carrière vaste, et l'autre marche avec des entraves dans un chemin glissant et étroit.

Malgré toutes ces réflexions et toutes ces plaintes, nous ne pourrons jamais secouer le joug de la rime ; elle est essentielle à la poésie française. Notre langue ne com-

porte que peu d'inversions ; nos vers ne souffrent point
d'enjambement, du moins cette liberté est très rare ; nos
syllabes ne peuvent produire une harmonie sensible par
leurs mesures longues ou brèves ; nos césures et un cer-
5 tain nombre de pieds ne suffiraient pas pour distinguer la
prose d'avec la versification : la rime est donc nécessaire
aux vers français. De plus, tant de grands maîtres qui
ont fait des vers rimés, tels que les Corneille, les Racine,
les Despréaux,[1] ont tellement accoutumé nos oreilles à
10 cette harmonie que nous n'en pourrions pas supporter
d'autres ; et, je le répète encore, quiconque voudrait se
délivrer d'un fardeau qu'a porté le grand Corneille serait
regardé avec raison, non pas comme un génie hardi qui
s'ouvre une route nouvelle, mais comme un homme très
15 faible qui ne peut marcher dans l'ancienne carrière.

Tragédies en prose. — On a tenté de nous donner des
tragédies en prose ; mais je ne crois pas que cette entreprise puisse désormais réussir : qui a le plus ne saurait se
contenter du moins. On sera toujours mal venu à dire
20 au public : Je viens diminuer votre plaisir. Si, au milieu
des tableaux de Rubens[2] ou de Paul Véronèse,[3] quelqu'un
venait placer ses dessins au crayon, n'aurait-il pas tort de
s'égaler à ces peintres ? On est accoutumé dans les fêtes
à des danses et à des chants : serait-ce assez de marcher
25 et de parler, sous prétexte qu'on marcherait et qu'on par-
lerait bien, et que cela serait plus aisé et plus naturel ?

Il y a grande apparence qu'il faudra toujours des vers
sur tous les théâtres tragiques, et, de plus, toujours des
rimes sur le nôtre. C'est même à cette contrainte de la
30 rime et à cette sévérité extrême de notre versification que
nous devons ces excellents ouvrages que nous avons dans
notre langue. Nous voulons que la rime ne coûte jamais
rien aux pensées, qu'elle ne soit ni triviale ni trop recher-

chée ; nous exigeons rigoureusement dans un vers la même
pureté, la même exactitude que dans la prose. Nous ne
permettons pas la moindre licence; nous demandons qu'un
auteur porte sans discontinuer toutes ces chaînes, et cependant qu'il paraisse toujours libre; et nous ne reconnaissons
pour poëtes que ceux qui ont rempli toutes ces conditions.

Caractère du théâtre anglais. — Ne pouvant, mylord, hasarder sur le théâtre français des vers non rimés, tels qu'ils
sont en usage en Italie et en Angleterre, j'aurais du moins
voulu transporter sur notre scène certaines beautés de la
vôtre. Il est vrai, et je l'avoue, que le théâtre anglais est
bien défectueux. J'ai entendu de votre bouche que vous
n'aviez pas une bonne tragédie ; mais en récompense, dans
ces pièces si monstrueuses, vous avez des scènes admirables. Il a manqué jusqu'à présent à presque tous les
auteurs tragiques de votre nation cette pureté, cette conduite régulière, ces bienséances de l'action et du style,
cette élégance, et toutes ces finesses de l'art qui ont établi
la réputation du théâtre français depuis le grand Corneille ;
mais vos pièces les plus irrégulières ont un grand mérite,
c'est celui de l'action.

Défaut du théâtre français. — Nous avons en France
des tragédies estimées, qui sont plutôt des conversations
qu'elles ne sont la représentation d'un événement. . . .
Notre délicatesse excessive nous force quelquefois à mettre
en récit ce que nous voudrions exposer aux yeux. 'Nous
craignons de hasarder sur la scène des spectacles nouveaux devant une nation accoutumée à tourner en ridicule tout ce qui n'est pas d'usage.

L'endroit où l'on joue la comédie, et les abus qui s'y
sont glissés, sont encore une cause de cette sécheresse
qu'on peut reprocher à quelques-unes de nos pièces. Les
bancs qui sont sur le théâtre,[1] destinés aux spectateurs,

rétrécissent la scène, et rendent toute action presque impraticable. Ce défaut est cause que les décorations, tant recommandées par les anciens, sont rarement convenables à la pièce. Il empêche surtout que les acteurs ne passent d'un appartement dans un autre aux yeux des spectateurs, comme les Grecs et les Romains le pratiquaient sagement, pour conserver à la fois l'unité de lieu et la vraisemblance.

Exemple du CATON anglais. — Comment oserions-nous, sur nos théâtres, faire paraître, par exemple, l'ombre de Pompée, ou le génie de Brutus, au milieu de tant de jeunes gens qui ne regardent jamais les choses les plus sérieuses que comme l'occasion de dire un bon mot? Comment apporter au milieu d'eux sur la scène le corps de Marcus devant Caton son père, qui s'écrie: « Heureux jeune homme, tu es mort pour ton pays! O mes amis, laissez-moi compter ces glorieuses blessures! Qui ne voudrait mourir ainsi pour la patrie? Pourquoi n'a-t-on qu'une vie à lui sacrifier?... Mes amis, ne pleurez point ma perte, ne regrettez pas mon fils; pleurez Rome: la maîtresse du monde n'est plus. O liberté! ô ma patrie! ô vertu! .. etc.» Voilà ce que feu M. Addison[1] ne craignit point de faire représenter à Londres; voilà ce qui fut joué, traduit en italien, dans plus d'une ville d'Italie. Mais si nous hasardions à Paris un tel spectacle, n'entendez-vous pas déjà le parterre qui se récrie, et ne voyez-vous pas nos femmes qui détournent la tête?

Bienséances et unités. — Du moins, que l'on me dise pourquoi il est permis à nos héros et à nos héroïnes de théâtre de se tuer, et qu'il leur est défendu de tuer personne? La scène est-elle moins ensanglantée par la mort d'Atalide,[2] qui se poignarde pour son amant, qu'elle ne le serait par le meurtre de César, et si le spectacle du fils de Caton, qui paraît mort aux yeux de son père, est l'occasion d'un

discours admirable de ce vieux Romain ; si ce morceau a
été applaudi en Angleterre et en Italie par ceux qui sont
les plus grands partisans de la bienséance française ; si les
femmes les plus délicates n'en ont point été choquées,
pourquoi les Français ne s'y accoutumeraient-ils pas ? La
nature n'est-elle pas la même dans tous les hommes ?

Toutes ces lois, de ne point ensanglanter la scène, de ne
point faire parler plus de trois interlocuteurs, etc., sont des
lois qui, ce me semble, pourraient avoir quelques excep-
tions parmi nous, comme elles en ont eu chez les Grecs.
Il n'en est pas des règles de la bienséance, toujours un
peu arbitraires, comme des règles fondamentales du théâtre, qui sont les trois unités : il y aurait de la faiblesse
et de la stérilité à étendre une action au-delà de l'espace
de temps et du lieu convenable. Demandez à quiconque
aura inséré dans une pièce trop d'événements la raison
de cette faute : s'il est de bonne foi, il vous dira qu'il n'a
pas eu assez de génie pour remplir sa pièce d'un seul fait ;
et s'il prend deux jours et deux villes pour son action,
croyez que c'est parce qu'il n'aurait pas eu l'adresse de la
resserrer dans l'espace de trois heures et dans l'enceinte
d'un palais, comme l'exige la vraisemblance. Il en est
tout autrement de celui qui hasarderait un spectacle horrible sur le théâtre : il ne choquerait point la vraisemblance ; et cette hardiesse, loin de supposer de la faiblesse
dans l'auteur, demanderait au contraire un grand génie
pour mettre, par ses vers, de la véritable grandeur dans
une action qui, sans un style sublime, ne serait qu'atroce
et dégoûtante.

Cinquième acte de RODOGUNE. — Voilà ce qu'a osé tenter
une fois notre grand Corneille, dans sa *Rodogune*. Il fait
paraître une mère qui, en présence de la cour et d'un ambassadeur, veut empoisonner son fils et sa belle-fille, après

avoir tué son autre fils de sa propre main. Elle leur présente la coupe empoisonnée ; et, sur leurs refus et leurs soupçons, elle la boit elle-même, et meurt du poison qu'elle leur destinait. Des coups aussi terribles ne doivent pas
5 être prodigués, et il n'appartient pas à tout le monde d'oser les frapper. Ces nouveautés demandent une grande circonspection et une exécution de maître. Les Anglais eux-mêmes avouent que Shakespeare, par exemple, a été le seul parmi eux qui ait su évoquer et faire parler des ombres
10 avec succès :

Within that circle none durst move but he.[1]

Pompe et dignité du spectacle dans la tragédie. — Plus une action théâtrale est majestueuse ou effrayante, plus elle deviendrait insipide si elle était souvent répétée ; à peu
15 près comme les détails des batailles, qui, étant par eux-mêmes ce qu'il y a de plus terrible, deviennent froids et ennuyeux à force de reparaître souvent dans les histoires. La seule pièce où M. Racine ait mis du spectacle, c'est son chef-d'œuvre d'*Athalie*. On y voit un enfant sur un
20 trône, sa nourrice et des prêtres qui l'environnent, une reine qui commande à des soldats de le massacrer, des lévites armés qui accourent pour le défendre. Toute cette action est pathétique ; mais, si le style ne l'était pas aussi, elle ne serait que puérile.
25 Plus on veut frapper les yeux par un appareil éclatant, plus on s'impose la nécessité de dire de grandes choses ; autrement on ne serait qu'un décorateur, et non un poëte tragique.

. . . .

Les Anglais donnent beaucoup plus à l'action que nous,
30 ils parlent plus aux yeux : les Français donnent plus à l'élégance, à l'harmonie, aux charmes des vers. Il est

certain qu'il est plus difficile de bien écrire que de mettre
sur le théâtre des assassinats, des roues, des potences, des
sorciers, et des revenants. Aussi la tragédie de *Caton*, qui
fait tant d'honneur à M. Addison, votre successeur dans le
ministère, cette tragédie, la seule bien écrite d'un bout à
l'autre chez votre nation, à ce que je vous ai entendu dire
à vous-même, ne doit sa grande réputation qu'à ses beaux
vers, c'est-à-dire à des pensées fortes et vraies, exprimées
en vers harmonieux. Ce sont les beautés de détail qui
soutiennent les ouvrages en vers, et qui les font passer à
la postérité. C'est souvent la manière singulière de dire
des choses communes ; c'est cet art d'embellir par la diction ce que pensent et ce que sentent tous les hommes, qui
fait les grands poëtes. Il n'y a ni sentiments recherchés,
ni aventure romanesque dans le quatrième livre de Virgile ;[1] il est tout naturel, et c'est l'effort de l'esprit humain.
M. Racine n'est si au-dessus des autres qui ont tous dit les
mêmes choses que lui que parce qu'il les a mieux dites.
Corneille n'est véritablement grand que quand il s'exprime
aussi bien qu'il pense. Souvenons-nous de ce précepte de
Despréaux (*Art poét.*, III, 157-158) :

> Et que tout ce qu'il dit, facile à retenir,
> De son ouvrage en nous laisse un long souvenir.

Voilà ce que n'ont point tant d'ouvrages dramatiques,
que l'art d'un acteur, et la figure et la voix d'une actrice,
ont fait valoir sur nos théâtres. Combien de pièces mal
écrites ont eu plus de représentations que *Cinna* et *Britan
nicus !* Mais on n'a jamais retenu deux vers de ces faibles
poëmes, au lieu qu'on sait une partie de *Britannicus* et de
Cinna par cœur.

CHAPTER II.—HISTOIRE.

ESSAI SUR LES MŒURS.

Les Romains. Commencements de leur empire et de leur religion ; leur tolérance.—Les Romains ne peuvent point être comptés parmi les nations primitives : ils sont trop nouveaux. Rome n'existe que sept cent cinquante ans avant notre ère vulgaire. Quand elle eut des rites et des lois, elle les tint des Toscans et des Grecs. Les Toscans lui communiquèrent la superstition des augures, superstition pourtant fondée sur des observations physiques, sur le passage des oiseaux dont on augurait les changements de l'atmosphère. Il semble que toute superstition ait une chose naturelle pour principe, et que bien des erreurs soient nées d'une vérité dont on abuse.

Les Grecs fournirent aux Romains la loi des Douze Tables.[1] Un peuple qui va chercher des lois et des dieux chez un autre devait être un peuple petit et barbare : aussi les premiers Romains l'étaient-ils. Leur territoire, du temps des rois et des premiers consuls, n'était pas si étendu que celui de Raguse.[2] Il ne faut pas sans doute entendre par ce nom de roi, des monarques tels que Cyrus et ses successeurs. Le chef d'un petit peuple de brigands ne peut jamais être despotique : les dépouilles se partagent en commun, et chacun défend sa liberté comme son bien propre. Les premiers rois de Rome étaient des capitaines de flibustiers.

Si l'on en croit les historiens romains, ce petit peuple

commença par ravir les filles [1] et les biens de ses voisins. Il devait être exterminé ; mais la férocité et le besoin, qui le portaient à ces rapines, rendirent ses injustices heureuses ; il se soutint étant toujours en guerre ; et enfin, au bout de cinq siècles,[2] étant bien plus aguerri que tous les autres peuples, il les soumit tous, les uns après les autres, depuis le fond du golfe Adriatique jusqu'à l'Euphrate.

Au milieu du brigandage, l'amour de la patrie domina toujours jusqu'au temps de Sylla.[3] Cet amour de la patrie consista, pendant plus de quatre cents ans, à rapporter à la masse commune ce qu'on avait pillé chez les autres nations : c'est la vertu des voleurs. Aimer la patrie, c'était tuer et dépouiller les autres hommes ; mais dans le sein de la république il y eut de très grandes vertus. Les Romains, policés avec le temps, policèrent tous les barbares vaincus, et devinrent enfin les législateurs de l'Occident.

Les Grecs paraissent, dans les premiers temps de leurs républiques, une nation supérieure en tout aux Romains. Ceux-ci ne sortent des repaires de leurs sept montagnes[4] avec des poignées de foin, *manipuli*, qui leur servent de drapeaux, que pour piller des villages voisins ; ceux-là, au contraire, ne sont occupés qu'à défendre leur liberté. Les Romains volent à quatre ou cinq milles à la ronde les Èques, les Volsques, les Antiates. Les Grecs repoussent les armées innombrables du grand roi de Perse,[5] et triomphent de lui sur terre et sur mer. Ces Grecs, vainqueurs, cultivent et perfectionnent tous les beaux-arts, et les Romains les ignorent tous, jusque vers le temps de Scipion l'Africain.[6]

J'observerai ici sur leur religion deux choses importantes : c'est qu'ils adoptèrent ou permirent les cultes de tous les autres peuples, à l'exemple des Grecs ; et qu'au fond, le sénat et les empereurs reconnurent toujours un dieu suprême,[1] ainsi que la plupart des philosophes et des poëtes de la Grèce.

5 La tolérance de toutes les religions était une loi nouvelle, gravée dans les cœurs de tous les hommes : car de quel droit un être créé libre pourrait-il forcer un autre être à penser comme lui ? Mais quand un peuple est rassemblé, quand la religion est devenue une loi de 10 l'État, il faut se soumettre à cette loi : or les Romains par leurs lois adoptèrent tous les dieux des Grecs, qui eux-mêmes avaient des autels pour les dieux inconnus, comme nous l'avons déjà remarqué.

Les ordonnances des douze Tables portent : "Separa- 15 tim nemo habessit deos, neve novos ; sed ne advenas, nisi publice adscitos, privatim colunto." — Que personne n'ait des dieux étrangers et nouveaux sans la sanction publique. On donna cette sanction à plusieurs cultes ; tous les autres furent tolérés. Cette association de toutes les divinités 20 du monde, cette espèce d'hospitalité divine fut le droit des gens de toute l'antiquité, excepté peut-être chez un ou deux petits peuples.

Comme il n'eut point de dogmes, il n'y eût point de guerre de religion. C'était bien assez que l'ambition, la 25 rapine, versassent le sang humain, sans que la religion achevât d'exterminer le monde.

Il est encore très remarquable que chez les Romains on ne persécuta jamais personne pour sa manière de penser. Il n'y eut pas un seul exemple depuis Romulus 30 jusqu'à Domitien ;[2] et chez les Grecs il n'y eut que le seul Socrate.[3]

Il est encore[4] incontestable que les Romains, comme les Grecs, adoraient un dieu suprême. Leur Jupiter était le seul qu'on regardât comme le maître du tonnerre, comme le seul que l'on nommât le Dieu très grand et très bon, *Deus optimus, maximus*. Ainsi, de l'Italie à l'Inde et à la Chine, vous trouvez le culte d'un dieu suprême, et la tolérance dans toutes les nations connues.

A cette connaissance d'un dieu, à cette indulgence universelle, qui sont partout le fruit de la raison cultivée, se joignit une foule de superstitions, qui étaient le fruit ancien de la raison commencée et erronée.

On sait bien que les poulets sacrés, et la déesse Pertunda, et la déesse Cloacina, sont ridicules. Pourquoi les vainqueurs et les législateurs de tant de nations n'abolirent-ils pas ces sottises? c'est qu'étant anciennes, elles étaient chères au peuple, et qu'elles ne nuisaient point au gouvernement. Les Scipion, les Paul-Émile, les Cicéron, les Caton, les Césars, avaient autre chose à faire qu'à combattre les superstitions de la populace. Quand une vieille erreur est établie, la politique s'en sert comme d'un mors que le vulgaire s'est mis lui-même dans la bouche, jusqu'à ce qu'une autre superstition vienne la détruire, et que la politique profite de cette seconde erreur, comme elle a profité de la première.

VOL. XI. 145-148.

Causes de la chute de l'empire romain. — Si quelqu'un avait pu raffermir l'empire, ou du moins retarder sa chute, c'était l'empereur Julien.[1] Il n'était point un soldat de fortune, comme les Dioclétien et les Théodose.[2] Né dans la pourpre, élu par les armées, chéri des soldats, il n'avait point de factions à craindre; on le regardait, depuis ses victoires en Allemagne, comme le plus grand capitaine de son siècle. Nul empereur ne fut plus équitable et ne rendit la justice plus impartialement, non pas même Marc-Aurèle.[3] Nul philosophe ne fut plus sobre et plus continent. Il régnait donc par les lois, par la valeur, et par l'exemple. Si sa carrière eût été plus longue, il est à présumer que l'empire eût moins chancelé après sa mort.

Deux fléaux détruisirent enfin ce grand colosse: les barbares, et les disputes de religion.

Quant aux barbares, il est aussi difficile de se faire une idée nette de leurs incursions que de leur origine. Procope, Jornandès,[1] nous ont débité des fables que tous nos auteurs copient. Mais le moyen de croire que les Huns, venus du nord de la Chine, aient passé les Palus-Méotides à gué et à la suite d'une biche, et qu'ils aient chassé devant eux, comme des troupeaux de moutons, des nations belliqueuses qui habitaient les pays aujourd'hui nommés la Crimée, une partie de la Pologne, l'Ukraine, la Moldavie, la Valachie? Ces peuples robustes et guerriers, tels qu'ils le sont encore aujourd'hui, étaient connus des Romains sous le nom général de Goths. Comment ces Goths s'enfuirent-ils sur les bords du Danube, dès qu'ils virent paraître les Huns? Comment demandèrent-ils à mains jointes que les Romains daignassent les recevoir? et comment, dès qu'ils furent passés, ravagèrent-ils tout jusqu'aux portes de Constantinople à main armée?

Tout cela ressemble à des contes d'Hérodote, et à d'autres contes non moins vantés. Il est bien plus vraisemblable que tous ces peuples coururent au pillage les uns après les autres. Les Romains avaient volé les nations; les Goths et les Huns vinrent voler les Romains.

Mais pourquoi les Romains ne les exterminèrent-ils pas, comme Marius[2] avait exterminé les Cimbres? c'est qu'il ne se trouvait point de Marius; c'est que les mœurs étaient changées; c'est que l'empire était partagé entre les ariens et les athanasiens. On ne s'occupait que de deux objets, les courses du cirque et les trois hypostases.

L'empire romain avait alors plus de moines que de soldats, et ces moines couraient en troupes de ville en ville pour soutenir ou pour détruire la consubstantialité du Verbe. Il y en avait soixante et dix mille en Égypte.

Le christianisme ouvrait le ciel, mais il perdait l'empire : car non seulement les sectes nées dans son sein se combattaient avec le délire des querelles théologiques, mais toutes combattaient encore l'ancienne religion de l'empire ; religion fausse, religion ridicule sans doute, mais sous laquelle Rome avait marché de victoire en victoire pendant dix siècles.

Les descendants des Scipion étant devenus des controversistes, les évêchés étant plus brigués que ne l'avaient été les couronnes triomphales, la considération personnelle ayant passé des Hortensius et des Cicéron aux Cyrille, aux Grégoire, aux Ambroise,[1] tout fut perdu ; et si l'on doit s'étonner de quelque chose, c'est que l'empire romain ait subsisté encore un peu de temps.

Théodose, qu'on appelle le grand Théodose, paya un tribut au superbe Alaric,[2] sous le nom de pension du trésor impérial. Alaric mit Rome à contribution la première fois qu'il parut devant les murs, et la seconde fois il la mit au pillage. Tel était alors l'avilissement de l'empire de Rome que ce Goth dédaigna d'être roi de Rome, tandis que le misérable empereur d'Occident, Honorius,[3] tremblait dans Ravenne, où il s'était réfugié.

Alaric se donna le plaisir de créer dans Rome un empereur nommé Attale, qui venait recevoir ses ordres dans son antichambre. Après Alaric vint Attila,[4] qui ravageait tout, de la Chine jusqu'à la Gaule. Il était si grand, et les empereurs Théodose et Valentinien III[5] si petits, que la princesse Honoria, sœur de Valentinien III, lui proposa de l'épouser.

Lorsque Attila eut détruit la ville d'Aquilée, Léon, évêque de Rome, vint mettre à ses pieds tout l'or qu'il avait pu recueillir des Romains pour racheter du pillage les environs de cette ville, dans laquelle l'empereur Valen-
5 tinien III était caché. L'accord étant conclu, les moines ne manquèrent pas d'écrire que le pape Léon avait fait trembler Attila ; qu'il était venu à ce Hun avec un air et un ton de maître ; qu'il était accompagné de saint Pierre et de saint Paul, armés tous deux d'épées flamboyantes, qui
10 étaient visiblement les deux glaives de l'Église de Rome. Cette manière d'écrire l'histoire a duré, chez les chrétiens, jusqu'au XVIe siècle sans interruption.

Bientôt après, des déluges de barbares inondèrent de tous côtés ce qui était échappé aux mains d'Attila.
15 Que faisaient cependant les empereurs ? ils assemblaient des conciles. C'était tantôt pour l'ancienne querelle des partisans d'Athanase,[1] tantôt pour les donatistes ;[2] et ces disputes agitaient l'Afrique quand le Vandale Genseric[3] la subjugua. C'était d'ailleurs pour les arguments de
20 Nestorius[4] et de Cyrille, pour les subtilités d'Eutychès ;[5] et la plupart des articles de foi se décidaient quelquefois à grands coups de bâton, comme il arriva sous Théodose II, dans un concile convoqué par lui à Éphèse, concile qu'on appelle encore aujourd'hui *le brigandage*. Enfin, pour bien
25 connaître l'esprit de ce malheureux temps, souvenons-nous qu'un moine ayant été rebuté un jour par Théodose II, qu'il importunait, le moine excommunia l'empereur ; et que ce César fut obligé de se faire relever de l'excommunication par le patriarche de Constantinople.
30 Pendant ces troubles mêmes, les Francs envahissaient la Gaule ; les Visigoths s'emparaient de l'Espagne ; les Ostrogoths, sous Théodose, dominaient en Italie, bientôt après chassés par les Lombards. L'empire romain, du

temps de Clovis,[1] n'existait plus que dans la Grèce, l'Asie
Mineure, et dans l'Égypte ; tout le reste était la proie des
barbares. Scythes, Vandales, et Francs, se firent chrétiens pour mieux gouverner les provinces chrétiennes assujetties par eux ; car il ne faut pas croire que ces barbares
fussent sans politique ; ils en avaient beaucoup, et en ce
point tous les hommes sont à peu près égaux. L'intérêt
rendit donc chrétiens ces déprédateurs ; mais ils n'en furent
que plus inhumains. Le jésuite Daniel, historien français,
qui déguise tant de choses, n'ose dissimuler que Clovis fut
beaucoup plus sanguinaire, et se souilla de plus grands
crimes après son baptême que tandis qu'il était païen.
Et ces crimes n'étaient pas de ces forfaits héroïques qui
éblouissent l'imbécillité humaine: c'étaient des vols et des
parricides. Il suborna un prince de Cologne qui assassina son père ; après quoi il fit massacrer le fils ; il tua un
roitelet de Cambrai qui lui montrait ses trésors. Un citoyen moins coupable eût été traîné au supplice, et Clovis
fonda une monarchie.

VOL. XI, 241-244.

Des Normands vers le IXe siècle. — (885) Les Parisiens,
qui s'attendaient alors à l'irruption des barbares, n'abandonnèrent point la ville, comme autrefois. Le comte de
Paris, Odon ou Eudes, que sa valeur éleva depuis sur le
trône de France, mit dans la ville un ordre qui anima les
courages, et qui leur tint lieu de tours et de remparts.

Sigefroy, chef des Normands, pressa le siége[2] avec une
fureur opiniâtre, mais non destituée d'art. Les Normands
se servirent du bélier pour battre les murs. Cette invention est presque aussi ancienne que celle des murailles ;
car les hommes sont aussi industrieux pour détruire que
pour édifier. Je ne m'écarterai ici qu'un moment de mon
sujet, pour observer que le cheval de Troie n'était précisé-

ment que la même machine, laquelle on armait d'une tête de cheval de métal, comme on y mit depuis une tête de bélier; et c'est ce que Pausanias nous apprend dans sa description de la Grèce. Ils firent brèche, et donnèrent trois assauts. Les Parisiens les soutinrent avec un courage inébranlable. Ils avaient à leur tête non seulement le comte Eudes, mais encore leur évêque Goslin, qui chaque jour, après avoir donné la bénédiction à son peuple, se mettait sur la brèche, le casque en tête, un carquois sur le dos, et une hache à sa ceinture, et, ayant planté la croix sur le rempart, combattait à sa vue. Il paraît que cet évêque avait dans la ville autant d'autorité, pour le moins, que le comte Eudes, puisque ce fut à lui que Sigefroy s'était d'abord adressé pour entrer par sa permission dans Paris. Ce prélat mourut de ses fatigues au milieu du siége, laissant une mémoire respectable et chère : car s'il arma des mains que la religion réservait seulement au ministère de l'autel, il les arma pour cet autel même et pour la défense la plus nécessaire, première loi naturelle, qui est toujours au-dessus des lois de convention. Ses confrères ne s'étaient armés que dans des guerres civiles et contre des chrétiens. Peut-être, si l'apothéose est due à quelques hommes, eût-il mieux valu mettre dans le ciel ce prélat qui combattit et mourut pour son pays que tant d'hommes obscurs dont la vertu, s'ils en ont eu, a été pour le moins inutile au monde.

Les Normands tinrent la ville assiégée une année et demie : les Parisiens éprouvèrent toutes les horreurs qu' entraînent dans un long siége, la famine et la contagion qui en sont les suites, et ne furent point ébranlés. Au bout de ce temps, l'empereur Charles le Gros,[1] roi de France, parut enfin à leur secours, sur le mont de Mars, qu'on appelle aujourd'hui *Montmartre;* mais il n'osa pas attaquer les Normands : il ne vint que pour acheter encore une trêve honteuse. Ces barbares quittèrent Paris pour aller assiéger Sens et piller la Bourgogne, tandis que Charles alla dans Mayence assembler ce parlement qui lui ôta un trône dont il était si indigne.

VOL. XI, 306, 307.

De Saint Louis, son gouvernement. — Louis IX[1] paraissait un prince destiné à réformer l'Europe, si elle avait pu l'être ; à rendre la France triomphante et policée, et à être en tout le modèle des hommes. Sa piété, qui était celle d'un anachorète, ne lui ôta aucune vertu de roi. Une sage économie ne déroba rien à sa libéralité. Il sut accorder une politique profonde avec une justice exacte, et peut-être est-il le seul souverain qui mérite cette louange : prudent et ferme dans le conseil, intrépide dans les combats sans être emporté, compatissant comme s'il n'avait jamais été que malheureux. Il n'est pas donné à l'homme de porter plus loin la vertu.

Il avait, conjointement avec la régente sa mère, qui savait régner, réprimé l'abus de la juridiction trop étendue des ecclésiastiques. Ils voulaient que les officiers de justice saisissent les biens de quiconque était excommunié, sans examiner si l'excommunication était juste ou injuste. Le roi, distinguant très sagement les lois civiles auxquelles tout doit être soumis, et les lois de l'Église dont l'empire doit ne s'étendre que sur les consciences, ne laissa pas plier les lois du royaume sous cet abus des excommunications. Ayant, dès le commencement de son administration, contenu les prétentions des évêques et des laïques dans leurs bornes, il avait réprimé les factions de la Bretagne ; il avait gardé une neutralité prudente entre les comportements de Grégoire IX[2] et les vengeances de l'empereur Frédéric II.[3]

Son domaine, déjà fort grand, s'était accru de plusieurs terres qu'il avait achetées. Les rois de France avaient alors pour revenus leurs biens propres, et non ceux des peuples. Leur grandeur dépendait d'une économie bien entendue, comme celle d'un seigneur particulier.

Cette administration l'avait mis en état de lever de fortes armées contre le roi d'Angleterre Henri III,[1] et contre des vassaux de France unis avec l'Angleterre. Henri III, moins riche, moins obéi de ses Anglais, n'eut ni d'aussi bonnes troupes, ni d'aussitôt prêtes. Louis le battit deux fois, et surtout à la journée de Taillebourg en Poitou. Le roi anglais s'enfuit devant lui. Cette guerre fut suivie d'une paix utile (1241). Les vassaux de France, rentrés dans leur devoir, n'en sortirent plus. Le roi n'oublia pas même d'obliger l'Anglais à payer cinq mille livres sterling pour les frais de la campagne.

Quand on songe qu'il n'avait pas vingt-quatre ans lorsqu'il se conduisit ainsi, et que son caractère était fort au-dessus de sa fortune, on voit ce qu'il eût fait s'il fût demeuré dans sa patrie ; et on gémit que la France ait été si malheureuse par ses vertus mêmes, qui devaient faire le bonheur du monde.

VOL. XI, 468, 469.

De Jean Hus.[2] — L'empereur Charles IV,[3] législateur de l'Allemagne et de la Bohême, avait fondé une université dans Prague, sur le modèle de celle de Paris. Déjà on y comptait, à ce qu'on dit, près de vingt mille étudiants au commencement du XVe siècle. Les Allemands avaient trois voix dans les délibérations de l'académie, et les Bohémiens une seule. Jean Hus, né en Bohême, devenu bachelier de cette académie, et confesseur de la reine Sophie de Bavière, femme de Venceslas,[4] obtint de cette reine que ses compatriotes, au contraire, eussent trois voix, et les Allemands une seule.. Les Allemands, irrités, se retirèrent ; et ce furent autant d'ennemis irréconciliables que se fit Jean Hus. Il reçut dans ce temps-là quelques ouvrages de Wiclef ;[1] il en rejeta constamment la doctrine, mais il en adopta tout ce que la bile de cet Anglais avait répandu contre les scandales des papes et des évêques, contre celui des excommunications lancées avec tant de légèreté et de fureur; enfin contre toute puissance ecclésiastique, que Wiclef regardait comme une usurpation. Par là il se fit de bien plus grands ennemis ; mais aussi il se concilia beaucoup de protecteurs, et surtout la reine, qu'il dirigeait. On l'accusa devant le pape Jean XXIII,[2] et on le cita à comparaître vers l'an 1411. Il ne comparut point. On assembla cependant le concile de Constance, qui devait juger les papes et les opinions des hommes; il y fut cité (1414). L'empereur[3] lui-même écrivit en Bohême qu'on le fît partir pour venir rendre compte de sa doctrine.

Jean Hus, plein de confiance, alla au concile, où ni lui ni le pape n'auraient dû aller. Il y arriva, accompagné de quelques gentilshommes bohémiens et de plusieurs de ses disciples ; et, ce qui est très essentiel, il ne s'y rendit que muni d'un sauf-conduit de l'empereur, daté du 18 octobre 1414, sauf-conduit le plus favorable et le plus ample qu'on puisse jamais donner, et par lequel l'empereur le prenait sous sa sauvegarde *pour son voyage, son séjour, et son retour*. A peine fut-il arrivé qu'on l'emprisonna ; et on instruisit son procès en même temps que celui du pape. Il s'enfuit comme ce pontife, et fut arrêté comme lui; l'un et l'autre furent gardés quelque temps dans la même prison.

(1415.) Enfin il comparut plusieurs fois, chargé de chaînes. On l'interrogea sur quelques passages de ses écrits. Il faut l'avouer, il n'y a personne qu'on ne puisse perdre en interprétant ses paroles: quel docteur, quel écrivain est en sûreté de sa vie si on condamne au bûcher quiconque dit « qu'il n'y a qu'une Église catholique qui renferme dans son sein tous les prédestinés ; qu'un réprouvé n'est pas de cette Église ; que les seigneurs temporels doivent obliger les prêtres à observer la loi ; qu'un mauvais pape n'est pas le vicaire de Jésus-Christ » ?

Voilà quelles étaient les propositions de Jean Hus. Il les expliqua toutes d'une manière qui pouvait obtenir sa grâce ; mais on les entendait de la manière qu'il fallait pour le condamner. Un père du concile lui dit: «Si vous ne croyez pas l'universel *a parte rei*,[1] vous ne croyez pas la présence réelle.» Quel raisonnement, et de quoi dépendait alors la vie des hommes ! Un autre lui dit : «Si le sacré concile prononçait que vous êtes borgne, en vain seriez-vous pourvu de deux bons yeux, il faudrait vous confesser borgne.»

Jean Hus n'adoptait aucune des propositions de Wiclef,[2] qui séparent aujourd'hui les protestants de l'Église romaine ; cependant il fut condamné à expirer dans les flammes. En cherchant la cause d'une telle atrocité, je n'ai jamais pu trouver d'autre que cet esprit d'opiniâtreté qu'on puise dans les écoles. Les pères du concile voulaient absolument que Jean Hus se rétractât ; et Jean Hus, persuadé qu'il avait raison, ne voulait point avouer qu'il s'était trompé. L'empereur, touché de compassion, lui dit: «Que vous coûte-t-il d'abjurer des erreurs qui vous sont faussement attribuées ? Je suis prêt d'abjurer à l'instant toutes sortes d'erreurs, s'ensuit-il que je les aie tenues?» Jean Hus fut inflexible. Il fit voir la différence entre abjurer des erreurs en général, et se rétracter d'une erreur. Il aima mieux être brûlé que de convenir qu'il avait eu tort.

Le concile fut aussi inflexible que lui : mais l'opiniâtreté de courir à la mort avait quelque chose d'héroïque ; celle de l'y condamner était bien cruelle. L'empereur, malgré la foi du sauf-conduit, ordonna à l'électeur palatin de le faire traîner au supplice. Il fut brûlé vif, en présence de l'électeur même, et loua Dieu jusqu'à ce que la flamme étouffât sa voix.

VOL. XII, 2-4.

De la Pucelle.[1] — (1429.) Ces victoires rapides d'une fille, les apparences d'un miracle, le sacre du roi qui rendait sa personne plus vénérable, allaient bientôt rétablir le roi légitime et chasser l'étranger ; mais l'instrument de ces merveilles, Jeanne d'Arc, fut blessée et prise en défendant Compiègne. Un homme tel que le Prince Noir[2] eût honoré et respecté son courage. Le régent Betford[3] crut nécessaire de la flétrir pour ranimer ses Anglais. Elle avait feint un miracle, Betford feignit de la croire sorcière. Mon but est toujours d'observer l'esprit du temps ; c'est lui qui dirige les grands événements du monde. L'université de Paris présenta requête contre Jeanne d'Arc, l'accusant d'hérésie et de magie. Ou l'université pensait ce que le régent voulait qu'on crût ; ou si elle ne le pensait pas, elle commettait une lâcheté détestable. Cette héroïne, digne du miracle qu'elle avait feint, fut jugée à Rouen par Cauchon, évêque de Beauvais, cinq autres évêques français, un seul évêque d'Angleterre, assistés d'un moine dominicain, vicaire de l'Inquisition, et par des docteurs de l'université. Elle fut qualifiée de « superstitieuse, devineresse du diable, blasphémeresse en Dieu et en ses saints et saintes, errant par moult de fors[4] en la foi de Christ ». Comme telle, elle fut condamnée à jeûner au pain et à l'eau dans une prison perpétuelle.[1] Elle fit à ses juges une réponse digne d'une mémoire éternelle. Interrogée pourquoi elle avait osé assister au sacre de Charles avec son étendard, elle répondit : « Il est juste que qui a eu part au travail en ait à l'honneur. »

(1431.) Enfin, accusée d'avoir repris une fois l'habit d'homme, qu'on lui avait laissé exprès pour la tenter, ses juges, qui n'étaient pas assurément en droit de la juger, puisqu'elle était prisonnière de guerre, la déclarèrent hérétique relapse, et firent mourir par le feu celle qui, ayant sauvé son roi, aurait eu des autels dans les temps héroïques, où les hommes en élevaient à leurs libérateurs. Charles VII rétablit depuis sa mémoire, assez honorée par son supplice même.

Ce n'est pas assez de la cruauté pour porter les hommes à de telles exécutions, il faut encore ce fanatisme composé de superstition et d'ignorance, qui a été la maladie de presque tous les siècles. Quelque temps auparavant, les Anglais condamnèrent la princesse de Glocester à faire amende honorable dans l'église de Saint-Paul, et une de ses amies à être brûlée vive, sous prétexte de je ne sais quel sortilége employé contre la vie du roi. On avait brûlé le baron de Cobham en qualité d'hérétique ; et en Bretagne on fit mourir par le même supplice le maréchal de Retz, accusé de magie, et d'avoir égorgé des enfants pour faire avec leur sang de prétendus enchantements.

Que les citoyens d'une ville immense, où les arts, les plaisirs et la paix règnent aujourd'hui, où la raison même commence à s'introduire, comparent les temps, et qu'ils se plaignent s'ils l'osent. C'est une réflexion qu'il faut faire presque à chaque page de cette histoire.

Vol. XII, 49, 50.

Idée générale du XVIe siècle. — Le commencement du

XVIᵉ siècle, que nous avons déjà entamé, nous présente à la fois les plus grands spectacles que le monde ait jamais fournis. Si on jette la vue sur ceux qui régnaient pour lors en Europe, leur gloire, ou leur conduite, ou les grands changements dont ils ont été cause, rendent leurs noms immortels. C'est, à Constantinople, un Sélim[1] qui met sous la domination ottomane la Syrie et l'Égypte, dont les mahométans mameluks[2] avaient été en possession depuis le XIIIᵉ siècle. C'est après lui son fils, le grand Soliman,[3] qui le premier des empereurs turcs marche jusqu'à Vienne, et se fait couronner roi de Perse dans Bagdad, prise par ses armes, faisant trembler à la fois l'Europe et l'Asie.

On voit en même temps vers le Nord Gustave Vasa,[4] brisant dans la Suède le joug étranger, élu roi du pays dont il est le libérateur.

En Moscovie les deux Jean Basilowitz[5] ou Basilides délivrent leur patrie du joug des Tartares dont elle était tributaire ; princes à la vérité barbares, et chefs d'une nation plus barbare encore : mais les vengeurs de leur pays méritent d'être comptés parmi les grands princes.

En Espagne, en Allemagne, en Italie, on voit Charles-Quint,[6] maître de tous ces États sous des titres différents, soutenant le fardeau de l'Europe, toujours en action et en négociation, heureux longtemps en politique et en guerre, le seul empereur puissant depuis Charlemagne, et le premier roi de toute l'Espagne depuis la conquête des Maures ; opposant des barrières à l'empire ottoman, faisant des rois et une multitude de princes, et se dépouillant enfin de toutes les couronnes dont il est chargé, pour aller mourir en solitaire après avoir troublé l'Europe.

Son rival de gloire et de politique, François Iᵉʳ, roi de France,[7] moins heureux, mais plus brave et plus aimable,

partage entre Charles-Quint et lui les vœux et l'estime
des nations. Vaincu et plein de gloire, il rend son royaume florissant malgré ses malheurs; il transplante en
France les beaux-arts, qui étaient en Italie au plus haut
5 point de perfection.

Le roi d'Angleterre Henri VIII,[1] trop cruel, trop capricieux pour être mis au rang des héros, a pourtant sa place
entre ces rois, et par la révolution qu'il fit dans les esprits
de ses peuples, et par la balance que l'Angleterre apprit
10 sous lui à tenir entre les souverains. Il prit pour devise
un guerrier tendant son arc, avec ces mots: *Qui je dé-
fends est maître;* devise que sa nation a rendue quelquefois véritable.

Le nom du pape Léon X[2] est célèbre par son esprit,
15 par ses mœurs aimables, par les grands hommes dans les
arts qui éternisent son siècle, et par le grand changement
qui sous lui divisa l'Église.

Au commencement du même siècle, la religion et le
prétexte d'épurer la loi reçue, ces deux grands instruments
20 de l'ambition, font le même effet sur les bords de l'Afrique
qu'en Allemagne, et chez les mahométans que chez les
chrétiens. Un nouveau gouvernement, une race nouvelle
de rois, s'établissent dans le vaste empire de Maroc et de
Fez, qui s'étend jusqu'aux déserts de la Nigritie. Ainsi
25 l'Asie, l'Afrique, et l'Europe, éprouvent à la fois une révolution dans les religions : car les Persans se séparent
pour jamais des Turcs ; et, reconnaissant le même dieu et
le même prophète, ils consomment le schisme d'Omar et
d'Ali.[3] Immédiatement après, les chrétiens se divisent
30 aussi entre eux, et arrachent au pontife de Rome la moitié de l'Europe.

L'ancien monde est ébranlé, le nouveau monde est
découvert et conquis par Charles-Quint : le commerce

s'établit entre les Indes orientales et l'Europe, par les vaisseaux et les armes du Portugal.

D'un côté, Cortez soumet le puissant empire du Mexique, et les Pizzaro font la conquête du Pérou, avec moins de soldats qu'il n'en faut en Europe pour assiéger une petite ville. De l'autre, Albuquerque dans les Indes établit la domination et le commerce du Portugal, avec presque aussi peu de forces, malgré les rois des Indes, et malgré les efforts des musulmans en possession de ce commerce.

La nature produit alors des hommes extraordinaires presque en tous les genres, surtout en Italie.

Ce qui frappe encore dans ce siècle illustre, c'est que, malgré les guerres que l'ambition excita et malgré les querelles de religion qui commençaient à troubler les États, ce même génie qui faisait fleurir les beaux-arts à Rome, à Naples, à Florence, à Venise, à Ferrare, et qui de là portait sa lumière dans l'Europe, adoucit d'abord les mœurs des hommes dans presque toutes les provinces de l'Europe chrétienne. La galanterie de la cour de François Ier opéra en partie ce grand changement. Il y eut entre Charles-Quint et lui une émulation de gloire, d'esprit de chevalerie, de courtoisie, au milieu même de leurs plus furieuses dissensions ; et cette émulation, qui se communiqua à tous les courtisans, donna à ce siècle un air de grandeur et de politesse inconnu jusqu'alors. Cette politesse brillait même au milieu des crimes : c'était une robe d'or et de soie ensanglantée.

L'opulence y contribua ; et cette opulence, devenue plus générale, était en partie (par une étrange révolution) la suite de la perte funeste de Constantinople :[1] car bientôt après tout le commerce des Ottomans fut fait par les chrétiens, qui leur vendaient jusqu'aux épiceries des In-

des, en les allant charger sur leurs vaisseaux dans Alexandrie, et les portant ensuite dans les mers du Levant. Les Vénitiens surtout firent ce commerce non-seulement jusqu'à la conquête de l'Égypte par le sultan Sélim, mais
5 jusqu'au temps où les Portugais devinrent les négociants des Indes.

L'industrie fut partout excitée. Marseille fit un grand commerce. Lyon eut de belles manufactures. Les villes des Pays-Bas furent plus florissantes encore que sous la
10 maison de Bourgogne.[1] Les dames appelées à la cour de François Ier en firent le centre de la magnificence, comme de la politesse. Les mœurs étaient plus dures à Londres, où régnait un roi capricieux et féroce ; mais Londres commençait déjà à s'enrichir par le commerce.
15 En Allemagne, les villes d'Augsbourg et de Nuremberg, répandant les richesses de l'Asie qu'elles tiraient de Venise, se ressentaient déjà de leur correspondance avec les Italiens. On voyait dans Augsbourg de belles maisons dont les murs étaient ornés de peintures *à*
20 *fresque* à la manière vénitienne. En un mot, l'Europe voyait naître de beaux jours ; mais ils furent troublés par les tempêtes que la rivalité entre Charles-Quint et François I excita ; et les querelles de religion,[2] qui déjà commençaient à naître, souillèrent la fin de ce siècle : elles
25 la rendirent affreuse, et y portèrent enfin une espèce de barbarie que les Hérules, les Vandales, et les Huns, n'avaient jamais connue.

VOL. XII, 217-219.

De Cromwell.[3]—Il était âgé alors de près de cinquante ans, et en avait passé quarante sans aucun emploi ni ci-
30 vil ni militaire. A peine était-il connu en 1642, lorsque la chambre des communes, dont il était membre, lui donna une commission de major de cavalerie. C'est de là qu'il

parvint à gouverner la chambre et l'armée, et que, vainqueur de Charles I[er1] et de Charles II,[2] il monta en effet sur leur trône, et régna, sans être roi, avec plus de pouvoir et plus de bonheur qu'aucun roi. Il choisit d'abord, parmi les seuls officiers compagnons de ses victoires, quatorze conseillers, à chacun desquels il assigna mille livres sterling de pension. Les troupes étaient toujours payées un mois d'avance, les magasins fournis de tout ; le trésor public, dont il disposait, était rempli de trois cent mille livres sterling: il en avait cent cinquante mille en Irlande. Les Hollandais lui demandèrent la paix, et il en dicta les conditions, qui furent qu'on lui payerait trois cent mille livres sterling, que les vaisseaux des Provinces-Unies baisseraient pavillon devant les vaisseaux anglais, et que le jeune prince d'Orange ne serait jamais rétabli dans les charges de ses ancêtres. C'est ce même prince qui détrôna depuis Jacques II,[3] dont Cromwell avait détrôné le père.

Toutes les nations courtisèrent à l'envi le protecteur. La France rechercha son alliance contre l'Espagne, et lui livra la ville de Dunkerque. Ses flottes prirent sur les Espagnols la Jamaïque, qui est restée à l'Angleterre. L'Irlande fut entièrement soumise, et traitée comme un pays de conquête. On donna aux vainqueurs les terres des vaincus, et ceux qui étaient le plus attachés à leur patrie périrent par la main des bourreaux.

Cromwell, gouvernant en roi, assemblait des parlements; mais il s'en rendait le maître, et les cassait à sa volonté. Il découvrit toutes les conspirations contre lui, et prévint tous les soulèvements. Il n'y eut aucun pair du royaume dans ces parlements qu'il convoquait : tous vivaient obscurément dans leurs terres. Il eut l'adresse d'engager un de ces parlements à lui offrir le titre de roi (1656),

afin de le refuser et de mieux conserver la puissance
réelle. Il menait dans le palais des rois une vie sombre et retirée, sans aucun faste, sans aucun excès. Le
général Ludlow, son lieutenant en Irlande, rapporte que,
5 quand le protecteur y envoya son fils, Henri Cromwell,
il l'envoya avec un seul domestique. Ses mœurs furent
toujours austères ; il était sobre, tempérant, économe sans
être avide du bien d'autrui, laborieux, et exact dans
toutes les affaires. Sa dextérité ménageait toutes les
10 sectes, ne persécutant ni les catholiques ni les anglicans,
qui alors à peine osaient paraître ; il avait des chapelains
de tous les partis; enthousiaste avec les fanatiques, maintenant les presbytériens qu'il avait trompés et accablés,
et qu'il ne craignait plus ; ne donnant sa confiance
15 qu'aux indépendants, qui ne pouvaient subsister que par
lui, et se moquant d'eux quelquefois avec les théistes.
Ce n'est pas qu'il vit de bon œil la religion du théisme,
qui, étant sans fanatisme, ne peut guère servir qu'à des
philosophes, et jamais à des conquérants.
20 Il y avait peu de ces philosophes, et il se délassait
quelquefois avec eux aux dépens des insensés qui lui
avaient frayé le chemin du trône, l'Évangile à la main.
C'est par cette conduite qu'il conserva jusqu'à sa mort
son autorité cimentée de sang, et maintenue par la force
25 et par l'artifice.

La nature, malgré sa sobriété, avait fixé la fin de sa
vie à cinquante-cinq ans (13 septembre 1658). Il mourut
d'une fièvre ordinaire, causée probablement par l'inquiétude attachée à la tyrannie : car dans les derniers temps
30 il craignait toujours d'être assassiné ; il ne couchait jamais deux nuits de suite dans la même chambre. Il
mourut après avoir nommé Richard Cromwell[1] son successeur. A peine eut-il expiré qu'un de ses chapelains,

presbytérien, nommé Herry, dit aux assistants : « Ne vous alarmez pas ; s'il a protégé le peuple de Dieu tant qu'il a été parmi nous, il le protégera bien davantage à présent qu'il est monté au ciel, où il sera assis à la droite de Jésus-Christ. » Le fanatisme était si puissant, et Cromwell si respecté, que personne ne rit d'un pareil discours.

Vol. XIII, 80, 81.

Résumé. — J'ai parcouru ce vaste théâtre des révolutions depuis Charlemagne, et même en remontant souvent beaucoup plus haut, jusqu'au temps de Louis XIV. Quel sera le fruit de ce travail ? quel profit tirera-t-on de l'histoire ? On y a vu les faits et les mœurs ; voyons quel avantage nous produira la connaissance des uns et des autres.

Un lecteur sage s'apercevra aisément qu'il ne doit croire que les grands événements qui ont quelque vraisemblance, et regarder en pitié toutes les fables dont le fanatisme, l'esprit romanesque, et la crédulité, ont chargé dans tous les temps la scène du monde.

Constantin[1] triomphe de l'empereur Maxence ; mais certainement un *Labarum* ne lui apparut point dans les nuées, en Picardie, avec une inscription grecque.

Clovis, souillé d'assassinats, se fait chrétien, et commet des assassinats nouveaux ; mais ni une colombe ne lui apporte une ampoule pour son baptême, ni un ange ne descend du ciel pour lui donner un étendard.

Un moine de Clervaux[2] peut prêcher une croisade ; mais il faut être imbécile pour écrire que Dieu fit des miracles par la main de ce moine, afin d'assurer le succès de cette croisade, qui fut aussi malheureuse que follement entreprise et mal conduite.

Le roi Louis VIII[3] peut mourir de phthisie ; mais il n'y a qu'un fanatique ignorant qui puisse dire que les embrassements d'une jeune fille l'auraient guéri, et qu'il mourut martyr de sa chasteté.

Chez toutes les nations l'histoire est défigurée par la fable, jusqu'à ce qu'enfin la philosophie vienne éclairer les hommes; et lorsque enfin la philosophie arrive au milieu de ces ténèbres, elle trouve les esprits si aveuglés par des siècles d'erreurs qu'elle peut à peine les détromper; elle trouve des cérémonies, des faits, des monuments, établis pour constater des mensonges.

Comment, par exemple, un philosophe aurait-il pu persuader à la populace, dans le temple de Jupiter Stator, que Jupiter n'était point descendu du ciel pour arrêter la fuite des Romains? Quel philosophe eût pu nier, dans le temple de Castor et de Pollux, que ces deux jumeaux avaient combattu à la tête des troupes? ne lui aurait-on pas montré l'empreinte des pieds de ces dieux conservée sur le marbre? Les prêtres de Jupiter et de Pollux n'auraient-ils pas dit à ce philosophe: Criminel incrédule, vous êtes obligé d'avouer, en voyant la colonne *rostrale*, que nous avons gagné une bataille navale dont cette colonne est le monument: avouez donc que les dieux sont descendus sur terre pour nous défendre, et ne blasphémez point nos miracles en présence des monuments qui les attestent. C'est ainsi que raisonnent dans tous les temps la fourberie et l'imbécillité.

Une princesse idiote bâtit une chapelle aux onze mille vierges; le desservant de la chapelle ne doute pas que les onze mille vierges n'aient existé, et il fait lapider le sage qui en doute.

Les monuments ne prouvent les faits que quand ces faits vraisemblables nous sont transmis par des contemporains éclairés.

Les chroniques du temps de Philippe-Auguste[1] et l'ab-

baye de la Victoire sont des preuves de la bataille de
Bovines; mais quand vous verrez à Rome le groupe du
Laocoon, croirez-vous pour cela la fable du cheval de
Troie? et quand vous verrez les hideuses statues d'un
saint Denis sur le chemin de Paris, ces monuments de
barbarie vous prouveront-ils que saint Denis, ayant eu le
cou coupé, marcha une lieue entière portant sa tête entre
ses bras, et la baisant de temps en temps?

La plupart des monuments, quand ils sont érigés longtemps après l'action, ne prouvent que des erreurs consacrées; il faut même quelquefois se défier des médailles
frappées dans le temps d'un événement. Nous avons vu
les Anglais, trompés par une fausse nouvelle, graver sur
l'exergue d'une médaille: *A l'amiral Vernon,*[1] *vainqueur
de Carthagène;* et à peine cette médaille fut-elle frappée
qu'on apprit que l'amiral Vernon avait levé le siége. Si
une nation dans laquelle il y a tant de philosophes a pu
hasarder de tromper ainsi la postérité, que devons-nous
penser des peuples et des temples abandonnés à la grossière ignorance?

Croyons les événements attestés par les registres publics, par le consentement des auteurs contemporains,
vivant dans une capitale, éclairés les uns par les autres, et
écrivant sous les yeux des principaux de la nation. Mais
pour tous ces petits faits obscurs et romanesques, écrits
par des hommes obscurs dans le fond de quelque province
ignorante et barbare; pour ces contes chargés de circonstances absurdes; pour ces prodiges qui déshonorent l'histoire au lieu de l'embellir, renvoyons-les à Voragine, au
jésuite Caussin, à Maimbourg, et à leurs semblables.

SIÈCLE DE LOUIS XIV.

Introduction. — Ce n'est pas seulement la vie de Louis XIV qu'on prétend écrire; on se propose un plus grand objet. On veut essayer de peindre à la postérité, non les actions d'un seul homme, mais l'esprit des hommes dans le siècle le plus éclairé qui fût jamais.

Tous les temps ont produit des héros et des politiques; tous les peuples ont éprouvé des révolutions; toutes les histoires sont presque égales pour qui ne veut mettre que des faits dans sa mémoire. Mais quiconque pense, et, ce qui est encore plus rare, quiconque a du goût, ne compte que quatre siècles dans l'histoire du monde. Ces quatre âges heureux sont ceux où les arts ont été perfectionnés, et qui, servant d'époque à la grandeur de l'esprit humain, sont l'exemple de la postérité.

Le premier de ces siècles, à qui la véritable gloire est attachée, est celui de Philippe et d'Alexandre, ou celui des Périclès, des Démosthène, des Aristote, des Platon, des Apelle, des Phidias, des Praxitèle; et cet honneur a été renfermé dans les limites de la Grèce: le reste de la terre alors connue était barbare.

Le second âge est celui de César et d'Auguste, désigné encore par les noms de Lucrèce, de Cicéron, de Tite-Live, de Virgile, d'Horace, d'Ovide, de Varron, de Vitruve.

Le troisième est celui qui suivit la prise de Constantinople par Mahomet II. Le lecteur peut se souvenir qu'on vit alors en Italie une famille de simples citoyens faire ce que devaient entreprendre les rois de l'Europe. Les Médicis appelèrent à Florence les savants, que les Turcs chassaient de la Grèce: c'était le temps de la gloire de l'Italie. Les beaux-arts y avaient déjà repris une vie nouvelle; les Italiens les honorèrent du nom de vertu, comme les premiers Grecs les avaient caractérisés du nom de sagesse. Tout tendait à la perfection.

Les arts, toujours transplantés de Grèce en Italie, se trouvaient dans un terrain favorable, où ils fructifiaient tout à coup. La France, l'Angleterre, l'Allemagne, l'Espagne, voulurent à leur tour avoir de ces fruits; mais ou ils ne vinrent point dans ces climats, ou bien ils dégénérèrent trop vite.

François Ier encouragea des savants, mais qui ne furent que savants; il eut des architectes, mais il n'eut ni des Michel-Ange, ni des Palladio; il voulut en vain établir des écoles de peinture: les peintres italiens qu'il appela ne firent point d'élèves français. Quelques épigrammes et quelques contes libres composaient toute notre poésie. Rabelais était notre seul livre de prose à la mode, du temps de Henri II.

En un mot, les Italiens seuls avaient tout, si vous en exceptez la musique, qui n'était pas encore perfectionnée, et la philosophie expérimentale, inconnue partout également, et qu'enfin Galilée fit connaître.

Le quatrième siècle est celui qu'on nomme le siècle de Louis XIV, et c'est peut-être celui des quatre qui approche le plus de la perfection. Enrichi des découvertes des trois autres, il a plus fait en certains genres que les trois ensemble. Tous les arts, à la vérité, n'ont point été poussés plus loin que sous les Médicis, sous les Auguste et les Alexandre; mais la raison humaine en général s'est perfectionnée. La saine philosophie n'a été connue que dans ce temps, et il est vrai de dire qu'à commencer depuis les dernières années du cardinal de Richelieu jusqu'à celles qui ont suivi la mort de Louis XIV il s'est fait, dans nos arts, dans nos esprits, dans nos mœurs, comme dans notre gouvernement, une révolution générale qui doit servir de marque éternelle à la véritable gloire de notre patrie. Cette heureuse influence ne s'est pas même arrêtée en France: elle s'est étendue en Angleterre; elle a excité l'émulation dont avait alors besoin cette nation spirituelle et hardie; elle a porté le goût en Allemagne, les sciences en Russie; elle a même ranimé l'Italie, qui languissait, et l'Europe a dû sa politesse et l'esprit de société à la cour de Louis XIV.

Il ne faut pas croire que ces quatre siècles aient été exempts de malheurs et de crimes. La perfection des arts cultivés par des citoyens paisibles n'empêche pas les princes d'être ambitieux, les peuples d'être séditieux, les prêtres et les moines d'être quelquefois remuants et fourbes. Tous les siècles se ressemblent par la méchanceté des hommes; mais je ne connais que ces quatre âges distingués par les grands talents.

Avant le siècle que j'appelle de Louis XIV, et qui commence à peu près à l'établissement de l'Académie française,[1] les Italiens appelaient tous les ultramontains du nom de barbares; il faut avouer que les Français méritaient en quelque sorte cette injure. Leurs pères joignaient la galanterie romanesque des Maures à la grossièreté gothique. Ils n'avaient presque aucun des arts aimables, ce qui prouve que les arts utiles étaient négligés: car lorsqu'on a perfectionné ce qui est nécessaire, on trouve bientôt le beau et l'agréable, et il n'est pas étonnant que la peinture, la sculpture, la poésie, l'éloquence, la philosophie, fussent presque inconnues à une nation qui, ayant des ports sur l'Océan et sur la Méditerranée, n'avait pourtant point de flotte, et qui, aimant le luxe à l'excès, avait à peine quelques manufactures grossières.

Les Juifs, les Génois, les Vénitiens, les Portugais, les

Flamands, les Hollandais, les Anglais, firent tour à tour
le commerce de la France, qui en ignorait les principes.
Louis XIII,[1] à son avénement à la couronne, n'avait pas
un vaisseau; Paris ne contenait pas quatre cent mille
hommes, et n'était pas décoré de quatre beaux édifices;
les autres villes du royaume ressemblaient à ces bourgs
qu'on voit au delà de la Loire. Toute la noblesse, can-
tonnée à la campagne dans des donjons entourés de fossés,
opprimait ceux qui cultivent la terre. Les grands chemins
étaient presque impraticables; les villes étaient sans
police, l'État sans argent, et le gouvernement presque
toujours sans crédit parmi les nations étrangères.

On ne doit pas se dissimuler que, depuis la décadence
de la famille de Charlemagne, la France avait langui
plus ou moins dans cette faiblesse, parce qu'elle n'avait
presque jamais joui d'un bon gouvernement.

Il faut pour qu'un État soit puissant, ou que le peuple
ait une liberté fondée sur les lois, ou que l'autorité sou-
veraine soit affermie sans contradiction. En France, les
peuples furent esclaves jusque vers le temps de Philippe-
Auguste; les seigneurs furent tyrans jusqu'à Louis XI,[2]
et les rois, toujours occupés à soutenir leur autorité contre
leurs vassaux, n'eurent jamais ni le temps de songer au
bonheur de leurs sujets, ni le pouvoir de les rendre heureux.

Louis XI fit beaucoup pour la puissance royale, mais
rien pour la félicité et la gloire de la nation. François
Ier fit naître le commerce, la navigation, les lettres, et
tous les arts; mais il fut trop malheureux pour leur faire
prendre racine en France, et tous périrent avec lui.
Henri le Grand[3] allait retirer la France des calamités et
de la barbarie où trente ans de discorde[4] l'avaient replon-
gée, quand il fut assassiné dans sa capitale, au milieu

du peuple dont il commençait à faire le bonheur. Le cardinal de Richelieu, occupé d'abaisser la maison d'Autriche, le calvinisme, et les grands, ne jouit point d'une puissance assez paisible pour réformer la nation; mais
5 au moins il commença cet heureux ouvrage.

Ainsi, pendant neuf cents années, le génie des Français a été presque toujours rétréci sous un gouvernement gothique, au milieu des divisions et des guerres civiles, n'ayant ni lois ni coutumes fixes, changeant de deux siè-
10 cles en deux siècles un langage toujours grossier; les nobles, sans discipline, ne connaissant que la guerre et l'oisiveté; les ecclésiastiques vivant dans le désordre et dans l'ignorance, et les peuples, sans industrie, croupissant dans leur misère.

15 Les Français n'eurent part, ni aux grandes découvertes ni aux inventions admirables des autres nations: l'imprimerie, la poudre, les glaces, les télescopes, le compas de proportion, la machine pneumatique, le vrai système de l'univers, ne leur appartiennent point; ils faisaient des
20 tournois, pendant que les Portugais et les Espagnols découvraient et conquéraient de nouveaux mondes à l'orient et à l'occident du monde connu. Charles-Quint prodiguait déjà en Europe les trésors du Mexique, avant que quelques sujets de François Ier eussent découvert la con-
25 trée inculte du Canada; mais par le peu même que firent les Français dans le commencement du XVIe siècle, on vit de quoi ils sont capables quand ils sont conduits.

On se propose de montrer ce qu'ils ont été sous Louis XIV.

30 Il ne faut pas qu'on s'attende à trouver ici, plus que dans le tableau des siècles précédents, les détails immenses des guerres, des attaques de villes prises et reprises par les armes, données et rendues par des traités.

Mille circonstances intéressantes pour les contemporains se perdent aux yeux de la postérité, et disparaissent pour ne laisser voir que les grands événements qui ont fixé la destinée des empires. Tout ce qui s'est fait ne mérite pas d'être écrit. On ne s'attachera, dans cette histoire, qu'à ce qui mérite l'attention de tous les temps, à ce qui peut peindre le génie et les mœurs des hommes, à ce qui peut servir d'instruction, et conseiller l'amour de la vertu, des arts, et de la patrie.

On a déjà vu ce qu'étaient et la France et les autres États de l'Europe avant la naissance de Louis XIV; on décrira ici les grands événements politiques et militaires de son règne. Le gouvernement intérieur du royaume, objet plus important pour les peuples, sera traité à part. La vie privée de Louis XIV, les particularités de sa cour et de son règne, tiendront une grande place. D'autres articles seront pour les arts, pour les sciences, pour les progrès de l'esprit humain dans ce siècle. En fin on parlera de l'Église, qui depuis si longtemps est liée au gouvernement ; qui tantôt l'inquiète et tantôt le fortifie, et qui, instituée pour enseigner la morale, se livre souvent à la politique et aux passions humaines.

VOL. XIV, 155-159.

Nous avons vu déjà[1] que Richard Cromwell succéda paisiblement et sans contradiction au protectorat de son père, comme un prince de Galles aurait succédé à un roi d'Angleterre. Richard fit voir que du caractère d'un seul homme dépend souvent la destinée de l'État. Il avait un génie bien contraire à celui d'Olivier Cromwell, toute la douceur des vertus civiles, et rien de cette intrépidité féroce qui sacrifie tout à ses intérêts. Il eût conservé l'héritage acquis par les travaux de son père s'il eût voulu faire tuer trois ou quatre principaux officiers de l'armée, qui s'opposaient à son élévation. Il aima mieux se démettre du gouvernement que de régner par des assassinats ; il vécut particulier, et même ignoré, jusqu'à l'âge de quatre-vingt-dix ans, dans le pays dont il avait été quelques jours le souverain. Après sa démission du protectorat, il voyagea en France; on sait qu'à Montpellier le prince de Conti, frère du grand Condé,[1] en lui parlant sans le connaître, lui dit un jour: « Olivier Cromwell était un grand homme ; mais son fils Richard est un misérable de n'avoir pas su jouir du fruit des crimes de son père.» Cependant ce Richard vécut heureux, et son père n'avait jamais connu le bonheur.

Quelque temps auparavant la France vit un autre exemple bien plus mémorable du mépris d'une couronne. Christine, reine de Suède, vint à Paris. On admira en elle une jeune reine qui, à vingt-sept ans, avait renoncé à la souveraineté dont elle était digne pour vivre libre et tranquille. Il est honteux aux écrivains protestants d'avoir osé dire, sans la moindre preuve, qu'elle ne quitta sa couronne que parce qu'elle ne pouvait plus la garder. Elle avait formé ce dessein dès l'âge de vingt ans, et l'avait laissé mûrir sept années. Cette résolution, si supérieure aux idées vulgaires et si longtemps méditée, devait fermer la bouche à ceux qui lui reprochaient de la légèreté et une abdication involontaire. L'un de ces deux reproches détruisait l'autre; mais il faut toujours que ce qui est grand soit attaqué par les petits esprits.

Pour connaître le génie unique de cette reine, on n'a qu'à lire ses lettres. Elle dit dans celle qu'elle écrivit à Chanut, autrefois ambassadeur de France auprès d'elle: « J'ai possédé sans faste, je quitte avec facilité. Après cela ne craignez pas pour moi; mon bien n'est pas au pouvoir de la fortune.» Elle écrivit au prince de Condé : « Je me tiens autant honorée par votre estime que par la couronne que j'ai portée. Si, après l'avoir quittée, vous m'en jugez moins digne, j'avouerai que le repos que j'ai tant souhaité me coûte cher ; mais je ne me repentirai pourtant point de l'avoir acheté au prix d'une couronne, et je ne noircirai jamais une action qui m'a semblé si belle par un lâche repentir ; et s'il arrive que vous condamniez cette action, je vous dirai pour toute excuse que je n'aurais pas quitté les biens que la fortune m'a donnés si je les eusse crus nécessaires à ma félicité, et que j'aurais prétendu à l'empire du monde si j'eusse été aussi assurée d'y réussir ou de mourir que le serait le grand Condé. »

Telle était l'âme de cette personne si singulière ; tel était son style dans notre langue, qu'elle avait parlée rarement. Elle savait huit langues : elle avait été disciple et amie de Descartes,[1] qui mourut à Stockholm, dans son palais, après n'avoir pu obtenir seulement une pension en France, où ses ouvrages furent même proscrits pour les seules bonnes choses qui y fussent. Elle avait attiré en Suède tous ceux qui pouvaient l'éclairer. Le chagrin de n'en trouver aucun parmi ses sujets l'avait dégoûtée de régner sur un peuple qui n'était que soldat. Elle crut qu'il valait mieux vivre avec des hommes qui pensent que de commander à des hommes sans lettres ou sans génie. Elle avait cultivé tous les arts dans un climat où ils étaient alors inconnus. Son dessein était d'aller se retirer au milieu d'eux, en Italie. Elle ne vint en France que pour y passer, parce que ces arts ne commençaient qu'à y naître. Son goût la fixait à Rome. Dans cette vue elle avait quitté la religion luthérienne pour la catholique ; indifférente pour l'une et pour l'autre, elle ne fit point scrupule de se conformer en appa-

rence aux sentiments du peuple chez lequel elle voulut passer sa vie. Elle avait quitté son royaume en 1654, et fait publiquement à Inspruck la cérémonie de son abjuration. Elle plut à la cour de France, quoiqu'il ne s'y
5 trouvât pas une femme dont le génie pût atteindre au sien. Le roi la vit, et lui rendit de grands honneurs; mais il lui parla à peine. Élevé dans l'ignorance, le bon sens avec lequel il était né le rendait timide.

La plupart des femmes et des courtisans n'observèrent
10 autre chose dans cette reine philosophe, sinon qu'elle n'était pas coiffée à la française, et qu'elle dansait mal. Les sages ne condamnèrent dans elle que le meurtre de Monaldeschi, son écuyer, qu'elle fit assassiner à Fontainebleau dans un second voyage. De quelque faute
15 qu'il fût coupable envers elle, ayant renoncé à la royauté, elle devait demander justice, et non se la faire. Ce n'était pas une reine qui punissait un sujet ; c'était une femme qui terminait une galanterie par un meurtre ; c'était un Italien qui en faisait assassiner un autre par
20 l'ordre d'une Suédoise dans un palais d'un roi de France. Nul ne doit être mis à mort que par les lois. Christine, en Suède, n'aurait eu le droit de faire assassiner personne ; et certes ce qui eût été un crime à Stockholm n'était pas permis à Fontainebleau. Ceux qui ont jus-
25 tifié cette action méritent de servir de pareils maîtres. Cette honte et cette cruauté ternirent la philosophie de Christine, qui lui avait fait quitter un trône. Elle eût été punie en Angleterre, et dans tous les pays où les rois règnent ; mais la France ferma les yeux à cet attentat
30 contre l'autorité du roi, contre le droit des nations, et contre l'humanité.

VOL. XIV, 215-217.

Mme de Motteville[1] nous apprend que la réputation de Charles II, roi d'Angleterre, qui passait alors pour gouverner par lui-même, inspira de l'émulation à Louis XIV. Si cela est, il surpassa beaucoup son rival, et il mérita toute sa vie ce qu'on avait dit d'abord de Charles.

Il commença par mettre de l'ordre dans les finances dérangées par un long brigandage. La discipline fut rétablie dans les troupes, comme l'ordre dans les finances. La magnificence et la décence embellirent sa cour. Les plaisirs même eurent de l'éclat et de la grandeur. Tous les arts furent encouragés, et tous employés à la gloire du roi et de la France.

Ce n'est pas ici le lieu de le représenter dans sa vie privée, ni dans l'intérieur de son gouvernement ; c'est ce que nous ferons à part.[1] Il suffit de dire que ses peuples, qui depuis la mort de Henri le Grand n'avaient point vu de véritable roi, et qui détestaient l'empire d'un premier ministre, furent remplis d'admiration et d'espérance quand ils virent Louis XIV faire à vingt-deux ans ce que Henri avait fait à cinquante. Si Henri IV avait eu un premier ministre, il eût été perdu, parce que la haine contre un particulier eût ranimé vingt factions trop puissantes. Si Louis XIII n'en avait pas eu, ce prince, dont un corps faible et malade énervait l'âme, eût succombé sous le poids. Louis XIV pouvait sans péril avoir ou n'avoir pas de premier ministre. Il ne restait pas la moindre trace des anciennes factions ; il n'y avait plus en France qu'un maître et des sujets. Il montra d'abord qu'il ambitionnait toute sorte de gloire, et qu'il voulait être aussi considéré au dehors qu'absolu au dedans.

Vol. XIV, 226, 227.

Ces conditions d'une paix[2] qui tenait tant de la servi-

tude parurent intolérables, et la fierté du vainqueur inspira un courage de désespoir aux vaincus. On résolut de périr les armes à la main. Tous les cœurs et toutes les espérances se tournèrent vers le prince d'Orange.[1]
5 Le peuple en fureur éclata contre le grand pensionnaire, qui avait demandé la paix. A ces séditions se joignirent la politique du prince et l'animosité de son parti. On attente d'abord à la vie du grand pensionnaire Jean de Witt;[2] ensuite on accuse Corneille son frère d'avoir
10 attenté à celle du prince. Corneille est appliqué à la question. Il récita dans les tourments le commencement de cette ode d'Horace, *Justum et tenacem*, *etc.*, convenable à son état et à son courage, et qu'on peut traduire ainsi pour ceux qui ignorent le latin:

15   Les torrents impétueux,
    La mer qui gronde et s'élance,
    La fureur et l'insolence
    D'un peuple tumultueux,
    Des fiers tyrans la vengeance,
20   N'ébranlent pas la constance
    D'un cœur ferme et vertueux.

(20 août 1672.) Enfin la populace effrénée massacra dans la Haye les deux frères de Witt: l'un, qui avait gouverné l'État pendant dix-neuf ans avec vertu, et l'autre,
25 qui l'avait servi de son épée. On exerça sur leurs corps sanglants toutes les fureurs dont le peuple est capable: horreurs communes à toutes les nations, et que les Français avaient fait éprouver au maréchal d'Ancre,[3] à l'amiral Coligny,[4] etc.: car la populace est presque partout la
30 même. On poursuivit les amis du pensionnaire. Ruyter[5] même, l'amiral de la république, qui seul combattait pour elle avec succès, se vit environné d'assassins dans Amsterdam.

Au milieu de ces désordres et de ces désolations, les magistrats montrèrent des vertus qu'on ne voit guère que dans les républiques. Les particuliers qui avaient des billets de banque coururent en foule à la banque d'Amsterdam; on craignait que l'on n'eût touché au trésor public. Chacun s'empressait de se faire payer du peu d'argent qu'on croyait pouvoir y être encore. Les magistrats firent ouvrir les caves où le trésor se conserve. On le trouva tout entier tel qu'il avait été déposé depuis soixante ans; l'argent même était encore noirci de l'impression du feu qui avait, quelques années auparavant, consumé l'hôtel de ville. Les billets de banque s'étaient toujours négociés jusqu'à ce temps, sans que jamais on eût touché au trésor. On paya alors avec cet argent tous ceux qui voulurent l'être. Tant de bonne foi et tant de ressources étaient d'autant plus admirables que Charles II, roi d'Angleterre, pour avoir de quoi faire la guerre aux Hollandais et fournir à ses plaisirs, non content de l'argent de la France, venait de faire banqueroute à ses sujets. Autant il était honteux à ce roi de violer ainsi la foi publique, autant il était glorieux aux magistrats d'Amsterdam de la garder dans un temps où il semblait permis d'y manquer.

A cette vertu républicaine ils joignirent ce courage d'esprit qui prend les partis extrêmes dans les maux sans remède. Ils firent percer les digues qui retiennent les eaux de la mer. Les maisons de campagne, qui sont innombrables autour d'Amsterdam, les villages, les villes voisines, Leyde, Delft, furent inondés. Le paysan ne murmura pas de voir ses troupeaux noyés dans les campagnes. Amsterdam fut comme une vaste forteresse au milieu des eaux, entourée de vaisseaux de guerre qui eurent assez d'eau pour se ranger autour de la ville. La

disette fut grande chez ces peuples, ils manquèrent surtout d'eau douce; elle se vendait six sous la pinte; mais ces extrémités parurent moindres que l'esclavage. C'est une chose digne de l'observation de la postérité, que la
5 Hollande, ainsi accablée sur terre et n'étant plus un État, demeurât encore redoutable sur la mer: c'était l'élément véritable de ces peuples.

Vol. XIV, 257-259.

Le roi Jacques[1] ne seconda pas en Irlande ces secours de Louis XIV. Il avait avec lui près de six mille Fran-
10 çais et quinze mille Irlandais. Les trois quarts de ce royaume se déclaraient en sa faveur. Son concurrent Guillaume était absent; cependant il ne profita d'aucun de ses avantages. Sa fortune échoua d'abord devant la petite ville de Londonderry; il la pressa par un siége opi-
15 niâtre, mais mal dirigé, pendant quatre mois. Cette ville ne fut défendue que par un prêtre presbytérien, nommé Walker. Ce prédicant s'était mis à la tête de la milice bourgeoise. Il la menait au prêche et au combat. Il faisait braver aux habitants la famine et la mort. Enfin
20 le prêtre contraignit le roi de lever le siége.

Cette première disgrâce en Irlande fut bientôt suivie d'un plus grand malheur: Guillaume arriva, et marcha à lui. La rivière de Boyne était entre eux. (11 juillet 1690) Guillaume entreprend de la franchir à la vue de
25 l'ennemi. Elle était à peine guéable en trois endroits. La cavalerie passa à la nage, l'infanterie était dans l'eau jusqu'aux épaules; mais à l'autre bord il fallait encore traverser un marais; ensuite on trouvait un terrain escarpé qui formait un retranchement naturel. Le roi Guil-
30 laume fit passer son armée en trois endroits, et engagea la bataille. Les Irlandais, que nous avons vu de si bons soldats en France et en Espagne, ont toujours mal com-

battu chez eux. Il y a des nations dont l'une semble faite
pour être soumise à l'autre. Les Anglais ont toujours eu
sur les Irlandais la supériorité du génie, des richesses,
et des armes. Jamais l'Irlande n'a pu secouer le joug
de l'Angleterre, depuis qu'un simple seigneur anglais la 5
subjugua. Les Français combattirent à la journée de la
Boyne, les Irlandais s'enfuirent. Leur roi Jacques n'ayant
paru, dans l'engagement, ni à la tête des Français ni à la
tête des Irlandais, se retira le premier. Il avait toujours
cependant montré beaucoup de valeur; mais il y a des 10
occasions où l'abattement d'esprit l'emporte sur le courage. Le roi Guillaume, qui avait eu l'épaule effleurée
d'un coup de canon avant la bataille, passa pour mort en
France. Cette fausse nouvelle fut reçue à Paris avec une
joie indécente et honteuse. Quelques magistrats subal- 15
ternes encouragèrent les bourgeois et le peuple à faire des
illuminations. On sonna les cloches. On brûla dans
plusieurs quartiers des figures d'osier qui représentaient
le prince d'Orange, comme on brûle le pape dans Londres.
On tira le canon de la Bastille, non point par ordre du 20
roi, mais par le zèle inconsidéré d'un commandant. On
croirait, sur ces marques d'allégresse et sur la foi de tant
d'écrivains, que cette joie effrénée, à la mort prétendue
d'un ennemi, était l'effet de la crainte extrême qu'il
inspirait. Tous ceux qui ont écrit, et Français et étran- 25
gers, ont dit que ces réjouissances étaient le plus grand
éloge du roi Guillaume. Cependant, si on veut faire
attention aux circonstances du temps et à l'esprit qui
régnait alors, on verra bien que la crainte ne produisit
pas ces transports de joie. Les bourgeois et le peuple ne 30
savent guère craindre un ennemi que quand il menace leur
ville. Loin d'avoir de la terreur au nom de Guillaume,
le commun des Français avait alors l'injustice de le mé-

priser. Il avait presque toujours été battu par les généraux français. Le vulgaire ignorait combien ce prince avait acquis de véritable gloire, même dans ses défaites. Guillaume, vainqueur de Jacques en Irlande, ne paraissait pas encore aux yeux des Français un ennemi digne de Louis XIV. Paris, idolâtre de son roi, le croyait réellement invincible. Les réjouissances ne furent donc point le fruit de la crainte, mais de la haine. La plupart des Parisiens, nés sous le règne de Louis, et façonnés au joug despotique, regardaient alors un roi comme une divinité, et un usurpateur comme un sacrilége. Le petit peuple, qui avait vu Jacques aller tous les jours à la messe, détestait Guillaume hérétique. L'image d'un gendre et d'une fille ayant chassé leur père, d'un protestant régnant à la place d'un catholique, enfin d'un ennemi de Louis XIV, transportait les Parisiens d'une espèce de fureur; mais les gens sages pensaient modérément.

VOL. XIV, 301-303.

Il[1] laissa la réputation d'un grand politique, quoiqu'il n'eût point été populaire, et d'un général à craindre, quoiqu'il eût perdu beaucoup de batailles. Toujours mesuré dans sa conduite, et jamais vif que dans un jour de combat, il ne régna paisiblement en Angleterre que parce qu'il ne voulut pas y être absolu. On l'appelait, comme on sait, le stathouder des Anglais et le roi des Hollandais. Il savait toutes les langues de l'Europe, et n'en parlait aucune avec agrément, ayant beaucoup plus de réflexion dans l'esprit que d'imagination. Son caractère était en tout l'opposé de Louis XIV: sombre, retiré, sévère, sec, silencieux autant que Louis était affable. Il haïssait les femmes autant que Louis les aimait. Louis faisait la guerre en roi, et Guillaume en soldat. Il avait combattu contre le grand Condé et contre Luxembourg, laissant la victoire indécise entre Condé et lui à Senef, et réparant en peu de temps ses défaites à Fleurus, à Steinkerque, à Nerwinde; aussi fier que Louis XIV, mais de cette fierté triste et mélancolique, qui rebute plus qu'elle n'impose. Si les beaux-arts fleurirent en France par le soin de son roi, ils furent négligés en Angleterre, où l'on ne connut plus qu'une politique dure et inquiète, conforme au génie du prince.

Ceux qui estiment plus le mérite d'avoir défendu sa patrie, et l'avantage d'avoir acquis un royaume sans aucun droit de la nature, de s'y être maintenu sans être aimé, d'avoir gouverné souverainement la Hollande sans la subjuguer, d'avoir été l'âme et le chef de la moitié de l'Europe, d'avoir eu les ressources d'un général et la valeur d'un soldat, de n'avoir jamais persécuté personne pour la religion, d'avoir méprisé toutes les superstitions des hommes, d'avoir été simple et modeste dans ses mœurs; ceux-là, sans doute, donneront le nom de grand à Guillaume plutôt qu'à Louis. Ceux qui sont plus touchés des plaisirs et de l'éclat d'une cour brillante, de la magnificence, de la protection donnée aux arts, du zèle pour le bien public, de la passion pour la gloire, du talent de régner; qui sont plus frappés de cette hauteur avec laquelle des ministres et des généraux ont ajouté des provinces à la France, sur un ordre de leur roi; qui s'étonnent davantage d'avoir vu un seul État résister à tant de puissances; ceux qui estiment plus un roi de France qui sait donner l'Espagne à son petit-fils[1] qu'un gendre qui détrône son beau-père; enfin ceux qui admirent davantage le protecteur que le persécuteur du roi Jacques: ceux-là donneront à Louis XIV la préférence.

Pertes en Espagne. — Un des premiers exploits de ces troupes anglaises fut de prendre Gibraltar,[1] qui passait avec raison pour imprenable. Une longue chaîne de rochers escarpés en défendent toute approche du côté de terre: il n'y a point de port. Une baie longue, mal sûre et orageuse, y laisse les vaisseaux exposés aux tempêtes et à l'artillerie de la forteresse et du môle: les bourgeois seuls de cette ville la défendraient contre mille vaisseaux et cent mille hommes; mais cette force même fut la cause de la prise. Il n'y avait que cent hommes de garnison: c'en était assez; mais ils négligeaient un service qu'ils croyaient inutile. Le prince de Hesse avait débarqué avec dix-huit cents soldats dans l'isthme qui est au nord derrière la ville; mais, de ce côté-là, un rocher escarpé rend la ville inattaquable. La flotte tira en vain quinze mille coups de canon. Enfin des matelots, dans une de leurs réjouissances, s'approchèrent dans des barques, sous le môle, dont l'artillerie devait les foudroyer; elle ne joua point. Ils montent sur le môle; ils s'en rendent maîtres; les troupes y accourent; il fallut que cette ville imprenable se rendît (4 août 1704). Elle est encore aux Anglais dans le temps que j'écris.[2] L'Espagne, redevenue une puissance sous le gouvernement de la princesse de Parme, seconde femme de Philippe V, et victorieuse depuis, en Afrique et en Italie, voit encore, avec une douleur impuissante, Gibraltar aux mains d'une nation septentrionale, dont les vaisseaux fréquentaient à peine, il y a deux siècles, la mer Méditerranée.

VOL. XIV, 368, 369.

Gouvernement intérieur. — On doit cette justice aux hommes publics qui ont fait du bien à leur siècle, de regarder le point d'où ils sont partis, pour mieux voir les changements qu'ils ont faits dans leur patrie. La postérité leur doit une éternelle reconnaissance des exemples qu'ils ont donnés, lors même qu'ils sont surpassés. Cette juste gloire est leur unique récompense. Il est certain que l'amour de cette gloire anima Louis XIV, lorsque, commençant à gouverner par lui-même, il voulut réformer son royaume, embellir sa cour, et perfectionner les arts.

Non-seulement il s'imposa la loi de travailler régulièrement avec chacun de ses ministres, mais tout homme connu pouvait obtenir de lui une audience particulière, et tout citoyen avait la liberté de lui présenter des requêtes et des projets. Les placets étaient reçus d'abord par un maître des requêtes qui les rendait apostillés; ils furent dans la suite renvoyés aux bureaux des ministres. Les projets étaient examinés dans le conseil quand ils méritaient de l'être, et leurs auteurs furent admis plus d'une fois à discuter leurs propositions avec les ministres en présence du roi. Ainsi on vit entre le trône et la nation une correspondance qui subsista malgré le pouvoir absolu.

Louis XIV se forma et s'accoutuma lui-même au travail ; et ce travail était d'autant plus pénible qu'il était nouveau pour lui, et que la séduction des plaisirs pouvait aisément le distraire. Il écrivit les premières dépêches à ses ambassadeurs. Les lettres les plus importantes furent souvent depuis minutées de sa main, et il n'y en eut aucune écrite en son nom qu'il ne se fit lire.

VOL. XIV, 497.

Des sciences. — Ce siècle heureux, qui vit naître une révolution dans l'esprit humain, n'y semblait pas destiné : car, à commencer par la philosophie, il n'y avait pas d'apparence, du temps de Louis XIII, qu'elle se tirât du chaos où elle était plongée. L'Inquisition d'Italie, d'Espagne, de Portugal, avait lié les erreurs philosophiques

aux dogmes de la religion; les guerres civiles en France, et les querelles du calvinisme, n'étaient pas plus propres à cultiver la raison humaine, que ne le fut le fanatisme du temps de Cromwell en Angleterre. Si un chanoine de
5 Thorn[1] avait renouvelé l'ancien système planétaire des Chaldéens, oublié depuis si longtemps, cette vérité était condamnée à Rome; et la congrégation du saint-office, composée de sept cardinaux, ayant déclaré non-seulement hérétique, mais absurde, le mouvement de la terre, sans
10 lequel il n'y a point de véritable astronomie, le grand Galilée ayant demandé pardon[2] à l'âge de soixante et dix ans d'avoir eu raison, il n'y avait pas d'apparence que la vérité pût être reçue sur la terre.

Le chancelier Bacon avait montré de loin la route qu'on
15 pouvait tenir; Galilée avait découvert les lois de la chute des corps; Torricelli commençait à connaître la pesanteur de l'air qui nous environne; on avait fait quelques expériences à Magdebourg. Avec ces faibles essais, toutes les écoles restaient dans l'absurdité, et le monde dans
20 l'ignorance. Descartes parut alors; il fit le contraire de ce qu'on devait faire: au lieu d'étudier la nature, il voulut la deviner. Il était le plus grand géomètre de son siècle; mais la géométrie laisse l'esprit comme elle le trouve. Celui de Descartes était trop porté à l'invention.
25 Le premier des mathématiciens ne fit guère que des romans de philosophie. Un homme qui dédaigna les expériences, qui ne cita jamais Galilée, qui voulait bâtir sans matériaux, ne pouvait élever qu'un édifice imaginaire.

Ce qu'il y avait de romanesque réussit, et le peu de
30 vérités mêlé à ces chimères nouvelles fut d'abord combattu. Mais enfin ce peu de vérités perça, à l'aide de la méthode qu'il avait introduite: car avant lui on n'avait point de fil dans ce labyrinthe, et du moins il en donna

un, dont on se servit après qu'il se fut égaré. C'était beaucoup de détruire les chimères du péripatétisme, quoique par d'autres chimères. Ces deux fantômes se combattirent. Ils tombèrent l'un après l'autre, et la raison s'éleva enfin sur leurs ruines. Il y avait à Florence une académie d'expériences, sous le nom *del Cimento*, établie par le cardinal Léopold de Médicis vers l'an 1655. On sentait déjà, dans cette patrie des arts, qu'on ne pouvait comprendre quelque chose du grand édifice de la nature qu'en l'examinant pièce à pièce. Cette académie, après les jours de Galilée, et dès le temps de Torricelli, rendit de grands services.

Quelques philosophes, en Angleterre, sous la sombre administration de Cromwell, s'assemblèrent pour chercher en paix des vérités, tandis que le fanatisme opprimait toute vérité. Charles II, rappelé sur le trône de ses ancêtres par le repentir et par l'inconstance de sa nation, donna des lettres patentes à cette académie naissante; mais c'est tout ce que le gouvernement donna. La Société royale, ou plutôt la Société libre de Londres, travailla pour l'honneur de travailler. C'est de son sein que sortirent, de nos jours, les découvertes sur la lumière, sur le principe de la gravitation, sur l'aberration des étoiles fixes, sur la géométrie transcendante, et cent autres inventions qui pourraient à cet égard faire appeler ce siècle le *siècle des Anglais* aussi bien que celui de Louis XIV.

VOL. XIV, 534, 535.

Cependant, quand Bourdaloue[1] parut, Bossuet[2] ne passa plus pour le premier prédicateur. Il s'était déjà donné aux oraisons funèbres, genre d'éloquence qui demande de l'imagination et une grandeur majestueuse qui tient un peu à la poésie, dont il faut toujours emprunter quelque chose, quoique avec discrétion, quand on tend au sublime. L'oraison funèbre de la reine mère, qu'il prononça en 1667, lui valut l'évêché de Condom : mais ce discours n'était pas encore digne de lui, et il ne fut pas imprimé, non plus que ses sermons. L'éloge funèbre de la reine d'Angleterre, veuve de Charles Ier, qu'il fit en 1669, parut presque en tout un chef-d'œuvre. Les sujets de ces pièces d'éloquence sont heureux à proportion des malheurs que les morts ont éprouvés. C'est en quelque façon comme dans les tragédies, où les grandes infortunes des principaux personnages sont ce qui intéresse davantage. L'éloge funèbre de Madame,[1] enlevée à la fleur de son âge, et morte entre ses bras, eut le plus grand et le plus rare des succès, celui de faire verser des larmes à la cour. Il fut obligé de s'arrêter après ces paroles : « O nuit désastreuse ! nuit effroyable, où retentit tout à coup, comme un éclat de tonnerre, cette étonnante nouvelle : Madame se meurt, Madame est morte, etc. » L'auditoire éclata en sanglots ; et la voix de l'orateur fut interrompue par ses soupirs et par ses pleurs.

Les Français furent les seuls qui réussirent dans ce genre d'éloquence. Le même homme, quelque temps après, en inventa un nouveau, qui ne pouvait guère avoir de succès qu'entre ses mains. Il appliqua l'art oratoire à l'histoire même, qui semble l'exclure. Son *Discours sur l'histoire universelle*, composé pour l'éducation du dauphin, n'a eu ni modèle, ni imitateurs. Si le système qu'il adopte, pour concilier la chronologie des Juifs avec celle des autres nations, a trouvé des contradicteurs chez les savants, son style n'a trouvé que des admirateurs. On fut étonné de cette force majestueuse dont il décrit les mœurs, le gouvernement, l'accroissement, et la chute des grands empires ; et de ces traits rapides d'une vérité énergique, dont il peint et dont il juge les nations.

PRÉCIS DU SIÈCLE DE LOUIS XV.

Le roi de France est à l'extrémité. — Le jour qu'on chantait dans Metz un *Te Deum* pour la prise de Château-Dauphin, le roi ressentit des mouvements de fièvre; c'était le 8 d'auguste (1744). La maladie augmenta; elle prit le caractère d'une fièvre qu'on appelle *putride* ou *maligne*, et dès la nuit du 14 il était à l'extrémité. Son tempérament était robuste et fortifié par l'exercice; mais les meilleures constitutions sont celles qui succombent le plus souvent à ces maladies, par cela même qu'elles ont la force d'en soutenir les premières atteintes, et d'accumuler, pendant plusieurs jours, les principes d'un mal auquel elles résistent dans les commencements. Cet événement porta la crainte et la désolation de ville en ville; les peuples accouraient de tous les environs de Metz; les chemins étaient remplis d'hommes de tous états et de tout âge, qui, par leurs différents rapports, augmentaient leur commune inquiétude.

Le danger du roi se répand dans Paris au milieu de la nuit: on se lève, tout le monde court en tumulte sans savoir où l'on va. Les églises s'ouvrent en pleine nuit: on ne connaît plus le temps ni du sommeil, ni de la veille, ni du repas. Paris était hors de lui-même; toutes les maisons des hommes en place étaient assiégées d'une foule continuelle: on s'assemblait dans tous les carrefours. Le peuple s'écriait: « S'il meurt, c'est pour avoir marché à notre secours. » Tout le monde s'abordait, s'interrogeait dans les églises sans se connaître. Il y eut plusieurs églises où le prêtre, qui prononçait la prière pour la santé du roi, interrompit le chant par ses pleurs, et le peuple lui répondit par des sanglots et par des cris. Le courrier qui apporta, le 19, à Paris la nouvelle de sa convalescence fut embrassé et presque étouffé par le peuple : on baisait son cheval ; on le menait en triomphe. Toutes les rues retentissaient d'un cri de joie : « Le roi est guéri ! » Quand on rendit compte à ce monarque des transports inouïs de joie qui avaient succédé à ceux de la désolation, il en fut attendri jusqu'aux larmes, et, en se soulevant par un mouvement de sensibilité qui lui rendait des forces : « Ah ! s'écria-t-il, qu'il est doux d'être aimé ainsi ! et qu'ai-je fait pour le mériter ? »

Tel est le peuple de France, sensible jusqu'à l'enthousiasme, et capable de tous les excès dans ses affections comme dans ses murmures.

VOL. XV, 224, 225.

De la Corse. — Déjà l'on commençait à mettre dans l'île une police qu'on n'y avait point encore vue, lorsque la fatale guerre de 1741 désola la moitié de l'Europe. Le cardinal de Fleury,[1] qui l'entreprit malgré lui, et dont le caractère était de croire soutenir de grandes choses par de petits moyens, mit de l'économie dans cette guerre importante. Il retira toutes les troupes qui étaient en Corse. Gênes, loin de pouvoir subjuguer l'île, fut elle-même accablée par les Autrichiens, réduite à une espèce d'esclavage, et plus malheureuse que la Corse parce qu'elle tombait de plus haut.

Tandis que l'Europe était désolée pour la succession des États de la maison d'Autriche, et pour tant d'intérêts divers qui se mêlèrent à l'intérêt principal, les Corses s'affermirent dans l'amour de la liberté, et dans la haine pour leurs anciens maîtres. Gênes possédait toujours Bastia, la capitale de l'île, et quelques autres places ; les Corses avaient tout le reste : ils jouirent de leur liberté ou plutôt de leur licence, sous le commandement de

Giafferi, élu par eux général, homme célèbre par une valeur intrépide, et même par des vertus de citoyen. Il fut assassiné en 1753. On ne manqua pas d'en accuser le sénat de Gênes, qui n'avait peut-être nulle part à ce meurtre.

La discorde alors divisait tous les Corses. Les inimitiés entre les familles se terminaient toujours par des assassinats; mais on se réunissait contre les Génois, et les haines particulières cédaient à la haine générale. Les Corses avaient plus que jamais besoin d'un chef qui sût diriger leur fureur, et la faire servir au bien public.

Le vieux Hyacinthe Paoli, qui les avait commandés autrefois, et qui était alors retiré à Naples, leur envoya son fils Pascal Paoli en 1755. Dès qu'il parut, il fut reconnu pour commandant général de toute l'île, quoiqu'il n'eût que vingt-neuf ans. Il ne prétendit pas le titre de roi comme Théodore, mais il le fut en effet à plusieurs égards, en se mettant à la tête d'un gouvernement démocratique.

Quelque chose qu'on ait dit de lui, il n'est pas possible que ce chef n'eût de grandes qualités. Établir un gouvernement régulier chez un peuple qui n'en voulait point, réunir sous les mêmes lois des hommes divisés et indisciplinés, former à la fois des troupes réglées, et instituer une espèce d'université qui pouvait adoucir les mœurs, établir des tribunaux de justice, mettre un frein à la fureur des assassinats et des meurtres, policer la barbarie, se faire aimer en se faisant obéir, tout cela n'était pas assurément d'un homme ordinaire. Il ne put en faire assez, ni pour rendre la Corse libre, ni pour y régner pleinement; mais il en fit assez pour acquérir de la gloire.

Deux puissances très différentes l'une de l'autre entrèrent dans les démêlés de Gênes et de la Corse. L'une était la cour de Rome, et l'autre celle de France. Les papes avaient prétendu autrefois la souveraineté de l'île, et on ne l'oubliait pas à Rome. Les évêques corses ayant pris le parti du sénat génois, et trois de ces évêques ayant quitté leur patrie, le pape y envoya un visiteur général qui alarma beaucoup le sénat de Gênes. Quelques sénateurs craignirent que Rome ne profitât de ces troubles pour faire revivre ses anciennes prétentions sur un pays que Gênes ne pouvait plus conserver; cette crainte était aussi vaine que les efforts des Génois pour subjuguer les Corses. Le pape qui envoyait ce visiteur était ce même Rezzonico, qui depuis éclata si indiscrètement contre le duc de Parme: ce n'était pas un homme à conquérir des royaumes; le sénat de Gênes ordonna qu'on empêchât le visiteur d'aborder en Corse. Il n'y arriva pas moins au printemps de 1760. Le général Paoli le harangua pour s'en faire un protecteur: il fit brûler, sous la potence, le décret du sénat; mais il resta toujours le maître. Le visiteur ne put que donner des bénédictions, et faire des règlements ecclésiastiques pour des prêtres qui n'en avaient que le nom, et qui allaient quelquefois, au sortir de la messe, assassiner leurs camarades. Le ministère de France, plus agissant et plus puissant que celui de Rome, fut prié d'assister encore Gênes de ses bons offices. Enfin la cour de France envoya sept bataillons en Corse dans l'année 1764, mais non pas pour agir hostilement. Ces troupes n'étaient chargées que de garder les places dont les Génois étaient encore en possession. Elles vinrent comme médiatrices. Il fut dit qu'elles y resteraient quatre ans, et en partie aux dépens du sénat pour quelques fournitures.

Le sénat espérait que, la France s'étant chargée de garder ses places, il pourrait avec ses propres troupes suffire à regagner le reste de l'île ; il se trompa : Paoli avait discipliné des soldats, en redoublant dans le peuple l'amour de la liberté. Il avait un frère qui passait pour un brave, et qui battit souvent les mercenaires de Gênes. Cette république perdit pendant quatre ans ses troupes et son argent, tandis que Paoli augmentait chaque jour ses forces et sa réputation. L'Europe le regardait comme le législateur et le vengeur de sa patrie.

Les quatre années du séjour des Français en Corse étant expirées, le sénat de Gênes connut enfin qu'il se consumait vainement dans une entreprise ruineuse, et qu'il lui était impossible de subjuguer les Corses.

Alors il céda tous ses droits sur la Corse à la couronne de France ; le traité fut signé, au mois de juillet 1768, à Compiègne. Par ce traité, le royaume de Corse n'était pas absolument donné au roi de France, mais il était censé lui appartenir, avec la faculté réservée à la république de rentrer dans cette souveraineté en remboursant au roi les frais immenses qu'il avait faits en faveur de la république. C'était en effet céder à jamais la Corse, car il n'était pas probable que les Génois fussent en état de racheter ce royaume ; et il était encore moins probable que, l'ayant racheté, ils pussent le conserver contre toute une nation qui avait fait serment de mourir plutôt que de vivre sous le joug de Gênes.

Ainsi donc, en cédant la vaine et fatale souveraineté d'un pays qui lui était à charge, Gênes faisait en effet un bon marché, et le roi de France en faisait un meilleur puisqu'il était assez puissant pour se faire obéir dans la Corse, pour la policer, pour la peupler, pour l'enrichir, en y faisant fleurir l'agriculture et le commerce. De plus, il pouvait venir un temps où la possession de la

Corse serait un grand avantage dans les intérêts qu'on aurait à démêler en Italie.

Il restait à savoir si les hommes ont le droit de vendre d'autres hommes; mais c'est une question qu'on n'examinera jamais dans aucun traité.

On commença par négocier avec le général Paoli. Il avait à faire au ministre[1] de la politique et de la guerre; il savait que le cœur de ce ministre était au-dessus de sa naissance, que c'était l'homme le plus généreux de l'Europe, qu'il se conduisait avec une noblesse héroïque dans tous ses intérêts particuliers, et qu'il agirait avec la même grandeur d'âme dans les intérêts du roi son maître. Paoli pouvait s'attendre à des honneurs et à des récompenses, mais il était chargé du dépôt de la liberté de sa patrie. Il avait devant les yeux le jugement des nations: quel que fût son dessein, il ne voulait pas vendre la sienne; et quand il l'aurait voulu, il ne l'aurait pas pu. Les Corses étaient saisis d'un trop violent enthousiasme pour la liberté, et lui-même avait redoublé en eux cette passion si naturelle, devenue à la fois un devoir sacré et une espèce de fureur. S'il avait tenté seulement de la modérer, il aurait risqué sa vie et sa gloire.

Cette gloire n'était pas chez lui celle de combattre: il était plus législateur que guerrier; son courage était dans l'esprit; il dirigeait toutes les opérations militaires. Enfin il eut l'honneur de résister à un roi de France près d'une année. Aucune puissance étrangère ne le secourut. Quelques Anglais seulement, amoureux de cette liberté dont il était le défenseur et dont il allait être la victime, lui envoyèrent de l'argent et des armes: car les Corses étaient mal armés; ils n'avaient point de fusils à baïonnette; même quand on leur en fit tenir de Londres, la plupart des Corses ne purent s'en servir; ils préférèrent ieurs mousquetons ordinaires et leurs couteaux; leur arme principale était leur courage. Ce courage fut si grand que dans un des combats, vers une rivière nommée *le Golo*, ils se firent un rempart de leurs morts pour avoir le temps de charger derrière eux avant de faire une retraite nécessaire; leurs blessés se mêlèrent parmi les morts pour raffermir le rempart. On trouve partout de la valeur, mais on ne voit de telles actions que chez des peuples libres. Malgré tant de valeur ils furent vaincus. Le comte de Vaux, secondé du marquis de Marbœuf, soumit l'île en moins de temps que le maréchal de Maillebois ne l'avait domptée.

Le duc de Choiseul, qui dirigea toute cette entreprise, eut la gloire de donner au roi son maître une province qui peut aisément, si elle est bien cultivée, nourrir deux cent mille hommes, fournir de braves soldats, et faire un jour un commerce utile.

HISTOIRE DU PARLEMENT DE PARIS.

AVANT-PROPOS.

Il n'appartient qu'à la liberté de connaître la vérité et de la dire. Quiconque est gêné, ou par ce qu'il doit à ses maîtres, ou par ce qu'il doit à son corps, est forcé au silence; s'il est fasciné par l'esprit de parti, il ne devient que l'organe des erreurs.

Ceux qui veulent s'instruire de bonne foi sur quelque matière que ce puisse être doivent écarter tous préjugés autant que le peut la faiblesse humaine. Ils doivent penser qu'aucun corps, aucun gouvernement, aucun institut n'est aujourd'hui ce qu'il a été, qu'il changera comme il a changé, et que l'immutabilité n'appartient point aux hommes. L'empire est aujourd'hui aussi différent de celui de Charlemagne que de celui d'Auguste. L'Angleterre ne ressemble pas plus à ce qu'elle était du temps de Guillaume le Conquérant que la France ne ressemble à la France du temps de Hugues Capet; et les usages, les droits, la constitution, sous Hugues Capet, n'ont rien des temps de Clovis: ainsi tout change d'un bout de la terre à l'autre. Presque toute origine est obscure, presque toutes les lois se contredisent de siècle en siècle. La science de l'histoire n'est que celle de l'inconstance; et tout ce que nous savons bien certainement, c'est que tout est incertain.

Il y a bien peu de lois chez les peuples de l'Europe, soit civiles, soit religieuses, qui aient subsisté telles qu'elles étaient dans le commencement. Qu'on fouille les archives des premiers siècles, et qu'on voie si l'on y trouvera des évêques souverains, disant la messe au bruit des tambours, des moines princes, des cardinaux égaux aux rois et supérieurs aux princes.

Principibus praestant, et regibus aequiparantur.

Il fallut toujours rendre la justice: point de société sans tribunal; mais qu'étaient ces tribunaux? et comment jugeaient-ils? Y avait-il une seule juridiction, une seule formalité qui ressemblât aux nôtres?

Quand la Gaule eut été subjuguée par César, elle fut soumise aux lois romaines. Le gouvernement municipal, qui est le meilleur parce qu'il est le plus naturel, fut conservé dans toutes les villes: elles avaient leur sénat, que nous appelons conseil de ville, leurs domaines, leurs milices. Le conseil de la ville jugeait les procès des particuliers, et dans les affaires considérables on appelait au tribunal du préteur, ou du proconsul, ou du préfet. Cette institution subsiste encore en Allemagne, dans les villes nommées impériales; et c'est, je crois, le seul monument du droit public des anciens Romains qui n'ait point été corrompu. Je ne parle pas du droit écrit, qui est le fondement de la jurisprudence dans la partie de l'Allemagne où l'on ne suit pas le droit saxon; ce droit romain est reçu dans l'Italie et dans quelques provinces de France au delà de la Loire.

Lorsque les Sicambres, ou Francs, dans la décadence de l'empire romain, vinrent des marais du Mein et du Rhin subjuguer une partie des Gaules, dont une autre partie avait été déjà envahie par des Bourguignons, on sait assez dans quel état horrible la partie des Gaules nommée France fut alors plongée. Les Romains n'avaient pu la défendre; elle se défendit elle-même très mal, et fut la proie des barbares.

Les temps, depuis Clovis jusqu'à Charlemagne, ne sont qu'un tissu de crimes, de massacres, de dévastations et de fondations de monastères, qui font horreur et pitié; et après avoir bien examiné le gouvernement des Francs on n'y trouve guère d'autre loi bien nettement reconnue que la loi du plus fort. Voyons, si nous pouvons, ce que c'était alors qu'un *parlement*.

VOL. XV, 445, 446.

Journée de la Saint-Barthélemy.[1] — La journée de la Saint-Barthélemy fut ce qu'il y a jamais eu de plus horrible. La manière juridique dont la cour voulut soutenir et justifier ces massacres fut ce qu'on a vu jamais de plus lâche. Charles IX alla lui-même au parlement le troisième jour des massacres, et pendant qu'ils duraient encore. Il présupposa que l'amiral de Coligny et tous ceux qu'on avait égorgés, et dont on continuait de poursuivre la vie, avaient fait une conspiration contre sa personne et contre la famille royale, et que cette conspiration était prête d'éclater quand on se vit obligé de l'étouffer dans le sang des complices.

Il n'était pas possible que Coligny, assassiné trois jours avant par Maurevert, presque sous les yeux du roi, et blessé très dangereusement, eût fait dans son lit cette conspiration prétendue.

C'était le temps des vacances du parlement; on assembla exprès une chambre extraordinaire. Cette chambre condamna, le 27 septembre 1572, l'amiral Coligny, déjà mort et mis en pièces, à être traîné sur la claie, et pendu à un gibet dans la place de Grève, d'où il serait porté aux fourches patibulaires de Montfaucon. Par cet arrêt, son château de Châtillon-sur-Loing fut rasé; les arbres du parc coupés; on sema du sel sur le territoire de cette seigneurie; on croyait par là rendre ce terrain stérile, comme s'il n'y eût pas eu dans ces temps déplorables assez de friches en France. Un ancien préjugé faisait penser que le sel ôte à la terre sa fécondité: c'est précisément tout le contraire; mais l'ignorance des hommes égalait alors leur férocité.

Les enfants de Coligny, quoique nés du sang le plus illustre, furent déclarés roturiers, privés non-seulement de tous leurs biens, mais de tous les droits de citoyens, et incapables de tester. Enfin le parlement ordonna qu'on ferait tous les ans à Paris une procession pour rendre grâces à Dieu des massacres, et pour en célébrer la mémoire. Cette procession ne se fit point parce que les temps changèrent, et cette honte fut du moins épargnée à la nation.

Par un autre arrêt du même jour, deux gentilshommes, amis de l'amiral, Briquemaut et Cavagnes, échappés aux assassins de la Saint-Barthélemy, furent condamnés à être pendus comme complices de la prétendue conspiration; ils furent traînés le même jour dans un tombereau à la Grève, avec l'effigie de l'amiral. De Thou[1] assure que le roi et Catherine sa mère vinrent jouir de ce spectacle à l'Hôtel de Ville, et qu'ils y traînèrent le roi de Navarre, notre Henri IV.

La cour avait d'abord écrit dans plusieurs provinces que les massacres de Paris n'avaient été qu'un léger tumulte excité par la conspiration de l'amiral; mais, par un second courrier, on envoya dans toutes les provinces un ordre exprès de traiter les protestants comme on les avait traités à Paris.

Les peuples de Lyon et de Bordeaux furent ceux qui imitèrent la fureur des Parisiens avec le plus de barbarie. Un jésuite nommé Edmond Ogier excitait le peuple de Bordeaux au carnage, un crucifix à la main. Il mena lui-même les assassins chez deux conseillers au parlement dont il croyait avoir à se plaindre, et qu'il fit égorger sous ses yeux.

Le cardinal de Lorraine[2] était alors à Rome. La cour lui dépêcha un gentilhomme pour lui porter ces nouvelles. Le cardinal lui fit sur-le-champ présent de mille écus d'or. Le pape Grégoire XIII fit incontinent tirer le canon du château Saint-Ange; on alluma le soir des feux de joie dans toute la ville de Rome. Le lendemain le pape, accompagné de tous les cardinaux, alla rendre grâces à Dieu dans l'église de Saint-Marc et dans celle de Saint-Louis; il y marcha à pied en procession; l'ambassadeur de l'empereur lui portait la queue, le cardinal de Lorraine dit la messe; on frappa des médailles sur cet événement (j'en ai eu une entre les mains); on fit faire un grand tableau dans lequel les massacres de la Saint-

Barthélemy étaient peints. On lit dans une banderole, au haut du tableau, ces mots : *Pontifex Colinii necem probat.*
Charles IX ne survécut pas longtemps à ces horreurs. Il vit que, pour comble de malheurs, elles avaient été inutiles. Les protestants de son royaume, n'ayant plus d'autre ressource que de vendre chèrement leur vie, furent encouragés par leur désespoir. L'atrocité de la Saint-Barthélemy fit horreur à un grand nombre de catholiques qui, ne pouvant croire qu'une religion si sanguinaire pût être la véritable, embrassèrent la protestante.

Charles IX, dévoré de remords et d'inquiétude, tomba dans une maladie mortelle. Son sang s'alluma et se corrompit; il lui sortait quelquefois par les pores; le sommeil le fuyait, et quand il goûtait un moment de repos, il croyait voir les spectres de ses sujets égorgés par ses ordres; il se réveillait avec des cris affreux, tout trempé de son propre sang, effrayé de celui qu'il avait répandu, n'ayant pour consolation que sa nourrice, et lui disant avec des sanglots: « Ah! ma nourrice, que de sang! que de meurtres! qu'ai-je fait! je suis perdu.»

Il mourut le 30 mai 1574, n'ayant pas encore vingt-quatre ans.

VOL. XV, 527-529.

De l'Édit de Nantes. Discours de Henri IV au parlement. — Les protestants du royaume étaient affligés d'avoir vu leur religion abandonnée par Henri. Les plus sages lui pardonnaient une politique nécessaire, et lui furent toujours fidèles; les autres murmurèrent longtemps; ils tremblèrent de se voir la victime des catholiques, et demandèrent souvent au roi des sûretés contre leurs ennemis. Les ducs de Bouillon et de la Trimouille étaient à la tête de cette faction ; le roi contint les plus mutins, encouragea les plus fidèles, et rendit justice à tous.

Il traita avec eux comme il avait traité avec les ligueurs,[1] mais il ne lui en coûta ni argent ni gouvernements, comme les ligueurs lui en avaient extorqué. Il se souvenait d'ailleurs qu'il avait été longtemps leur chef, qu'il avait gagné avec eux des batailles, et que, s'il avait prodigué son sang pour eux, leurs pères et leurs frères étaient morts pour lui.

Il délégua donc trois commissaires plénipotentiaires pour rédiger avec eux-mêmes un édit solennel et irrévocable qui leur assurât le repos et la liberté d'une religion si longtemps persécutée, afin qu'elle ne fût désormais ni opprimée ni opprimante.

L'édit fut signé le dernier avril 1598: non-seulement on leur accordait cette liberté de conscience qui semble être de droit naturel, mais on leur laissait pour huit années les places de sûreté que Henri III leur avait données au delà de la Loire, et surtout dans le Languedoc. Ils pouvaient posséder toutes les charges comme les catholiques. On établissait dans les parlements des chambres composées de catholiques et de protestants.

Le parlement rendit alors un grand service au roi et au royaume, en se joignant aux évêques pour remontrer au roi le danger d'un article de l'édit que le roi avait signé avec une facilité trop précipitée. Cet article portait qu'ils pourraient s'assembler en tel lieu et en tel temps qu'ils voudraient, sans demander permission; qu'ils pourraient admettre les étrangers dans leurs synodes, et aller hors du royaume aux synodes étrangers.

Henri IV vit qu'il avait été surpris, et supprima cette concession qui ouvrait la porte aux conspirations et aux troubles. Enfin il concilia si bien ce qu'il devait de reconnaissance aux protestants, et de ménagements aux catholiques, que tout le monde dut être satisfait; et il prit si bien ses mesures que, de son temps, la religion protestante ne fut plus une faction.

Cependant le parlement, craignant les suites de la bonté du roi, refusa longtemps d'enregistrer l'édit. Il fit venir deux députés de chaque chambre au Louvre. Il est triste que le président de Thou, dans son histoire écrite avec tant de candeur, n'ait jamais rapporté les véritables discours de Henri IV. Cet historien, écrivant en latin, non-seulement ôtait aux paroles du roi cette naïveté familière qui en fait le charme, et qu'on ne peut traduire; mais il imitait encore les anciens auteurs latins, qui mettaient leurs propres idées dans la bouche de leur personnage, se piquant plutôt d'être orateurs élégants que narrateurs fidèles. Voici la partie la plus essentielle du discours que tint Henri IV au parlement:

« Je prends bien les avis de tous mes serviteurs: lorsqu'on m'en donne de bons, je les embrasse; et si je trouve leur opinion meilleure que la mienne, je la change fort volontiers. Il n'y a pas un de vous que quand il me voudra venir trouver et me dire: Sire, vous faites telle chose qui est injuste à toute raison, que je ne l'écoute fort volontiers. Il s'agit maintenant de faire cesser tous faux bruits; il ne faut plus faire de distinction de catholiques et de huguenots; il faut que tous soient bons Français, et que les catholiques convertissent les huguenots par l'exemple de leur bonne vie ; mais il ne faut pas donner occasion aux mauvais bruits qui courent par tout le royaume : vous en êtes la cause pour n'avoir pas promptement vérifié l'édit.

« J'ai reçu plus de biens et plus de grâces de Dieu que pas un de vous; je ne désire en demeurer ingrat; mon naturel n'est pas disposé à l'ingratitude, combien qu'envers Dieu je ne puisse être autre; mais pour le moins j'espère qu'il me fera la grâce d'avoir toujours de bons desseins. Je suis catholique, et ne veux que personne en mon royaume affecte d'être plus catholique que moi. Être catholique par intérêt, c'est ne valoir rien.

« On dit que je veux favoriser ceux de la religion, et on veut entrer en quelque méfiance de moi. Si j'avais envie de ruiner la religion catholique, je ne m'y conduirais de la façon; je ferais venir vingt mille hommes; je chasserais d'ici ceux qu'il me plairait; et quand j'aurais commandé que quelqu'un sortît, il faudrait obéir. Je dirais: Messieurs les juges, il faut vérifier l'édit, ou je vous ferai mourir; mais alors je ferais le tyran. Je n'ai point conquis ce royaume par tyrannie, je l'ai par nature et par mon travail.

« J'aime mon parlement de Paris par dessus tous les autres; il faut que je reconnaisse la vérité, que c'est le seul lieu où la justice se rend aujourd'hui dans mon royaume; il n'est point corrompu par argent. En la plupart des autres, la justice s'y vend; et qui donne deux mille écus l'emporte sur celui qui donne moins: je le sais, parce que j'ai aidé autrefois à boursiller; mais cela me servait à des desseins particuliers.

« Vos longueurs et vos difficultés donnent sujet de remuements étranges dans les villes. L'on a fait des processions contre l'édit, même à Tours, où elles se devaient moins faire qu'en tout autre lieu, d'autant que j'ai fait celui qui en est archevêque. L'on en fait aussi au Mans pour inspirer aux juges à rejeter l'édit; cela ne s'est fait que par mauvaise inspiration. Empêchez que de telles choses n'arrivent plus. Je vous prie que je n'aie plus à parler de cette affaire, et que ce soit pour la dernière fois: faites-le, je vous le commande et vous en prie. »

Malgré ce discours du roi, les préjugés étaient encore si forts qu'il y eut de grands débats dans le parlement pour la vérification. La compagnie était partagée entre ceux qui, ayant été longtemps du parti de la Ligue, conservaient encore leurs anciens sentiments sur ce qui concernait les affaires de la religion, et ceux qui, ayant été auprès du roi à Tours et à Châlons, connaissaient mieux sa personne et les besoins de l'État. L'éloquence et la sagesse de deux magistrats ramenèrent tous les esprits. Un conseiller nommé Coqueley, autrefois ligueur violent, et depuis détrompé, fit un tableau si touchant des malheurs où la guerre civile avait réduit la France, et du bonheur attaché à l'esprit de tolérance, que tous les cœurs en furent émus. Mais il y avait dans le parlement des hommes très savants dans les lois, qui, trop frappés des anciennes lois sévères des deux Théodoses contre les hérétiques, pensaient que la France devait se conduire par les institutions de ces empereurs.

Le président Auguste de Thou, encore plus savant qu'eux, les battit par leurs propres armes. «L'empereur Justin, leur dit-il, voulut extirper l'arianisme dans l'Orient; il crut y parvenir en dépouillant les ariens de leurs églises. Que fit alors le grand Théodoric, maître de Rome et d'Italie? Il envoya l'évêque de Rome Jean Ier avec un consul et deux patrices en ambassade à Constantinople, déclarer à Justin que s'il persécutait ceux qu'on appelait ariens, Théodoric ferait mourir ceux qui se nommaient seuls catholiques.» Cette déclaration arrêta l'empereur, et il n'y eut alors de persécution ni dans l'Orient ni dans l'Occident.

Un si grand exemple rapporté par un homme tel que de Thou, l'image frappante d'un pape allant lui-même de Rome à Constantinople parler en faveur des hérétiques,

firent une si puissante impression sur les esprits que
l'édit de Nantes passa tout d'une voix, et fut ensuite
enregistré dans tous les parlements du royaume.

Vol. XV, 569-572.

HISTOIRE DE CHARLES XII[1] ROI DE SUÈDE.

Il parut devant Narva à la tête de cette grande armée,
le 1er octobre, dans un temps plus rude en ce climat que
ne l'est le mois de janvier à Paris. Le czar, qui, dans de
pareilles saisons, faisait quelquefois quatre cents lieues
en poste à cheval, pour aller visiter lui-même une mine
ou quelque canal, n'épargnait pas plus ses troupes que
lui-même. Il savait d'ailleurs que les Suédois, depuis le
temps de Gustave-Adolphe,[2] faisaient la guerre au cœur
de l'hiver comme dans l'été: il voulut accoutumer aussi
ses Moscovites à ne point connaître de saisons, et les rendre un jour pour le moins égaux aux Suédois. Ainsi,
dans un temps où les glaces et les neiges forcent les autres nations, dans les climats tempérés, à suspendre la
guerre, le czar Pierre[3] assiégeait Narva à trente degrés
du pôle, et Charles XII s'avançait pour la secourir. Le
czar ne fut pas plutôt arrivé devant la place qu'il se hâta
de mettre en pratique tout ce qu'il venait d'apprendre
dans ses voyages. Il traça son camp, le fit fortifier de
tous côtés, éleva des redoutes de distance en distance,
et ouvrit lui-même la tranchée. Il avait donné le commandement de son armée au duc de Croï, Allemand,
général habile, mais peu secondé alors par les officiers
russes. Pour lui, il n'avait dans ses propres troupes que
le rang de simple lieutenant. Il avait donné l'exemple

de l'obéissance militaire à sa noblesse, jusque-là indisciplinable, laquelle était en possession de conduire sans expérience et en tumulte des esclaves mal armés. Il n'était pas étonnant que celui qui s'était fait charpentier [1] à
5 Amsterdam pour avoir des flottes fût lieutenant à Narva pour enseigner à sa nation l'art de la guerre.

Les Russes sont robustes, infatigables, peut-être aussi courageux que les Suédois; mais c'est au temps à aguerrir les troupes, et à la discipline à les rendre invincibles.
10 Les seuls régiments dont on pût espérer quelque chose étaient commandés par des officiers allemands, mais ils étaient en petit nombre. Le reste était des barbares arrachés à leurs forêts, couverts de peaux de bêtes sauvages, les uns armés de flèches, les autres de massues:
15 peu avaient des fusils; aucun n'avait vu un siége régulier; il n'y avait pas un bon canonnier dans toute l'armée. Cent cinquante canons, qui auraient dû réduire la petite ville de Narva en cendres, y avaient à peine fait brèche, tandis que l'artillerie de la ville renversait à tout
20 moment des rangs entiers dans les tranchées. Narva était presque sans fortifications: le baron de Horn, qui y commandait, n'avait pas mille hommes de troupes réglées; cependant cette armée innombrable n'avait pu la réduire en six semaines.

25 On était déjà au 15 de novembre, quand le czar apprit que le roi de Suède, ayant traversé la mer [2] avec deux cents vaisseaux de transport, marchait pour secourir Narva. Les Suédois n'étaient que vingt mille. Le czar n'avait que la supériorité du nombre. Loin donc de
30 mépriser son ennemi, il employa tout ce qu'il avait d'art pour l'accabler. Non content de quatre-vingt mille hommes, il se prépara à lui opposer encore une autre armée, et à l'arrêter à chaque pas. Il avait déjà mandé

près de trente mille hommes qui s'avançaient de Pleskow à grandes journées. Il fit alors une démarche qui l'eût rendu méprisable si un législateur qui a fait de si grandes choses pouvait l'être. Il quitta son camp, où sa présence était nécessaire, pour aller chercher ce nouveau corps de troupes, qui pouvait très bien arriver sans lui, et sembla, par cette démarche, craindre de combattre dans un camp retranché un jeune prince sans expérience, qui pouvait venir l'attaquer.

Quoi qu'il en soit, il voulait enfermer Charles XII entre deux armées. Ce n'était pas tout; trente mille hommes, détachés du camp devant Narva, étaient postés à une lieue de cette ville, sur le chemin du roi de Suède; vingt mille [1] strélitz [2] étaient plus loin sur le même chemin; cinq mille autres faisaient une garde avancée. Il fallait passer sur le ventre à toutes ces troupes avant que d'arriver devant le camp, qui était muni d'un rempart et d'un double fossé. Le roi de Suède avait débarqué à Pernaw, dans le golfe de Riga, avec environ seize mille hommes d'infanterie et un peu plus de quatre mille chevaux. De Pernaw il avait précipité sa marche jusqu'à Revel, suivi de toute sa cavalerie, et seulement de quatre mille fantassins. Il marchait toujours en avant, sans attendre le reste de ses troupes. Il se trouva bientôt avec ses huit mille hommes seulement devant les premiers postes des ennemis. Il ne balança pas à les attaquer tous les uns après les autres, sans leur donner le temps d'apprendre à quel petit nombre ils avaient affaire. Les Moscovites, voyant arriver les Suédois à eux, crurent avoir toute une armée à combattre. La garde avancée de cinq mille hommes, qui gardait, entre des rochers, un poste où cent hommes résolus pouvaient arrêter une armée entière, s'enfuit à la première approche des Suédois.

Les vingt mille hommes qui étaient derrière, voyant fuir leurs compagnons, prirent l'épouvante, et allèrent porter le désordre dans le camp. Tous les postes furent emportés en deux jours; et ce qui, en d'autres occasions, eût 5 été compté pour trois victoires, ne retarda pas d'une heure la marche du roi. Il parut donc enfin, avec ses huit mille hommes fatigués d'une si longue marche, devant un camp de quatre-vingt mille Russes, bordé de cent cinquante canons. A peine ses troupes eurent-elles 10 pris quelque repos que, sans délibérer, il donna ses ordres pour l'attaque.

Le signal était deux fusées, et le mot en allemand: *avec l'aide de Dieu*. Un officier général lui ayant représenté la grandeur du péril: « Quoi! vous doutez, dit-il, 15 qu'avec mes huit mille braves Suédois je ne passe sur le corps à quatre-vingt mille Moscovites? » Un moment après, craignant qu'il n'y eût un peu de fanfaronnade dans ses paroles, il courut lui-même après cet officier: « N'êtes-vous donc pas de mon avis? lui dit-il; n'ai-je 20 pas deux avantages sur les ennemis: l'un, que leur cavalerie ne pourra leur servir; et l'autre, que, le lieu étant resserré, leur grand nombre ne fera que les incommoder? et ainsi je serai réellement plus fort qu'eux. » L'officier n'eut garde d'être d'un autre avis, et on marcha aux 25 Moscovites à midi, le 30 novembre 1700.

Dès que le canon des Suédois eut fait brèche aux retranchements, ils s'avancèrent la baïonnette au bout du fusil, ayant au dos une neige furieuse qui donnait au visage des ennemis. Les Russes se firent tuer pendant 30 une demi-heure sans quitter le revers des fossés. Le roi attaquait à la droite du camp où était le quartier du czar; il espérait le rencontrer, ne sachant pas que l'empereur lui-même avait été chercher ces quarante mille hommes qui devaient arriver dans peu. Aux premières décharges de la mousqueterie ennemie le roi reçut une balle à la gorge ; mais c'était une balle morte qui s'arrêta dans les plis de sa cravate noire, et qui ne lui fit aucun mal. Son cheval fut tué sous lui. M. de Sparre m'a dit que le roi sauta légèrement sur un autre cheval, en disant: « Ces gens-ci me font faire mes exercices » ; et continua de combattre et de donner des ordres avec la même présence d'esprit. Après trois heures de combat les retranchements furent forcés de tous côtés. Le roi poursuivit la droite des ennemis jusqu'à la rivière de Narva avec son aile gauche, si l'on peut appeler de ce nom environ quatre mille hommes qui en poursuivaient près de quarante mille. Le pont rompit sous les fuyards ; la rivière fut en un moment couverte de morts. Les autres, désespérés, retournèrent à leur camp sans savoir où ils allaient : ils trouvèrent quelques baraques derrière lesquelles ils se mirent ; là, ils se défendirent encore, parce qu'ils ne pouvaient pas se sauver ; mais enfin leurs généraux Dolgorowki, Golowkin, Fédérowitz, vinrent se rendre au roi, et mettre leurs armes à ses pieds. Pendant qu'on les lui présentait, arriva le duc de Croï, général de l'armée, qui venait se rendre lui-même avec trente officiers.

Charles reçut tous ces prisonniers d'importance avec une politesse aussi aisée et un air aussi humain que s'il leur eût fait dans sa cour les honneurs d'une fête. Il ne voulut garder que les généraux. Tous les officiers subalternes et les soldats furent conduits désarmés jusqu'à la rivière de Narva ; on leur fournit des bateaux pour la repasser et pour s'en retourner chez eux. Cependant la nuit s'approchait ; la droite des Moscovites se battait encore : les Suédois n'avaient pas perdu six cents hommes ; dix-huit mille Moscovites avaient été tués dans leurs retranchements, un grand nombre était noyé, beaucoup avaient passé la rivière: il en restait encore assez dans le camp pour exterminer jusqu'au dernier Suédois; mais ce n'est pas le nombre des morts, c'est l'épouvante de ceux qui survivent qui fait perdre les batailles. Le roi profita du peu de jour qui restait pour saisir l'artillerie ennemie. Il se posta avantageusement entre leur camp et la ville: là il dormit quelques heures sur la terre, enveloppé dans son manteau, en attendant qu'il pût fondre, au point du jour, sur l'aile gauche des ennemis, qui n'avait point encore été tout à fait rompue. A deux heures du matin le général Vede, qui commandait cette gauche, ayant su le gracieux accueil que le roi avait fait aux autres généraux, et comment il avait renvoyé tous les officiers subalternes et les soldats, l'envoya supplier de lui accorder la même grâce. Le vainqueur lui fit dire qu'il n'avait qu'à s'approcher à la tête de ses troupes, et venir mettre bas les armes et les drapeaux devant lui. Ce général parut bientôt après avec ses Moscovites, qui étaient au nombre d'environ trente mille. Ils marchèrent tête nue, soldats et officiers, à travers moins de sept mille Suédois. Les soldats, en passant devant le roi, jetaient à terre leurs fusils et leurs épées; et les officiers portaient à ses pieds les enseignes et les drapeaux. Il fit repasser la rivière à toute cette multitude, sans en retenir un seul soldat prisonnier. S'il les avait gardés, le nombre des prisonniers eût été au moins cinq fois plus grand que celui des vainqueurs.

Alors il entra victorieux dans Narva, accompagné du duc de Croï et des autres officiers généraux moscovites: il leur fit rendre à tous leurs épées, et, sachant qu'ils manquaient d'argent, et que les marchands de Narva ne voulaient point leur en prêter, il envoya mille ducats au duc de Croï, et cinq cents à chacun des officiers moscovites, qui ne pouvaient se lasser d'admirer ce traitement, dont ils n'avaient pas même d'idée. On dressa aussitôt à Narva une relation de la victoire pour l'envoyer à Stockholm et aux alliés de la Suède; mais le roi retrancha de sa main tout ce qui était trop avantageux pour lui et trop injurieux pour le czar. Sa modestie ne put empêcher qu'on ne frappât à Stockholm plusieurs médailles pour perpétuer la mémoire de ces événements. Entre autres on en frappa une qui le représentait d'un côté sur un piédestal où paraissaient enchaînés un Moscovite, un Danois, un Polonais; de l'autre était un Hercule armé de sa massue, tenant sous ses pieds un Cerbère[1] avec cette légende: *Tres uno contudit ictu*.

Parmi les prisonniers faits à la journée de Narva, on en vit un qui était un grand exemple des révolutions de la fortune: il était fils aîné et héritier du roi de Géorgie;[2] on le nommait le czarafis Artfchelou; ce titre de *czarafis* signifie prince, ou fils du czar, chez tous les Tartares comme en Moscovie; car le mot de *czar* ou *tzar* voulait dire roi chez les anciens Scythes, dont tous ces peuples sont descendus, et ne vient point des *Césars* de Rome, si longtemps inconnus à ces barbares. Son père Mittelleski, czar et maitre de la plus belle partie des pays qui sont entre les montagnes d'Ararat et les extrémités orientales de la mer Noire, avait été chassé de son royaume par ses propres sujets en 1688, et avait mieux aimé se jeter entre les bras de l'empereur de Moscovie que recourir à celui des Turcs. Le fils de ce roi, âgé de dix-neuf ans, voulut suivre Pierre le Grand dans son expédition contre les Suédois, et fut pris en combattant par quelques soldats finlandais qui l'avaient déjà dépouillé, et qui allaient le massacrer. Le comte Rehnsköld l'arracha de leurs

mains, lui fit donner un habit, et le présenta à son
maître : Charles l'envoya à Stockholm, où ce prince malheureux mourut quelques années après. Le roi ne put
s'empêcher, en le voyant partir, de faire tout haut devant
5 ses officiers une réflexion naturelle sur l'étrange destinée
d'un prince asiatique, né au pied du mont Caucase, qui
allait vivre captif parmi les glaces de la Suède. «C'est,
dit-il, comme si j'étais un jour prisonnier chez les Tartares de Crimée.» Ces paroles ne firent alors aucune
10 impression; mais dans la suite [1] on ne s'en souvint que
trop, lorsque l'événement en eut fait une prédiction.

Le czar s'avançait à grandes journées avec l'armée de
quarante mille Russes, comptant envelopper son ennemi
de tous côtés. Il apprit à moitié chemin la bataille de
15 Narva et la dispersion de tout son camp. Il ne s'obstina
pas à vouloir attaquer, avec ses quarante mille hommes
sans expérience et sans discipline, un vainqueur qui venait
d'en détruire quatre-vingt mille dans un camp retranché ;
il retourna sur ses pas, poursuivant toujours le dessein de
20 discipliner ses troupes pendant qu'il civilisait ses sujets.
«Je sais bien, dit-il, que les Suédois nous battront longtemps ; mais à la fin ils nous apprendront eux-mêmes à
les vaincre.» Moscou, sa capitale,[2] fut dans l'épouvante
et dans la désolation à la nouvelle de cette défaite. Telle
25 était la fierté et l'ignorance de ce peuple, qu'ils crurent
avoir été vaincus par un pouvoir plus qu'humain, et que
les Suédois étaient de vrais magiciens. Cette opinion
fut si générale que l'on ordonna à ce sujet des prières
publiques à saint Nicolas, patron de la Moscovie. Cette
30 prière est trop singulière pour n'être pas rapportée. La
voici :

«O toi qui es notre consolateur perpétuel dans toutes
nos adversités, grand saint Nicolas, infiniment puissant,

par quel péché t'avons-nous offensé dans nos sacrifices, génuflexions, révérences et actions de grâces, pour que tu nous aies ainsi abandonnés? Nous avions imploré ton assistance contre ces terribles, insolents, enragés, épouvantables, indomptables destructeurs, lorsque, comme des lions et des ours qui ont perdu leurs petits, ils nous ont attaqués, effrayés, blessés, tués par milliers, nous qui sommes ton peuple. Comme il est impossible que cela soit arrivé sans sortilége et enchantement, nous te supplions, ô grand saint Nicolas, d'être notre champion et notre porte-étendard, de nous délivrer de cette foule de sorciers, et de les chasser bien loin de nos frontières avec la récompense qui leur est due.»

Tandis que les Russes se plaignaient à saint Nicolas de leur défaite, Charles XII faisait rendre grâces à Dieu, et se préparait à de nouvelles victoires.

VOL. XVI, 172-178.

Il sortait de Cracovie bien résolu de poursuivre le roi Auguste[1] sans relâche. A quelques milles de la ville, son cheval s'abattit, et lui fracassa la cuisse. Il fallut le reporter à Cracovie, où il demeura au lit six semaines entre les mains des chirurgiens. Cet accident donna à Auguste le loisir de respirer. Il fit aussitôt répandre dans la Pologne et dans l'empire que Charles XII était mort de sa chute. Cette fausse nouvelle, crue quelque temps, jeta tous les esprits dans l'étonnement et dans l'incertitude. Dans ce petit intervalle il assemble à Marienbourg, puis à Lublin, tous les ordres du royaume déjà convoqués à Sandomir. La foule y fut grande: peu de palatinats refusèrent d'y envoyer. Il regagna presque tous les esprits par des largesses, par des promesses, et par cette affabilité nécessaire aux rois absolus pour se faire aimer, et aux rois électifs pour se maintenir. La

diète fut bientôt détrompée de la fausse nouvelle de la
mort du roi de Suède; mais le mouvement était déjà donné
à ce grand corps: il se laissa emporter à l'impulsion
qu'il avait reçue; tous les membres jurèrent de demeurer
5 fidèles à leur souverain; tant les compagnies sont sujettes aux variations. Le cardinal primat lui-même, affectant encore d'être attaché au roi Auguste, vint à la diète
de Lublin; il y baisa la main au roi, et ne refusa point
de prêter le serment comme les autres. Ce serment con-
10 sistait à jurer que l'on n'avait rien entrepris et qu'on
n'entreprendrait rien contre Auguste. Le roi dispensa
le cardinal de la première partie du serment, et le prélat
jura le reste en rougissant. Le résultat de cette diète fut
que la république de Pologne entretiendrait une armée
15 de cinquante mille hommes à ses dépens pour le service
de son souverain; qu'on donnerait six semaines aux Suédois pour déclarer s'ils voulaient la paix ou la guerre,
et pareil terme aux princes de Sapieha, les premiers
auteurs des troubles de Lithuanie, pour venir demander
20 pardon au roi de Pologne.

Mais durant ces délibérations, Charles XII, guéri de sa
blessure, renversait tout devant lui. Toujours ferme dans
le dessein de forcer les Polonais à détrôner eux-mêmes
leur roi, il fit convoquer, par les intrigues du cardinal
25 primat, une nouvelle assemblée à Varsovie, pour l'opposer à celle de Lublin. Ses généraux lui représentaient
que cette affaire pourrait encore avoir des longueurs, et
s'évanouir dans des délais; que pendant ce temps les Moscovites s'aguerrissaient tous les jours contre les troupes
30 qu'il avait laissées en Livonie et en Ingrie; que les combats qui se donnaient souvent dans ces provinces entre
les Suédois et les Russes n'étaient pas toujours à l'avantage des premiers, et qu'enfin sa présence y serait peut-

être bientôt nécessaire. Charles, aussi inébranlable dans ses projets que vif dans ses actions, leur répondit : « Quand je devrais rester ici cinquante ans, je n'en sortirai point que je n'aie détrôné le roi de Pologne. »

Il laissa l'assemblée de Varsovie combattre par des discours et par des écrits celle de Lublin, et chercher de quoi justifier ses procédés dans les lois du royaume ; lois toujours équivoques, que chaque parti interprète à son gré, et que le succès seul rend incontestables. Pour lui, ayant augmenté ses troupes victorieuses de six mille hommes de cavalerie, et de huit mille d'infanterie, qu'il reçut de Suède, il marcha contre les restes de l'armée saxonne, qu'il avait battue à Clissau, et qui avait eu le temps de se rallier et de se grossir pendant que sa chute de cheval l'avait retenu au lit. Cette armée évitait ses approches, et se retirait vers la Prusse, au nord-ouest de Varsovie. La rivière de Bug était entre lui et les ennemis. Charles passa à la nage, à la tête de sa cavalerie ; l'infanterie alla chercher un gué au-dessus. (1er mai 1703) On arrive aux Saxons dans un lieu nommé Pultesh. Le général Stenau les commandait au nombre d'environ dix mille. Le roi de Suède, dans sa marche précipitée, n'en avait pas amené davantage, sûr qu'un moindre nombre lui suffisait. La terreur de ses armes était si grande que la moitié de l'armée saxonne s'enfuit à son approche sans rendre de combat. Le général Stenau fit ferme un moment avec deux régiments : le moment d'après il fut lui-même entraîné dans la fuite générale de son armée, qui se dispersa avant d'être vaincue. Les Suédois ne firent pas mille prisonniers, et ne tuèrent pas six cents hommes, ayant plus de peine à les poursuivre qu'à les défaire.

   .   Vol. XVI, 195, 196.

On sait sous quelle discipline sévère vivaient les troupes

de Charles XII; qu'elles ne pillaient pas les villes prises d'assaut avant d'en avoir reçu la permission; qu'elles allaient même au pillage avec ordre, et le quittaient au premier signal. Les Suédois se vantent encore aujourd'hui de la discipline qu'ils observèrent en Saxe, et cependant les Saxons se plaignent des dégâts affreux qu'ils y commirent: contradictions qu'il serait impossible de concilier si l'on ne savait combien les hommes voient différemment les mêmes objets. Il était bien difficile que les vainqueurs n'abusassent quelquefois de leurs droits, et que les vaincus ne prissent les plus légères lésions pour des brigandages barbares. Un jour, le roi se promenant à cheval près de Leipsick, un paysan saxon vint se jeter à ses pieds pour lui demander justice d'un grenadier qui venait de lui enlever ce qui était destiné pour le dîner de sa famille. Le roi fit venir le soldat: « Est-il vrai, dit-il d'un visage sévère, que vous avez volé cet homme? — Sire, dit le soldat, je ne lui ai pas fait tant de mal que Votre Majesté en a fait à son maître: vous lui avez ôté un royaume, et je n'ai pris à ce manant qu'un dindon.» Le roi donna dix ducats de sa main au paysan, et pardonna au soldat en faveur de la hardiesse du bon mot, en lui disant: « Souviens-toi, mon ami, que si j'ai ôté un royaume au roi Auguste, je n'en ai rien pris pour moi.»

VOL. XVI, 215, 216.

Le roi de Suède recevait alors dans son camp d'Alt-Rantstadt les ambassadeurs de presque tous les princes de la chrétienté. Les uns venaient le supplier de quitter les terres de l'empire; les autres eussent bien voulu qu'il eût tourné ses armes contre l'empereur; le bruit même s'était répandu partout qu'il devait se joindre à la France pour accabler la maison d'Autriche. Parmi tous ces ambassadeurs vint le fameux Jean, duc de Marlborough, de la part d'Anne, reine de la Grande-Bretagne. Cet homme, qui n'a jamais assiégé de ville qu'il n'ait prise, ni donné de bataille qu'il n'ait gagnée, était à Saint-James[1] un adroit courtisan, dans le parlement un chef de parti, dans les pays étrangers le plus habile négociateur de son siècle. Il avait fait autant de mal à la France par son esprit que par ses armes. On a entendu dire au secrétaire des États-Généraux, M. Fagel, homme d'un très grand mérite, que plus d'une fois les États-Généraux ayant résolu de s'opposer à ce que le duc de Marlborough devait leur proposer, le duc arrivait, leur parlait en français, langue dans laquelle il s'exprimait très mal, et les persuadait tous. C'est ce que le lord Bolingbroke m'a confirmé.

Il soutenait avec le prince Eugène, compagnon de ses victoires, et avec Heinsius, grand-pensionnaire de Hollande, tout le poids des entreprises des alliés contre la France. Il savait que Charles était aigri contre l'empire et contre l'empereur, qu'il était sollicité secrètement par les Français, et que si ce conquérant embrassait le parti de Louis XIV les alliés seraient opprimés.

Il est vrai que Charles avait donné sa parole, en 1700, de ne se mêler en rien de la guerre de Louis XIV contre les alliés; mais le duc de Marlborough ne croyait pas qu'il y eût un prince assez esclave de sa parole pour ne pas la sacrifier à sa grandeur et à son intérêt. Il partit donc de la Haye dans le dessein d'aller sonder les intentions du roi de Suède. M. Fabrice, qui était alors auprès de Charles XII, m'a assuré que le duc de Marlborough, en arrivant, s'adressa secrètement, non pas au comte Piper, premier ministre, mais au baron de Görtz, qui commençait à partager avec Piper la confiance du roi. Il arriva même dans le carrosse de ce baron au quartier de Charles XII, et il y eut des froideurs marquées entre lui et le chancelier Piper. Présenté ensuite par Piper, avec Robinson, ministre d'Angleterre, il parla au roi en français; il lui dit qu'il s'estimerait heureux de pouvoir apprendre sous ses ordres ce qu'il ignorait de l'art de la guerre. Le roi ne répondit à ce compliment par aucune civilité, et parut oublier que c'était Marlborough qui lui parlait. Je sais même qu'il trouva que ce grand homme était vêtu d'une manière trop recherchée, et avait l'air trop peu guerrier. La conversation fut fatigante et générale, Charles XII s'exprimant en suédois, et Robinson servant d'interprète. Marlborough, qui ne se hâtait jamais de faire ses propositions, et qui avait, par une longue habitude, acquis l'art de démêler les hommes et de pénétrer les rapports qui sont entre leurs plus secrètes pensées, et leurs actions, leurs gestes, leurs discours, étudia attentivement le roi. En lui parlant de guerre en général, il crut apercevoir dans Charles XII une aversion naturelle pour la France; il remarqua qu'il se plaisait à parler des conquêtes des alliés. Il lui prononça le nom du czar, et vit que les yeux du roi s'allumaient toujours à ce nom, malgré la modération de cette conférence. Il aperçut de plus, sur une table, une carte de Moscovie. Il ne lui en fallait pas davantage pour juger que le véritable dessein du roi de Suède et sa seule ambition était de détrôner le czar après le roi de Pologne. Il comprit que si ce prince restait en Saxe, c'était pour imposer quelques conditions un peu dures à l'empereur d'Allemagne. Il savait bien que l'empereur ne résisterait pas, et qu'ainsi les affaires se termineraient aisément. Il laissa Charles XII à son penchant naturel; et, satisfait de l'avoir pénétré, il ne lui fit aucune proposition. Ces particularités m'ont été confirmées par Mme la duchesse de Marlborough, sa veuve, encore vivante.[1]

Comme peu de négociations s'achèvent sans argent, et
qu'on voit quelquefois des ministres qui vendent la haine
ou la faveur de leur maitre, on crut dans toute l'Europe
que le duc de Marlborough n'avait réussi auprès du roi
de Suède qu'en donnant à propos une grosse somme au 5
comte Piper; et la mémoire de ce Suédois en est restée
flétrie jusqu'aujourd'hui. Pour moi, qui ai remonté, autant qu'il m'a été possible, à la source de ce bruit, j'ai su
que Piper avait reçu un présent médiocre de l'empereur
par les mains du comte de Wratislau, avec le consente- 10
ment du roi son maître, et rien du duc de Marlborough.
Il est certain que Charles était inflexible dans le dessein
d'aller détrôner l'empereur des Russes, qu'il ne recevait
alors conseil de personne, et qu'il n'avait pas besoin des
avis du comte Piper pour prendre de Pierre Alexiowitz[1] 15
une vengeance qu'il cherchait depuis si longtemps.

Enfin ce qui achève de justifier ce ministre, c'est l'honneur rendu longtemps après à sa mémoire par Charles
XII, qui, ayant appris que Piper était mort en Russie,
fit transporter son corps à Stockholm, et lui ordonna à 20
ses dépens des obsèques magnifiques.

VOL. XVI, 224-226.

Ce fut le 8 juillet de l'année 1709 que se donna cette
bataille décisive de Pultava,[2] entre les deux plus singu-
liers monarques qui fussent alors dans le monde: Charles
XII, illustre par neuf années de victoires; Pierre Alexio- 25
witz, par neuf années de peines prises pour former des
troupes égales aux troupes suédoises; l'un, glorieux d'a-
voir donné des États; l'autre, d'avoir civilisé les siens;
Charles, aimant les dangers, et ne combattant que pour
la gloire; Alexiowitz, ne fuyant point le péril, et ne 30
faisant la guerre que pour ses intérêts; le monarque suédois, libéral par grandeur d'âme; le Moscovite, ne don-

nant jamais que par quelque vue; celui-là, d'une sobriété
et d'une continence sans exemple, d'un naturel magna-
nime, et qui n'avait été barbare qu'une fois;[1] celui-ci,
n'ayant pas dépouillé la rudesse de son éducation et de
son pays, aussi terrible à ses sujets qu'admirable aux
étrangers, et trop adonné à des excès qui ont même abrégé ses jours. Charles avait le titre d'*invincible*, qu'un
moment pouvait lui ôter; les nations avaient déjà donné
à Pierre Alexiowitz le nom de *grand*, qu'une défaite ne
pouvait lui faire perdre, parce qu'il ne le devait pas à
des victoires.

Pour avoir une idée nette de cette bataille et du lieu
où elle fut donnée, il faut se figurer Pultava au nord, le
camp du roi de Suède au sud, tirant un peu vers l'orient,
son bagage derrière lui à environ un mille, et la rivière
de Pultava au nord de la ville, coulant de l'orient à
l'occident.

Le czar avait passé la rivière à une lieue de Pultava,
du côté de l'occident, et commençait à former son
camp.

A la pointe du jour, les Suédois parurent hors de leurs
tranchées avec quatre canons de fer pour toute artillerie:
le reste fut laissé dans le camp avec environ trois mille
hommes; quatre mille demeurèrent au bagage: de sorte
que l'armée suédoise marcha aux ennemis forte d'environ
vingt et un mille hommes, dont il y avait environ seize
mille Suédois.

Les généraux Rehnsköld, Roos, Levenhaupt, Slipenbach, Hoorn, Sparre, Hamilton, le prince de Wurtemberg,
parent du roi, et quelques autres, dont la plupart avaient
vu la bataille de Narva, faisaient tous souvenir les officiers
subalternes de cette journée où huit mille Suédois avaient
détruit une armée de quatre-vingt mille Moscovites dans

un camp retranché. Les officiers le disaient aux soldats; tous s'encourageaient en marchant.

Le roi conduisait la marche, porté sur un brancard à la tête de son infanterie. Une partie de la cavalerie s'avança par son ordre pour attaquer celle des ennemis; la bataille commença par cet engagement à quatre heures et demie du matin: la cavalerie ennemie était à l'occident, à la droite du camp moscovite; le prince Menzikoff et le comte Gollovin l'avaient disposée par intervalles entre des redoutes garnies de canons. Le général Slipenbach, à la tête des Suédois, fondit sur cette cavalerie. Tous ceux qui ont servi dans les troupes suédoises savent qu'il était presque impossible de résister à la fureur de leur premier choc. Les escadrons moscovites furent rompus et enfoncés. Le czar accourut lui-même pour les rallier; son chapeau fut percé d'une balle de mousquet; Menzikoff eut trois chevaux tués sous lui: les Suédois crièrent *victoire*.

Charles ne douta pas que la victoire ne fût gagnée; il avait envoyé au milieu de la nuit le général Creutz avec cinq mille cavaliers ou dragons, qui devaient prendre les ennemis en flanc, tandis qu'il les attaquerait de front; mais son malheur voulut que Creutz s'égarât, et ne parût point. Le czar, qui s'était cru perdu, eut le temps de rallier sa cavalerie. Il fondit à son tour sur celle du roi, qui, n'étant point soutenue par le détachement de Creutz, fut rompue à son tour; Slipenbach même fut fait prisonnier dans cet engagement. En même temps soixante et douze canons tiraient du camp sur la cavalerie suédoise, et l'infanterie russienne, débouchant de ses lignes, venait attaquer celle de Charles.

Le czar détacha alors le prince Menzikoff pour aller se poster entre Pultava et les Suédois: le prince Menzikoff

exécuta avec habileté et avec promptitude l'ordre de son
maître ; non-seulement il coupa la communication entre
l'armée suédoise et les troupes restées au camp devant Pultava, mais, ayant rencontré un corps de réserve de trois
mille hommes, il l'enveloppa et le tailla en pièces. Si
Menzikoff fit cette manœuvre de lui-même, la Russie lui
dut son salut ; si le czar l'ordonna, il était un digne adversaire de Charles XII. Cependant l'infanterie moscovite
sortait de ses lignes, et s'avançait en bataille dans la
plaine. D'un autre côté la cavalerie suédoise se ralliait
à un quart de lieue de l'armée ennemie, et le roi, aidé
de son feld-maréchal Rehnsköld, ordonnait tout pour un
combat général.

Il rangea sur deux lignes ce qui lui restait de troupes,
son infanterie occupant le centre, sa cavalerie les deux
ailes. Le czar disposa son armée de même ; il avait
l'avantage du nombre et celui de soixante et douze canons, tandis que les Suédois ne lui en opposaient que
quatre, et qu'ils commençaient à manquer de poudre.

L'empereur moscovite était au centre de son armée,
n'ayant alors que le titre de major général, et semblait
obéir au général Sheremetoff ; mais il allait comme empereur de rang en rang, monté sur un cheval turc, qui
était un présent du Grand Seigneur, exhortant les capitaines et les soldats, et promettant à chacun des récompenses.

A neuf heures du matin la bataille recommença ; une
des premières volées du canon moscovite emporta les deux
chevaux du brancard de Charles : il en fit atteler deux autres ; une seconde volée mit le brancard en pièces, et renversa le roi. De vingt-quatre drabans [1] qui se relayaient
pour le porter, vingt et un furent tués. Les Suédois, consternés, s'ébranlèrent, et le canon ennemi continuant à

les écraser, la première ligne se replia sur la seconde, et la seconde s'enfuit. Ce ne fut, en cette dernière action, qu'une ligne de dix mille hommes de l'infanterie russe qui mit en déroute l'armée suédoise, tant les choses étaient changées.

Tous les écrivains suédois disent qu'ils auraient gagné la bataille si on n'avait point fait de fautes ; mais tous les officiers prétendent que c'en était une grande de la donner, et une plus grande encore de s'enfermer dans ces pays perdus, malgré l'avis des plus sages, contre un ennemi aguerri, trois fois plus fort que Charles XII par le nombre d'hommes et par les ressources qui manquaient aux Suédois. Le souvenir de Narva fut la principale cause du malheur de Charles à Pultava.

Déjà le prince de Wurtemberg, le général Rehnsköld et plusieurs officiers principaux étaient prisonniers, le camp devant Pultava forcé, et tout dans une confusion à laquelle il n'y avait plus de ressource. Le comte Piper avec quelques officiers de la chancellerie étaient sortis de ce camp, et ne savaient ni ce qu'ils devaient faire, ni ce qu'était devenu le roi ; ils couraient de côté et d'autre dans la plaine. Un major, nommé Bère, s'offrit de les conduire au bagage ; mais les nuages de poussière et de fumée qui couvraient la campagne, et l'égarement d'esprit naturel dans cette désolation, les conduisirent droit sur la contrescarpe de la ville même, où ils furent tous pris par la garnison.

Le roi ne voulut point fuir, et ne pouvait se défendre. Il avait en ce moment auprès de lui le général Poniatowski, colonel de la garde suédoise du roi Stanislas, homme d'un mérite rare, que son attachement pour la personne de Charles avait engagé à le suivre en Ukraine sans aucun commandement. C'était un homme qui, dans toutes

les occurrences de sa vie et dans les dangers, où les autres n'ont tout au plus que de la valeur, prit toujours son parti sur-le-champ, et bien, et avec bonheur. Il fit signe à deux drabans, qui prirent le roi par-dessous les bras, et
5 le mirent à cheval, malgré les douleurs extrêmes de sa blessure.

Poniatowski, quoiqu'il n'eût point de commandement dans l'armée, devenu en cette occasion général par nécessité, rallia cinq cents cavaliers auprès de la personne du
10 roi; les uns étaient des drabans, les autres des officiers, quelques-uns de simples cavaliers: cette troupe rassemblée, et ranimée par le malheur de son prince, se fit jour à travers plus de dix régiments moscovites, et conduisit Charles au milieu des ennemis, l'espace d'une lieue,
15 jusqu'au bagage de l'armée suédoise.

Le roi, fuyant et poursuivi, eut son cheval tué sous lui; le colonel Gierta, blessé et perdant tout son sang, lui donna le sien. Ainsi on remit deux fois à cheval, dans sa fuite, ce conquérant qui n'avait pu y monter pendant
20 la bataille.

VOL. XVI, 245-249.

On ne fut pas longtemps sans voir l'armée des Turcs et des Tartares, qui venaient attaquer le petit retranchement avec dix pièces de canon et deux mortiers. Les queues de cheval flottaient en l'air, les clairons sonnaient, les
25 cris de *alla, alla*, se faisaient entendre de tous côtés. Le baron de Grothusen remarqua que les Turcs ne mêlaient dans leurs cris aucune injure contre le roi, et qu'ils l'appelaient seulement *Demirbash*, tête de fer. Aussitôt il prend le parti de sortir seul sans armes des
30 retranchements; il s'avança dans les rangs des janissaires,[1] qui presque tous avaient reçu de l'argent de lui. « Eh quoi ! mes amis, leur dit-il en propres mots, venez-

vous massacrer trois cents Suédois sans défense? Vous, braves janissaires, qui avez pardonné à cinquante mille Russes quand ils vous ont crié *amman* (pardon), avez-vous oublié les bienfaits que vous avez reçus de nous? et voulez-vous assassiner ce grand roi de Suède que vous aimez tant, et qui vous a fait tant de libéralités? Mes amis, il ne demande que trois jours, et les ordres du sultan ne sont pas si sévères qu'on vous le fait croire.»

Ces paroles firent un effet que Grothusen n'attendait pas lui-même. Les janissaires jurèrent sur leurs barbes qu'ils n'attaqueraient point le roi, et qu'ils lui donneraient les trois jours qu'il demandait. En vain on donna le signal de l'assaut: les janissaires, loin d'obéir, menacèrent de se jeter sur leurs chefs si l'on n'accordait pas trois jours au roi de Suède; ils vinrent en tumulte à la tente du bacha de Bender, criant que les ordres du sultan étaient supposés; à cette sédition inopinée, le bacha n'eut à opposer que la patience.

Il feignit d'être content de la généreuse résolution des janissaires, et leur ordonna de se retirer à Bender. Le kan[1] des Tartares, homme violent, voulait donner immédiatement l'assaut avec ses troupes; mais le bacha, qui ne prétendait pas que les Tartares eussent seuls l'honneur de prendre le roi, tandis qu'il serait puni peut-être de la désobéissance de ses janissaires, persuada au kan d'attendre jusqu'au lendemain.

Le bacha, de retour à Bender, assembla tous les officiers des janissaires et les plus vieux soldats; il leur lut et leur fit voir l'ordre positif du sultan et le fetfa[2] du mufti. Soixante des plus vieux, qui avaient des barbes blanches vénérables, et qui avaient reçu mille présents des mains du roi, proposèrent d'aller eux-mêmes le supplier de se remettre entre leurs mains, et de souffrir qu'ils lui servissent de gardes.

Le bacha le permit; il n'y avait point d'expédient qu'il n'eût pris, plutôt que d'être réduit à faire tuer ce prince. Ces soixante vieillards allèrent donc le lendemain matin à Varnitza, n'ayant dans leurs mains que de longs bâtons
5 blancs, seules armes des janissaires quand ils ne vont point au combat; car les Turcs regardent comme barbare la coutume des chrétiens de porter des épées en temps de paix, et d'entrer armés chez leurs amis et dans leurs églises.
10 Ils s'adressèrent au baron de Grothusen et au chancelier Muller; ils leur dirent qu'ils venaient dans le dessein de servir de fidèles gardes au roi; et que, s'il voulait, ils le conduiraient à Andrinople, où il pourrait parler lui-même au Grand Seigneur. Dans le temps
15 qu'ils faisaient cette proposition, le roi lisait des lettres qui arrivaient de Constantinople, et que Fabrice, qui ne pouvait plus le voir, lui avait fait tenir secrètement par un janissaire. Elles étaient du comte Poniatowski, qui ne pouvait le servir à Bender ni à Andrinople, étant re-
20 tenu à Constantinople par ordre de la Porte, depuis l'indiscrète demande des mille bourses.[1] Il mandait au roi que les ordres du sultan pour saisir ou massacrer sa personne royale, en cas de résistance, n'étaient que trop réels; qu'à la vérité le sultan était trompé par ses minis-
25 tres, mais que plus l'empereur était trompé dans cette affaire, plus il voulait être obéi; qu'il fallait céder au temps et plier sous la nécessité; qu'il prenait la liberté de lui conseiller de tout tenter auprès des ministres par la voie des négociations; de ne point mettre de l'inflexi-
30 bilité où il ne fallait que de la douceur, et d'attendre de la politique et du temps le remède à un mal que la violence aigrirait sans ressource.

Mais ni les propositions de ces vieux janissaires, ni

les lettres de Poniatowski, ne purent donner seulement au roi l'idée qu'il pouvait fléchir sans déshonneur. Il aimait mieux mourir de la main des Turcs que d'être en quelque sorte leur prisonnier: il renvoya ces janissaires sans les vouloir voir, et leur fit dire que, s'ils ne se retiraient, il leur ferait couper la barbe, ce qui est dans l'Orient le plus outrageant de tous les affronts.

Les vieillards, remplis de l'indignation la plus vive, s'en retournèrent en criant : « Ah ! la tête de fer ! puisqu'il veut périr, qu'il périsse. » Ils vinrent rendre compte au bacha de leur commission, et apprendre à leurs camarades de Bender l'étrange réception qu'on leur avait faite. Tous jurèrent alors d'obéir aux ordres du bacha sans délai, et eurent autant d'impatience d'aller à l'assaut qu'ils en avaient eu peu le jour précédent. L'ordre est donné dans le moment : les Turcs marchent aux retranchements ; les Tartares les attendaient déjà, et les canons commençaient à tirer.

Les janissaires d'un côté, et les Tartares de l'autre, forcent en un instant ce petit camp: à peine vingt Suédois tirèrent l'épée ; les trois cents soldats furent enveloppés et faits prisonniers sans résistance. Le roi était alors à cheval, entre sa maison et son camp, avec les généraux Hord, Dahldorf, et Sparre : voyant que tous les soldats s'étaient laissé prendre en sa présence, il dit de sang-froid à ces trois officiers : « Allons défendre la maison ; nous combattrons, ajouta-t-il en souriant, *pro aris et focis.* »

Aussitôt il galope avec eux vers cette maison, où il avait mis environ quarante domestiques en sentinelle, et qu'on avait fortifiée du mieux qu'on avait pu.

Ces généraux, tout accoutumés qu'ils étaient à l'opiniâtre intrépidité de leur maître, ne pouvaient se lasser

d'admirer qu'il voulût de sang-froid, et en plaisantant, se
défendre contre dix canons et toute une armée; ils le suivirent avec quelques gardes et quelques domestiques, qui
faisaient en tout vingt personnes.

5 Mais quand ils furent à la porte, ils la trouvèrent assiégée de janissaires; déjà même près de deux cents Turcs
ou Tartares étaient entrés par une fenêtre, et s'étaient
rendus maîtres de tous les appartements, à la réserve d'une
grande salle où les domestiques du roi s'étaient retirés.
10 Cette salle était heureusement près de la porte par où le
roi voulait entrer avec sa petite troupe de vingt personnes;
il s'était jeté en bas de son cheval, le pistolet et l'épée
à la main, et sa suite en avait fait autant.

Les janissaires tombent sur lui de tous côtés; ils étaient
15 animés par la promesse qu'avait faite le bacha de huit
ducats d'or[1] à chacun de ceux qui auraient seulement
touché son habit, en cas qu'on pût le prendre. Il bles-
sait et il tuait tous ceux qui s'approchaient de sa personne. Un janissaire qu'il avait blessé lui appuya son
20 mousqueton sur le visage: si le bras du Turc n'avait fait
un mouvement causé par la foule qui allait et qui venait
comme des vagues, le roi était mort; la balle glissa sur
son nez, lui emporta un bout de l'oreille, et alla casser
le bras au général Hord, dont la destinée était d'être
25 toujours blessé à côté de son maître.[2]

Le roi enfonça son épée dans l'estomac du janissaire;
en même temps ses domestiques, qui étaient enfermés
dans la grande salle, en ouvrent la porte: le roi entre
comme un trait, suivi de sa petite troupe; on referme
30 la porte dans l'instant, et on la barricade avec tout ce
qu'on peut trouver. Voilà Charles XII dans cette salle,
enfermé avec toute sa suite, qui consistait en près de
soixante hommes, officiers, gardes, secrétaires, valets de
chambre, domestiques de toute espèce.

Les janissaires et les Tartares pillaient le reste de la maison, et remplissaient les appartements. « Allons un peu chasser de chez moi ces barbares », dit-il ; et, se mettant à la tête de son monde, il ouvrit lui-même la porte de la salle, qui donnait dans son appartement à coucher; il entre, et fait feu sur ceux qui pillaient.

Les Turcs, chargés de butin, épouvantés de la subite apparition de ce roi qu'ils étaient accoutumés à respecter, jettent leurs armes, sautent par la fenêtre, ou se retirent jusque dans les caves; le roi, profitant de leur désordre, et les siens animés par le succès, poursuivent les Turcs de chambre en chambre, tuent ou blessent ceux qui ne fuient point, et en un quart d'heure nettoient la maison d'ennemis.

Le roi aperçut, dans la chaleur du combat, deux janissaires qui se cachaient sous son lit: il en tua un d'un coup d'épée; l'autre lui demanda pardon en criant *amman*. « Je te donne la vie, dit le roi au Turc, à condition que tu iras faire au bacha un fidèle récit de ce que tu as vu.» Le Turc promit aisément ce qu'on voulut, et on lui permit de sauter par la fenêtre comme les autres.

Les Suédois étant enfin maîtres de la maison refermèrent et barricadèrent encore les fenêtres. Ils ne manquaient point d'armes: une chambre basse, pleine de mousquets et de poudre, avait échappé à la recherche tumultueuse des janissaires; on s'en servit à propos; les Suédois tiraient à travers les fenêtres, presque à bout portant, sur cette multitude de Turcs, dont ils tuèrent deux cents en moins d'un demi-quart d'heure.

Le canon tirait contre la maison ; mais les pierres étant fort molles, il ne faisait que des trous, et ne renversait rien.

Le kan des Tartares et le bacha, qui voulaient prendre

le roi en vie, honteux de perdre du monde et d'occuper
une armée entière contre soixante personnes, jugèrent à
propos de mettre le feu à la maison pour obliger le roi
de se rendre. Ils firent lancer sur le toit, contre les
5 portes et contre les fenêtres, des flèches entortillées de
mèches allumées: la maison fut en flammes en un moment. Le toit tout embrasé était prêt à fondre sur les
Suédois. Le roi donna tranquillement ses ordres pour
éteindre le feu. Trouvant un petit baril plein de liqueur,
10 il prend le baril lui-même, et, aidé de deux Suédois, il le
jette à l'endroit où le feu était le plus violent. Il se
trouva que ce baril était rempli d'eau-de-vie; mais la pré-
cipitation, inséparable d'un tel embarras, empêcha d'y
penser. L'embrasement redoubla avec plus de rage : l'ap-
15 partement du roi était consumé; la grande salle, où les
Suédois se tenaient, était remplie d'une fumée affreuse,
mêlée de tourbillons de feu qui entraient par les portes
des appartements voisins; la moitié du toit était abimée
dans la maison même, l'autre tombait en dehors en écla-
20 tant dans les flammes.

Un garde nommé Walberg osa, dans cette extrémité,
crier qu'il fallait se rendre. « Voilà un étrange homme,
dit le roi, qui s'imagine qu'il n'est pas plus beau d'être
brûlé que d'être prisonnier.» Un autre garde nommé Ro-
25 sen s'avisa de dire que la maison de la chancellerie, qui
n'était qu'à cinquante pas, avait un toit de pierre, et
était à l'épreuve du feu; qu'il fallait faire une sortie,
gagner cette maison, et s'y défendre. « Voilà un vrai
Suédois!» s'écria le roi: il embrassa ce garde, et le
30 créa colonel sur-le-champ. «Allons, mes amis, dit-il,
prenez avec vous le plus de poudre et de plomb que vous
pourrez, et gagnons la chancellerie, l'épée à la main.»

Les Turcs, qui cependant entouraient cette maison tout

embrasée, voyaient avec une admiration mêlée d'épouvante que les Suédois n'en sortaient point; mais leur étonnement fut encore plus grand lorsqu'ils virent ouvrir les portes, et le roi et les siens fondre sur eux en désespérés. Charles et ses principaux officiers étaient armés d'épées et de pistolets: chacun tira deux coups à la fois, à l'instant que la porte s'ouvrit; et dans le même clin d'œil, jetant leurs pistolets et s'armant de leurs épées, ils firent reculer les Turcs plus de cinquante pas. Mais, le moment d'après, cette petite troupe fut entourée: le roi, qui était en bottes selon sa coutume, s'embarrassa dans ses éperons et tomba; vingt et un janissaires se jettent aussitôt sur lui; il jette en l'air son épée pour s'épargner la douleur de la rendre: les Turcs l'emmènent au quartier du bacha, les uns le tenant sous les jambes, les autres sous les bras, comme on porte un malade que l'on craint d'incommoder.

Au moment que le roi se vit saisi, la violence de son tempérament, et la fureur où un combat si long et si terrible avait dû le mettre, firent place tout à coup à la douceur et à la tranquillité. Il ne lui échappa pas un mot d'impatience, pas un coup d'œil de colère. Il regardait les janissaires en souriant, et ceux-ci le portaient en criant *alla*, avec une indignation mêlée de respect. Ses officiers furent pris au même temps, et dépouillés par les Turcs et par les Tartares. Ce fut le 12 février de l'an 1713 qu'arriva cet étrange événement, qui eut encore des suites singulières.

Vol. XVI, 297-302.

Ainsi périt, à l'âge de trente-six ans et demi, Charles XII, roi de Suède, après avoir éprouvé ce que la prospérité a de plus grand, et ce que l'adversité a de plus cruel, sans avoir été amolli par l'une, ni ébranlé un moment par

l'autre. Presque toutes ses actions, jusqu'à celles de sa vie privée et unie, ont été bien loin au-delà du vraisemblable. C'est peut-être le seul de tous les hommes, et jusqu'ici le seul de tous les rois, qui ait vécu sans fai-
5 blesses; il a porté toutes les vertus des héros à un excès où elles sont aussi dangereuses que les vices opposés. Sa fermeté, devenue opiniâtreté, fit ses malheurs dans l'Ukraine, et le retint cinq ans en Turquie; sa libéralité, dégénérant en profusion, a ruiné la Suède; son courage,
10 poussé jusqu'à la témérité, a causé sa mort; sa justice a été quelquefois jusqu'à la cruauté, et, dans les dernières années, le maintien de son autorité approchait de la tyrannie. Ses grandes qualités, dont une seule eût pu immortaliser un autre prince, ont fait le malheur de son
15 pays. Il n'attaqua jamais personne; mais il ne fut pas aussi prudent qu'implacable dans ses vengeances. Il a été le premier qui ait eu l'ambition d'être conquérant sans avoir l'envie d'agrandir ses États: il voulait gagner des empires pour les donner. Sa passion pour la gloire,
20 pour la guerre, et pour la vengeance, l'empêcha d'être bon politique, qualité sans laquelle on n'a jamais vu de conquérant. Avant la bataille et après la victoire, il n'avait que de la modestie; après la défaite, que de la fermeté: dur pour les autres comme pour lui-même, comp-
25 tant pour rien la peine et la vie de ses sujets, aussi bien que la sienne; homme unique plutôt que grand homme; admirable plutôt qu'à imiter. Sa vie doit apprendre aux rois combien un gouvernement pacifique et heureux est au-dessus de tant de gloire.
30 Charles XII était d'une taille avantageuse et noble; il avait un très beau front, de grands yeux bleus remplis de douceur, un nez bien formé, mais le bas du visage désagréable, trop souvent défiguré par un rire fréquent qui ne

partait que des lèvres, presque point de barbe ni de cheveux. Il parlait très peu, et ne répondait souvent que par ce rire dont il avait pris l'habitude. On observait à sa table un silence profond. Il avait conservé, dans l'inflexibilité de son caractère, cette timidité qu'on nomme mauvaise honte. Il eût été embarrassé dans une conversation, parce que s'étant donné tout entier aux travaux et à la guerre, il n'avait jamais connu la société. Il n'avait lu jusqu'à son loisir chez les Turcs que les *Commentaires de César* et l'*Histoire d'Alexandre;* mais il avait écrit quelques réflexions sur la guerre, et sur ses campagnes depuis 1700 jusqu'à 1709. Il l'avoua au chevalier de Folard, et lui dit que ce manuscrit avait été perdu à la malheureuse journée de Pultava. Quelques personnes ont voulu faire passer ce prince pour un bon mathématicien; il avait sans doute beaucoup de pénétration dans l'esprit, mais la preuve que l'on donne de ses connaissances en mathématique n'est pas bien concluante; il voulut changer la manière de compter par dizaine, et il proposait à la place le nombre soixante-quatre, parce que ce nombre contenait à la fois un cube et un carré, et qu'étant divisé par deux il était enfin réductible à l'unité. Cette idée prouvait seulement qu'il aimait en tout l'extraordinaire et le difficile.

A l'égard de sa religion, quoique les sentiments d'un prince ne doivent pas influer sur les autres hommes, et que l'opinion d'un monarque aussi peu instruit que Charles ne soit d'aucun poids dans ces matières, cependant il faut satisfaire sur ce point comme sur le reste la curiosité des hommes qui ont eu les yeux ouverts sur tout ce qui regarde ce prince. Je sais de celui qui m'a confié les principaux mémoires de cette histoire que Charles XII fut luthérien de bonne foi jusqu'à l'année

1707. Il vit alors à Leipsick le fameux philosophe M. Leibnitz, qui pensait et parlait librement, et qui avait déjà inspiré ses sentiments libres à plus d'un prince. Je ne crois pas que Charles XII puisa, comme on me l'avait dit, de l'indifférence pour le luthéranisme dans la conversation de ce philosophe, qui n'eut jamais l'honneur de l'entretenir qu'un quart d'heure, mais M. Fabrice, qui approcha de lui familièrement sept années de suite, m'a dit que dans son loisir chez les Turcs, ayant vu plus de diverses religions, il étendit plus loin son indifférence. La Motraye même, dans ses Voyages, confirme cette idée. Le comte de Croissy pense de même, et m'a dit plusieurs fois que ce prince ne conserva de ses premiers principes que celui d'une prédestination absolue, dogme qui favorisait son courage, et qui justifiait ses témérités. Le czar avait les mêmes sentiments que lui sur la religion et sur la destinée; mais il en parlait plus souvent, car il s'entretenait familièrement de tout avec ses favoris et avait par-dessus Charles l'étude de la philosophie et le don de l'éloquence.

Vol. XVI, 350–353.

HISTOIRE DE L'EMPIRE DE RUSSIE SOUS PIERRE LE GRAND.

Règne de Pierre Ier. Commencement de la grande réforme. — Pierre le Grand avait une taille haute, dégagée, bien formée, le visage noble, des yeux animés, un tempérament robuste, propre à tous les exercices et à tous les travaux, son esprit était juste, ce qui est le fond de tous les vrais talents, et cette justesse était mêlée d'une inquiétude qui le portait à tout entreprendre et à tout faire. Il s'en fallait beaucoup que son éducation eût été digne de son génie: l'intérêt de la princesse Sophie avait été surtout de le laisser dans l'ignorance, et de l'abandonner aux excès que la jeunesse, l'oisiveté, la coutume, et son rang, ne rendaient que trop permis. Cependant il était récemment marié, et il avait épousé, comme tous les autres czars, une de ses sujettes, fille du colonel Lapuchin, mais étant jeune, et n'ayant eu pendant quelque temps d'autre prérogative du trône que celle de se livrer à ses plaisirs, les liens sérieux du mariage ne le retinrent pas assez. Les plaisirs de la table avec quelques étrangers attirés à Moscou par le ministre Gallitzin ne firent pas augurer qu'il serait un réformateur; cependant, malgré les mauvais exemples, et même malgré les plaisirs, il s'appliquait à l'art militaire et au gouvernement: on devait déjà reconnaître en lui le germe d'un grand homme.

On s'attendait encore moins qu'un prince qui était saisi d'un effroi machinal qui allait jusqu'à la sueur froide et à des convulsions quand il fallait passer un ruisseau deviendrait un jour le meilleur homme de mer dans le Septentrion. Il commença par dompter la nature en se jetant dans l'eau malgré son horreur pour cet élément; l'aversion se changea même en un goût dominant.

L'ignorance dans laquelle on l'éleva le faisait rougir. Il apprit de lui-même, et presque sans maîtres, assez d'allemand et de hollandais pour s'expliquer et pour écrire intelligiblement dans ces deux langues. Les Allemands et les Hollandais étaient pour lui les peuples les plus polis; puisque les uns exerçaient déjà dans Moscou une partie des arts qu'il voulait faire naître dans son empire, et les autres excellaient dans la marine, qu'il regardait comme l'art le plus nécessaire.

Telles étaient ses dispositions malgré les penchants de sa jeunesse. Cependant il avait toujours des factions à craindre, l'humeur turbulente des strélitz à réprimer, et une guerre presque continuelle contre les Tartares de la
5 Crimée à soutenir. Cette guerre avait fini, en 1689, par une trêve qui ne dura que peu de temps.

Dans cet intervalle, Pierre se fortifia dans le dessein d'appeler les arts dans sa patrie.

Son père Alexis avait eu déjà les mêmes vues; mais ni
10 la fortune ni le temps ne le secondèrent; il transmit son génie à son fils, mais plus développé, plus vigoureux, plus opiniâtre dans les difficultés.

Alexis avait fait venir de Hollande à grands frais le constructeur Bothler, patron de vaisseau, avec des char-
15 pentiers et des matelots, qui bâtirent sur le Volga une grande frégate et un yacht: ils descendirent le fleuve jusqu'à Astracan; on devait les employer avec des navires qu'on allait construire pour trafiquer avantageusement avec la Perse par la mer Caspienne. Ce fut alors
20 qu'éclata la révolte de Stenko-Rasin. Ce rebelle fit détruire les deux bâtiments qu'il eût dû conserver pour son intérêt; il massacra le capitaine; le reste de l'équipage se sauva en Perse, et de là gagna les terres de la compagnie hollandaise des Indes. Un maître charpentier,
25 bon constructeur, resta dans la Russie, et y fut longtemps ignoré.

Un jour Pierre, se promenant à Ismaël-of, une des maisons de plaisance de son aïeul, aperçut parmi quelques raretés une petite chaloupe anglaise qu'on avait abso-
30 lument abandonnée: il demanda à l'Allemand Timmermann, son maître de mathématiques, pourquoi ce petit bateau était autrement construit que ceux qu'il avait vus sur la Moska. Timmermann lui répondit qu'il était fait

pour aller à voiles et à rames. Le jeune prince voulut incontinent en faire l'épreuve ; mais il fallait le radouber, le ragréer : on retrouva ce même constructeur Brant ; il était retiré à Moscou : il mit en état la chaloupe, et la fit voguer sur la rivière d'Yauza, qui baigne les faubourgs de la ville.

Pierre fit transporter sa chaloupe sur un grand lac dans le voisinage du monastère de la Trinité; il fit bâtir par Brant deux frégates et trois yachts, et en fut lui-même le pilote. Enfin longtemps après, en 1694, il alla à Archangel ; et ayant fait construire un petit vaisseau dans ce port par ce même Brant, il s'embarqua sur la mer Glaciale, qu'aucun souverain ne vit jamais avant lui : il était escorté d'un vaisseau de guerre hollandais commandé par le capitaine Jolson, et suivi de tous les navires marchands abordés à Archangel. Déjà il apprenait la manœuvre, et malgré l'empressement des courtisans à imiter leur maître, il était le seul qui l'apprît.

Il n'était pas moins difficile de former des troupes de terre affectionnées et disciplinées que d'avoir une flotte. Ses premiers essais de marine sur un lac, avant son voyage d'Archangel, semblèrent seulement des amusements de l'enfance d'un homme de génie ; et ses premières tentatives pour former des troupes ne parurent aussi qu'un jeu. C'était pendant la régence de Sophie : et si l'on eût soupçonné ce jeu d'être sérieux, il eût pu lui être funeste.

Il donna sa confiance à un étranger : c'est ce célèbre Le Fort, d'une noble et ancienne famille de Piémont, transplantée depuis près de deux siècles à Genève, où elle a occupé les premiers emplois. On voulut l'élever dans le négoce, qui seul a rendu considérable cette ville, autrefois connue uniquement par la controverse.

Son génie, qui le portait à de plus grandes choses, lui

fit quitter la maison paternelle dès l'âge de quatorze ans ;
il servit quatre mois en qualité de cadet dans la citadelle
de Marseille ; de là il passa en Hollande, servit quelque
temps volontaire, et fut blessé au siége de Grave sur la
5 Meuse, ville assez forte, que le prince d'Orange, depuis
roi d'Angleterre, reprit sur Louis XIV en 1674. Cherchant ensuite son avancement partout où l'espérance le
guidait, il s'embarqua, en 1675, avec un colonel allemand
nommé Verstin, qui s'était fait donner par le czar Alexis,
10 père de Pierre, une commission de lever quelques soldats
dans les Pays-Bas, et de les amener au port d'Archangel.
Mais quand on y arriva après avoir essuyé tous les périls
de la mer, le czar Alexis n'était plus ; le gouvernement
avait changé ; la Russie était troublée ; le gouverneur
15 d'Archangel laissa longtemps Verstin, Le Fort et toute sa
troupe dans la plus grande misère, et les menaça de les
envoyer au fond de la Sibérie ; chacun se sauva comme
il put. Le Fort, manquant de tout, alla à Moscou, et
se présenta au résident de Danemark, nommé de Horn,
20 qui le fit son secrétaire ; il y apprit la langue russe ;
quelque temps après il trouva le moyen d'être présenté
au czar Pierre. L'aîné Ivan n'était pas ce qu'il lui fallait ; Pierre le goûta, et lui donna d'abord une compagnie d'infanterie. A peine Le Fort avait-il servi ; il
25 n'était point savant ; il n'avait étudié à fond aucun art,
mais il avait beaucoup vu avec le talent de bien voir ; sa
conformité avec le czar était de devoir tout à son génie :
il savait d'ailleurs le hollandais et l'allemand, que Pierre
apprenait comme les langues de deux nations qui pou-
30 vaient être utiles à ses desseins. Tout le rendit agréable
à Pierre, il s'attacha à lui ; les plaisirs commencèrent la
faveur, et les talents la confirmèrent : il fut confident du
plus dangereux dessein que pût former un czar, celui de

se mettre en état de casser un jour sans péril la milice
séditieuse et barbare des strélitz. Il en avait coûté la
vie au grand sultan ou padisha Osman pour avoir voulu
réformer les janissaires. Pierre, tout jeune qu'il était, s'y
prit avec plus d'adresse qu'Osman. Il forma d'abord, 5
dans sa maison de campagne Préobazinski, une compagnie de cinquante de ses plus jeunes domestiques :
quelques enfants de boïards[1] furent choisis pour en être
officiers ; mais, pour apprendre à ces boïards une subor-
dination qu'ils ne connaissaient pas, il les fit passer par 10
tous les grades, et lui-même en donna l'exemple, servant
d'abord comme tambour, ensuite soldat, sergent, et lieutenant dans la compagnie. Rien n'était plus extraordinaire ni plus utile : les Russes avaient toujours fait la
guerre comme nous la faisions du temps du gouverne- 15
ment féodal, lorsque des seigneurs sans expérience me-
naient au combat des vassaux sans discipline et mal
armés ; méthode barbare, suffisante contre des armées pareilles, impuissante contre des troupes régulières.

Cette compagnie, formée par le seul Pierre, fut bientôt 20
nombreuse, et devint depuis le régiment des gardes Préobazinski. Une autre compagnie, formée sur ce modèle,
devint l'autre régiment des gardes Semenouski.

Il y avait déjà un régiment de cinq mille hommes sur
lequel on pouvait compter, formé par le général Gordon, 25
Écossais, et composé presque tout entier d'étrangers. Le
Fort, qui avait porté les armes peu de temps, mais qui
était capable de tout, se chargea de lever un régiment de
douze mille hommes, et il en vint à bout ; cinq colonels
furent établis sous lui ; il se vit tout d'un coup général de 30
cette petite armée, levée en effet contre les strélitz autant
que contre les ennemis de l'État.

Ce qu'on doit remarquer, et ce qui confond bien l'erreur

téméraire de ceux qui prétendent que la révocation de
l'édit de Nantes et ses suites avaient coûté peu d'hommes
à la France, c'est que le tiers de cette armée, appelée régiment, fut composé de Français réfugiés. Le Fort exerça
sa nouvelle troupe comme s'il n'eût jamais eu d'autre
profession.

Pierre voulut voir une de ces images de la guerre, un
de ces camps dont l'usage commençait à s'introduire en
temps de paix. On construisit un fort, qu'une partie
de ses nouvelles troupes devait défendre, et que l'autre
devait attaquer. La différence entre ce camp et les autres
fut qu'au lieu de l'image d'un combat on donna un combat réel, dans lequel il y eut des soldats de tués et beaucoup de blessés. Le Fort, qui commandait l'attaque,
reçut une blessure considérable. Ces jeux sanglants devaient aguerrir les troupes; cependant il fallut de longs
travaux, et même de longs malheurs pour en venir à
bout. Le czar mêla ces fêtes guerrières aux soins qu'il se
donnait pour la marine, et comme il avait fait Le Fort
général de terre sans qu'il eût encore commandé, il le fit
amiral sans qu'il eût jamais conduit un vaisseau; mais il
le voyait digne de l'un et de l'autre. Il est vrai que cet
amiral était sans flotte, et que ce général n'avait d'armée
que son régiment.

On réformait peu à peu le grand abus du militaire,
cette indépendance des boïards qui amenaient à l'armée
les milices de leurs paysans: c'était le véritable gouvernement des Francs, des Huns, des Goths et des Vandales;
peuples vainqueurs de l'empire romain dans sa décadence, et qui eussent été exterminés s'ils avaient eu à
combattre les anciennes légions romaines disciplinées, ou
des armées telles que celles de nos jours.

Bientôt l'amiral Le Fort n'eut pas tout à fait un vain

titre ; il fit construire par des Hollandais et des Vénitiens
des barques longues, et même deux vaisseaux d'environ
trente pièces de canon, à l'embouchure de la Veronise,
qui se jette dans le Tanaïs ; ces vaisseaux pouvaient descendre le fleuve, et tenir en respect les Tartares de la
Crimée. Les hostilités avec ces peuples se renouve-
laient tous les jours. Le czar avait à choisir, en 1689,
entre la Turquie, la Suède et la Chine, à qui il ferait la
guerre. Il faut commencer par faire voir en quels termes
il était avec la Chine, et quel fut le premier traité de paix
que firent les Chinois.

VOL. XVI, 442-447.

*Guerre contre la Suède. Bataille de Narva. (Année
1700.)*—Toute l'Europe sait comment Charles XII, n'ayant pas dix-huit ans accomplis, alla attaquer tous ses
ennemis l'un après l'autre, descendit dans le Danemark,
finit la guerre de Danemark en moins de six semaines,
envoya du secours à Riga, en fit lever le siége, et marcha
aux Russes devant Narva, au milieu des glaces, au mois
de novembre.

Le czar, comptant sur la prise de la ville, était allé à
Novogorod, amenant avec lui son favori Menzikoff, alors
lieutenant dans la compagnie des bombardiers du régiment Préobazinski, devenu depuis feld-maréchal et prince,
homme dont la singulière fortune mérite qu'on en parle
ailleurs avec plus d'étendue.

Pierre laissa son armée et ses instructions pour le siége
au prince de Croï, originaire de Flandre, qui depuis peu
était passé à son service.[1] Le prince Dolgorouki fut
le commissaire de l'armée. La jalousie entre ces deux
chefs et l'absence du czar furent en partie cause de la
défaite inouïe de Narva. Charles XII ayant débarqué à
Pernaw en Livonie avec ses troupes, au mois d'octobre,

s'avance au nord à Revel, défait dans ces quartiers un corps avancé de Russes. Il marche et en bat encore un autre. Les fuyards retournent au camp devant Narva, et y portent l'épouvante. Cependant on était déjà au mois
5 de novembre. Narva, quoique mal assiégée, était prête de se rendre. Le jeune roi de Suède n'avait pas alors avec lui neuf mille hommes, et ne pouvait opposer que dix pièces d'artillerie à cent quarante-cinq canons dont les retranchements des Russes étaient bordés. Toutes
10 les relations de ce temps-là, tous les historiens sans exception, font monter l'armée russe devant Narva à quatre-vingt mille combattants. Les Mémoires qu'on m'a fait tenir disent soixante, d'autres quarante mille: quoi qu'il en soit, il est certain que Charles n'en avait pas neuf
15 mille, et que cette journée est une de celles qui prouvent que les grandes victoires ont souvent été remportées par le plus petit nombre depuis la bataille d'Arbelles.[1]

Charles ne balança pas à attaquer avec sa petite troupe cette armée si supérieure; et, profitant d'un vent violent
20 et d'une grosse neige que ce vent portait contre les Russes, il fondit dans leurs retranchements à l'aide de quelques pièces de canon avantageusement postées. Les Russes n'eurent pas le temps de se reconnaître au milieu de ce nuage de neige qui leur donnait au visage, fou-
25 droyés par les canons qu'ils ne voyaient pas, et n'imaginant point quel petit nombre ils avaient à combattre.

Le duc de Croï voulut donner des ordres, et le prince Dolgorouki ne voulut pas les recevoir. Les officiers russes se soulèvent contre les officiers allemands; ils
30 massacrent le secrétaire du duc, le colonel Lyon, et plusieurs autres. Chacun quitte son poste; le tumulte, la confusion, la terreur panique se répand dans toute l'armée. Les troupes suédoises n'eurent alors à tuer que

des hommes qui fuyaient. Les uns courent se jeter dans la rivière de Narva, et une foule de soldats y furent noyés; les autres abandonnaient leurs armes et se mettaient à genoux devant les Suédois. Le duc de Croï, le général Allard, les officiers allemands, qui craignaient plus les Russes, soulevés contre eux, que les Suédois, vinrent se rendre au comte Stenbock; le roi de Suède, maître de toute l'artillerie, voit trente mille vaincus à ses pieds, jetant les armes, défilant devant lui, nu-tête. Le knès Dolgorouki et tous les autres généraux moscovites se rendent à lui comme les généraux allemands; et ce ne fut qu'après s'être rendus qu'ils apprirent qu'ils avaient été vaincus par huit mille hommes. Parmi les prisonniers se trouva le fils du roi de Géorgie, qui fut envoyé à Stockholm; on l'appelait Mittelleski, czarovitz, fils de czar: ce qui est une nouvelle preuve que ce titre de czar ou tzar ne tirait point son origine des Césars romains.

Du côté de Charles XII il n'y eut guère que douze cents soldats de tués dans cette bataille. Le journal du czar, qu'on m'a envoyé de Pétersbourg, dit qu'en comptant les soldats qui périrent au siége de Narva et dans la bataille, et qui se noyèrent dans leur fuite, on ne perdit que six mille hommes. L'indiscipline et la terreur firent donc tout dans cette journée. Les prisonniers de guerre étaient quatre fois plus nombreux que les vainqueurs, et si on en croit Nordberg,[1] le comte Piper, qui fut depuis prisonnier des Russes, leur reprocha qu'à cette bataille le nombre des prisonniers avait excédé huit fois celui de l'armée suédoise. Si ce fait était vrai, les Suédois auraient fait soixante-douze mille prisonniers. On voit par là combien il est rare d'être instruit des détails. Ce qui est incontestable et singulier, c'est que le roi de Suède permit à la moitié des soldats russes de s'en retourner désarmés, et à l'autre moitié de repasser la rivière avec leurs armes. Cette étrange confiance rendit au czar des troupes qui enfin, étant disciplinées, devinrent redoutables.

Tous les avantages qu'on peut tirer d'une bataille gagnée, Charles XII les eut; magasins immenses, bateaux de transport chargés de provisions, postes évacués ou pris, tout le pays à la discrétion des Suédois: voilà quel fut le fruit de la victoire. Narva délivrée, les débris des Russes ne se montrant pas, toute la contrée ouverte jusqu'à Pleskow, le czar parut sans ressource pour soutenir la guerre; et le roi de Suède, vainqueur en moins d'une année des monarques de Danemark, de Pologne, et de Russie, fut regardé comme le premier homme de l'Europe, dans un âge où les autres n'osent encore prétendre à la réputation. Mais Pierre, qui dans son caractère avait une constance inébranlable, ne fut découragé dans aucun de ses projets.

Un évêque de Russie composa une prière à saint Nicolas au sujet de cette défaite; on la récita dans la Russie. Cette pièce, qui fait voir l'esprit du temps et de quelle ignorance Pierre a tiré son pays, disait que les enragés et épouvantables Suédois étaient des sorciers: on s'y plaignait d'avoir été abandonné par saint Nicolas. Les évêques russes d'aujourd'hui n'écriraient pas de pareilles pièces; et, sans faire tort à saint Nicolas, on s'aperçut bientôt que c'était à Pierre qu'il fallait s'adresser.

VOL. XVI, 471–474.

Pierre, au milieu de tant d'alarmes et de tant de jalousies, ne se commettant en rien, attendant tout du temps, et ayant mis un assez bon ordre dans ses vastes États pour n'avoir rien à craindre du dedans ni du dehors, résolut enfin d'aller en France: il n'entendait pas la langue du pays, et par là perdait le plus grand fruit de son voyage; mais il pensait qu'il y avait beaucoup à voir, et il voulut apprendre de près en quels termes était le régent de France avec l'Angleterre, et si ce prince était affermi.

Pierre le Grand fut reçu en France comme il devait l'être. On envoya d'abord le maréchal de Tessé avec un grand nombre de seigneurs, un escadron des gardes, et les carrosses du roi à sa rencontre. Il avait fait, selon sa coutume, une si grande diligence, qu'il était déjà à Gournai lorsque les équipages arrivèrent à Elbeuf. On lui donna sur la route toutes les fêtes qu'il voulut bien recevoir. On le reçut d'abord au Louvre, où le grand appartement était préparé pour lui, et d'autres pour toute sa suite, pour les princes Kourakin et Dolgorouki, pour le vice-chancelier baron Schaffirof, pour l'ambassadeur Tolstoy, le même qui avait essuyé tant de violations du droit des gens en Turquie. Toute cette cour devait être magnifiquement logée et servie ; mais Pierre étant venu pour voir ce qui pouvait lui être utile, et non pour essuyer de vaines cérémonies qui gênaient sa simplicité, et qui consumaient un temps précieux, alla se loger le soir même à l'autre bout de la ville, au palais ou hôtel de Lesdiguières, appartenant au maréchal de Villeroi, où il fut traité et défrayé comme au Louvre. Le lendemain,[1] le régent de France[2] vint le saluer à cet hôtel; le surlendemain, on lui amena le roi encore enfant, conduit par le maréchal de Villeroi, son gouverneur, de qui le père avait été gouverneur de Louis XIV. On épargna adroitement au czar la gêne de rendre la visite immédiatement après l'avoir reçue ; il y eut deux jours d'intervalle ; il reçut les respects du corps de ville, et alla le soir voir le roi : la maison du roi était sous les armes; on mena ce jeune prince jusqu'au carrosse du czar. Pierre, étonné et inquiété de la foule qui se pressait autour de ce monarque enfant, le prit et le porta quelque temps dans ses bras.

Des ministres plus raffinés que judicieux ont écrit que le maréchal de Villeroi, voulant faire prendre au roi de France la main et le pas, l'empereur de Russie se servit de ce stratagème pour déranger ce cérémonial par un air d'affection et de sensibilité: c'est une idée absolument fausse; la politesse française, et ce qu'on devait à Pierre le Grand, ne permettaient pas qu'on changeât en dégoût les honneurs qu'on lui rendait. Le cérémonial consistait à faire pour un grand monarque et pour un grand homme tout ce qu'il eût désiré lui-même s'il avait fait attention à ces détails. Il s'en faut beaucoup que les voyages des empereurs Charles IV, Sigismond, et Charles V, en France, aient eu une célébrité comparable à celle du séjour qu'y fit Pierre le Grand: ces empereurs n'y vinrent que par des intérêts de politique, et n'y parurent pas dans un temps où les arts perfectionnés pussent faire de leur voyage une époque mémorable; mais quand Pierre le Grand alla dîner chez le duc d'Antin, dans le palais de Pétitbourg, à trois lieues de Paris, et qu'à la fin du repas il vit son portrait qu'on venait de peindre, placé tout d'un coup dans la salle, il sentit que les Français savaient mieux qu'aucun peuple du monde recevoir un hôte si digne.

Il fut encore plus surpris lorsque, allant voir frapper des médailles dans cette longue galerie du Louvre où tous les artistes du roi sont honorablement logés, une médaille qu'on frappait étant tombée, et le czar s'empressant de la ramasser, il se vit gravé sur cette médaille, avec une renommée sur le revers, posant un pied sur le globe, et ces mots de Virgile, si convenables à Pierre le Grand, *vires acquirit eundo :* allusion également fine et noble, et également convenable à ses voyages et à sa gloire ; on lui présenta de ces médailles d'or, à lui et à tous ceux qui l'accompagnaient. Allait-il chez des artistes, on mettait à ses pieds tous les chefs-d'œuvre, et on le suppliait de daigner les recevoir ; allait-il voir les hautes-lices des Gobelins, les tapis de la Savonnerie,[1] les ateliers des sculpteurs, des peintres, des orfèvres du roi, des fabricateurs d'instruments de mathématiques : tout ce qui semblait mériter son approbation lui était offert de la part du roi.

Pierre était mécanicien, artiste, géomètre. Il alla à l'Académie des sciences, qui se para pour lui de tout ce qu'elle avait de plus rare ; mais il n'y eut rien d'aussi rare que lui-même : il corrigea de sa main plusieurs fautes de géographie dans les cartes qu'on avait de ses États, et surtout dans celle de la mer Caspienne. Enfin, il daigna être un des membres de cette Académie, et entretint depuis une correspondance suivie d'expériences et de découvertes avec ceux dont il voulait bien être le simple confrère. Il faut remonter aux Pythagore et aux Anacharsis pour trouver de tels voyageurs, et ils n'avaient pas quitté un empire pour s'instruire.

On ne peut s'empêcher de remettre ici sous les yeux du lecteur ce transport dont il fut saisi en voyant le tombeau du cardinal de Richelieu : peu frappé de la beauté de ce chef-d'œuvre de sculpture, il ne le fut que de l'image d'un ministre qui s'était rendu célèbre dans l'Europe en l'agitant, et qui avait rendu à la France sa gloire perdue après la mort de Henri IV. On sait qu'il embrassa cette statue, et qu'il s'écria : « Grand homme, je t'aurais donné la moitié de mes États pour apprendre de toi à gouverner l'autre ! » Enfin, avant de partir, il voulut voir cette

célèbre Mme de Maintenon, qu'il savait être veuve en effet de Louis XIV, et qui touchait à sa fin. Cette espèce de conformité entre le mariage de Louis XIV et le sien excitait vivement sa curiosité; mais il y avait
5 entre le roi de France et lui cette différence qu'il avait épousé publiquement une héroïne, et que Louis XIV n'avait eu en secret qu'une femme aimable. La czarine n'était pas de ce voyage: Pierre avait trop craint les embarras du cérémonial, et la curiosité d'une cour peu faite
10 pour sentir le mérite d'une femme qui, des bords du Pruth à ceux de Finlande, avait affronté la mort à côté de son époux, sur mer et sur terre.

Vol. XVI, 565-568.

Pierre le Grand fut regretté en Russie de tous ceux qu'il avait formés, et la génération qui suivit celle des
15 partisans des anciennes mœurs le regarda bientôt comme son père. Quand les étrangers ont vu que tous ses établissements étaient durables, ils ont eu pour lui une admiration constante, et ils ont avoué qu'il avait été inspiré plutôt par une sagesse extraordinaire que par l'envie de
20 faire des choses étonnantes. L'Europe a reconnu qu'il avait aimé la gloire, mais qu'il l'avait mise à faire du bien, que ses défauts n'avaient jamais affaibli ses grandes qualités, qu'en lui l'homme eut ses taches, et que le monarque fut toujours grand. Il a forcé la nature en
25 tout, dans ses sujets, dans lui-même, et sur la terre, et sur les eaux; mais il l'a forcée pour l'embellir. Les arts, qu'il a transplantés de ses mains dans des pays dont plusieurs alors étaient sauvages, ont, en fructifiant, rendu témoignage à son génie, et éternisé sa mémoire; ils pa-
30 raissent aujourd'hui originaires des pays mêmes où il les a portés. Lois, police, politique, discipline militaire, marine, commerce, manufactures, sciences, beaux-arts, tout

s'est perfectionné selon ses vues ; et, par une singularité dont il n'est point d'exemple, ce sont quatre femmes, montées après lui successivement sur le trône, qui ont maintenu tout ce qu'il acheva, et ont perfectionné tout ce qu'il entreprit.

Le palais a eu des révolutions après sa mort; l'État n'en a éprouvé aucune. La splendeur de cet empire s'est augmentée sous Catherine Ire; il a triomphé des Turcs et des Suédois sous Anne Pétrowna; il a conquis, sous Élisabeth, la Prusse et une partie de la Poméranie; il a joui d'abord de la paix, et il a vu fleurir les arts sous Catherine II. C'est aux historiens nationaux d'entrer dans tous les détails des fondations, des lois, des guerres, et des entreprises de Pierre le Grand; ils encourageront leurs compatriotes en célébrant tous ceux qui ont aidé ce monarque dans ses travaux guerriers et politiques. Il suffit à un étranger, amateur désintéressé du mérite, d'avoir essayé de montrer ce que fut le grand homme qui apprit de Charles XII à le vaincre, qui sortit deux fois de ses États pour les mieux gouverner, qui travailla de ses mains à presque tous les arts nécessaires, pour en donner l'exemple à son peuple, et qui fut le fondateur et le père de son empire.

Les souverains des États depuis longtemps policés se diront à eux-mêmes : « Si, dans les climats glacés de l'ancienne Scythie, un homme, aidé de son seul génie, a fait de si grandes choses, que devons-nous faire dans des royaumes où les travaux accumulés de plusieurs siècles nous ont rendu tout facile ? »

Vol. XVI, 625, 626.

CHAPTER III.
DICTIONNAIRE PHILOSOPHIQUE.

ART DRAMATIQUE
DE LA BONNE TRAGÉDIE FRANÇAISE.

JE laisse là tout ce qui est médiocre; la foule de nos faibles tragédies effraye; il y en a près de cent volumes: c'est un magasin énorme d'ennui.

Nos bonnes pièces, ou du moins celles qui, sans être
5 bonnes, ont des scènes excellentes, se réduisent à une vingtaine tout au plus; mais aussi, j'ose dire que ce petit nombre d'ouvrages admirables est au-dessus de tout ce qu'on a jamais fait en ce genre, sans en excepter Sophocle et Euripide.

10 C'est une entreprise si difficile d'assembler dans un même lieu des héros de l'antiquité, de les faire parler en vers français, de ne leur faire jamais dire que ce qu'ils ont dû dire, de ne les faire entrer et sortir qu'à propos, de faire verser des larmes pour eux, de leur prêter un langage
15 enchanteur qui ne soit ni ampoulé ni familier, d'être toujours décent et toujours intéressant, qu'un tel ouvrage est un prodige, et qu'il faut s'étonner qu'il y ait en France vingt prodiges de cette espèce.

Parmi ces chefs-d'œuvre, ne faut-il pas donner, sans
20 difficulté, la préférence à ceux qui parlent au cœur sur ceux qui ne parlent qu'à l'esprit? Quiconque ne veut qu'exciter l'admiration peut faire dire: Voilà qui est

beau; mais il ne fera point verser des larmes. Quatre ou cinq scènes bien raisonnées, fortement pensées, majestueusement écrites, s'attirent une espèce de vénération; mais c'est un sentiment qui passe vite, et qui laisse l'âme tranquille. Ces morceaux sont de la plus grande beauté, et d'un genre même que les anciens ne connurent jamais: ce n'est pas assez, il faut plus que de la beauté. Il faut se rendre maître du cœur par degrés, l'émouvoir, le déchirer, et joindre à cette magie les règles de la poésie, et toutes celles du théâtre, qui sont presque sans nombre.

Voyons quelle pièce nous pourrions proposer à l'Europe, qui réunit tous ces avantages.

Les critiques ne nous permettront pas de donner *Phèdre*[1] comme le modèle le plus parfait, quoique le rôle de Phèdre soit d'un bout à l'autre ce qui a jamais été écrit de plus touchant et de mieux travaillé. Ils me répéteront que le rôle de Thésée est trop faible, qu'Hippolyte est trop Français, qu'Aricie est trop peu tragique, que Théramène est trop condamnable de débiter des maximes d'amour à son pupille: tous ces défauts sont, à la vérité, ornés d'une diction si pure et si touchante que je ne les trouve plus des défauts quand je lis la pièce; mais tâchons d'en trouver une à laquelle on ne puisse faire aucun juste reproche.

Ne sera-ce point l'*Iphigénie*[2] *en Aulide?* Dès le premier vers je me sens intéressé et attendri; ma curiosité est excitée par les seuls vers que prononce un simple officier d'Agamemnon, vers harmonieux, vers charmants, vers tels qu'aucun poète n'en faisait alors.

> A peine un faible jour vous éclaire et me guide:
> Vos yeux seuls et les miens sont ouverts dans l'Aulide.
> Auriez-vous dans les airs entendu quelque bruit?

Les vents nous auraient-ils exaucés cette nuit?
Mais tout dort, et l'armée, et les vents, et Neptune.
(*Acte I, scène 1.*)

Agamemnon, plongé dans la douleur, ne répond point à Arcas, ne l'entend point; il se dit à lui-même en soupirant:

> Heureux qui, satisfait de son humble fortune,
> Libre du joug superbe où je suis attaché,
> Vit dans l'état obscur où les dieux l'ont caché.
> (*Acte I, scène 1.*)

Quels sentiments! quels vers heureux! quelle voix de la nature!

Je ne puis m'empêcher de m'interrompre un moment pour apprendre aux nations qu'un juge d'Écosse,[1] qui a bien voulu donner des règles de poésie et de goût à son pays, déclare dans son chapitre XXI, *Des Narrations et des Descriptions*, qu'il n'aime point ce vers:

> Mais tout dort, et l'armée, et les vents, et Neptune.

S'il avait su que ce vers était imité d'Euripide, il lui aurait peut-être fait grâce; mais il aime mieux la réponse du soldat dans la première scène de *Hamlet:*

> Je n'ai pas entendu une souris trotter.[2]

«Voilà qui est naturel, dit-il, c'est ainsi qu'un soldat doit répondre.» Oui, monsieur le juge, dans un corps de garde, mais non pas dans une tragédie: sachez que les Français, contre lesquels vous vous déchaînez, admettent le simple, et non le bas et le grossier. Il faut être bien sûr de la bonté de son goût avant de le donner pour loi; je plains les plaideurs, si vous les jugez comme vous jugez les vers. Quittons vite son audience pour revenir à *Iphigénie*.

Est-il un homme de bon sens, et d'un cœur sensible, qui n'écoute le récit d'Agamemnon avec un transport mêlé de pitié et de crainte,[1] qui ne sente les vers de Racine pénétrer jusqu'au fond de son âme? L'intérêt, l'inquiétude, l'embarras, augmentent dès la troisième scène, quand Agamemnon se trouve entre Achille et Ulysse.

La crainte, cette âme de la tragédie, redouble encore à la scène qui suit. C'est Ulysse qui veut persuader Agamemnon, et immoler Iphigénie à l'intérêt de la Grèce. Ce personnage d'Ulysse est odieux; mais, par un art admirable, Racine sait le rendre intéressant.

> Je suis père, seigneur, et faible comme un autre;
> Mon cœur se met sans peine en la place du vôtre;
> Et, frémissant du coup qui vous fait soupirer,
> Loin de blâmer vos pleurs, je suis près de pleurer.
> (*Acte I, scène 5*.)

Dès ce premier acte Iphigénie est condamnée à la mort, Iphigénie qui se flatte avec tant de raison d'épouser Achille : elle va être sacrifiée sur le même autel où elle doit donner la main à son amant.

> .... Nubendi tempore in ipso.
> . . . .
> Tantum religio potuit suadere malorum!
> (*Lucr., lib. I, v. 102*.)

Deuxième acte d'Iphigénie. — C'est avec une adresse bien digne de lui que Racine, au second acte, fait paraître Ériphile avant qu'on ait vu Iphigénie. Si l'amante aimée d'Achille s'était montrée la première, on ne pourrait souffrir Ériphile sa rivale. Ce personnage est absolument nécessaire à la pièce, puisqu'il en fait le dénoûment; il en fait même le nœud : c'est elle qui, sans le savoir, inspire des soupçons cruels à Clytemnestre, et une juste jalousie à Iphigénie ; et par un art encore plus admirable, l'auteur sait intéresser pour cette Ériphile elle-même. Elle a toujours été malheureuse, elle ignore ses parents, elle a été prise dans sa patrie mise en cendres : un oracle funeste la trouble, et, pour comble de maux, elle a une passion involontaire pour ce même Achille dont elle est captive.

> Dans les cruelles mains par qui je fus ravie,
> Je demeurai longtemps sans lumière et sans vie.
> Enfin mes tristes yeux cherchèrent la clarté ;
> Et, me voyant presser d'un bras ensanglanté,
> Je frémissais, Doris, et d'un vainqueur sauvage
> Craignais de rencontrer l'effroyable visage.
> J'entrai dans son vaisseau, détestant sa fureur,
> Et toujours détournant ma vue avec horreur.
> Je le vis : son aspect n'avait rien de farouche ;
> Je sentis le reproche expirer dans ma bouche,
> Je sentis contre moi mon cœur se déclarer,
> J'oubliai ma colère, et ne sus que pleurer.
> (*Acte II, scène 1.*)

Il le faut avouer, on ne faisait point de tels vers avant Racine ; non seulement personne ne savait la route du cœur, mais presque personne ne savait les finesses de la versification, cet art de rompre la mesure :

> Je le vis : son aspect n'avait rien de farouche.

Personne ne connaissait cet heureux mélange de syllabes longues et brèves, et de consonnes suivies de voyelles qui font couler un vers avec tant de mollesse, et qui le font entrer dans une oreille sensible et juste avec tant de plaisir.

Quel tendre et prodigieux effet cause ensuite l'arrivée d'Iphigénie! Elle vole après son père aux yeux d'Ériphile même, de son père qui a pris enfin la résolution de la sacrifier; chaque mot de cette scène tourne le poignard dans le cœur. Iphigénie ne dit pas des choses outrées, comme dans Euripide, *je voudrais être folle* (ou *faire la folle*) *pour vous égayer, pour vous plaire*. Tout est noble dans la pièce française, mais d'une simplicité attendrissante; et la scène finit par ces mots terribles: *Vous y serez, ma fille*. Sentence de mort après laquelle il ne faut plus rien dire.

On prétend que ce mot déchirant est dans Euripide, on le répète sans cesse. Non, il n'y est pas. Il faut se défaire enfin, dans un siècle tel que le nôtre, de cette maligne opiniâtreté à faire valoir toujours le théâtre ancien des Grecs aux dépens du théâtre français. Voici ce qui est dans Euripide.

IPHIGÉNIE.

Mon père, me ferez-vous habiter dans un autre séjour? Ce qui veut dire: Me marierez-vous ailleurs?

AGAMEMNON.

Laissez cela; il ne convient pas à une fille de savoir ces choses.

IPHIGÉNIE.

Mon père, revenez au plus tôt après avoir achevé votre entreprise.

AGAMEMNON.

Il faut auparavant que je fasse un sacrifice.

IPHIGÉNIE.

Mais c'est un soin dont les prêtres doivent se charger.

AGAMEMNON.

Vous le saurez, puisque vous serez tout auprès, au lavoir.

IPHIGÉNIE.

Ferons-nous, mon père, un chœur autour de l'autel?

AGAMEMNON.

Je te crois plus heureuse que moi, mais cela ne t'importe pas;
donne-moi un baiser triste et ta main, puisque tu dois être si longtemps absente de ton père. O quelle gorge! quelles joues! quels
blonds cheveux! que de douleur la ville des Phrygiens[1] et Hélène
me causent! je ne veux plus parler, car je pleure trop en t'embrassant. Et vous, fille de Léda,[2] excusez-moi si l'amour paternel m'attendrit trop, quand je dois donner ma fille à Achille.

Ensuite Agamemnon instruit Clytemnestre de la gé-
néalogie d'Achille, et Clytemnestre lui demande si les
noces de Pélée et de Thétis[3] se firent au fond de la mer.

Brumoy[4] a déguisé autant qu'il l'a pu ce dialogue,
comme il a falsifié presque toutes les pièces qu'il a traduites; mais rendons justice à la vérité, et jugeons si ce
morceau d'Euripide approche de celui de Racine.

Verra-t-on à l'autel votre heureuse famille?

AGAMEMNON.
Hélas!

IPHIGÉNIE.
Vous vous taisez!

AGAMEMNON.
Vous y serez, ma fille.
(*Acte II, scène 2.*)

Comment se peut-il faire qu'après cet arrêt de mort,
qu'Iphigénie ne comprend point, mais que le spectateur
entend avec tant d'émotion, il y ait encore des scènes
touchantes dans le même acte, et même des coups de
théâtre frappants? C'est là, selon moi, qu'est le comble
de la perfection.

Acte troisième.— Après des incidents naturels bien préparés, et qui tous concourent à redoubler le nœud de la
pièce, Clytemnestre, Iphigénie, Achille, attendent dans la

joie le moment du mariage; Ériphile est présente, et le contraste de sa douleur avec l'allégresse de la mère et des deux amants ajoute à la beauté de la situation. Arcas paraît de la part d'Agamemnon; il vient dire que tout est prêt pour célébrer ce mariage fortuné. Mais quel coup! quel moment épouvantable!

> Il l'attend à l'autel . . . pour la sacrifier. . . .
>
> (*Acte III, scène 5.*)

Achille, Clytemnestre, Iphigénie, Ériphile, expriment alors en un seul vers[1] tous leurs sentiments différents, et Clytemnestre tombe aux genoux d'Achille.

> Oubliez une gloire importune.
> Ce triste abaissement convient à ma fortune.
>
> . . . .
>
> C'est vous que nous cherchions sur ce funeste bord;
> Et votre nom, seigneur, la conduit à la mort.
> Ira-t-elle, des dieux implorant la justice,
> Embrasser leurs autels parés pour son supplice?
> Elle n'a que vous seul. Vous êtes en ces lieux
> Son père, son époux, son asile, ses dieux.
>
> (*Acte III, scène 5.*)

O véritable tragédie! beauté de tous les temps et de toutes les nations! Malheur aux barbares qui ne sentiraient pas jusqu'au fond du cœur ce prodigieux mérite!

Je sais que l'idée de cette situation est dans Euripide; mais elle y est comme le marbre dans la carrière, et c'est Racine qui a construit le palais.

Une chose assez extraordinaire, mais bien digne des commentateurs, toujours un peu ennemis de leur patrie, c'est que le jésuite Brumoy, dans son *Discours sur le théâtre des Grecs*, fait cette critique: « Supposons qu'Euripide vînt de l'autre monde, et qu'il assistât à la représentation de l'*Iphigénie* de M. Racine . . . ne serait-il point révolté de voir Clytemnestre aux pieds d'Achille, qui la relève, et de mille autres choses, soit par rapport à nos usages, qui nous paraissent plus polis que ceux de l'antiquité, soit par rapport aux bienséances? etc.»

Remarquez, lecteur, avec attention, que Clytemnestre se jette aux genoux d'Achille dans Euripide, et que même il n'est point dit qu'Achille la relève.

A l'égard de *mille autres choses par rapport à nos usages*, Euripide se serait conformé aux usages de la France, et Racine à ceux de la Grèce.

Après cela, fiez-vous à l'intelligence et à la justice des commentateurs.

Acte quatrième. — Comme dans cette tragédie l'intérêt s'échauffe toujours de scène en scène, que tout y marche de perfections en perfections, la grande scène entre Agamemnon, Clytemnestre et Iphigénie, est encore supérieure à tout ce que nous avons vu. Rien ne fait jamais, au théâtre, un plus grand effet que des personnages qui renferment d'abord leur douleur dans le fond de leur âme, et qui laissent ensuite éclater tous les sentiments qui les déchirent ; on est partagé entre la pitié et l'horreur : c'est, d'un côté, Agamemnon, accablé lui-même de tristesse, qui vient demander sa fille pour la mener à l'autel, sous prétexte de la remettre au héros à qui elle est promise. C'est Clytemnestre qui lui répond d'une voix entrecoupée :

> S'il faut partir, ma fille est toute prête :
> Mais vous, n'avez-vous rien, seigneur, qui vous arrête?

AGAMEMNON.

Moi, madame ?

CLYTEMNESTRE.

Vos soins ont-ils tout préparé ?

AGAMEMNON.

Calchas est prêt, madame, et l'autel est paré ;
J'ai fait ce que m'ordonne un devoir légitime.

CLYTEMNESTRE.

Vous ne me parlez point, seigneur, de la victime.

(Acte IV, scène 3.)

Ces mots *vous ne me parlez point de la victime* ne sont pas assurément dans Euripide. On sait de quel sublime est le reste de la scène, non pas de ce sublime de déclamation, non pas de ce sublime de pensées recherchées ou d'expressions gigantesques, mais de ce qu'une mère au désespoir a de plus pénétrant et de plus terrible, de ce qu'une jeune princesse qui sent tout son malheur a de plus touchant et de plus noble ; après quoi Achille, dans une autre scène, déploie la fierté, l'indignation, les menaces d'un héros irrité, sans qu'Agamemnon perde rien de sa dignité : et c'était là le plus difficile.

Jamais Achille n'a été plus Achille que dans cette tragédie. Les étrangers ne pourront pas dire de lui ce qu'ils disent d'Hippolyte, de Xipharès, d'Antiochus, roi de Comagène, de Bajazet[1] même ; ils les appellent monsieur Bajazet, monsieur Antiochus, monsieur Xipharès, monsieur Hippolyte ; et, je l'avoue, ils n'ont pas tort. Cette faiblesse de Racine est un tribut qu'il a payé aux mœurs de son temps, à la galanterie de la cour de Louis XIV, au goût des romans[2] qui avaient infecté la nation, aux exemples mêmes de Corneille, qui ne composa jamais une tragédie sans y mettre de l'amour, et qui fit de cette passion le principal ressort de la tragédie de *Polyeucte*, confesseur et martyr, et de celle d'*Attila*, roi des Huns, et de sainte Théodore qu'on prostitue.

Ce n'est que depuis peu d'années qu'on a osé en France

produire des tragédies profanes sans galanterie. La nation était si accoutumée à cette fadeur qu'au commencement du siècle où nous sommes on reçut avec applaudissement une *Électre* amoureuse,[1] et une partie carrée de
5 deux amants et de deux maîtresses dans le sujet le plus terrible de l'antiquité, tandis qu'on sifflait l'*Électre* de Longepierre,[2] non seulement parce qu'il y avait des déclamations à l'antique, mais parce qu'on n'y parlait point d'amour.
10 Du temps de Racine, et jusqu'à nos derniers temps, les personnages essentiels au théâtre étaient l'*amoureux* et l'*amoureuse*, comme à la Foire [3] *Arlequin* et *Colombine*. Un acteur était reçu pour jouer tous les amoureux.

Achille aime Iphigénie, et il le doit: il la regarde
15 comme sa femme; mais il est beaucoup plus fier, plus violent, qu'il n'est tendre: il aime comme Achille doit aimer, et il parle comme Homère l'aurait fait parler s'il avait été Français.

Acte cinquième. — M. Luneau de Boisjermain, qui a fait
20 une édition de Racine avec des commentaires, voudrait que la catastrophe d'*Iphigénie* fût en action sur le théâtre. « Nous n'avons, dit-il, qu'un regret à former, c'est que Racine n'ait point composé sa pièce dans un temps où le théâtre fût, comme aujourd'hui, dégagé de la foule des
25 spectateurs qui inondaient autrefois le lieu de la scène;[4] ce poëte n'aurait pas manqué de mettre en action la catastrophe qu'il n'a mise qu'en récit. On eût vu d'un côté un père consterné, une mère éperdue, vingt rois en suspens, l'autel, le bûcher, le prêtre, le couteau, la victime;
30 et quelle victime! de l'autre, Achille menaçant, l'armée *en émeute*, le sang de toutes parts prêt à couler; Ériphile alors serait survenue; Calchas l'aurait désignée pour l'unique objet de la colère céleste, et cette princesse,

s'emparant du couteau sacré, aurait expiré bientôt sous
les coups qu'elle se serait *portés.*»

Cette idée paraît plausible au premier coup d'œil. C'est
en effet le sujet d'un très beau tableau, parce que dans
un tableau on ne peint qu'un instant; mais il serait bien
difficile que, sur le théâtre, cette action, qui doit durer
quelques moments, ne devînt froide et ridicule. Il m'a
toujours paru évident que le violent Achille, l'épée nue,
et ne se battant point, vingt héros dans la même attitude
comme des personnages de tapisserie, Agamemnon, roi des
rois, n'imposant à personne, immobile dans le tumulte,
formeraient un spectacle assez semblable au cercle de la
reine en cire colorée par Benoît.[1]

> Il est des objets que l'art judicieux
> Doit offrir à l'oreille, et reculer des yeux.
> (*Boileau, III, 53, 54.*)

Il y a bien plus; la mort d'Ériphile glacerait les spectateurs au lieu de les émouvoir. S'il est permis de répandre du sang sur le théâtre (ce que j'ai quelque peine
à croire), il ne faut tuer que les personnages auxquels
on s'intéresse. C'est alors que le cœur du spectateur est
véritablement ému, il vole au-devant du coup qu'on va
porter, il saigne de la blessure; on se plaît avec douleur
à voir tomber Zaïre[2] sous le poignard d'Orosmane dont
elle est idolâtrée. Tuez, si vous voulez, ce que vous
aimez; mais ne tuez jamais une personne indifférente;
le public sera très indifférent à cette mort: on n'aime
point du tout Ériphile. Racine l'a rendue supportable
jusqu'au quatrième acte; mais dès qu'Iphigénie est en
péril de mort, Ériphile est oubliée, et bientôt haïe: elle
ne ferait pas plus d'effet que la biche de Diane.[3]

On m'a mandé depuis peu qu'on avait essayé à Paris le

spectacle que M. Luneau de Boisjermain avait proposé, et qu'il n'a point réussi. Il faut savoir qu'un récit écrit par Racine est supérieur à toutes les actions théâtrales.[1]

Vol. XVII, 405-415.

ART POÉTIQUE.

Le savant presque universel,[2] l'homme même de génie, qui joint la philosophie à l'imagination, dit, dans son excellent article ENCYCLOPÉDIE, ces paroles remarquables. ... « Si on en excepte ce Perrault[3] et quelques autres, dont le versificateur Boileau n'était pas en état d'apprécier le mérite, etc.» (feuillet 636).

Ce philosophe rend avec raison justice à Claude Perrault,[4] savant traducteur de Vitruve,[5] homme utile en plus d'un genre, à qui l'on doit la belle façade du Louvre, et d'autres grands monuments ; mais il faut aussi rendre justice à Boileau. S'il n'avait été qu'un versificateur, il serait à peine connu ; il ne serait pas de ce petit nombre des grands hommes qui feront passer le siècle de Louis XIV à la postérité. Ses dernières Satires,[6] ses belles Épîtres, et surtout son *Art poétique*, sont des chefs-d'œuvre de raison autant que de poésie, *sapere est principium et fons*.[7] L'art du versificateur est, à la vérité, d'une difficulté prodigieuse, surtout en notre langue, où les vers alexandrins marchent deux à deux, où il est rare d'éviter la monotonie, où il faut absolument rimer, où les rimes agréables et nobles sont en trop petit nombre, où un mot hors de sa place, une syllabe dure gâte une pensée heureuse. C'est danser sur la corde avec des entraves ; mais le plus grand succès dans cette partie de l'art n'est rien s'il est seul.

L'Art poétique de Boileau est admirable, parce qu'il dit toujours agréablement des choses vraies et utiles, parce qu'il donne toujours le précepte et l'exemple, parce qu'il est varié, parce que l'auteur en ne manquant jamais à la pureté de la langue,

> .... sait d'une voix légère
> Passer du grave au doux, du plaisant au sévere.
> (1, 75, 76.)

Ce qui prouve son mérite chez tous les gens de goût, c'est qu'on sait ses vers par cœur; et ce qui doit plaire aux philosophes, c'est qu'il a presque toujours raison.

Puisque nous avons parlé de la préférence qu'on peut donner quelquefois aux modernes sur les anciens, on oserait présumer ici que *l'Art poétique* de Boileau est supérieur à celui d'Horace. La méthode est certainement une beauté dans un poëme didactique; Horace n'en a point. Nous ne lui en faisons pas un reproche, puisque son poëme est une épître familière aux Pisons,[1] et non pas un ouvrage régulier comme les *Géorgiques;* mais c'est un mérite de plus dans Boileau, mérite dont les philosophes doivent lui tenir compte.

L'Art poétique latin ne paraît pas, à beaucoup près, si travaillé que le français. Horace y parle presque toujours sur le ton libre et familier de ses autres épîtres. C'est une extrême justesse dans l'esprit, c'est un goût fin, ce sont des vers heureux et pleins de sel, mais souvent sans liaison, quelquefois destitués d'harmonie; ce n'est pas l'élégance et la correction de Virgile. L'ouvrage est très bon, celui de Boileau paraît encore meilleur; et si vous en exceptez les tragédies de Racine, qui ont le mérite supérieur de traiter les passions et de surmonter toutes les difficultés du théâtre, *l'Art poétique* de Despréaux est sans contredit le poëme qui fait le plus d'honneur à la langue française.

Il serait triste que les philosophes fussent les ennemis de la poésie. Il faut que la littérature soit comme la maison de Mécène[1] . . . *est locus unicuique suus.*

L'auteur des *Lettres persanes*,[2] si aisées à faire, et parmi lesquelles il y en a de très jolies, d'autres très hardies, d'autres médiocres, d'autres frivoles ; cet auteur, dis-je, très recommandable d'ailleurs, n'ayant jamais pu faire de vers, quoiqu'il eût de l'imagination et souvent du style, s'en dédommage en disant[3] que «l'on verse le mépris sur la poésie à pleines mains, et que la poésie lyrique est une harmonieuse extravagance, etc.» Et c'est ainsi qu'on cherche souvent à rabaisser les talents auxquels on ne saurait atteindre. Nous ne pouvons y parvenir, dit Montaigne ;[4] vengeons-nous-en par en médire. Mais Montaigne, le devancier et le maître de Montesquieu en imagination et en philosophie, pensait sur la poésie bien différemment.

Si Montesquieu avait eu autant de justice que d'esprit, il aurait senti malgré lui que plusieurs de nos belles odes et de nos bons opéras valent infiniment mieux que les plaisanteries de Rica à Usbek, imitées du *Siamois* de Dufresny,[5] et que les détails de ce qui se passe dans le sérail d'Usbek à Ispahan.

Nous parlerons plus amplement de ces injustices trop fréquentes, à l'article CRITIQUE.

CATÉCHISME CHINOIS

OU

ENTRETIENS DE CU-SU, DISCIPLE DE CONFUTZÉE, AVEC LE PRINCE
KOU, FILS DU ROI DE LOW, TRIBUTAIRE DE L'EMPEREUR CHINOIS
GNENVAN, 417 ANS AVANT NOTRE ÈRE VULGAIRE.

CU-SU.

Vous convenez donc qu'il y a un être tout-puissant, existant par lui-même, suprême artisan de toute la nature ?

KOU.

Oui ; mais s'il existe par lui-même, rien ne peut donc le borner, et il est donc partout ; il existe donc dans toute la matière, dans toutes les parties de moi-même ?

CU-SU.

Pourquoi non ?

KOU.

Je serais donc moi-même une partie de la Divinité ?

CU-SU.

Ce n'est peut-être pas une conséquence. Ce morceau de verre est pénétré de toutes parts de la lumière ; est-il lumière cependant lui-même ? ce n'est que du sable, et rien de plus. Tout est en Dieu, sans doute ; ce qui anime tout doit être partout. Dieu n'est pas comme l'empereur de la Chine, qui habite son palais, et qui envoie ses ordres par des colaos.[1] Dès là qu'il existe, il est nécessaire que son existence remplisse tout l'espace et tous ses ouvrages ; et puisqu'il est dans vous, c'est un avertissement continuel de ne rien faire dont vous puissiez rougir devant lui.

KOU.

Que faut-il faire pour oser ainsi se regarder soi-même sans répugnance et sans honte devant l'Être suprême?

CU—SU.

Être juste.

KOU.

Et quoi encore?

CU—SU.

5   Être juste.

KOU.

Mais la secte de Laokium[1] dit qu'il n'y a ni juste ni injuste, ni vice ni vertu.

CU—SU.

La secte de Laokium dit-elle qu'il n'y a ni santé ni maladie?

KOU.

10   Non, elle ne dit point une si grande erreur.

CU—SU.

L'erreur de penser qu'il n'y a ni santé de l'âme ni maladie de l'âme, ni vertu ni vice, est aussi grande et plus funeste. Ceux qui ont dit que tout est égal sont des monstres: est-il égal de nourrir son fils ou de l'écraser 15 sur la pierre, de secourir sa mère ou de lui plonger un poignard dans le cœur?

KOU.

Vous me faites frémir; je déteste la secte de Laokium; mais il y a tant de nuances du juste et de l'injuste! on est souvent bien incertain. Quel homme sait précisément ce 20 qui est permis ou ce qui est défendu? Qui pourra poser sûrement les bornes qui séparent le bien et le mal? quelle règle me donnerez-vous pour les discerner?

CU-SU.

Celle de Confutzée, mon maître : «Vis comme en mourant tu voudrais avoir vécu; traite ton prochain comme tu veux qu'il te traite.»

KOU.

Ces maximes, je l'avoue, doivent être le code du genre humain; mais que m'importera en mourant d'avoir bien vécu? qu'y gagnerai-je? Cette horloge, quand elle sera détruite, sera-t-elle heureuse d'avoir bien sonné les heures?

CU-SU.

Cette horloge ne sent point, ne pense point; elle ne peut avoir des remords, et vous en avez quand vous vous sentez coupable.

KOU.

Mais si, après avoir commis plusieurs crimes, je parviens à n'avoir plus de remords?

CU-SU.

Alors il faudra vous étouffer; et soyez sûr que parmi les hommes qui n'aiment pas qu'on les opprime il s'en trouvera qui vous mettront hors d'état de faire de nouveaux crimes.

KOU.

Ainsi Dieu, qui est en eux, leur permettra d'être méchants après m'avoir permis de l'être?

CU-SU.

Dieu vous a donné raison : n'en abusez, ni vous, ni eux. Non seulement vous serez malheureux dans cette vie, mais qui vous a dit que vous ne le seriez pas dans une autre?

KOU.

Et qui vous a dit qu'il y a une autre vie?

CU-SU.

Dans le doute seul, vous devez vous conduire comme s'il y en avait une.

KOU.

Mais si je suis sûr qu'il n'y en a point?

CU-SU.

Je vous en défie.

CONSCIENCE.

De la conscience du bien et du mal.— L'homme n'est né avec aucun principe, mais avec la faculté de les recevoir tous. Son tempérament le rendra plus enclin à la cruauté ou à la douceur; son entendement lui fera comprendre un jour que le carré de douze est cent quarante-quatre, qu'il ne faut pas faire aux autres ce qu'il ne voudrait pas qu'on lui fît; mais il ne comprendra pas de lui-même ces vérités dans son enfance; il n'entendra pas la première, et il ne sentira pas la seconde.

Un petit sauvage qui aura faim, et à qui son père aura donné un morceau d'un autre sauvage à manger, en demandera autant le lendemain, sans imaginer qu'il ne faut pas traiter son prochain autrement qu'on ne voudrait être traité soi-même. Il fait machinalement, invinciblement, tout le contraire de ce que cette éternelle vérité enseigne.

La nature a pourvu à cette horreur; elle a donné à l'homme la disposition à la pitié, et le pouvoir de comprendre la vérité. Ces deux présents de Dieu sont le fondement de la société civile. C'est ce qui fait qu'il y a toujours eu peu d'anthropophages; c'est ce qui rend la vie un peu tolérable chez les nations civilisées. Les pères et les mères donnent à leurs enfants une éducation qui les rend bientôt sociables; et cette éducation leur donne une conscience.

Une religion pure, une morale pure, inspirées de bonne heure, façonnent tellement la nature humaine que, depuis environ sept ans jusqu'à seize ou dix-sept, on ne fait pas une mauvaise action sans que la conscience en fasse un reproche. Ensuite viennent les violentes passions qui combattent la conscience, et qui l'étouffent quelquefois. Pendant le conflit, les hommes tourmentés par cet orage consultent en quelques occasions d'autres hommes, comme dans leurs maladies ils consultent ceux qui ont l'air de se bien porter.

C'est ce qui a produit des casuistes, c'est-à-dire des gens qui décident des cas de conscience. Un des plus sages casuistes a été Cicéron dans son livre *des Offices*, c'est-à-dire des devoirs de l'homme. Il examine les points les plus délicats; mais, longtemps avant lui, Zoroastre avait paru régler la conscience par le plus beau des préceptes: « Dans le doute si une action est bonne ou mauvaise, abstiens-toi. » (Porte XXX.) Nous en parlons ailleurs.[1]

VOL. XVIII, 235, 236.

CROMWELL.[2]

Il commença par se jeter en volontaire qui voulait faire fortune dans la ville de Hull, assiégée par le roi. Il y fit de belles et d'heureuses actions, pour lesquelles il reçut une gratification d'environ six mille francs du parlement. Ce présent fait par le parlement à un aventurier fait voir que le parti rebelle devait prévaloir. Le roi n'était pas en état de donner à ses officiers généraux ce que le parlement donnait à des volontaires. Avec de l'argent et du fanatisme on doit à la longue être maître de tout. On fit Cromwell colonel. Alors ses grands talents pour la guerre se développèrent au point que lorsque le parlement créa le comte de Manchester[1] général de ses armées, il fit Cromwell lieutenant-général, sans qu'il eût passé par les autres grades. Jamais homme ne parut plus digne de commander; jamais on ne vit plus d'activité et de prudence, plus d'audace et plus de ressources que dans Cromwell. Il est blessé à la bataille d'York;[2] et tandis que l'on met le premier appareil à sa plaie, il apprend que son général Manchester se retire, et que la bataille est perdue. Il court à Manchester; il le trouve fuyant avec quelques officiers; il le prend par le bras, et lui dit avec un air de confiance et de grandeur: « Vous vous méprenez, milord; ce n'est pas de ce côté-ci que sont les ennemis. » Il le ramène près du champ de bataille, rallie pendant la nuit plus de douze mille hommes, leur parle au nom de Dieu, cite Moïse, Gédéon et Josué, recommence la bataille au point du jour contre l'armée royale victorieuse, et la défait entièrement. Il fallait qu'un tel homme pérît ou fût le maître. Presque tous les officiers de son armée étaient des enthousiastes qui portaient le Nouveau Testament à l'arçon de leur selle: on ne parlait, à l'armée comme dans le parlement, que de perdre Babylone, d'établir le culte dans Jérusalem, de briser le colosse. Cromwell, parmi tant de fous, cessa de l'être, et pensait qu'il valait mieux les gouverner que d'être gouverné par eux. L'habitude de prêcher en inspiré lui restait. Figurez-vous un fakir qui s'est mis aux reins une ceinture de fer par pénitence, et qui ensuite détache sa ceinture pour en donner sur les oreilles aux autres fakirs:

voilà Cromwell. Il devient aussi intrigant qu'il était intrépide; il s'associe avec tous les colonels de l'armée, et forme ainsi dans les troupes une république qui force le généralissime à se démettre.[1] Un autre généralissime est nommé,[2] il le dégoûte. Il gouverne l'armée, et par elle il gouverne le parlement; il met ce parlement dans la nécessité de le faire enfin généralissime.[3] Tout cela est beaucoup; mais ce qui est essentiel, c'est qu'il gagne toutes les batailles qu'il donne en Angleterre, en Écosse, en Irlande; et il les gagne, non en voyant combattre et en se ménageant, mais toujours en chargeant l'ennemi, ralliant ses troupes, courant partout, souvent blessé, tuant de sa main plusieurs officiers royalistes, comme un grenadier furieux et acharné.

Il n'y a guère d'exemple en Europe d'aucun homme qui, venu de si bas, se soit élevé si haut. Mais que lui fallait-il absolument avec tous ses grands talents? la fortune. Il l'eut, cette fortune; mais fut-il heureux? Il vécut pauvre et inquiet jusqu'à quarante-trois ans; il se baigna depuis dans le sang, passa sa vie dans le trouble, et mourut avant le temps à cinquante-sept ans. Que l'on compare à cette vie celle d'un Newton,[4] qui a vécu quatre-vingt-quatre années, toujours tranquille, toujours honoré, toujours la lumière de tous les êtres pensants, voyant augmenter chaque jour sa renommée, sa réputation, sa fortune, sans avoir jamais ni soins, ni remords, et qu'on juge lequel a été le mieux partagé.

VOL. XVIII, 295, 296, 298.

DIEU, DIEUX.

De la nécessité de croire un Être suprême. — De quoi s'agit-il dans notre dispute? de consoler notre malheureuse existence. Qui la console? vous, ou moi? Vous avouez vous-même, dans quelques endroits de votre ouvrage,[1] que la croyance d'un Dieu a retenu quelques hommes sur le bord du crime: cet aveu me suffit. Quand cette opinion n'aurait prévenu que dix assassinats, dix calomnies, dix jugements iniques sur la terre, je tiens que la terre entière doit l'embrasser.

La religion, dites-vous, a produit des milliasses de forfaits; dites la superstition, qui règne sur notre triste globe; elle est la plus cruelle ennemie de l'adoration pure qu'on doit à l'Être suprême. Détestons ce monstre qui a toujours déchiré le sein de sa mère: ceux qui le combattent sont les bienfaiteurs du genre humain; c'est un serpent qui entoure la religion de ses replis: il faut lui écraser la tête sans blesser celle qu'il infecte et qu'il dévore.

Vous craignez «qu'en adorant Dieu on ne redevienne bientôt superstitieux et fanatique»; mais n'est-il pas à craindre qu'en le niant on ne s'abandonne aux passions les plus atroces et aux crimes les plus affreux? Entre ces deux excès, n'y a-t-il pas un milieu très raisonnable? Où est l'asile entre ces deux écueils? le voici: Dieu, et des lois sages.

Vous affirmez qu'il n'y a qu'un pas de l'adoration à la superstition. Il y a l'infini pour les esprits bien faits: et ils sont aujourd'hui en grand nombre; ils sont à la tête des nations, ils influent sur les mœurs publiques; et d'année en année le fanatisme, qui couvrait la terre, se voit enlever ses détestables usurpations.

Je répondrai encore un mot à vos paroles de la page 223. « Si l'on présume des rapports entre l'homme et cet être incroyable, il faudra lui élever des autels, lui faire des présents, etc.; si l'on ne conçoit rien à cet être, il faudra s'en rapporter à des prêtres qui . . . etc., etc., etc.» Le grand mal de s'assembler aux temps des moissons pour remercier Dieu du pain qu'il nous a donné ! Qui vous dit de faire des présents à Dieu? l'idée en est ridicule; mais où est le mal de charger un citoyen, qu'on appellera *vieillard* ou *prêtre*, de rendre des actions de grâces à la Divinité au nom des autres citoyens, pourvu que ce prêtre ne soit pas un Grégoire VII qui marche sur la tête des rois, ou un Alexandre VI, souillant par un inceste le sein de sa fille, qu'il a engendrée par un stupre, et assassinant, empoisonnant, à l'aide de son bâtard, presque tous les princes ses voisins ; pourvu que dans une paroisse ce prêtre ne soit pas un fripon volant dans la poche des pénitents qu'il confesse,[1] et employant cet argent à séduire les petites filles qu'il catéchise ; pourvu que ce prêtre ne soit pas un Le Tellier,[2] qui met tout un royaume en combustion par des fourberies dignes du pilori; un Warburton,[3] qui viole les lois de la société en manifestant les papiers secrets d'un membre du parlement pour le perdre, et qui calomnie quiconque n'est pas de son avis? Ces derniers cas sont rares. L'état du sacerdoce est un frein qui force à la bienséance.

Un sot prêtre excite le mépris ; un mauvais prêtre inspire l'horreur ; un bon prêtre, doux, pieux, sans superstition, charitable, tolérant, est un homme qu'on doit chérir et respecter. Vous craignez l'abus, et moi aussi. Unissons-nous pour le prévenir ; mais ne condamnons pas l'usage quand il est utile à la société, quand il n'est pas perverti par le fanatisme, ou par la méchanceté frauduleuse.

J'ai une chose très importante à vous dire. Je suis persuadé que vous êtes dans une grande erreur; mais je suis également convaincu que vous vous trompez en honnête homme. Vous voulez qu'on soit vertueux, même sans Dieu, quoique vous ayez dit malheureusement que «dès que le vice rend l'homme heureux, il doit aimer le vice»; proposition affreuse que vos amis auraient dû vous faire effacer. Partout ailleurs vous inspirez la probité. Cette dispute philosophique ne sera qu'entre vous et quelques philosophes répandus dans l'Europe : le reste de la terre n'en entendra point parler; le peuple ne nous lit pas. Si quelque théologien voulait vous persécuter, il serait un méchant, il serait un imprudent qui ne servirait qu'à vous affermir et à faire de nouveaux athées.

Vous avez tort; mais les Grecs n'ont point persécuté Épicure, les Romains n'ont point persécuté Lucrèce. Vous avez tort; mais il faut respecter votre génie et votre vertu, en vous réfutant de toutes ses forces.

Le plus bel hommage, à mon gré, qu'on puisse rendre à Dieu, c'est de prendre sa défense sans colère; comme le plus indigne portrait qu'on puisse faire de lui est de le peindre vindicatif et furieux. Il est la vérité même : la vérité est sans passions. C'est être disciple de Dieu que de l'annoncer d'un cœur doux et d'un esprit inaltérable.

Vol. XVIII, 377–379.

ESPRIT.

On consultait un homme qui avait quelque connaissance du cœur humain sur une tragédie qu'on devait représenter : il répondit qu'il y avait tant d'esprit dans cette pièce qu'il doutait de son succès. Quoi ! dira-t-on, est-ce là un défaut, dans un temps où tout le monde veut avoir de l'esprit, où l'on n'écrit que pour montrer qu'on en a, où le public applaudit même aux pensées les plus fausses quand elles sont brillantes? Oui, sans doute, on applaudira le premier jour, et on s'ennuiera le second.

Ce qu'on appelle esprit est tantôt une comparaison nouvelle, tantôt une allusion fine : ici l'abus d'un mot qu'on présente dans un sens, et qu'on laisse entendre dans un autre; là un rapport délicat entre deux idées peu communes ; c'est une métaphore singulière ; c'est une recherche de ce qu'un objet ne présente pas d'abord, mais de ce qui est en effet dans lui; c'est l'art ou de réunir deux choses éloignées, ou de diviser deux choses qui paraissent se joindre, ou de les opposer l'une à l'autre; c'est celui de ne dire qu'à moitié sa pensée pour la laisser deviner. Enfin, je vous parlerais de toutes les différentes façons de montrer de l'esprit si j'en avais davantage; mais tous ces brillants (et je ne parle pas des faux brillants) ne conviennent point ou conviennent fort rarement à un ouvrage sérieux et qui doit intéresser. La raison en est qu'alors c'est l'auteur qui paraît, et que le public ne veut voir que le héros. Or ce héros est toujours ou dans la passion ou en danger. Le danger et les passions ne cherchent point l'esprit. Priam et Hécube ne font point d'épigrammes quand leurs enfants sont égorgés dans Troie embrasée. Didon ne soupire point en madrigaux en volant au bûcher sur lequel elle va s'immoler. Démosthène n'a point de jolies pensées quand il anime les Athéniens à la guerre; s'il en avait, il serait un rhéteur, et il est un homme d'État.

VOL. XIX, 3, 4.

GENRE DE STYLE.

Comme le genre d'exécution que doit employer tout artiste dépend de l'objet qu'il traite; comme le genre de Poussin[1] n'est point celui de Téniers,[2] ni l'architecture d'un temple celle d'une maison commune, ni la musique d'un opéra-tragédie celle d'un opéra-bouffon; aussi chaque genre d'écrire a son style propre en prose et en vers. On sait assez que le style de l'histoire n'est pas celui d'une oraison funèbre, qu'une dépêche d'ambassadeur ne doit pas être écrite comme un sermon, que la comédie ne doit point se servir des tours hardis de l'ode, des expressions pathétiques de la tragédie, ni des métaphores et des comparaisons de l'épopée.

Chaque genre a ses nuances différentes: on peut, au fond, les réduire à deux, le simple et le relevé. Ces deux genres, qui en embrassent tant d'autres, ont des beautés nécessaires qui leur sont également communes: ces beautés sont la justesse des idées, leur convenance, l'élégance, la propriété des expressions, la pureté du langage. Tout écrit, de quelque nature qu'il soit, exige ces qualités; les différences consistent dans les idées propres à chaque sujet, dans les tropes. Ainsi un personnage de comédie n'aura ni idées sublimes, ni idées philosophiques; un berger n'aura point les idées d'un conquérant; une épître didactique ne respirera point la passion; et dans aucun de ces écrits on n'emploiera ni métaphores hardies, ni exclamations pathétiques, ni expressions véhémentes.

Entre le simple et le sublime, il y a plusieurs nuances; et c'est l'art de les assortir qui contribue à la perfection de l'éloquence et de la poésie. C'est par cet art que Virgile s'est élevé quelquefois dans l'églogue. Ce vers,

> Ut vidi, ut perii, ut me malus abstulit error!
> (*Eclog. VIII, 41.*)

serait aussi beau dans la bouche de Didon que dans celle d'un berger, parce qu'il est naturel, vrai et élégant, et que le sentiment qu'il renferme convient à toutes sortes d'états. Mais ce vers,

> Castaneasque nuces mea quas Amaryllis amabat.
> (*Eclog. II, 52.*)

ne conviendrait pas à un personnage héroïque, parce qu'il a pour objet une chose trop petite pour un héros.

Nous n'entendons point par petit ce qui est bas et grossier: car le bas et le grossier n'est point un genre, c'est un défaut.

Ces deux exemples font voir évidemment dans quel cas on doit se permettre le mélange des styles, et quand on doit se le défendre. La tragédie peut s'abaisser, elle le doit même; la simplicité relève souvent la grandeur, selon le précepte d'Horace:

> Et tragicus plerumque dolet sermone pedestri.
> (*De Art. poët., 95.*)

Ainsi ces deux beaux vers de Titus, si naturels et si tendres,

> Depuis cinq ans entiers chaque jour je la vois,
> Et crois toujours la voir pour la première fois.
> (RACINE, *Bérénice, acte II, scène 2.*)

ne seraient point du tout déplacés dans le haut comique; mais ce vers d'Antiochus,

> Dans l'Orient désert quel devint mon ennui!
> (RACINE, *Bérénice, acte II, scène 4.*)

ne pourrait convenir à un amant dans une comédie, parce que cette belle expression figurée *dans l'Orient désert* est d'un genre trop relevé pour la simplicité des brodequins.[1]

GOÛT.

Le goût, ce sens, ce don de discerner nos aliments, a produit dans toutes les langues connues la métaphore qui exprime, par le mot *goût*, le sentiment des beautés et des défauts dans tous les arts : c'est un discernement prompt,
5 comme celui de la langue et du palais, et qui prévient comme lui la réflexion ; il est, comme lui, sensible et voluptueux à l'égard du bon ; il rejette, comme lui, le mauvais avec soulèvement ; il est souvent, comme lui, incertain et égaré, ignorant même si ce qu'on lui pré-
10 sente doit lui plaire, et ayant quelquefois besoin, comme lui, d'habitude pour se former.

Il ne suffit pas, pour le goût, de voir, de connaître la beauté d'un ouvrage : il faut la sentir, en être touché. Il ne suffit pas de sentir, d'être touché d'une manière
15 confuse ; il faut démêler les différentes nuances. Rien ne doit échapper à la promptitude du discernement ; et c'est encore une ressemblance de ce goût intellectuel, de ce goût des arts, avec le goût sensuel : car le gourmet sent et reconnaît promptement le mélange de deux liqueurs ;
20 l'homme de goût, le connaisseur, verra d'un coup d'œil prompt le mélange de deux styles ; il verra un défaut à côté d'un agrément ; il sera saisi d'enthousiasme à ce vers des *Horaces :*[1]

Que vouliez-vous qu'il fît contre trois ? — Qu'il mourût !

25 il sentira un dégoût involontaire au vers suivant ;

Ou qu'un beau désespoir alors le secourût.

(*Acte III, scène 6.*)

Comme le mauvais goût, au physique, consiste à n'être flatté que par des assaisonnements trop piquants et trop recherchés, ainsi le mauvais goût dans les arts est de ne se plaire qu'aux ornements étudiés, et de ne pas sentir la belle nature.

Le goût dépravé dans les aliments est de choisir ceux qui dégoûtent les autres hommes : c'est une espèce de maladie. Le goût dépravé dans les arts est de se plaire à des sujets qui révoltent les esprits bien faits, de préférer le burlesque au noble, le précieux et l'affecté au beau simple et naturel : c'est une maladie de l'esprit. On se forme le goût des arts beaucoup plus que le goût sensuel, car dans le goût physique, quoiqu'on finisse quelquefois par aimer les choses pour lesquelles on avait d'abord de la répugnance, cependant la nature n'a pas voulu que les hommes, en général, apprissent à sentir ce qui leur est nécessaire. Mais le goût intellectuel demande plus de temps pour se former. Un jeune homme sensible, mais sans aucune connaissance, ne distingue point d'abord les parties d'un grand chœur de musique; ses yeux ne distinguent point d'abord dans un tableau les gradations, le clair-obscur, la perspective, l'accord des couleurs, la correction du dessin; mais peu à peu ses oreilles apprennent à entendre, et ses yeux à voir: il sera ému à la première représentation qu'il verra d'une belle tragédie; mais il n'y démêlera ni le mérite des unités,[1] ni cet art délicat par lequel aucun personnage n'entre ni ne sort sans raison, ni cet art encore plus grand qui concentre des intérêts divers dans un seul, ni enfin les autres difficultés surmontées. Ce n'est qu'avec de l'habitude et des réflexions qu'il parvient à sentir tout d'un coup avec plaisir ce qu'il ne démêlait pas auparavant. Le goût se forme insensiblement dans une nation qui n'en avait pas, parce qu'on y prend peu à peu l'esprit des bons artistes. On s'accoutume à voir des tableaux

avec les yeux de Le Brun,[1] du Poussin, de Le Sueur.[1]
On entend la déclamation notée des scènes de Quinault,[2]
avec l'oreille de Lulli;[3] et les airs et les symphonies,
avec celle de Rameau.[4] On lit les livres avec l'esprit
5 des bons auteurs.

VOL. XIX, 270, 271.

GOUVERNEMENT.

Tableau du gouvernement anglais.— La France et l'Angleterre ayant donc été administrées si longtemps sur les mêmes principes, ou plutôt sans aucun principe, et seulement par des usages tout semblables, d'où vient qu'enfin
10 ces deux gouvernements sont devenus aussi différents que ceux de Maroc et de Venise?

N'est-ce point que, l'Angleterre étant une île, le roi n'a pas besoin d'entretenir continuellement une forte armée de terre, qui serait plutôt employée contre la nation que
15 contre les étrangers?

N'est-ce point qu'en général les Anglais ont dans l'esprit quelque chose de plus ferme, de plus réfléchi, de plus opiniâtre, que quelques autres peuples?

N'est-ce point par cette raison que, s'étant toujours
20 plaints de la cour de Rome, ils en ont entièrement secoué le joug honteux, tandis qu'un peuple plus léger l'a porté en affectant d'en rire, et en dansant avec ses chaines?

La situation de leur pays, qui leur a rendu la navigation
25 nécessaire, ne leur a-t-elle pas donné aussi des mœurs plus dures?

Cette dureté de mœurs, qui a fait de leur île le théâtre de tant de sanglantes tragédies, n'a-t-elle pas contribué aussi à leur inspirer une franchise généreuse?

N'est-ce pas ce mélange de leurs qualités contraires qui a fait couler tant de sang royal dans les combats et sur les échafauds, et qui n'a jamais permis qu'ils employassent le poison dans leurs troubles civils, tandis qu'ailleurs,[1] sous un gouvernement sacerdotal, le poison était une arme si commune?

L'amour de la liberté n'est-il pas devenu leur caractère dominant, à mesure qu'ils ont été plus éclairés et plus riches? Tous les citoyens ne peuvent être également puissants, mais ils peuvent tous être également libres; et c'est ce que les Anglais ont obtenu enfin par leur constance.

Être libre, c'est ne dépendre que des lois. Les Anglais ont donc aimé les lois, comme les pères aiment leurs enfants parce qu'ils les ont faits, ou qu'ils ont cru les faire.

Un tel gouvernement n'a pu être établi que très tard, parce qu'il a fallu longtemps combattre des puissances respectées: la puissance du pape, la plus terrible de toutes, puisqu'elle était fondée sur le préjugé et sur l'ignorance; la puissance royale, toujours prête à se déborder, et qu'il fallait contenir dans ses bornes; la puissance du baronnage, qui était une anarchie; la puissance des évêques, qui, mêlant toujours le profane au sacré, voulurent l'emporter sur le baronnage et sur les rois.

Peu à peu la chambre des communes est devenue la digue qui arrête tous ces torrents.

La chambre des communes est véritablement la nation, puisque le roi, qui est le chef, n'agit que pour lui, et pour ce qu'on appelle *sa prérogative;* puisque les pairs ne sont en parlement que pour eux; puisque les évêques n'y sont de même que pour eux; mais la chambre des communes y est pour le peuple, puisque chaque membre est député du peuple. Or ce peuple est au roi comme environ huit millions sont à l'unité. Il est aux pairs et aux évêques comme huit millions sont à deux cents tout au plus. Et les huit millions de citoyens libres sont représentés par la chambre basse.

5 De cet établissement, en comparaison duquel la république de Platon n'est qu'un rêve ridicule, et qui semblerait inventé par Locke,[1] par Newton, par Halley,[2] ou par Archimède, il est né des abus affreux, et qui font frémir la nature humaine. Les frottements inévitables de cette 10 vaste machine l'ont presque détruite du temps de Fairfax et de Cromwell.[3] Le fanatisme absurde s'était introduit dans ce grand édifice comme un feu dévorant qui consume un beau bâtiment qui n'est que de bois.

Il a été rebâti de pierre du temps de Guillaume d'O-15 range.[4] La philosophie a détruit le fanatisme, qui ébranle les États les plus fermes. Il est à croire qu'une constitution qui a réglé les droits du roi, des nobles, et du peuple, et dans laquelle chacun trouve sa sûreté, durera autant que les choses humaines peuvent durer.

20 Il est à croire aussi que tous les États qui ne sont pas fondés sur de tels principes éprouveront des révolutions.

Voici à quoi la législation anglaise est enfin parvenue: à remettre chaque homme dans tous les droits de la nature, dont ils sont dépouillés dans presque toutes les 25 monarchies. Ces droits sont: liberté entière de sa personne, de ses biens; de parler à la nation par l'organe de sa plume; de ne pouvoir être jugé en matière criminelle que par un *jury* formé d'hommes indépendants; de ne pouvoir être jugé en aucun cas que suivant les termes 30 précis de la loi; de professer en paix quelque religion qu'on veuille, en renonçant aux emplois dont les seuls anglicans peuvent être pourvus. Cela s'appelle des prérogatives. Et en effet, c'est une très grande et très heu-

reuse prérogative par-dessus tant de nations, d'être sûr
en vous couchant que vous vous réveillerez le lendemain
avec la même fortune que vous possédiez la veille; que
vous ne serez pas enlevé des bras de votre femme, de vos
enfants, au milieu de la nuit, pour être conduit dans un
donjon ou dans un désert; que vous aurez, en sortant du
sommeil, le pouvoir de publier tout ce que vous pensez;
que si vous êtes accusé, soit pour avoir mal agi, ou mal
parlé, ou mal écrit, vous ne serez jugé que suivant la loi.
Cette prérogative s'étend sur tout ce qui aborde en Angleterre. Un étranger y jouit de la même liberté de ses
biens et de sa personne; et s'il est accusé, il peut demander que la moitié des jurés soit composée d'étrangers.

J'ose dire que si on assemblait le genre humain pour
faire des lois, c'est ainsi qu'on les ferait pour sa sûreté.
Pourquoi donc ne sont-elles pas suivies dans les autres
pays?[1] N'est-ce pas demander pourquoi les cocos mûrissent aux Indes et ne réussissent point à Rome? Vous
répondez que ces cocos n'ont pas toujours mûri en Angleterre; qu'ils n'y ont été cultivés que depuis peu de temps;
que la Suède en a élevé à son exemple pendant quelques
années, et qu'ils n'ont pas réussi; que vous pourriez faire
venir de ces fruits dans d'autres provinces, par exemple
en Bosnie, en Servie.[2] Essayez donc d'en planter.

Et surtout, pauvre homme, si vous êtes bacha, effendi
ou mollah, ne soyez pas assez imbécilement barbare pour
resserrer les chaînes de votre nation. Songez que plus
vous appesantirez le joug, plus vos enfants, qui ne seront
pas tous bachas, seront esclaves. Quoi! malheureux, pour
le plaisir d'être tyran subalterne pendant quelques jours,
vous exposez toute votre postérité à gémir dans les fers!
Oh! qu'il est aujourd'hui de distance entre un Anglais et
un Bosniaque!

HISTOIRE.

De l'utilité de l'histoire.—Cet avantage consiste surtout dans la comparaison qu'un homme d'État, un citoyen peut faire des lois et des mœurs étrangères avec celles de son pays: c'est ce qui excite l'émulation des nations modernes dans les arts, dans l'agriculture, dans le commerce.

Les grandes fautes passées servent beaucoup en tout genre; on ne saurait trop remettre devant les yeux les crimes et les malheurs. On peut, quoiqu'on en dise, prévenir les uns et les autres; l'histoire du tyran Christiern[1] peut empêcher une nation de confier le pouvoir absolu à un tyran; et le désastre de Charles XII[2] devant Pultava avertit un général de ne pas s'enfoncer dans l'Ukraine sans avoir des vivres.

C'est pour avoir lu les détails des batailles de Crécy, de Poitiers, d'Azincourt, de Saint-Quentin, de Gravelines,[3] etc., que le célèbre maréchal de Saxe[4] se déterminait à chercher, autant qu'il pouvait, des affaires de poste.[5]

Les exemples font un grand effet sur l'esprit d'un prince qui lit avec attention. Il verra que Henri IV n'entreprit sa grande guerre, qui devait changer le système de l'Europe, qu'après être assuré du nerf de la guerre pour la pouvoir soutenir plusieurs années sans aucun nouveau secours de finances.

Il verra que la reine Élisabeth,[6] par les seules ressources du commerce et d'une sage économie, résista au puissant Philippe II, et que de cent vaisseaux qu'elle mit en mer contre la flotte invincible, les trois quarts étaient fournis par les villes commerçantes d'Angleterre.

La France non entamée sous Louis XIV, après neuf

ans de la guerre la plus malheureuse,* montrera évidemment l'utilité des places frontières qu'il construisit. En vain l'auteur des causes de la chute de l'empire romain² blâme-t-il Justinien³ d'avoir eu la même politique ; il ne devait blâmer que les empereurs qui négligèrent ces places frontières, et qui ouvrirent les portes de l'empire aux barbares.

Un avantage que l'histoire moderne a sur l'ancienne est d'apprendre à tous les potentats que depuis le XVᵉ siècle on s'est toujours réuni contre une puissance trop prépondérante. Ce système d'équilibre a toujours été inconnu des anciens, et c'est la raison des succès du peuple romain, qui, ayant formé une milice supérieure à celle des autres peuples, les subjugua l'un après l'autre, du Tibre jusqu'à l'Euphrate.

Certitude de l'histoire. — Toute certitude qui n'est pas démonstration mathématique n'est qu'une extrême probabilité : il n'y a pas d'autre certitude historique.

Quand Marc-Paul⁴ parla le premier, mais le seul, de la grandeur et de la population de la Chine, il ne fut pas cru, et il ne put exiger de croyance. Les Portugais qui entrèrent dans ce vaste empire plusieurs siècles après commencèrent à rendre la chose probable. Elle est aujourd'hui certaine, de cette certitude qui naît de la déposition unanime de mille témoins oculaires de différentes nations, sans que personne ait réclamé contre leur témoignage.

Si deux ou trois historiens seulement avaient écrit l'aventure du roi Charles XII,⁵ qui, s'obstinant à rester dans les États du sultan son bienfaiteur, malgré lui, se battit avec ses domestiques contre une armée de janissaires et de Tartares, j'aurais suspendu mon jugement ; mais ayant parlé à plusieurs témoins oculaires, et n'ayant jamais entendu révoquer cette action en doute, il a bien fallu la croire; parce qu'après tout, si elle n'est ni sage ni ordinaire, elle n'est contraire ni aux lois de la nature ni au caractère du héros. VOL. XIX, 356, 357, 358.

HOMME.

Réflexion générale sur l'homme.—Il faut vingt ans pour mener l'homme de l'état de plante où il est dans le ventre de sa mère, et de l'état de pur animal, qui est le partage de sa première enfance, jusqu'à celui où la maturité de la raison commence à poindre. Il a fallu trente siècles pour connaître un peu sa structure. Il faudrait l'éternité pour connaître quelque chose de son âme. Il ne faut qu'un instant pour le tuer. VOL. XIX, 385.

IDÉE.

Comment tout est-il action de Dieu?—Il n'y a dans la nature qu'un principe universel, éternel, et agissant; il ne peut en exister deux: car ils seraient semblables ou différents. S'ils sont différents, ils se détruisent l'un l'autre; s'ils sont semblables, c'est comme s'il n'y en avait qu'un. L'unité de dessein dans le grand tout infiniment varié annonce un seul principe; ce principe doit agir sur tout être, ou il n'est plus principe universel.

S'il agit sur tout être, il agit sur tous les modes de tout être. Il n'y a donc pas un seul mouvement, un seul mode, une seule idée qui ne soit l'effet immédiat d'une cause universelle toujours présente.

La matière de l'univers appartient donc à Dieu tout autant que les idées, et les idées tout autant que la matière.

Dire que quelque chose est hors de lui, ce serait dire
qu'il y a quelque chose hors du grand tout. Dieu étant
le principe universel de toutes les choses, toutes existent
donc en lui et par lui.

VOL. XIX, 399.

IGNORANCE.

J'ignore comment j'ai été formé, et comment je suis né.
J'ai ignoré absolument pendant le quart de ma vie les
raisons de tout ce que j'ai vu, entendu et senti; et je n'ai
été qu'un perroquet sifflé par d'autres perroquets.

Quand j'ai regardé autour de moi et dans moi, j'ai
conçu que quelque chose existe de toute éternité; puisqu'il y a des êtres qui sont actuellement, j'ai conclu qu'il
y a un être nécessaire et nécessairement éternel. Ainsi,
le premier pas que j'ai fait pour sortir de mon ignorance
a franchi les bornes de tous les siècles.

Mais quand j'ai voulu marcher dans cette carrière infinie ouverte devant moi, je n'ai pu ni trouver un seul
sentier, ni découvrir pleinement un seul objet; et du
saut que j'ai fait pour contempler l'éternité, je suis retombé dans l'abime de mon ignorance.

J'ai vu ce qu'on appelle *de la matière* depuis l'étoile
Sirius, et depuis celles de la *voie lactée*, aussi éloignées de
Sirius que cet astre l'est de nous, jusqu'au dernier atome
qu'on peut apercevoir avec le microscope, et j'ignore ce
que c'est que la matière.

La lumière qui m'a fait voir tous ces êtres m'est inconnue: je peux, avec le secours du prisme, anatomiser
cette lumière, et la diviser en sept faisceaux de rayons;
mais je ne peux diviser ces faisceaux; j'ignore de quoi
ils sont composés. La lumière tient de la matière, puis-

qu'elle a un mouvement et qu'elle frappe les objets; mais elle ne tend point vers un centre comme tous les autres corps : au contraire, elle s'échappe invinciblement du centre, tandis que toute matière pèse vers son centre.
5 La lumière parait pénétrable, et la matière est impénétrable. Cette lumière est-elle matière? ne l'est-elle pas? qu'est-elle? de quelles innombrables propriétés peut-elle être revêtue? je l'ignore.

Cette substance si brillante, si rapide et si inconnue, 10 et ces autres substances qui nagent dans l'immensité de l'espace, sont-elles éternelles comme elles semblent infinies? Je n'en sais rien. Un être nécessaire, souverainement intelligent, les a-t-il créées de rien, ou les a-t-il arrangées? a-t-il produit cet ordre dans le temps 15 ou avant le temps? Hélas! qu'est-ce que ce temps même dont je parle? je ne puis le définir. O Dieu! il faut que tu m'instruises, car je ne suis éclairé ni par les ténèbres des autres hommes, ni par les miennes.

VOL. XIX, 424, 425.

DU JUSTE ET DE L'INJUSTE.

Qui nous a donné le sentiment du juste et de l'injuste?
20 Dieu, qui nous a donné un cerveau et un cœur. Mais quand notre raison nous apprend-elle qu'il y a vice et vertu? Quand elle nous apprend que deux et deux font quatre. Il n'y a point de connaissance innée, par la raison qu'il n'y a point d'arbre qui porte des feuilles et 25 des fruits en sortant de la terre. Rien n'est ce qu'on appelle inné, c'est-à-dire né développé; mais, répétons-le encore,[1] Dieu nous fait naître avec des organes qui, à mesure qu'ils croissent, nous font sentir tout ce que notre espèce doit sentir pour la conservation de cette espèce.

Comment ce mystère continuel s'opère-t-il? Dites-le-moi, jaunes habitants des îles de la Sonde, noirs Africains, imberbes Canadiens, et vous Platon, Cicéron, Épictète. Vous sentez tous également qu'il est mieux de donner le superflu de votre pain, de votre riz ou de votre manioc au pauvre qui vous le demande humblement, que de le tuer ou de lui crever les deux yeux. Il est évident à toute la terre qu'un bienfait est plus honnête qu'un outrage, que la douceur est préférable à l'emportement.

Il ne s'agit donc plus que de nous servir de notre raison pour discerner les nuances de l'honnête et du déshonnête. Le bien et le mal sont souvent voisins; nos passions les confondent: qui nous éclairera? Nous-mêmes, quand nous sommes tranquilles. Quiconque a écrit sur nos devoirs a bien écrit dans tous les pays du monde, parce qu'il n'a écrit qu'avec sa raison. Ils ont tous dit la même chose: Socrate et Épicure, Confutzée et Cicéron, Marc-Antonin et Amurath II[1] ont eu la même morale.

Redisons tous les jours à tous les hommes: La morale est une, elle vient de Dieu; les dogmes sont différents, ils viennent de nous.

Vol. XIX, 548, 549.

LANGUES.

Génie des langues. — On appelle *génie d'une langue* son aptitude à dire de la manière la plus courte et la plus harmonieuse ce que les autres langages expriment moins heureusement.

Le latin, par exemple, est plus propre au style lapidaire

que les langues modernes, à cause de leurs verbes auxiliaires qui allongent une inscription et qui l'énervent.

Le grec, par son mélange mélodieux de voyelles et de consonnes, est plus favorable à la musique que l'allemand et le hollandais.

L'italien, par des voyelles beaucoup plus répétées, sert peut-être encore mieux la musique efféminée.

Le latin et le grec étant les seules langues qui aient une vraie quantité, sont plus faites pour la poésie que toutes les autres langues du monde.

Le français, par la marche naturelle de toutes ses constructions, et aussi par sa prosodie, est plus propre qu'aucune autre à la conversation. Les étrangers, par cette raison même, entendent plus aisément les livres français que ceux des autres peuples. Ils aiment dans les livres philosophiques français une clarté de style qu'ils trouvent ailleurs assez rarement.

C'est ce qui a donné enfin la préférence au français sur la langue italienne même, qui, par ses ouvrages immortels du XVIe siècle,[1] était en possession de dominer dans l'Europe.

PERSÉCUTION.

Quel est le persécuteur ? C'est celui dont l'orgueil blessé et le fanatisme en fureur irritent le prince ou les magistrats contre des hommes innocents qui n'ont d'autre crime que de n'être pas de son avis. Impudent, tu adores un Dieu, tu prêches la vertu, et tu la pratiques; tu as servi les hommes, et tu les as consolés; tu as établi l'orpheline, tu as secouru le pauvre, tu as changé les déserts où quelques esclaves traînaient une vie misérable en campagnes fertiles peuplées de familles heureuses; mais j'ai découvert que tu me méprises, et que tu n'as jamais lu mon livre de controverse; tu sais que je suis un fripon, que j'ai contrefait l'écriture de G * * *, que j'ai volé des * * *; tu pourrais bien le dire. Il faut que je te prévienne. J'irai donc chez le confesseur du premier ministre, ou chez le podestat; je leur remontrerai, en penchant le cou et en tordant la bouche, que tu as une opinion erronée sur les cellules où furent renfermés les Septante;[1] que tu parlas même, il y a dix ans, d'une manière peu respectueuse du chien de Tobie,[2] lequel tu soutenais être un barbet, tandis que je prouvais que c'était un lévrier; je te dénoncerai comme l'ennemi de Dieu et des hommes. Tel est le langage du persécuteur; et si ces paroles ne sortent pas précisément de sa bouche, elles sont gravées dans son cœur avec le burin du fanatisme trempé dans le fiel de l'envie.[3]

RELIGION.

Je méditais cette nuit; j'étais absorbé dans la contemplation de la nature; j'admirais l'immensité, le cours, les rapports de ces globes infinis que le vulgaire ne sait pas admirer.

J'admirais encore plus l'intelligence qui préside à ces vastes ressorts. Je me disais: «Il faut être aveugle pour n'être pas ébloui de ce spectacle; il faut être stupide pour n'en pas reconnaître l'auteur; il faut être fou pour ne pas l'adorer. Quel tribut d'adoration dois-je lui rendre? Ce tribut ne doit-il pas être le même dans toute l'étendue de l'espace, puisque c'est le même pouvoir suprême qui règne également dans cette étendue? Un être pensant qui habite dans une étoile de la voie lactée ne lui doit-il pas le même hommage que l'être pensant sur ce petit globe où nous sommes? La lumière est uniforme pour l'astre de Sirius et pour nous; la morale doit être uniforme. Si un animal sentant et pensant dans Sirius est né d'un père et d'une mère tendres qui aient été occupés de son bonheur, il leur doit autant d'amour et de soins que nous en devons ici à nos parents. Si quelqu'un dans la voie lactée voit un indigent estropié, s'il peut le soulager et s'il ne le fait pas, il est coupable envers tous les globes. Le cœur a partout les mêmes devoirs: sur les marches du trône de Dieu, s'il a un trône; et au fond de l'abîme, s'il est un abîme.»

THÉISTE.

Le théiste est un homme fermement persuadé de l'existence d'un Être suprême aussi bon que puissant, qui a formé tous les êtres étendus, végétants, sentants, et réfléchissants; qui perpétue leur espèce, qui punit sans cruauté les crimes, et récompense avec bonté les actions vertueuses.

Le théiste ne sait pas comment Dieu punit, comment il favorise, comment il pardonne: car il n'est pas assez téméraire pour se flatter de connaître comment Dieu agit; mais il sait que Dieu agit, et qu'il est juste. Les difficultés contre la Providence ne l'ébranlent point dans sa foi, parce qu'elles ne sont que de grandes difficultés, et non pas des preuves; il est soumis à cette Providence, quoiqu'il n'en aperçoive que quelques effets et quelques dehors; et, jugeant des choses qu'il ne voit pas par les choses qu'il voit, il pense que cette Providence s'étend dans tous les lieux et dans tous les siècles.

Réuni dans ce principe avec le reste de l'univers, il n'embrasse aucune des sectes qui toutes se contredisent. Sa religion est la plus ancienne et la plus étendue : car l'adoration simple d'un Dieu a précédé tous les systèmes du monde. Il parle une langue que tous les peuples en- tendent, pendant qu'ils ne s'entendent pas entre eux. Il a des frères depuis Pékin jusqu'à la Cayenne, et il compte tous les sages pour ses frères. Il croit que la religion ne consiste ni dans les opinions d'une métaphysique inintelligible, ni dans de vains appareils, mais dans l'ado- ration et dans la justice. Faire le bien, voilà son culte; être soumis à Dieu, voilà sa doctrine. Le mahométan lui crie : « Prends garde à toi si tu ne fais pas le pèleri- nage de la Mecque ! — Malheur à toi, lui dit un récollet,[1] si tu ne fais pas un voyage à Notre-Dame de Lorette ! » Il rit de Lorette et de la Mecque ; mais il secourt l'in- digent et il défend l'opprimé.

VOL. XX, 507, 508.

VERS ET POÉSIE.

Rien n'est plus aisé que de faire de mauvais vers en français ; rien de plus difficile que d'en faire de bons. Trois choses rendent cette difficulté presque insurmon- table : la gêne de la rime, le trop petit nombre de rimes nobles et heureuses,[2] la privation de ces inversions dont le grec et le latin abondent. Aussi nous avons très peu de poëtes qui soient toujours élégants et toujours cor- rects. Il n'y a peut-être en France que Racine et Boi- leau qui aient une élégance continue. Mais remarquez que les beaux morceaux de Corneille sont toujours bien écrits, à quelques petites fautes près. On en peut dire autant des meilleures scènes en vers de Molière, des opéras de Quinault, des bonnes fables de La Fontaine. Ce sont là les seuls génies qui ont illustré la poésie en France dans le grand siècle. Presque tous les autres ont manqué de naturel, de variété, d'éloquence, d'élégance, de justesse, de cette logique secrète qui doit guider toutes les pensées sans jamais paraître; presque tous ont péché contre la langue.

Quelquefois au théâtre on est ébloui d'une tirade de vers pompeux, récités avec emphase. L'homme sans discernement applaudit, l'homme de goût condamne. Mais comment l'homme de goût fera-t-il comprendre à l'autre que les vers applaudis par lui ne valent rien? Si je ne me trompe, voici la méthode la plus sûre.

Dépouillez les vers de la cadence et de la rime, sans y rien changer d'ailleurs. Alors la faiblesse et la fausseté de la pensée, ou l'impropriété des termes, ou le solécisme, ou le barbarisme, ou l'ampoulé, se manifeste dans toute sa turpitude.

Faites cette expérience sur tous les vers de la tragédie d'*Iphigénie*, ou d'*Armide*,[1] et sur ceux de l'*Art poétique*, vous n'y trouverez aucun de ces défauts, pas un mot vicieux, pas un mot hors de sa place. Vous verrez que l'auteur a toujours exprimé heureusement sa pensée, et que la gêne de la rime n'a rien coûté au sens.

CHAPTER IV.—ROMANS.

LE MONDE COMME IL VA. VISION DE BABOUC.
(1746.)

I. Parmi les génies qui président aux empires du monde, Ituriel tient un des premiers rangs, et il a le département de la haute Asie. Il descendit un matin dans la demeure du Scythe Babouc, sur le rivage de l'Oxus, et lui dit: « Babouc, les folies et les excès des Perses[1] ont attiré notre colère: il s'est tenu hier une assemblée des génies de la haute Asie pour savoir si on châtierait Persépolis, ou si on la détruirait. Va dans cette ville, examine tout; tu reviendras m'en rendre un compte fidèle, et je me déterminerai, sur ton rapport, à corriger la ville ou à l'exterminer. — Mais, seigneur, dit humblement Babouc, je n'ai jamais été en Perse; je n'y connais personne. — Tant mieux, dit l'ange, tu ne seras point partial; tu as reçu du Ciel le discernement et j'y ajoute le don d'inspirer la confiance; marche, regarde, écoute, observe, et ne crains rien; tu seras partout bien reçu.»

Babouc monta sur son chameau, et partit avec ses serviteurs. Au bout de quelques journées, il rencontra vers les plaines de Sennaar l'armée persane, qui allait combattre l'armée indienne. Il s'adressa d'abord à un soldat qu'il trouva écarté. Il lui parla, et lui demanda quel était le sujet de la guerre. « Par tous les dieux, dit le soldat, je n'en sais rien; ce n'est pas mon affaire: mon

métier est de tuer et d'être tué pour gagner ma vie; il n'importe qui je serve. Je pourrais bien même dès demain passer dans le camp des Indiens: car on dit qu'ils donnent près d'une demi-drachme de cuivre par jour à
5 leurs soldats de plus que nous n'en avons dans ce maudit service de Perse. Si vous voulez savoir pourquoi on se bat, parlez à mon capitaine.»

Babouc ayant fait un petit présent au soldat entra dans le camp. Il fit bientôt connaissance avec le capitaine,
10 et lui demanda le sujet de la guerre. «Comment voulez-vous que je le sache? dit le capitaine, et que m'importe ce beau sujet? J'habite à deux cents lieues de Persépolis; j'entends dire que la guerre est déclarée; j'abandonne aussitôt ma famille, et je vais chercher, selon notre
15 coutume, la fortune ou la mort, attendu que je n'ai rien à faire. — Mais vos camarades, dit Babouc, ne sont-ils pas un peu plus instruits que vous? — Non, dit l'officier; il n'y a guère que nos principaux satrapes qui savent bien précisément pourquoi on s'égorge.»
20 Babouc, étonné, s'introduisit chez les généraux; il entra dans leur familiarité. L'un d'eux lui dit enfin: «La cause de cette guerre, qui désole depuis vingt ans l'Asie, vient originairement d'une querelle entre un eunuque d'une femme du grand roi de Perse, et un commis d'un
25 bureau du grand roi des Indes. Il s'agissait d'un droit qui revenait à peu près à la trentième partie d'une darique.[1] Le premier ministre des Indes et le nôtre soutinrent dignement les droits de leurs maîtres. La querelle s'échauffa. On mit de part et d'autre en campagne
30 une armée d'un million de soldats. Il faut recruter cette armée tous les ans de plus de quatre cent mille hommes. Les meurtres, les incendies, les ruines, les dévastations, se multiplient; l'univers souffre, et l'acharnement con-

tinue. Notre premier ministre et celui des Indes protestent souvent qu'ils n'agissent que pour le bonheur du genre humain; et à chaque protestation il y a toujours quelques villes détruites et quelque province ravagée.»

Le lendemain, sur un bruit qui se répandit que la paix allait être conclue, le général persan et le général indien s'empressèrent de donner bataille ; elle fut sanglante. Babouc en vit toutes les fautes et toutes les abominations; il fut témoin des manœuvres des principaux satrapes, qui firent ce qu'ils purent pour faire battre leur chef. Il vit des officiers tués par leurs propres troupes; il vit des soldats qui achevaient d'égorger leurs camarades expirants pour leur arracher quelques lambeaux sanglants, déchirés et couverts de fange. Il entra dans les hôpitaux où l'on transportait les blessés, dont la plupart expiraient par la négligence inhumaine de ceux mêmes que le roi de Perse payait chèrement pour les secourir. «Sont-ce là des hommes, s'écria Babouc, ou des bêtes féroces? Ah! je vois bien que Persépolis sera détruite.»

Occupé de cette pensée, il passa dans le camp des Indiens: il y fut aussi bien reçu que dans celui des Perses, selon ce qui lui avait été prédit; mais il y vit tous les mêmes excès qui l'avaient saisi d'horreur. «Oh, oh! dit-il en lui-même, si l'ange Ituriel veut exterminer les Persans, il faut donc que l'ange des Indes détruise aussi les Indiens.» S'étant ensuite informé plus en détail de ce qui s'était passé dans l'une et l'autre armée, il apprit des actions de générosité, de grandeur d'âme, d'humanité, qui l'étonnèrent et le ravirent. «Inexplicables humains, s'écria-t-il, comment pouvez-vous réunir tant de bassesse et de grandeur, tant de vertus et de crimes?»

Cependant la paix fut déclarée. Les chefs des deux

armées, dont aucun n'avait remporté la victoire, mais qui, pour leur seul intérêt, avaient fait verser le sang de tant d'hommes, leurs semblables, allèrent briguer dans leurs cours des récompenses. On célébra la paix dans
5 des écrits publics qui n'annonçaient que le retour de la vertu et de la félicité sur la terre. « Dieu soit loué! dit Babouc; Persépolis sera le séjour de l'innocence épurée; elle ne sera point détruite comme le voulaient ces vilains génies: courons sans tarder dans cette capitale de
10 l'Asie.»

II. Il arriva dans cette ville immense par l'ancienne entrée,[1] qui était toute barbare, et dont la rusticité dégoûtante offensait les yeux. Toute cette partie de la ville se ressentait du temps où elle avait été bâtie: car, malgré
15 l'opiniâtreté des hommes à louer l'antique aux dépens du moderne, il faut avouer qu'en tout genre les premiers essais sont toujours grossiers.

Babouc se mêla dans la foule d'un peuple composé de ce qu'il y avait de plus sale et de plus laid dans les deux
20 sexes. Cette foule se précipitait d'un air hébété dans un enclos vaste et sombre. Au bourdonnement continuel, au mouvement qu'il remarqua, à l'argent que quelques personnes donnaient à d'autres pour avoir droit de s'asseoir, il crut être dans un marché où l'on vendait des
25 chaises de paille; mais bientôt, voyant que plusieurs femmes se mettaient à genoux, en faisant semblant de regarder fixement devant elles, et en regardant les hommes de côté, il s'aperçut qu'il était dans un temple. Des voix aigres, rauques, sauvages, discordantes, faisaient retentir
30 la voûte de sons mal articulés qui faisaient le même effet que les voix des onagres quand elles répondent, dans les plaines des Pictaves, au cornet à bouquin qui les appelle.

Il se bouchait les oreilles; mais il fut près de se boucher encore les yeux et le nez quand il vit entrer dans ce temple des ouvriers avec des pinces et des pelles. Ils remuèrent une large pierre, et jetèrent à droite et à gauche une terre dont s'exhalait une odeur empestée; ensuite on vint poser un mort dans cette ouverture, et on remit la pierre par-dessus. «Quoi! s'écria Babouc, ces peuples enterrent leurs morts dans les mêmes lieux où ils adorent la Divinité! Quoi! leurs temples sont pavés de cadavres! Je ne m'étonne plus de ces maladies pestilentielles qui désolent souvent Persépolis. La pourriture des morts, et celle de tant de vivants rassemblés et pressés dans le même lieu, est capable d'empoisonner le globe terrestre. Ah! la vilaine ville que Persépolis! Apparemment que les anges veulent la détruire pour en rebâtir une plus belle, et la peupler d'habitants moins malpropres, et qui chantent mieux. La Providence peut avoir ses raisons; laissons-la faire.»

III. Cependant le soleil approchait du haut de sa carrière. Babouc devait aller dîner à l'autre bout de la ville, chez une dame pour laquelle son mari, officier de l'armée, lui avait donné des lettres. Il fit d'abord plusieurs tours dans Persépolis; il vit d'autres temples mieux bâtis et mieux ornés, remplis d'un peuple poli, et retentissant d'une musique harmonieuse; il remarqua des fontaines publiques, lesquelles, quoique mal placées, frappaient les yeux par leur beauté; des places où semblaient respirer en bronze les meilleurs rois qui avaient gouverné la Perse; d'autres places où il entendait le peuple s'écrier: «Quand verrons-nous ici le maître que nous chérissons?» Il admira les ponts magnifiques élevés sur le fleuve, les quais superbes et commodes, les palais bâtis à droite et

à gauche, une maison immense[1] où des milliers de vieux soldats blessés et vainqueurs rendaient chaque jour grâces au Dieu des armées. Il entra enfin chez la dame, qui l'attendait à dîner avec une compagnie d'honnêtes gens.
5 La maison était propre et ornée, le repas délicieux, la dame jeune, belle, spirituelle, engageante, la compagnie digne d'elle; et Babouc disait en lui-même à tout moment: « L'ange Ituriel se moque du monde de vouloir détruire une ville si charmante.»

10 IV. Cependant il s'aperçut que la dame, qui avait commencé par lui demander tendrement des nouvelles de son mari, parlait plus tendrement encore, sur la fin du repas, à un jeune mage. Il vit un magistrat qui, en présence de sa femme, pressait avec vivacité une veuve;
15 et cette veuve indulgente avait une main passée autour du cou du magistrat, tandis qu'elle tendait l'autre à un jeune citoyen très beau et très modeste.

Alors Babouc commença à craindre que le génie Ituriel n'eût raison. Le talent qu'il avait d'attirer la confiance
20 le mit dès le jour même dans les secrets de la dame : elle lui confia son goût pour le jeune mage, l'assura que dans toutes les maisons de Persépolis il trouverait l'équivalent de ce qu'il avait vu dans la sienne. Babouc conclut qu'une telle société ne pouvait subsister ; que la jalousie,
25 la discorde, la vengeance, devaient désoler toutes les maisons; que les larmes et le sang devaient couler tous les jours; que certainement les maris tueraient les galants de leurs femmes, ou en seraient tués; et qu'enfin Ituriel ferait fort bien de détruire tout d'un coup une ville aban-
30 donnée à de continuels désordres.

V. Il était plongé dans ces idées funestes, quand il se présenta à la porte un homme grave, en manteau noir, qui demanda humblement à parler au jeune magistrat. Celui-ci, sans se lever, sans le regarder, lui donna fièrement, et d'un air distrait, quelques papiers, et le congédia. Babouc demanda quel était cet homme. La maîtresse de la maison lui dit tout bas: «C'est un des meilleurs avocats de la ville; il y a cinquante ans qu'il étudie les lois. Monsieur, qui n'a que vingt-cinq ans, et qui est satrape de loi[1] depuis deux jours, lui donne à faire l'extrait d'un procès qu'il doit juger demain, et qu'il n'a pas encore examiné. — Ce jeune étourdi fait sagement, dit Babouc, de demander conseil à un vieillard; mais pourquoi n'est-ce pas ce vieillard qui est juge? — Vous vous moquez, lui dit-on; jamais ceux qui ont vieilli dans les emplois laborieux et subalternes ne parviennent aux dignités. Ce jeune homme a une grande charge, parce que son père est riche, et qu'ici le droit de rendre la justice s'achète comme une métairie. — O mœurs! ô malheureuse ville! s'écria Babouc; voilà le comble du désordre; sans doute, ceux qui ont ainsi acheté le droit de juger vendent leurs jugements: je ne vois ici que des abîmes d'iniquité.»

Comme il marquait ainsi sa douleur et sa surprise, un jeune guerrier, qui était revenu ce jour même de l'armée, lui dit: «Pourquoi ne voulez-vous pas qu'on achète les emplois de la robe? J'ai bien acheté, moi, le droit d'affronter la mort à la tête de deux mille hommes, que je commande; il m'en a coûté quarante mille dariques d'or, cette année, pour coucher sur la terre trente nuits de suite en habit rouge, et pour recevoir ensuite deux bons coups de flèches dont je me sens encore. Si je me ruine pour servir l'empereur persan, que je n'ai jamais vu, monsieur le satrape de robe peut bien payer quelque chose pour avoir le plaisir de donner audience à des plaideurs.»

Babouc, indigné, ne put s'empêcher de condamner dans

son cœur un pays où l'on mettait à l'encan les dignités de la paix et de la guerre ; il conclut précipitamment que l'on y devait ignorer absolument la guerre et les lois, et que, quand même Ituriel n'exterminerait pas ces peuples,
5 ils périraient par leur détestable administration.

Sa mauvaise opinion augmenta encore à l'arrivée d'un gros homme qui, ayant salué très familièrement toute la compagnie, s'approcha du jeune officier, et lui dit: «Je ne peux vous prêter que cinquante mille dariques d'or,
10 car, en vérité, les douanes de l'empire ne m'en ont rapporté que trois cent mille cette année.» Babouc s'informa quel était cet homme qui se plaignait de gagner si peu ; il apprit qu'il y avait dans Persépolis quarante rois plébéiens qui tenaient à bail l'empire de Perse, et qui en
15 rendaient quelque chose au monarque.

VI. Après dîner il alla dans un des plus superbes temples de la ville ; il s'assit au milieu d'une troupe de femmes et d'hommes qui étaient venus là pour passer le temps. Un mage parut dans une machine élevée, qui
20 parla longtemps du vice et de la vertu. Ce mage divisa en plusieurs parties ce qui n'avait pas besoin d'être divisé ; il prouva méthodiquement tout ce qui était clair ; il enseigna tout ce qu'on savait. Il se passionna froidement, et sortit suant et hors d'haleine. Toute l'assemblée
25 alors se réveilla, et crut avoir assisté à une instruction. Babouc dit : «Voilà un homme qui a fait de son mieux pour ennuyer deux ou trois cents de ses concitoyens ; mais son intention était bonne : il n'y a pas là de quoi détruire Persépolis.»

30 Au sortir de cette assemblée, on le mena voir une fête publique qu'on donnait tous les jours de l'année : c'était dans une espèce de basilique, au fond de laquelle on

voyait un palais. Les plus belles citoyennes de Persépolis, les plus considérables satrapes, rangés avec ordre, formaient un spectacle si beau que Babouc crut d'abord que c'était là toute la fête. Deux ou trois personnes, qui paraissaient des rois et des reines, parurent bientôt dans le vestibule de ce palais; leur langage était très différent de celui du peuple; il était mesuré, harmonieux, et sublime. Personne ne dormait, on écoutait dans un profond silence, qui n'était interrompu que par les témoignages de la sensibilité et de l'admiration publique. Le devoir des rois, l'amour de la vertu, les dangers des passions, étaient exprimés par des traits si vifs et si touchants que Babouc versa des larmes. Il ne douta pas que ces héros et ces héroïnes, ces rois et ces reines qu'il venait d'entendre, ne fussent les prédicateurs de l'empire. Il se proposa même d'engager Ituriel à les venir entendre; bien sûr qu'un tel spectacle le réconcilierait pour jamais avec la ville.

De là il alla passer sa soirée chez des marchands de magnificences inutiles. Un homme intelligent, avec lequel il avait fait connaissance, l'y mena; il acheta ce qui lui plut, et on le lui vendit avec politesse beaucoup plus qu'il ne valait. Son ami, de retour chez lui, lui fit voir combien on le trompait. Babouc mit· sur ses tablettes le nom du marchand, pour le faire distinguer par Ituriel au jour de la punition de la ville. Comme il écrivait, on frappa à sa porte; c'était le marchand lui-même qui venait lui rapporter sa bourse, que Babouc avait laissée par mégarde sur son comptoir. « Comment se peut-il, s'écria Babouc, que vous soyez si fidèle et si généreux, après n'avoir pas eu honte de me vendre des colifichets quatre fois au-dessus de leur valeur?—Il n y a aucun négociant un peu connu dans cette ville, lui répondit le marchand, qui ne fût venu vous rapporter votre bourse; mais on vous a trompé quand on vous a dit que je vous avais vendu ce que vous avez pris chez moi quatre fois plus qu'il ne vaut: je vous l'ai vendu dix fois davantage, et cela est si vrai que, si dans un mois vous voulez le revendre, vous n'en aurez pas même ce dixième. Mais rien n'est plus juste; c'est la fantaisie passagère des hommes qui met le prix à ces choses frivoles; c'est cette fantaisie qui fait vivre cent ouvriers que j'emploie; c'est elle qui me donne une belle maison, un char commode, des chevaux; c'est elle qui excite l'industrie, qui entretient le goût, la circulation, et l'abondance. Je vends aux nations voisines les mêmes bagatelles plus chèrement qu'à vous, et par là je suis utile à l'empire.»

Babouc, après avoir un peu rêvé, le raya de ses tablettes; «car enfin, disait-il, les arts du luxe ne sont en grand nombre dans un empire que quand tous les arts nécessaires sont exercés, et que la nation est nombreuse et opulente. Ituriel me paraît un peu sévère.»

VII. Babouc, fort incertain sur ce qu'il devait penser de Persépolis, résolut de voir les mages et les lettrés: car les uns étudient la sagesse, et les autres la religion; et il se flatta que ceux-là obtiendraient grâce pour le reste du peuple. Dès le lendemain matin il se transporta dans un collége de mages. L'archimandrite lui avoua qu'il avait cent mille écus de rente pour avoir fait vœu de pauvreté, et qu'il exerçait un empire assez étendu en vertu de son vœu d'humilité; après quoi il laissa Babouc entre les mains d'un petit frère qui lui fit les honneurs.

Tandis que ce frère lui montrait les magnificences de

cette maison de pénitence, un bruit se répandit qu'il
était venu pour réformer toutes ces maisons. Aussitôt
il reçut des mémoires de chacune d'elles; et les mémoires disaient tous en substance: « Conservez-nous, et
détruisez toutes les autres.» A entendre leurs apologies,
ces sociétés étaient toutes nécessaires; à entendre leurs
accusations réciproques, elles méritaient toutes d'être
anéanties. Il admirait comme il n'y avait aucune d'elles
qui, pour édifier l'univers, ne voulût en avoir l'empire.
Alors il se présenta un petit homme qui était un demi-
mage,[1] et qui lui dit: «Je vois bien que l'œuvre va
s'accomplir, car Zerdust[2] est revenu sur la terre. Ainsi
nous vous demandons votre protection contre le grand-
lama. — Comment! dit Babouc, contre ce pontife-roi qui
réside au Thibet? — Contre lui-même. — Vous lui faites
donc la guerre, et vous levez contre lui des armées? —
Non; mais il dit que l'homme est libre: et nous n'en
croyons rien; nous écrivons contre lui de petits livres
qu'il ne lit pas: à peine a-t-il entendu parler de nous;
il nous a seulement fait condamner, comme un maître
ordonne qu'on échenille les arbres de ses jardins.» Babouc frémit de la folie de ces hommes qui faisaient profession de sagesse, des intrigues de ceux qui avaient
renoncé au monde, de l'ambition et de la convoitise
orgueilleuse de ceux qui enseignaient l'humilité et le
désintéressement; il conclut qu'Ituriel avait de bonnes
raisons pour détruire toute cette engeance.

VIII. Retiré chez lui, il envoya chercher des livres
nouveaux pour adoucir son chagrin, et il pria quelques
lettrés à dîner pour se réjouir. Il en vint deux fois plus
qu'il n'en avait demandé, comme les guêpes que le miel
attire. Ces parasites se pressaient de manger et de par-

ler; ils louaient deux sortes de personnes, les morts et eux-mêmes, et jamais leurs contemporains, excepté le maître de la maison. Si quelqu'un d'eux disait un bon mot, les autres baissaient les yeux et se mordaient les lèvres de douleur de ne l'avoir pas dit. Ils avaient moins de dissimulation que les mages, parce qu'ils n'avaient pas de si grands objets d'ambition. Chacun d'eux briguait une place de valet et une réputation de grand homme; ils se disaient en face des choses insultantes, qu'ils croyaient des traits d'esprit. Ils avaient eu quelque connaissance de la mission de Babouc. L'un d'eux le pria tout bas d'exterminer un auteur qui ne l'avait pas assez loué il y avait cinq ans; un autre demanda la perte d'un citoyen qui n'avait jamais ri à ses comédies; un troisième demanda l'extinction de l'Académie, parce qu'il n'avait jamais pu parvenir à y être admis. Le repas fini, chacun d'eux s'en alla seul, car il n'y avait pas dans toute la troupe deux hommes qui pussent se souffrir, ni même se parler ailleurs que chez les riches qui les invitaient à leur table. Babouc jugea qu'il n'y aurait pas grand mal quand cette vermine périrait dans la destruction générale.

IX. Dès qu'il se fut défait d'eux, il se mit à lire quelques livres nouveaux. Il y reconnut l'esprit de ses convives. Il vit surtout avec indignation ces gazettes de la médisance, ces archives du mauvais goût, que l'envie, la bassesse et la faim, ont dictées; ces lâches satires où l'on ménage le vautour et où l'on déchire la colombe; ces romans dénués d'imagination, où l'on voit tant de portraits de femmes que l'auteur ne connaît pas.

Il jeta au feu tous ces détestables écrits, et sortit pour aller le soir à la promenade. On le présenta à un vieux lettré qui n'était point venu grossir le nombre de ses parasites. Ce lettré fuyait toujours la foule, connaissait les hommes, en faisait usage, et se communiquait avec discrétion. Babouc lui parla avec douleur de ce qu'il avait lu et de ce qu'il avait vu.

« Vous avez lu des choses bien méprisables, lui dit le sage lettré ; mais dans tous les temps, dans tous les pays, et dans tous les genres, le mauvais fourmille, et le bon est rare. Vous avez reçu chez vous le rebut de la pédanterie, parce que, dans toutes les professions, ce qu'il y a de plus indigne de paraître est toujours ce qui se présente avec le plus d'impudence. Les véritables sages vivent entre eux retirés et tranquilles ; il y a encore parmi nous des hommes et des livres dignes de votre attention. » Dans le temps qu'il parlait ainsi, un autre lettré les joignit ; leurs discours furent si agréables et si instructifs, si élevés au-dessus des préjugés et si conformes à la vertu, que Babouc avoua n'avoir jamais rien entendu de pareil. « Voilà des hommes, disait-il tout bas, à qui l'ange Ituriel n'osera toucher, ou il sera bien impitoyable. »

Raccommodé avec les lettrés, il était toujours en colère contre le reste de la nation. « Vous êtes étranger, lui dit l'homme judicieux qui lui parlait ; les abus se présentent à vos yeux en foule, et le bien, qui est caché et qui résulte quelquefois de ces abus mêmes, vous échappe. » Alors il apprit que parmi les lettrés il y en avait quelques-uns qui n'étaient pas envieux, et que parmi les mages même il y en avait de vertueux. Il conçut à la fin que ces grands corps, qui semblaient en se choquant préparer leurs communes ruines, étaient au fond des institutions salutaires ; que chaque société de mages était un frein à ses rivales ; que si ces émules différaient dans quelques opinions, ils enseignaient tous la même morale, qu'ils instruisaient le peuple, et qu'ils vivaient soumis aux lois ; semblables aux

précepteurs qui veillent sur le fils de la maison, tandis
que le maître veille sur eux-mêmes. Il en pratiqua plusieurs, et vit des âmes célestes. Il apprit même que
parmi les fous [1] qui prétendaient faire la guerre au grand-
lama, il y avait eu de très grands hommes. Il soupçonna
enfin qu'il pourrait bien en être des mœurs de Persépolis
comme des édifices, dont les uns lui avaient paru dignes
de pitié, et les autres l'avaient ravi en admiration.

X. Il dit à son lettré : « Je conçois très bien que ces
mages, que j'avais crus si dangereux, sont en effet très
utiles, surtout quand un gouvernement sage les empêche
de se rendre trop nécessaires ; mais vous m'avouerez au
moins que vos jeunes magistrats, qui achètent une charge
de juge dès qu'ils ont appris à monter à cheval, doivent
étaler dans les tribunaux tout ce que l'impertinence a de
plus ridicule, et tout ce que l'iniquité a de plus pervers,
il vaudrait mieux sans doute donner ces places gratuitement à ces vieux jurisconsultes qui ont passé toute leur
vie à peser le pour et le contre. »

Le lettré lui répliqua : « Vous avez vu notre armée
avant d'arriver à Persépolis ; vous savez que nos jeunes
officiers se battent très bien, quoiqu'ils aient acheté leurs
charges : peut-être verrez-vous que nos jeunes magistrats
ne jugent pas mal, quoiqu'ils aient payé pour juger. »

Il le mena le lendemain au grand tribunal, où l'on
devait rendre un arrêt important. La cause était connue
de tout le monde. Tous ces vieux avocats qui en parlaient étaient flottants dans leurs opinions ; ils alléguaient
cent lois, dont aucune n'était applicable au fond de la
question ; ils regardaient l'affaire par cent côtés, dont aucun n'était dans son vrai jour : les juges décidèrent plus
vite que les avocats ne doutèrent. Leur jugement fut

presque unanime ; ils jugèrent bien, parce qu'ils suivaient les lumières de la raison ; et les autres avaient opiné mal, parce qu'ils n'avaient consulté que leurs livres.

Babouc conclut qu'il y avait souvent de très bonnes choses dans les abus. Il vit dès le jour même que les richesses des financiers, qui l'avaient tant révolté, pouvaient produire un effet excellent, car, l'empereur ayant eu besoin d'argent, il trouva en une heure, par leur moyen, ce qu'il n'aurait pas eu en six mois par les voies ordinaires ; il vit que ces gros nuages, enflés de la rosée de la terre, lui rendaient en pluie ce qu'ils en recevaient. D'ailleurs, les enfants de ces hommes nouveaux, souvent mieux élevés que ceux des familles plus anciennes, valaient quelquefois beaucoup mieux : car rien n'empêche qu'on ne soit un bon juge, un brave guerrier, un homme d'État habile, quand on a eu un père bon calculateur.

XI. Insensiblement Babouc faisait grâce à l'avidité du financier, qui n'est pas au fond plus avide que les autres hommes, et qui est nécessaire. Il excusait la folie de se ruiner pour juger et pour se battre, folie qui produit de grands magistrats et des héros. Il pardonnait à l'envie des lettrés, parmi lesquels il se trouvait des hommes qui éclairaient le monde ; il se réconciliait avec les mages ambitieux et intrigants, chez lesquels il y avait plus de grandes vertus encore que de petits vices ; mais il lui restait bien des griefs, et surtout les galanteries des dames ; et les désolations qui en devaient être la suite le remplissaient d'inquiétude et d'effroi.

Comme il voulait pénétrer dans toutes les conditions humaines, il se fit mener chez un ministre ; mais il tremblait toujours en chemin que quelque femme ne fût assassinée en sa présence par son mari. Arrivé chez l'homme

d'État, il resta deux heures dans l'antichambre sans être annoncé, et deux heures encore après l'avoir été. Il se promettait bien dans cet intervalle de recommander à l'ange Ituriel et le ministre et ses insolents huissiers.
5 L'antichambre était remplie de dames de tout étage, de mages de toutes couleurs, de juges, de marchands, d'officiers, de pédants ; tous se plaignaient du ministre. L'avare et l'usurier disaient : « Sans doute cet homme-là pille les provinces » ; le capricieux lui reprochait d'être bizarre ; le
10 voluptueux disait : « Il ne songe qu'à ses plaisirs » ; l'intrigant se flattait de le voir bientôt perdu par une cabale ; les femmes espéraient qu'on leur donnerait bientôt un ministre plus jeune.

Babouc entendait leurs discours ; il ne put s'empêcher
15 de dire : « Voilà un homme bien heureux, il a tous ses ennemis dans son antichambre; il écrase de son pouvoir ceux qui l'envient ; il voit à ses pieds ceux qui le détestent. » Il entra enfin ; il vit un petit vieillard [1] courbé sous le poids des années et des affaires, mais encore vif et plein d'esprit.
20 Babouc lui plut, et il parut à Babouc un homme estimable. La conversation devint intéressante. Le ministre lui avoua qu'il était un homme très malheureux, qu'il passait pour riche, et qu'il était pauvre ; qu'on le croyait tout-puissant, et qu'il était toujours contredit ; qu'il n'avait
25 guère obligé que des ingrats, et que dans un travail continuel de quarante années il avait eu à peine un moment de consolation. Babouc en fut touché, et pensa que, si cet homme avait fait des fautes, et si l'ange Ituriel voulait le punir, il ne fallait pas l'exterminer, mais seulement
30 lui laisser sa place.

XII. Tandis qu'il parlait au ministre entre brusquement la belle dame chez qui Babouc avait dîné ; on voyait dans ses yeux et sur son front les symptômes de la douleur et de la colère. Elle éclata en reproches contre l'homme d'État, elle versa des larmes ; elle se plaignit avec amertume de ce qu'on avait refusé à son mari une place où sa naissance lui permettait d'aspirer, et que ses services et ses blessures méritaient ; elle s'exprima avec tant de force, elle mit tant de grâces dans ses plaintes, elle détruisit les objections avec tant d'adresse, elle fit valoir ses raisons avec tant d'éloquence, qu'elle ne sortit point de la chambre sans avoir fait la fortune de son mari.

Babouc lui donna la main : « Est-il possible, madame, lui dit-il, que vous vous soyez donné toute cette peine pour un homme que vous n'aimez point, et dont vous avez tout à craindre ? — Un homme que je n'aime point ! s'écria-t-elle ; sachez que mon mari est le meilleur ami que j'aie au monde, qu'il n'y a rien que je ne lui sacrifie, hors mon amant ; et qu'il ferait tout pour moi, hors de quitter sa maîtresse. Je veux vous la faire connaître : c'est une femme charmante, pleine d'esprit, et du meilleur caractère du monde ; nous soupons ensemble ce soir avec mon mari et mon petit mage, venez partager notre joie. »

La dame mena Babouc chez elle. Le mari, qui était enfin arrivé plongé dans la douleur, revit sa femme avec des transports d'allégresse et de reconnaissance : il embrassait tour à tour sa femme, sa maîtresse, le petit mage, et Babouc. L'union, la gaieté, l'esprit, et les grâces, furent l'âme de ce repas. « Apprenez, lui dit la belle dame chez laquelle il soupait, que celles qu'on appelle quelquefois de malhonnêtes femmes ont presque toujours le mérite d'un très honnête homme ; et pour vous en convaincre, venez demain dîner avec moi chez la belle Téone.[1] Il y a quelques vieilles vestales qui la déchirent ; mais elle fait plus de bien qu'elles toutes ensemble. Elle ne commettrait pas une légère injustice pour le plus grand intérêt ; elle ne donne à son amant que des conseils généreux ; elle n'est occupée que de sa gloire : il rougirait devant elle s'il avait laissé échapper une occasion de faire du bien, car rien n'encourage plus aux actions vertueuses que d'avoir pour témoin et pour juge de sa conduite une maîtresse dont on veut mériter l'estime. »

Babouc ne manqua pas au rendez-vous. Il vit une maison où régnaient tous les plaisirs. Téone régnait sur eux ; elle savait parler à chacun son langage. Son esprit naturel mettait à son aise celui des autres ; elle plaisait sans presque le vouloir ; elle était aussi aimable que bienfaisante ; et, ce qui augmentait le prix de toutes ses bonnes qualités, elle était belle.

Babouc, tout Scythe et tout envoyé qu'il était d'un génie, s'aperçut que, s'il restait encore à Persépolis, il oublierait Ituriel pour Téone. Il s'affectionnait à la ville, dont le peuple était poli, doux et bienfaisant, quoique léger, médisant, et plein de vanité. Il craignait que Persépolis ne fût condamnée ; il craignait même le compte qu'il allait rendre.

Voici comme il s'y prit pour rendre ce compte. Il fit faire par le meilleur fondeur de la ville une petite statue composée de tous les métaux, des terres et des pierres les plus précieuses et les plus viles ; il la porta à Ituriel : « Casserez-vous, dit-il, cette jolie statue parce que tout n'y est pas or et diamants ? » Ituriel entendit à demi-mot ; il résolut de ne pas même songer à corriger l'ersépolis, et de laisser aller *le monde comme il va ;* « car, dit-il, *si tout n'est pas bien, tout est passable* ». On laissa donc subsister Persépolis, et Babouc fut bien loin de se plaindre, comme Jonas, qui se fâcha de ce qu'on ne détruisait pas Ninive. Mais quand on a été trois jours

dans le corps d'une baleine, on n'est pas de si bonne
humeur que quand on a été à l'opéra, à la comédie, et
qu'on a soupé en bonne compagnie.

ZADIG, OU LA DESTINÉE. HISTOIRE ORIENTALE.
(1747.)

Le borgne. — Zadig, avec de grandes richesses, et par
conséquent avec des amis, ayant de la santé, une figure
aimable, un esprit juste et modéré, un cœur sincère et
noble, crut qu'il pouvait être heureux. Il devait se marier à Sémire, que sa beauté, sa naissance, et sa fortune,
rendaient le premier parti de Babylone. Il avait pour
elle un attachement solide et vertueux, et Sémire l'aimait
avec passion. Ils touchaient au moment fortuné qui allait
les unir, lorsque, se promenant ensemble vers une porte
de Babylone, sous les palmiers qui ornaient le rivage de
l'Euphrate, ils virent venir à eux des hommes armés de
sabres et de flèches. C'étaient les satellites du jeune
Orcan, neveu d'un ministre, à qui les courtisans de son
oncle avaient fait accroire que tout lui était permis. Il
n'avait aucune des grâces ni des vertus de Zadig; mais,
croyant valoir beaucoup mieux, il était désespéré de n'être
pas préféré. Cette jalousie, qui ne venait que de sa vanité, lui fit penser qu'il aimait éperdument Sémire. Il
voulait l'enlever. Les ravisseurs la saisirent, et dans les
emportements de leur violence ils la blessèrent, et firent
couler le sang d'une personne dont la vue aurait attendri
les tigres du mont Imaüs. Elle perçait le ciel de ses
plaintes. Elle s'écriait : « Mon cher époux ! on m'arrache
à ce que j'adore. » Elle n'était point occupée de son

danger; elle ne pensait qu'à son cher Zadig. Celui-ci,
dans le même temps, la défendait avec toute la force que
donnent la valeur et l'amour. Aidé seulement de deux
esclaves, il mit les ravisseurs en fuite, et ramena chez
5 elle Sémire, évanouie et sanglante, qui en ouvrant les
yeux vit son libérateur. Elle lui dit : « O Zadig ! je vous
aimais comme mon époux ; je vous aime comme celui à
qui je dois l'honneur et la vie. » Jamais il n'y eut un
cœur plus pénétré que celui de Sémire ; jamais bouche
10 plus ravissante n'exprima des sentiments plus touchants
par ces paroles de feu qu'inspirent le sentiment du plus
grand des bienfaits et le transport le plus tendre de
l'amour le plus légitime. Sa blessure était légère ; elle
guérit bientôt.
15 Zadig était blessé plus dangereusement ; un coup de
flèche reçu près de l'œil lui avait fait une plaie profonde.
Sémire ne demandait aux dieux que la guérison de son
amant. Ses yeux étaient nuit et jour baignés de larmes :
elle attendait le moment où ceux de Zadig pourraient jouir
20 de ses regards ; mais un abcès survenu à l'œil blessé fit
tout craindre. On envoya jusqu'à Memphis chercher le
grand médecin Hermès, qui vint avec un nombreux cor-
tége. Il visita le malade, et déclara qu'il perdrait l'œil ;
il prédit même le jour et l'heure où ce funeste accident
25 devait arriver. « Si c'eût été l'œil droit, dit-il, je l'aurais
guéri ; mais les plaies de l'œil gauche sont incurables. »
Tout Babylone, en plaignant la destinée de Zadig, admira
la profondeur de la science d'Hermès. Deux jours après,
l'abcès perça de lui-même ; Zadig fut guéri parfaitement.
30 Hermès écrivit un livre où il lui prouva qu'il n'avait pas
dû guérir. Zadig ne le lut point ; mais, dès qu'il put
sortir, il se prépara à rendre visite à celle qui faisait
l'espérance du bonheur de sa vie, et pour qui seule il

voulait avoir des yeux. Sémire était à la campagne depuis trois jours. Il apprit en chemin que cette belle dame, ayant déclaré hautement qu'elle avait une aversion insurmontable pour les borgnes, venait de se marier à Orcan la nuit même. A cette nouvelle il tomba sans connaissance ; sa douleur le mit au bord du tombeau ; il fut longtemps malade, mais enfin la raison l'emporta sur son affliction ; et l'atrocité de ce qu'il éprouvait servit même à le consoler.

« Puisque j'ai essuyé, dit-il, un si cruel caprice d'une fille élevée à la cour, il faut que j'épouse une citoyenne. » Il choisit Azora, la plus sage et la mieux née de la ville ; il l'épousa, et vécut un mois avec elle dans les douceurs de l'union la plus tendre. Seulement il remarquait en elle un peu de légèreté, et beaucoup de penchant à trouver toujours que les jeunes gens les mieux faits étaient ceux qui avaient le plus d'esprit et de vertu.

Le nez. — Un jour, Azora revint d'une promenade, tout en colère et faisant de grandes exclamations. « Qu'avez-vous, lui dit-il, ma chère épouse? Qui vous peut mettre ainsi hors de vous-même ? — Hélas! dit-elle, vous seriez indigné comme moi, si vous aviez vu le spectacle dont je viens d'être témoin. J'ai été consoler la jeune veuve Cosrou, qui vient d'élever, depuis deux jours, un tombeau à son jeune époux auprès du ruisseau qui borde cette prairie. Elle a promis aux dieux, dans sa douleur, de demeurer auprès de ce tombeau tant que l'eau de ce ruisseau coulerait auprès. — Eh bien! dit Zadig, voilà une femme estimable, qui aimait véritablement son mari ! —Ah! reprit Azora, si vous saviez à quoi elle s'occupait quand je lui ai rendu visite!—A quoi donc, belle Azora ? — Elle faisait détourner le ruisseau. » Azora se répandit en des invectives si longues, éclata en reproches si violents contre la jeune veuve, que ce faste de vertu ne plut pas à Zadig.

Il avait un ami, nommé Cador, qui était un de ces jeunes gens à qui sa femme trouvait plus de probité et de mérite qu'aux autres: il le mit dans sa confidence, et s'assura, autant qu'il le pouvait, de sa fidélité par un présent considérable. Azora, ayant passé deux jours chez une de ses amies à la campagne, revint le troisième jour à la maison. Des domestiques en pleurs lui annoncèrent que son mari était mort subitement, la nuit même, qu'on n'avait pas osé lui porter cette funeste nouvelle, et qu'on venait d'ensevelir Zadig dans le tombeau de ses pères, au bout du jardin. Elle pleura, s'arracha les cheveux, et jura de mourir. Le soir, Cador lui demanda la permission de lui parler, et ils pleurèrent tous deux. Le lendemain ils pleurèrent moins, et dînèrent ensemble. Cador lui confia que son ami lui avait laissé la plus grande partie de son bien, et lui fit entendre qu'il mettrait son bonheur à partager sa fortune avec elle. La dame pleura, se fâcha, s'adoucit; le souper fut plus long que le dîner; on se parla avec plus de confiance. Azora fit l'éloge du défunt; mais elle avoua qu'il avait des défauts dont Cador était exempt.

Au milieu du souper, Cador se plaignit d'un mal de rate violent; la dame, inquiète et empressée, fit apporter toutes les essences dont elle se parfumait pour essayer s'il n'y en avait pas quelqu'une qui fût bonne pour le mal de rate; elle regretta beaucoup que le grand Hermès ne fût pas encore à Babylone; elle daigna même toucher le côté où Cador sentait de si vives douleurs. «Êtes-vous sujet à cette cruelle maladie? lui dit-elle avec compassion.—Elle me met quelquefois au bord du tombeau, lui répondit Cador, et il n'y a qu'un seul remède qui

puisse me soulager: c'est de m'appliquer sur le côté le
nez d'un homme qui soit mort la veille. — Voilà un
étrange remède, dit Azora. — Pas plus étrange, répondit-
il, que les sachets du sieur Arnoult[1] contre l'apoplexie. »
Cette raison, jointe à l'extrême mérite du jeune homme,
détermina enfin la dame. « Après tout, dit-elle, quand
mon mari passera du monde d'hier dans le monde du
lendemain sur le pont Tchinavar, l'ange Asrael lui accor-
dera-t-il moins le passage parce que son nez sera un peu
moins long dans la seconde vie que dans la première ? »
Elle prit donc un rasoir; elle alla au tombeau de son
époux, l'arrosa de ses larmes, et s'approcha pour couper
le nez à Zadig, qu'elle trouva tout étendu dans la tombe.
Zadig se relève en tenant son nez d'une main, et arrêtant
le rasoir de l'autre. « Madame, lui dit-il, ne criez plus
tant contre la jeune Cosrou; le projet de me couper le
nez vaut bien celui de détourner un ruisseau. »

VOL. XXI, 33-36.

L'Envieux. — Il rassemblait chez lui les plus honnêtes
gens de Babylone, et les dames les plus aimables; il donnait des soupers délicats, souvent précédés de concerts,
et animés par des conversations charmantes dont il avait
su bannir l'empressement de montrer de l'esprit, qui est
la plus sûre manière de n'en point avoir, et de gâter la
société la plus brillante. Ni le choix de ses amis, ni
celui des mets, n'étaient faits par la vanité: car en tout
il préférait l'être au paraître, et par là il s'attirait la considération véritable à laquelle il ne prétendait pas.

Vis-à-vis sa maison demeurait Arimaze, personnage
dont la méchante âme était peinte sur sa grossière physionomie. Il était rongé de fiel et bouffi d'orgueil, et pour
comble, c'était un bel esprit ennuyeux. N'ayant jamais

pu réussir dans le monde, il se vengeait par en médire. Tout riche qu'il était, il avait de la peine à rassembler chez lui des flatteurs. Le bruit des chars qui entraient le soir chez Zadig l'importunait, le bruit de ses louanges
5 l'irritait davantage. Il allait quelquefois chez Zadig, et se mettait à table sans être prié : il y corrompait toute la joie de la société, comme on dit que les harpies infectent les viandes qu'elles touchent. Il lui arriva un jour de vouloir donner une fête à une dame qui, au lieu de la
10 recevoir, alla souper chez Zadig. Un autre jour, causant avec lui dans le palais, ils abordèrent un ministre qui pria Zadig à souper, et ne pria point Arimaze. Les plus implacables haines n'ont pas souvent des fondements plus importants. Cet homme, qu'on appelait l'*Envieux*
15 dans Babylone, voulut perdre Zadig parce qu'on l'appelait l'*Heureux*. L'occasion de faire du mal se trouve cent fois par jour, et celle de faire du bien, une fois dans l'année, comme dit Zoroastre.

L'Envieux alla chez Zadig, qui se promenait dans ses
20 jardins avec deux amis et une dame à laquelle il disait souvent des choses galantes, sans autre intention que celle de les dire. La conversation roulait sur une guerre que le roi venait de terminer heureusement contre le prince d'Hyrcanie, son vassal. Zadig, qui avait signalé
25 son courage dans cette courte guerre, louait beaucoup le roi, et encore plus la dame. Il prit ses tablettes, et écrivit quatre vers qu'il fit sur-le-champ, et qu'il donna à lire à cette belle personne.

Ses amis le prièrent de leur en faire part : la modestie,
30 ou plutôt un amour-propre bien entendu, l'en empêcha. Il savait que des vers impromptus ne sont jamais bons que pour celle en l'honneur de qui ils sont faits : il brisa en deux la feuille des tablettes sur laquelle il venait d'é-

crire, et jeta les deux moitiés dans un buisson de roses, où on les chercha inutilement. Une petite pluie survint; on regagna la maison. L'Envieux, qui resta dans le jardin, chercha tant, qu'il trouva un morceau de la feuille. Elle avait été tellement rompue que chaque moitié de vers qui remplissait la ligne faisait un sens, et même un vers d'une plus petite mesure; mais, par un hasard encore plus étrange, ces petits vers se trouvaient former un sens qui contenait les injures les plus horribles contre le roi; on y lisait:
> Par les plus grands forfaits
> Sur le trône affermi
> Dans la publique paix
> C'est le seul ennemi.

L'Envieux fut heureux pour la première fois de sa vie. Il avait entre les mains de quoi perdre un homme vertueux et aimable. Plein de cette cruelle joie, il fit parvenir jusqu'au roi cette satire écrite de la main de Zadig: on le fit mettre en prison, lui, ses deux amis, et la dame. Son procès lui fut bientôt fait, sans qu'on daignât l'entendre. Lorsqu'il vint recevoir sa sentence, l'Envieux se trouva sur son passage, et lui dit tout haut que ses vers ne valaient rien. Zadig ne se piquait pas d'être bon poëte; mais il était au désespoir d'être condamné comme criminel de lèse-majesté, et de voir qu'on retint en prison une belle dame et deux amis pour un crime qu'il n'avait pas fait. On ne lui permit pas de parler, parce que ses tablettes parlaient: telle était la loi de Babylone.

On le fit donc aller au supplice à travers une foule de curieux dont aucun n'osait le plaindre, et qui se précipitaient pour examiner son visage et pour voir s'il mourrait avec bonne grâce. Ses parents seulement étaient affligés, car ils n'héritaient pas. Les trois quarts de son bien étaient confisqués au profit du roi, et l'autre quart au profit de l'Envieux.

Dans le temps qu'il se préparait à la mort, le perroquet du roi s'envola de son balcon, et s'abattit dans le jardin de Zadig sur un buisson de roses. Une pêche y avait été portée d'un arbre voisin par le vent; elle était tombée sur un morceau de tablettes à écrire auquel elle s'était collée. L'oiseau enleva la pêche et la tablette, et les porta sur les genoux du monarque. Le prince, curieux, y lut des mots qui ne formaient aucun sens, et qui paraissaient des fins de vers. Il aimait la poésie, et il y a toujours de la ressource avec les princes qui aiment les vers: l'aventure de son perroquet le fit rêver. La reine, qui se souvenait de ce qui avait été écrit sur une pièce de la tablette de Zadig, se la fit apporter.

On confronta les deux morceaux, qui s'ajustaient ensemble parfaitement; on lut alors les vers tels que Zadig les avait faits:

> Par les plus grands forfaits j'ai vu troubler la terre.
> Sur le trône affermi le roi sait tout dompter.
> Dans la publique paix l'amour seul fait la guerre:
> C'est le seul ennemi qui soit à redouter.

Le roi ordonna aussitôt qu'on fît venir Zadig devant lui, et qu'on fît sortir de prison ses deux amis et la belle dame. Zadig se jeta le visage contre terre, aux pieds du roi et de la reine: il leur demanda très humblement pardon d'avoir fait de mauvais vers; il parla avec tant de grâce, d'esprit, et de raison, que le roi et la reine voulurent le revoir. Il revint, et plut encore davantage. On lui donna tous les biens de l'Envieux, qui l'avait injustement accusé: mais Zadig les rendit tous, et l'Envieux ne fut touché que du plaisir de ne pas perdre son bien.

L'estime du roi s'accrut de jour en jour pour Zadig. Il le mettait de tous ses plaisirs, et le consultait dans toutes ses affaires. La reine le regarda dès lors avec une complaisance qui pouvait devenir dangereuse pour elle, pour le roi son auguste époux, pour Zadig, et pour le royaume. Zadig commençait à croire qu'il n'est pas si difficile d'être heureux.

VOL. XXI, 41-43.

La femme battue. — Zadig dirigeait sa route sur les étoiles. La constellation d'Orion et le brillant astre de Sirius le guidaient vers le port de Canope. Il admirait ces vastes globes de lumière qui ne paraissent que de faibles étincelles à nos yeux, tandis que la terre, qui n'est en effet qu'un point imperceptible dans la nature, paraît à notre cupidité quelque chose de si grand et de si noble. Il se figurait alors les hommes tels qu'ils sont en effet, des insectes se dévorant les uns les autres sur un petit atome de boue. Cette image vraie semblait anéantir ses malheurs, en lui retraçant le néant de son être et celui de Babylone. Son âme s'élançait jusque dans l'infini, et contemplait, détachée de ses sens, l'ordre immuable de l'univers. Mais lorsque ensuite, rendu à lui-même et rentrant dans son cœur, il pensait qu'Astarté était peut-être morte pour lui, l'univers disparaissait à ses yeux, et il ne voyait dans la nature entière qu'Astarté mourante et Zadig infortuné.

Comme il se livrait à ce flux et à ce reflux de philosophie sublime et de douleur accablante, il avançait vers les frontières de l'Égypte; et déjà son domestique fidèle était dans la première bourgade, où il lui cherchait un logement. Zadig cependant se promenait vers les jardins qui bordaient ce village. Il vit, non loin du grand che-

min, une femme éplorée qui appelait le ciel et la terre à
son secours, et un homme furieux qui la suivait. Elle
était déjà atteinte par lui, elle embrassait ses genoux.
Cet homme l'accablait de coups et de reproches. Il
jugea, à la violence de l'Égyptien et aux pardons réitérés
que lui demandait la dame, que l'un était un jaloux, et
l'autre une infidèle; mais quand il eut considéré cette
femme, qui était d'une beauté touchante, et qui même
ressemblait un peu à la malheureuse Astarté, il se sentit pénétré de compassion pour elle, et d'horreur pour
l'Égyptien. «Secourez-moi, s'écria-t-elle à Zadig avec
des sanglots; tirez-moi des mains du plus barbare des
hommes; sauvez-moi la vie!»

A ces cris, Zadig courut se jeter entre elle et ce barbare. Il avait quelque connaissance de la langue égyptienne. Il lui dit en cette langue: «Si vous avez quelque
humanité, je vous conjure de respecter la beauté et la
faiblesse. Pouvez-vous outrager ainsi un chef-d'œuvre
de la nature, qui est à vos pieds, et qui n'a pour sa défense que des larmes?—Ah! ah! lui dit cet emporté,
tu l'aimes donc aussi! et c'est de toi qu'il faut que je
me venge.» En disant ces paroles, il laisse la dame,
qu'il tenait d'une main par les cheveux, et, prenant sa
lance, il veut en percer l'étranger. Celui-ci, qui était
de sang-froid, évita aisément le coup d'un furieux. Il
se saisit de la lance près du fer dont elle est armée.
L'un veut la retirer, l'autre l'arracher. Elle se brise
entre leurs mains. L'Égyptien tire son épée; Zadig
s'arme de la sienne. Ils s'attaquent l'un l'autre. Celui-
là porte cent coups précipités; celui-ci les pare avec
adresse. La dame, assise sur un gazon, rajuste sa coif-
fure, et les regarde. L'Égyptien était plus robuste que
son adversaire, Zadig était plus adroit. Celui-ci se bat-

tait en homme dont la tête conduisait le bras, et celui-là
comme un emporté dont une colère aveugle guidait les
mouvements au hasard. Zadig passe à lui, et le désarme ;
et tandis que l'Égyptien, devenu plus furieux, veut se jeter
sur lui, il le saisit, le presse, le fait tomber en lui tenant
l'épée sur la poitrine ; il lui offre de lui donner la vie.
L'Égyptien, hors de lui, tire son poignard ; il en blesse
Zadig dans le temps même que le vainqueur lui pardonnait. Zadig, indigné, lui plonge son épée dans le
sein. L'Égyptien jette un cri horrible, et meurt en se
débattant.

Zadig alors s'avança vers la dame, et lui dit d'une voix
soumise : «Il m'a forcé de le tuer : je vous ai vengée ; vous
êtes délivrée de l'homme le plus violent que j'aie jamais
vu. Que voulez-vous maintenant de moi, madame ? —
Que tu meures, scélérat, lui répondit-elle, que tu meures !
tu as tué mon amant ; je voudrais pouvoir déchirer ton
cœur. — En vérité, madame, vous aviez là un étrange
homme pour amant, lui répondit Zadig ; il vous battait
de toutes ses forces, et il voulait m'arracher la vie parce
que vous m'aviez conjuré de vous secourir. — Je voudrais
qu'il me battît encore, reprit la dame en poussant des
cris. Je le méritais bien, je lui avais donné de la jalousie. Plût au ciel qu'il me battît, et que tu fusses à
sa place !» Zadig, plus surpris et plus en colère qu'il ne
l'avait été de sa vie, lui dit : «Madame, toute belle que
vous êtes, vous mériteriez que je vous battisse à mon
tour, tant vous êtes extravagante ; mais je n'en prendrai
pas la peine.» Là-dessus il remonta sur son chameau,
et avança vers le bourg. A peine avait-il fait quelques
pas qu'il se retourne au bruit que faisaient quatre courriers de Babylone. Ils venaient à toute bride. L'un d'eux,
en voyant cette femme, s'écria : «C'est elle-même ! elle

ressemble au portrait qu'on nous en a fait.» Ils ne s'embarrassèrent pas du mort, et se saisirent incontinent de la dame. Elle ne cessait de crier à Zadig: «Secourez-moi encore.une fois, étranger généreux! je vous demande pardon de m'être plainte de vous: secourez-moi, et je suis à vous jusqu'au tombeau!» L'envie avait passé à Zadig de se battre désormais pour elle. «A d'autres! répondit-il; vous ne m'y attraperez plus.»

D'ailleurs il était blessé, son sang coulait, il avait besoin de secours; et la vue des quatre Babyloniens, probablement envoyés par le roi Moabdar, le remplissait d'inquiétude. Il s'avance en hâte vers le village, n'imaginant pas pourquoi quatre courriers de Babylone venaient prendre cette Égyptienne, mais encore plus étonné du caractère de cette dame.

L'esclavage. — Comme il entrait dans la bourgade égyptienne, il se vit entouré par le peuple. Chacun criait: «Voilà celui qui a enlevé la belle Missouf, et qui vient d'assassiner Clétofis!—Messieurs, dit-il, Dieu me préserve d'enlever jamais votre belle Missouf! elle est trop capricieuse; et, à l'égard de Clétofis, je ne l'ai point assassiné; je me suis défendu seulement contre lui. Il voulait me tuer, parce que je lui avais demandé très humblement grâce pour la belle Missouf, qu'il battait impitoyablement. Je suis un étranger qui vient chercher un asile dans l'Égypte; et il n'y a pas d'apparence qu'en venant demander votre protection j'aie commencé par enlever une femme, et par assassiner un homme.»

Les Égyptiens étaient alors justes et humains. Le peuple conduisit Zadig à la maison de ville. On commença par le faire panser de sa blessure, et ensuite on l'interrogea, lui et son domestique séparément, pour savoir la vérité. On reconnut que Zadig n'était point un assas-

sin ; mais il était coupable du sang d'un homme : la loi
le condamnait à être esclave. On vendit au profit de la
bourgade ses deux chameaux ; on distribua aux habitants
tout l'or qu'il avait apporté ; sa personne fut exposée en
vente dans la place publique, ainsi que celle de son compagnon de voyage. Un marchand arabe, nommé Sétoc, y
mit l'enchère ; mais le valet, plus propre à la fatigue, fut
vendu bien plus chèrement que le maître. On ne faisait
pas de comparaison entre ces deux hommes. Zadig fut
donc esclave subordonné à son valet : on les attacha ensemble avec une chaîne qu'on leur passa aux pieds, et en
cet état ils suivirent le marchand arabe dans sa maison.
Zadig, en chemin, consolait son domestique, et l'exhortait
à la patience ; mais, selon sa coutume, il faisait des réflexions sur la vie humaine. « Je vois, lui disait-il, que les malheurs de ma destinée se répandent sur la tienne. Tout
m'a tourné jusqu'ici d'une façon bien étrange. J'ai été
condamné à l'amende pour avoir vu passer une chienne ;[1]
j'ai pensé être empalé pour un griffon ; j'ai été envoyé au
supplice parce que j'avais fait des vers à la louange du
roi ; j'ai été sur le point d'être étranglé parce que la reine
avait des rubans jaunes, et me voici esclave avec toi parce
qu'un brutal a battu sa maîtresse. Allons, ne perdons
point courage ; tout ceci finira peut-être ; il faut bien que
les marchands arabes aient des esclaves ; et pourquoi ne
le serais-je pas comme un autre, puisque je suis homme
comme un autre ? Ce marchand ne sera pas impitoyable ;
il faut qu'il traite bien ses esclaves, s'il en veut tirer des
services. » Il parlait ainsi, et dans le fond de son cœur il
était occupé du sort de la reine de Babylone.

Sétoc, le marchand, partit deux jours après pour l'Arabie déserte avec ses esclaves et ses chameaux. Sa tribu
habitait vers le désert d'Horeb. Le chemin fut long et

pénible. Sétoc, dans la route, faisait bien plus de cas du
valet que du maître, parce que le premier chargeait bien
mieux les chameaux; et toutes les petites distinctions
furent pour lui.
5 Un chameau mourut à deux journées d'Horeb : on
répartit sa charge sur le dos de chacun des serviteurs ;
Zadig en eut sa part. Sétoc se mit à rire en voyant tous
ses esclaves marcher courbés. Zadig prit la liberté de
lui en expliquer la raison, et lui apprit les lois de l'équi-
10 libre. Le marchand, étonné, commença à le regarder d'un
autre œil. Zadig, voyant qu'il avait excité sa curiosité,
la redoubla en lui apprenant beaucoup de choses qui
n'étaient point étrangères à son commerce ; les pesanteurs
spécifiques des métaux et des denrées sous un volume
15 égal ; les propriétés de plusieurs animaux utiles ; le moyen
de rendre tels ceux qui ne l'étaient pas ; enfin il lui parut
un sage. Sétoc lui donna la préférence sur son camarade, qu'il avait tant estimé. Il le traita bien, et n'eut
pas sujet de s'en repentir.
20 Arrivé dans sa tribu, Sétoc commença par redemander
cinq cents onces d'argent à un Hébreu auquel il les avait
prêtées en présence de deux témoins ; mais ces deux témoins étaient morts, et l'Hébreu, ne pouvant être convaincu, s'appropriait l'argent du marchand, en remerciant
25 Dieu de ce qu'il lui avait donné le moyen de tromper un
Arabe. Sétoc confia sa peine à Zadig, qui était devenu
son conseil. « En quel endroit, demanda Zadig, prêtâtes-
vous vos cinq cents onces à cet infidèle ? — Sur une large
pierre, répondit le marchand, qui est auprès du mont
30 Horeb. — Quel est le caractère de votre débiteur ? dit
Zadig. — Celui d'un fripon, reprit Sétoc. — Mais je vous
demande si c'est un homme vif ou flegmatique, avisé ou
imprudent. — C'est de tous les mauvais payeurs, dit Sétoc,

le plus vif que je connaisse. — Eh bien ! insista Zadig, permettez que je plaide votre cause devant le juge.» En effet il cita l'Hébreu au tribunal, et il parla ainsi au juge : « Oreiller du trône d'équité, je viens redemander à cet homme, au nom de mon maître, cinq cents onces d'argent qu'il ne veut pas rendre. — Avez-vous des témoins ? dit le juge. — Non, ils sont morts ; mais il reste une large pierre sur laquelle l'argent fut compté ; et s'il plait à Votre Grandeur d'ordonner qu'on aille chercher la pierre, j'espère qu'elle portera témoignage ; nous resterons ici, l'Hébreu et moi, en attendant que la pierre vienne ; je l'enverrai chercher aux dépens de Sétoc, mon maître. — Très volontiers, répondit le juge » ; et il se mit à expédier d'autres affaires.

A la fin de l'audience : « Eh bien ! dit-il à Zadig, votre pierre n'est pas encore venue ?» L'Hébreu, en riant, répondit : « Votre Grandeur resterait ici jusqu'à demain que la pierre ne serait pas encore arrivée ; elle est à plus de six milles d'ici, et il faudrait quinze hommes pour la remuer. — Eh bien ! s'écria Zadig, je vous avais bien dit que la pierre porterait témoignage ; puisque cet homme sait où elle est, il avoue donc que c'est sur elle que l'argent fut compté.» L'Hébreu, déconcerté, fut bientôt contraint de tout avouer. Le juge ordonna qu'il serait lié à la pierre, sans boire ni manger, jusqu'à ce qu'il eût rendu les cinq cents onces, qui furent bientôt payées.

L'esclave Zadig et la pierre furent en grande recommandation dans l'Arabie.

VOL. XXI, 54-59.

Le souper. — Sétoc, qui ne pouvait se séparer de cet homme en qui habitait la sagesse, le mena à la grande foire de Bassora, où devaient se rendre les plus grands négociants de la terre habitable. Ce fut pour Zadig une consolation sensible de voir tant d'hommes de diverses contrées réunis dans la même place. Il lui paraissait que l'univers était une grande famille qui se rassemblait à Bassora. Il se trouva à table, dès le second jour, avec un Égyptien, un Indien gangaride, un habitant du Cathay, un Grec, un Celte, et plusieurs autres étrangers qui, dans leurs fréquents voyages vers le golfe Arabique, avaient appris assez d'arabe pour se faire entendre. L'Égyptien paraissait fort en colère. « Quel abominable pays que Bassora! disait-il; on m'y refuse mille onces d'or sur le meilleur effet du monde.— Comment donc, dit Sétoc; sur quel effet vous a-t-on refusé cette somme? — Sur le corps de ma tante, répondit l'Égyptien; c'était la plus brave femme d'Égypte. Elle m'accompagnait toujours; elle est morte en chemin: j'en ai fait une des plus belles momies que nous ayons; et je trouverais dans mon pays tout ce que je voudrais en la mettant en gage. Il est bien étrange qu'on ne veuille pas seulement me donner ici mille onces d'or sur un effet si solide.» Tout en se courrouçant, il était prêt de manger d'une excellente poule bouillie, quand l'Indien, le prenant par la main, s'écria avec douleur: « Ah! qu'allez-vous faire? — Manger de cette poule, dit l'homme à la momie.— Gardez-vous-en bien, dit le Gangaride; il se pourrait faire que l'âme de la défunte fût passée dans le corps de cette poule, et vous ne voudriez pas vous exposer à manger votre tante. Faire cuire des poules, c'est outrager manifestement la nature. — Que voulez-vous dire avec votre nature et vos poules? reprit le colérique Égyptien; nous adorons un bœuf, et nous en mangeons bien. — Vous adorez un bœuf! est-il possible? dit l'homme du Gange. — Il n'y a rien de si possible, repartit l'autre; il y a cent trente-cinq mille ans que nous en usons ainsi, et personne parmi nous n'y trouve à redire. — Ah! cent trente-cinq mille ans! dit l'Indien, ce compte est un peu exagéré; il n'y en a que quatre-vingt mille que l'Inde est peuplée, et assurément nous sommes vos anciens; et Brama nous avait défendu de manger des bœufs avant que vous vous fussiez avisés de les mettre sur les autels et à la broche. — Voilà un plaisant animal que votre Brama, pour le comparer à Apis! dit l'Égyptien; qu'a donc fait votre Brama de si beau?» Le bramin répondit: «C'est lui qui a appris aux hommes à lire et à écrire, et à qui toute la terre doit le jeu des échecs. — Vous vous trompez, dit un Chaldéen qui était auprès de lui: c'est le poisson Oannès à qui on doit de si grands bienfaits, et il est juste de ne rendre qu'à lui ses hommages. Tout le monde vous dira que c'était un être divin, qu'il avait la queue dorée, avec une belle tête d'homme, et qu'il sortait de l'eau pour venir prêcher à terre trois heures par jour. Il eut plusieurs enfants qui furent tous rois, comme chacun sait. J'ai son portrait chez moi, que je révère comme je le dois. On peut manger du bœuf tant qu'on veut; mais c'est assurément une très grande impiété de faire cuire du poisson; d'ailleurs vous êtes tous deux d'une origine trop peu noble et trop récente pour me rien disputer. La nation égyptienne ne compte que cent trente-cinq mille ans, et les Indiens ne se vantent que de quatre-vingt mille, tandis que nous avons des almanachs de quatre mille siècles. Croyez-moi, renoncez à vos folies, et je vous donnerai à chacun un beau portrait d'Oannès.»

L'homme de Cambalu, prenant la parole, dit: «Je respecte fort les Égyptiens, les Chaldéens, les Grecs, les Celtes, Brama, le bœuf Apis, le beau poisson Oannès;

mais peut-être que le Li ou le Tien,[1] comme on voudra l'appeler, vaut bien les bœufs et les poissons. Je ne dirai rien de mon pays; il est aussi grand que la terre d'Égypte, la Chaldée, et les Indes ensemble. Je ne dispute pas d'antiquité, parce qu'il suffit d'être heureux, et que c'est fort peu de chose d'être ancien; mais, s'il fallait parler d'almanachs, je dirais que toute l'Asie prend les nôtres, et que nous en avions de fort bons avant qu'on sût l'arithmétique en Chaldée. — Vous êtes de grands ignorants tous tant que vous êtes! s'écria le Grec; est-ce que vous ne savez pas que le chaos est le père de tout, et que la forme et la matière ont mis le monde dans l'état où il est?»

Ce Grec parla longtemps; mais il fut enfin interrompu par le Celte, qui, ayant beaucoup bu pendant qu'on disputait, se crut alors plus savant que tous les autres, et dit en jurant qu'il n'y avait que Teutath et le gui de chêne qui valussent la peine qu'on en parlât; que, pour lui, il avait toujours du gui dans sa poche; que les Scythes, ses ancêtres, étaient les seules gens de bien qui eussent jamais été au monde; qu'ils avaient, à la vérité, quelquefois mangé des hommes, mais que cela n'empêchait pas qu'on ne dût avoir beaucoup de respect pour sa nation; et qu'enfin, si quelqu'un parlait mal de Teutath, il lui apprendrait à vivre. La querelle s'échauffa pour lors, et Sétoc vit le moment où la table allait être ensanglantée. Zadig, qui avait gardé le silence pendant toute la dispute, se leva enfin : il s'adressa d'abord au Celte, comme au plus furieux; il lui dit qu'il avait raison, et lui demanda du gui; il loua le Grec sur son éloquence, et adoucit tous les esprits échauffés. Il ne dit que très peu de chose à l'homme du Cathay, parce qu'il avait été le plus raisonnable de tous. Ensuite il leur dit: « Mes amis, vous alliez vous quereller pour rien, car vous êtes tous du même avis. » A ce mot, ils se récrièrent tous. « N'est-il pas vrai, dit-il au Celte, que vous n'adorez pas ce gui, mais celui qui a fait le gui et le chêne? — Assurément, répondit le Celte. — Et vous, monsieur l'Égyptien, vous révérez apparemment dans un certain bœuf celui qui vous a donné les bœufs? — Oui, dit l'Égyptien. — Le poisson Oannès, continua-t-il, doit céder à celui qui a fait la mer et les poissons. — D'accord, dit le Chaldéen. — L'Indien, ajouta-t-il, et le Cathayen, reconnaissent comme vous un premier principe; je n'ai pas trop bien compris les choses admirables que le Grec a dites, mais je suis sûr qu'il admet aussi un Être supérieur, de qui la forme et la matière dépendent. » Le Grec, qu'on admirait, dit que Zadig avait très bien pris sa pensée. « Vous êtes donc tous de même avis, répliqua Zadig, et il n'y a pas là de quoi se quereller. » Tout le monde l'embrassa. Sétoc, après avoir vendu fort cher ses denrées, reconduisit son ami Zadig dans sa tribu. Zadig apprit en arrivant qu'on lui avait fait son procès en son absence, et qu'il allait être brûlé à petit feu.

VOL. XXI, 61-64.

La danse. — Sétoc devait aller, pour les affaires de son commerce, dans l'île de Serendib; mais le premier mois de son mariage, qui est, comme on sait, la lune du Miel, ne lui permettait ni de quitter sa femme, ni de croire qu'il pût jamais la quitter: il pria son ami Zadig de faire pour lui le voyage. « Hélas! disait Zadig, faut-il que je mette encore un plus vaste espace entre la belle Astarté et moi? Mais il faut servir mes bienfaiteurs. » Il dit, il pleura, et il partit.

Il ne fut pas longtemps dans l'île de Serendib sans y

être regardé comme un homme extraordinaire. Il devint l'arbitre de tous les différends entre les négociants, l'ami des sages, le conseil du petit nombre de gens qui prennent conseil. Le roi voulut le voir et l'entendre. Il connut
5 bientôt tout ce que valait Zadig; il eut confiance en sa sagesse, et en fit son ami. La familiarité et l'estime du roi fit trembler Zadig. Il était, nuit et jour, pénétré du malheur que lui avaient attiré les bontés de Moabdar. « Je plais au roi, disait-il; ne serai-je pas perdu?» Ce-
10 pendant il ne pouvait se dérober aux caresses de Sa Majesté: car il faut avouer que Nabussan, roi de Serendib, fils de Nussanab, fils de Nabassun, fils de Sanbusna, était un des meilleurs princes de l'Asie; et quand on lui parlait il était difficile de ne le pas aimer.
15   Ce bon prince était toujours loué, trompé et volé: c'était à qui pillerait ses trésors. Le receveur général de l'île de Serendib donnait toujours cet exemple, fidèlement suivi par les autres. Le roi le savait; il avait changé de trésorier plusieurs fois; mais il n'avait pu changer
20 la mode établie de partager les revenus du roi en deux moitiés inégales, dont la plus petite revenait toujours à Sa Majesté, et la plus grosse aux administrateurs.

Le roi Nabussan confia sa peine au sage Zadig. «Vous qui savez tant de belles choses, lui dit-il, ne sauriez-vous
25 pas le moyen de me faire trouver un trésorier qui ne me vole point? — Assurément, répondit Zadig, je sais une façon infaillible de vous donner un homme qui ait les mains nettes.» Le roi, charmé, lui demanda, en l'embrassant, comment il fallait s'y prendre. «Il n'y a, dit
30 Zadig, qu'à faire danser tous ceux qui se présenteront pour la dignité de trésorier, et celui qui dansera avec le plus de légèreté sera infailliblement le plus honnête homme. — Vous vous moquez, dit le roi; voilà une plai-

sante façon de choisir un receveur de mes finances! Quoi,
vous prétendez que celui qui fera le mieux un entrechat
sera le financier le plus intègre et le plus habile!—Je ne
vous réponds pas qu'il sera le plus habile, repartit Zadig;
mais je vous assure que ce sera indubitablement le plus
honnête homme.» Zadig parlait avec tant de confiance
que le roi crut qu'il avait quelque secret surnaturel pour
connaître les financiers. «Je n'aime pas le surnaturel,
dit Zadig, les gens et les livres à prodiges m'ont toujours
déplu: si Votre Majesté veut me laisser faire l'épreuve
que je lui propose, elle sera bien convaincue que mon
secret est la chose la plus simple et la plus aisée.» Nabussan, roi de Serendib, fut bien plus étonné d'entendre
que ce secret était simple, que si on le lui avait donné
pour un miracle: «Or bien, dit-il, faites comme vous l'entendrez.—Laissez-moi faire, dit Zadig, vous gagnerez à
cette épreuve plus que vous ne pensez.» Le jour même il
fit publier, au nom du roi, que tous ceux qui prétendaient
à l'emploi de haut receveur des deniers de Sa gracieuse
Majesté Nabussan, fils de Nussanab, eussent à se rendre,
en habits de soie légère, le premier de la lune du Crocodile, dans l'antichambre du roi. Ils s'y rendirent au
nombre de soixante et quatre. On avait fait venir des
violons dans un salon voisin; tout était préparé pour
le bal; mais la porte de ce salon était fermée, et il fallait, pour y entrer, passer par une petite galerie assez
obscure. Un huissier vint chercher et introduire chaque
candidat, l'un après l'autre, par ce passage dans lequel
on le laissait seul quelques minutes. Le roi, qui avait
le mot, avait étalé tous ses trésors dans cette galerie.
Lorsque tous les prétendants furent arrivés dans le salon,
Sa Majesté ordonna qu'on les fît danser. Jamais on ne
dansa plus pesamment et avec moins de grâce; ils avaient

tous la tête baissée, les reins courbés, les mains collées
à leurs côtés. «Quels fripons!» disait tout bas Zadig.
Un seul d'entre eux formait des pas avec agilité, la tête
haute, le regard assuré, les bras étendus, le corps droit, le
jarret ferme. «Ah! l'honnête homme! le brave homme!»
disait Zadig. Le roi embrassa ce bon danseur, le déclara
trésorier, et tous les autres furent punis et taxés avec la
plus grande justice du monde : car chacun, dans le temps
qu'il avait été dans la galerie, avait rempli ses poches, et
pouvait à peine marcher. Le roi fut fâché pour la nature
humaine que de ces soixante et quatre danseurs il y eût
soixante et trois filous. La galerie obscure fut appelée
le corridor de la Tentation. On aurait en Perse empalé
ces soixante et trois seigneurs; en d'autres pays on eût
fait une chambre de justice qui eût consommé en frais le
triple de l'argent volé, et qui n'eût rien remis dans les
coffres du souverain; dans un autre royaume, ils se seraient pleinement justifiés, et auraient fait disgracier ce
danseur si léger : à Serendib, ils ne furent condamnés
qu'à augmenter le trésor public, car Nabussan était fort
indulgent.

Il était aussi fort reconnaissant; il donna à Zadig une
somme d'argent plus considérable qu'aucun trésorier n'en
avait jamais volé au roi son maître. Zadig s'en servit
pour envoyer des exprès à Babylone, qui devaient l'in-
former de la destinée d'Astarté. Sa voix trembla en
donnant cet ordre, son sang reflua vers son cœur, ses
yeux se couvrirent de ténèbres, son âme fut prête à l'a-
bandonner. Le courrier partit, Zadig le vit embarquer;
il rentra chez le roi, ne voyant personne, croyant être
dans sa chambre, et prononçant le nom d'amour. « Ah!
l'amour, dit le roi; c'est précisément ce dont il s'agit;
vous avez deviné ce qui fait ma peine. Que vous êtes

un grand homme! j'espère que vous m'apprendrez à connaître une femme à toute épreuve, comme vous m'avez fait trouver un trésorier désintéressé.» Zadig, ayant repris ses sens, lui promit de le servir en amour comme en finance, quoique la chose parût plus difficile encore.

VOL. XXI, 66-69.

Les Énigmes.—Zadig, hors de lui-même et comme un homme auprès de qui est tombé le tonnerre, marchait au hasard. Il entra dans Babylone le jour où ceux qui avaient combattu dans la lice étaient déjà assemblés dans le grand vestibule du palais pour expliquer les énigmes, et pour répondre aux questions du grand mage. Tous les chevaliers étaient arrivés, excepté l'armure verte. Dès que Zadig parut dans la ville, le peuple s'assembla autour de lui; les yeux ne se rassasiaient point de le voir, les bouches de le bénir, les cœurs de lui souhaiter l'empire. L'Envieux le vit passer, frémit, et se détourna; le peuple le porta jusqu'au lieu de l'assemblée. La reine, à qui on apprit son arrivée, fut en proie à l'agitation de la crainte et de l'espérance; l'inquiétude la dévorait: elle ne pouvait comprendre ni pourquoi Zadig était sans armes, ni comment Itobad portait l'armure blanche. Un murmure confus s'éleva à la vue de Zadig. On était surpris et charmé de le revoir; mais il n'était permis qu'aux chevaliers qui avaient combattu de paraître dans l'assemblée.

«J'ai combattu comme un autre, dit-il; mais un autre porte ici mes armes; et, en attendant que j'aie l'honneur de le prouver, je demande la permission de me présenter pour expliquer les énigmes.» On alla aux voix: sa réputation de probité était encore si fortement imprimée dans les esprits qu'on ne balança pas à l'admettre.

Le grand mage proposa d'abord cette question: «Quelle

est de toutes les choses du monde la plus longue et la plus courte, la plus prompte et la plus lente, la plus divisible et la plus étendue, la plus négligée et la plus regrettée, sans qui rien ne se peut faire, qui dévore tout ce qui est petit, et qui vivifie tout ce qui est grand?»

C'était à Itobad à parler. Il répondit qu'un homme comme lui n'entendait rien aux énigmes, et qu'il lui suffisait d'avoir vaincu à grands coups de lance. Les uns dirent que le mot de l'énigme était la fortune, d'autres la terre, d'autres la lumière. Zadig dit que c'était le temps: «Rien n'est plus long, ajouta-t-il, puisqu'il est la mesure de l'éternité; rien n'est plus court, puisqu'il manque à tous nos projets; rien n'est plus lent pour qui attend; rien de plus rapide pour qui jouit; il s'étend jusqu'à l'infini en grand; il se divise jusque dans l'infini en petit; tous les hommes le négligent, tous en regrettent la perte; rien ne se fait sans lui; il fait oublier tout ce qui est indigne de la postérité, et il immortalise les grandes choses.» L'assemblée convint que Zadig avait raison.

On demanda ensuite: «Quelle est la chose qu'on reçoit sans remercier, dont on jouit sans savoir comment, qu'on donne aux autres quand on ne sait où l'on en est, et qu'on perd sans s'en apercevoir?»

Chacun dit son mot: Zadig devina seul que c'était la vie. Il expliqua toutes les autres énigmes avec la même facilité. Itobad disait toujours que rien n'était plus aisé, et qu'il en serait venu à bout tout aussi facilement s'il avait voulu s'en donner la peine. On proposa des questions sur la justice, sur le souverain bien, sur l'art de régner. Les réponses de Zadig furent jugées les plus solides. «C'est bien dommage, disait-on, qu'un si bon esprit soit un si mauvais cavalier.

— Illustres seigneurs, dit Zadig, j'ai eu l'honneur de vaincre dans la lice. C'est à moi qu'appartient l'armure blanche. Le seigneur Itobad s'en empara pendant mon sommeil: il jugea apparemment qu'elle lui siérait mieux que la verte. Je suis prêt à lui prouver d'abord devant vous, avec ma robe et mon épée, contre toute cette belle armure blanche qu'il m'a prise, que c'est moi qui ai eu l'honneur de vaincre le brave Otame.»

Itobad accepta le défi avec la plus grande confiance. Il ne doutait pas qu'étant casqué, cuirassé, brassardé, il ne vînt aisément à bout d'un champion en bonnet de nuit et en robe de chambre. Zadig tira son épée, en saluant la reine, qui le regardait, pénétrée de joie et de crainte. Itobad tira la sienne, en ne saluant personne. Il s'avança sur Zadig comme un homme qui n'avait rien à craindre. Il était prêt à lui fendre la tête: Zadig sut parer le coup, en opposant ce qu'on appelle le fort de l'épée au faible de son adversaire, de façon que l'épée d'Itobad se rompit. Alors Zadig, saisissant son ennemi au corps, le renversa par terre; et lui portant la pointe de son épée au défaut de la cuirasse: «Laissez-vous désarmer, dit-il, ou je vous tue.» Itobad, toujours surpris des disgrâces qui arrivaient à un homme comme lui, laissa faire Zadig, qui lui ôta paisiblement son magnifique casque, sa superbe cuirasse, ses beaux brassards, ses brillants cuissards; s'en revêtit, et courut dans cet équipage se jeter aux genoux d'Astarté. Cador prouva aisément que l'armure appartenait à Zadig. Il fut reconnu roi d'un consentement unanime, et surtout de celui d'Astarté, qui goûtait, après tant d'adversités, la douceur de voir son amant digne aux yeux de l'univers d'être son époux. Itobad alla se faire appeler monseigneur dans sa maison. Zadig fut roi, et fut heureux. Il avait présent à l'esprit ce que lui avait dit l'ange Jesrad.

Il se souvenait même du grain de sable devenu diamant.
La reine et lui adorèrent la Providence. Zadig laissa la
belle capricieuse Missouf courir le monde. Il envoya
chercher le brigand Arbogad, auquel il donna un grade
honorable dans son armée, avec promesse de l'avancer
aux premières dignités s'il se comportait en vrai guerrier,
et de le faire pendre s'il faisait le métier de brigand.

Sétoc fut appelé du fond de l'Arabie, avec la belle
Almona, pour être à la tête du commerce de Babylone.
Cador fut placé et chéri selon ses services; il fut l'ami
du roi, et le roi fut alors le seul monarque de la terre qui
eût un ami. Le petit muet ne fut pas oublié. On donna
une belle maison au pêcheur. Orcan fut condamné à lui
payer une grosse somme, et à lui rendre sa femme; mais
le pêcheur, devenu sage, ne prit que l'argent.

Ni la belle Sémire ne se consolait d'avoir cru que Zadig
serait borgne, ni Azora ne cessait de pleurer d'avoir voulu
lui couper le nez. Il adoucit leurs douleurs par des présents. L'Envieux mourut de rage et de honte. L'empire
jouit de la paix, de la gloire et de l'abondance; ce fut le
plus beau siècle de la terre: elle était gouvernée par la
justice et par l'amour. On bénissait Zadig, et Zadig bénissait le Ciel.[1]

VOL. XXI, 91-93.

MICROMÉGAS. HISTOIRE PHILOSOPHIQUE.
(1752.)

*Voyage d'un habitant du monde de l'étoile Sirius dans
la planète de Saturne.* — Dans une de ces planètes qui
tournent autour de l'étoile nommée Sirius, il y avait un
jeune homme de beaucoup d'esprit, que j'ai eu l'honneur
de connaître dans le dernier voyage qu'il fit sur notre

petite fourmilière; il s'appelait Micromégas, nom qui convient fort à tous les grands. Il avait huit lieues de haut: j'entends, par huit lieues, vingt-quatre mille pas géométriques de cinq pieds chacun.

Quelques géomètres, gens toujours utiles au public, prendront sur-le-champ la plume, et trouveront que, puisque M. Micromégas, habitant du pays de Sirius, a de la tête aux pieds vingt-quatre mille pas, qui font cent vingt mille pieds de roi, et que nous autres, citoyens de la terre, nous n'avons guère que cinq pieds, et que notre globe a neuf mille lieues de tour; ils trouveront, dis-je, qu'il faut absolument que le globe qui l'a produit ait au juste vingt-un millions six cent mille fois plus de circonférence que notre petite terre. Rien n'est plus simple et plus ordinaire dans la nature. Les États de quelques souverains d'Allemagne ou d'Italie, dont on peut faire le tour en une demi-heure, comparés à l'empire de Turquie, de Moscovie ou de la Chine, ne sont qu'une faible image des prodigieuses différences que la nature a mises dans tous les êtres.

La taille de Son Excellence étant de la hauteur que j'ai dite, tous nos sculpteurs et tous nos peintres conviendront sans peine que sa ceinture peut avoir cinquante mille pieds de roi de tour: ce qui fait une très jolie proportion. Son nez étant le tiers de son beau visage, et son beau visage étant la septième partie de la hauteur de son beau corps, il faut avouer que le nez du Syrien a six mille trois cent trente-trois pieds de roi plus une fraction; ce qui était à démontrer.

Quant à son esprit, c'est un des plus cultivés que nous ayons; il sait beaucoup de choses; il en a inventé quelques-unes; il n'avait pas encore deux cent cinquante ans; et il étudiait, selon la coutume, au collége le plus célèbre de sa planète, lorsqu'il devina, par la force de son esprit, plus de cinquante propositions d'Euclide. C'est dix-huit de plus que Blaise Pascal,[1] lequel, après en avoir deviné trente-deux en se jouant, à ce que dit sa sœur, devint depuis un géomètre assez médiocre, et un fort mauvais métaphysicien. Vers les quatre cent cinquante ans, au sortir de l'enfance, il disséqua beaucoup de ces petits insectes qui n'ont pas cent pieds de diamètre, et qui se dérobent aux microscopes ordinaires; il en composa un livre fort curieux, mais qui lui fit quelques affaires.[2] Le muphti de son pays, grand vétillard, et fort ignorant, trouva dans son livre des propositions suspectes, mal-sonnantes, téméraires, hérétiques, sentant l'hérésie, et le poursuivit vivement: il s'agissait de savoir si la forme substantielle des puces de Sirius était de même nature que celle des colimaçons. Micromégas se défendit avec esprit; il mit les femmes de son côté; le procès dura deux cent vingt ans. Enfin le muphti fit condamner le livre par des jurisconsultes qui ne l'avaient pas lu, et l'auteur eut ordre de ne paraître à la cour de huit cents années.

Il ne fut que médiocrement affligé d'être banni d'une cour qui n'était remplie que de tracasseries et de petitesses. Il fit une chanson fort plaisante contre le muphti, dont celui-ci ne s'embarrassa guère; et il se mit à voyager de planète en planète, pour achever de se former *l'esprit et le cœur*, comme l'on dit. Ceux qui ne voyagent qu'en chaise de poste ou en berline seront sans doute étonnés des équipages de là-haut: car nous autres, sur notre petit tas de boue, nous ne concevons rien au-delà de nos usages. Notre voyageur connaissait merveilleusement les lois de la gravitation, et toutes les forces attractives et répulsives. Il s'en servait si à propos que, tantôt à l'aide d'un rayon du soleil, tantôt par la commodité d'une comète, il allait de globe en globe lui et les siens, comme un oiseau voltige de branche en branche. Il parcourut la voie lactée en peu de temps, et je suis obligé d'avouer qu'il ne vit jamais à travers les étoiles dont elle est semée ce beau ciel empyrée que l'illustre vicaire Derham[1] se vante d'avoir vu au bout de sa lunette. Ce n'est pas que je prétende que M. Derham ait mal vu, à Dieu ne plaise! mais Micromégas était sur les lieux, c'est un bon observateur, et je ne veux contredire personne. Micromégas, après avoir bien tourné, arriva dans le globe de Saturne. Quelque accoutumé qu'il fût à voir des choses nouvelles, il ne put d'abord, en voyant la petitesse du globe et de ses habitants, se défendre de ce sourire de supériorité qui échappe quelquefois aux plus sages. Car enfin Saturne n'est guère que neuf cents fois plus gros que la terre, et les citoyens de ce pays-là sont des nains qui n'ont que mille toises de haut ou environ. Il s'en moqua un peu d'abord avec ses gens, à peu près comme un musicien italien se met à rire de la musique de Lulli quand il vient en France. Mais comme le Sirien avait un bon esprit, il comprit bien vite qu'un être pensant peut fort bien n'être pas ridicule pour n'avoir que six mille pieds de haut. Il se familiarisa avec les Saturniens, après les avoir étonnés. Il lia une étroite amitié avec le secrétaire de l'Académie de Saturne,[2] homme de beaucoup d'esprit, qui n'avait à la vérité rien inventé, mais qui rendait un fort bon compte des inventions des autres, et qui faisait passablement de petits vers et de grands calculs. Je rapporterai ici, pour la satisfaction des lecteurs, une conversation singulière que Micromégas eut un jour avec M. le secrétaire.

Conversation de l'habitant de Sirius avec celui de Saturne.

—Après que Son Excellence se fut couchée, et que le secrétaire se fut approché de son visage : «Il faut avouer, dit Micromégas, que la nature est bien variée.—Oui, dit le Saturnien; la nature est comme un parterre dont les fleurs. . . .—Ah! dit l'autre, laissez là votre parterre.— Elle est, reprit le secrétaire, comme une assemblée de blondes et de brunes, dont les parures. . . .—Eh! qu'ai-je à faire de vos brunes? dit l'autre.—Elle est donc comme une galerie de peintures dont les traits. . . .—Eh non! dit le voyageur; encore une fois, la nature est comme la nature. Pourquoi lui chercher des comparaisons?—Pour vous plaire, répondit le secrétaire.—Je ne veux point qu'on me plaise, répondit le voyageur; je veux qu'on m'instruise : commencez d'abord par me dire combien les hommes de votre globe ont de sens. — Nous en avons soixante et douze, dit l'académicien; et nous nous plaignons tous les jours du peu. Notre imagination va au-delà de nos besoins; nous trouvons qu'avec nos soixante et douze sens, notre anneau, nos cinq lunes, nous sommes trop bornés; et, malgré toute notre curiosité et le nombre assez grand de passions qui résultent de nos soixante et douze sens, nous avons tout le temps de nous ennuyer.—Je le crois bien, dit Micromégas; car dans notre globe nous avons près de mille sens, et il nous reste encore je ne sais quel désir vague, je ne sais quelle inquiétude, qui nous avertit sans cesse que nous sommes peu de chose, et qu'il y a des êtres beaucoup plus parfaits. J'ai un peu voyagé; j'ai vu des mortels fort au-dessous de nous; j'en ai vu de fort supérieurs; mais je n'en ai vu aucuns qui n'aient plus de désirs que de vrais besoins, et plus de besoins que de satisfaction. J'arriverai peut-être un jour au pays où il ne manque rien; mais jusqu'à présent personne ne m'a donné de nouvelles positives de ce pays-là.» Le Saturnien et le Sirien s'épuisèrent alors en conjectures; mais, après beaucoup de raisonnements fort ingénieux et fort incertains, il en fallut revenir aux faits. «Combien de temps vivez-vous? dit le Sirien.—Ah! bien peu, répliqua le petit homme de Saturne.—C'est tout comme chez nous, dit le Sirien; nous nous plaignons toujours du peu. Il faut que ce soit une loi universelle de la nature.—Hélas! nous ne vivons, dit le Saturnien, que cinq cents grandes révolutions du soleil. (Cela revient à quinze mille ans ou environ, à compter à notre manière.) Vous voyez bien que c'est mourir presque au moment que l'on est né; notre existence est un point, notre durée un instant, notre globe un atome. A peine a-t-on commencé à s'instruire un peu que la mort arrive avant qu'on ait de l'expérience. Pour moi, je n'ose faire aucuns projets; je me trouve comme une goutte d'eau dans un océan immense. Je suis honteux, surtout devant vous, de la figure ridicule que je fais dans ce monde.»

Micromégas lui repartit: «Si vous n'étiez pas philosophe, je craindrais de vous affliger en vous apprenant que notre vie est sept cents fois plus longue que la vôtre; mais vous savez trop bien que quand il faut rendre son corps aux éléments, et ranimer la nature sous une autre forme, ce qui s'appelle mourir; quand ce moment de métamorphose est venu, avoir vécu une éternité, ou avoir vécu un jour, c'est précisément la même chose. J'ai été dans des pays où l'on vit mille fois plus longtemps que chez moi, et j'ai trouvé qu'on y murmurait encore. Mais il y a partout des gens de bon sens qui savent prendre leur parti et remercier l'Auteur de la nature. Il a répandu sur cet univers une profusion de variétés avec une espèce d'uniformité admirable. Par exemple tous les êtres pensants sont différents, et tous se ressemblent au fond par le don de la pensée et des désirs. La matière est partout étendue; mais elle a dans chaque globe des propriétés diverses. Combien comptez-vous de ces propriétés diverses dans votre matière?—Si vous parlez de ces propriétés, dit le Saturnien, sans lesquelles nous croyons que ce globe ne pourrait subsister tel qu'il est, nous en comptons trois cents, comme l'étendue, l'impénétrabilité, la mobilité, la gravitation, la divisibilité, et le reste.—Apparemment, répliqua le voyageur, que ce petit nombre suffit aux vues que le Créateur avait sur votre petite habitation. J'admire en tout sa sagesse; je vois partout des différences, mais aussi partout des proportions. Votre globe est petit, vos habitants le sont aussi; vous avez peu de sensations; votre matière a peu de propriétés; tout cela est l'ouvrage de la Providence. De quelle couleur est votre soleil bien examiné?—D'un blanc fort jaunâtre, dit le Saturnien; et quand nous divisons un de ses rayons, nous trouvons qu'il contient sept couleurs. — Notre soleil tire sur le rouge, dit le Sirien, et nous avons trente-neuf couleurs primitives. Il n'y a pas un soleil, parmi tous ceux dont j'ai approché, qui se ressemble, comme chez vous il n'y a pas un visage qui ne soit différent de tous les autres.»

Après plusieurs questions de cette nature, il s'informa combien de substances essentiellement différentes on comptait dans Saturne. Il apprit qu'on n'en comptait qu'une trentaine, comme Dieu, l'espace, la matière, les êtres étendus qui sentent, les êtres étendus qui sentent et qui pensent, les êtres pensants qui n'ont point d'étendue; ceux qui se pénètrent, ceux qui ne se pénètrent pas, et le reste. Le Sirien, chez qui on en comptait trois cents, et qui en avait découvert trois mille autres dans ses voyages, étonna prodigieusement le philosophe de Saturne. Enfin, après s'être communiqué l'un à l'autre un peu de ce qu'ils savaient et beaucoup de ce qu'ils ne savaient pas, après avoir raisonné pendant une révolution du soleil, ils résolurent de faire ensemble un petit voyage philosophique.

VOL. XXI, 105-110.

Alors Micromégas prononça ces paroles: «Je vois plus que jamais qu'il ne faut juger de rien sur sa grandeur apparente. O Dieu! qui avez donné une intelligence à des substances qui paraissent si méprisables; l'infiniment petit vous coûte aussi peu que l'infiniment grand; et s'il est possible qu'il y ait des êtres plus petits que ceux-ci, ils peuvent encore avoir un esprit supérieur à ceux de ces superbes animaux que j'ai vus dans le ciel, dont le pied seul couvrirait le globe où je suis descendu.»

Un des philosophes lui répondit qu'il pouvait en toute sûreté croire qu'il est en effet des êtres intelligents beaucoup plus petits que l'homme. Il lui conta, non pas tout ce que Virgile a dit de fabuleux sur les abeilles,[1] mais ce que Swammerdam[2] a découvert, et ce que Réaumur[3] a disséqué. Il lui apprit enfin qu'il y a des animaux qui sont pour les abeilles ce que les abeilles sont pour l'homme, ce que le Sirien lui-même était pour ces animaux si vastes dont il parlait, et ce que ces grands animaux sont pour d'autres substances devant lesquelles ils ne paraissent que comme des atomes. Peu à peu la conversation devint intéressante, et Micromégas parla ainsi:

Conversation avec les hommes. — «O atomes intelligents, dans qui l'Être éternel s'est plu à manifester son adresse et sa puissance, vous devez sans doute goûter des joies bien pures sur votre globe: car, ayant si peu de matière, et paraissant tout esprit, vous devez passer votre vie à aimer et à penser; c'est la véritable vie des esprits. Je n'ai vu nulle part le vrai bonheur; mais il est ici, sans doute.» A ce discours, tous les philosophes secouèrent la tête; et l'un d'eux, plus franc que les autres, avoua de bonne foi que, si l'on en excepte un petit nombre d'habitants fort peu considérés, tout le reste est un assemblage de fous, de méchants et de malheureux. «Nous avons plus de matière qu'il ne nous en faut, dit-il, pour faire beaucoup de mal, si le mal vient de la matière; et trop d'esprit, si le mal vient de l'esprit. Savez-vous bien, par exemple, qu'à l'heure que je vous parle, il y a cent mille fous de notre espèce, couverts de chapeaux, qui tuent cent mille autres animaux couverts d'un turban, ou qui sont massacrés par eux, et que, presque par toute la terre, c'est ainsi qu'on en use de temps immémorial?» Le Sirien frémit, et demanda quel pouvait être le sujet de ces horribles querelles entre de si chétifs animaux. «Il s'agit, dit le philosophe, de quelque tas de boue[1] grand comme votre talon. Ce n'est pas qu'aucun de ces millions d'hommes qui se font égorger prétende un fétu sur ce tas de boue. Il ne s'agit que de savoir s'il appartiendra à un certain homme qu'on nomme *Sultan*, ou à un autre qu'on nomme, je ne sais pourquoi, *César*. Ni l'un ni l'autre n'a jamais vu ni ne verra jamais le petit coin de terre dont il s'agit; et presque aucun de ces animaux, qui s'égorgent mutuellement, n'a jamais vu l'animal pour lequel il s'égorge.

—Ah! malheureux! s'écria le Sirien avec indignation, peut-on concevoir cet excès de rage forcenée! Il me prend envie de faire trois pas, et d'écraser de trois coups de pied toute cette fourmilière d'assassins ridicules.

—Ne vous en donnez pas la peine, lui répondit-on; ils travaillent assez à leur ruine. Sachez qu'au bout de dix ans, il ne reste jamais la centième partie de ces misérables; sachez que, quand même ils n'auraient pas tiré l'épée, la faim, la fatigue, ou l'intempérance, les emportent presque tous. D'ailleurs, ce n'est pas eux qu'il faut punir, ce sont ces barbares sédentaires qui du fond de leur cabinet ordonnent, dans le temps de leur digestion, le massacre d'un million d'hommes, et qui ensuite en font remercier Dieu solennellement.»

Le voyageur se sentait ému de pitié pour la petite race humaine, dans laquelle il découvrait de si étonnants contrastes. «Puisque vous êtes du petit nombre des sages, dit-il à ces messieurs, et qu'apparemment vous ne tuez personne pour de l'argent, dites-moi, je vous en prie, à quoi vous vous occupez. — Nous disséquons des mouches, dit le philosophe, nous mesurons des lignes, nous assemblons des nombres; nous sommes d'accord sur deux ou trois points que nous entendons, et nous disputons sur deux ou trois mille que nous n'entendons pas.»

Il prit aussitôt fantaisie au Sirien et au Saturnien d'interroger ces atomes pensants, pour savoir les choses dont ils convenaient. «Combien comptez-vous, dit celui-ci, de l'étoile de la Canicule à la grande étoile des Gémeaux?» Ils répondirent tous à la fois: «Trente-deux degrés et demi. — Combien comptez-vous d'ici à la lune? — Soixante demi-diamètres de la terre en nombre rond. — Combien pèse votre air?» Il croyait les attraper, mais tous lui dirent que l'air pèse environ neuf cents fois moins qu'un pareil volume de l'eau la plus légère, et dix-neuf mille fois moins que l'or de ducat. Le petit nain de Saturne, étonné de leurs réponses, fut tenté de prendre pour des sorciers ces mêmes gens auxquels il avait refusé une âme un quart d'heure auparavant.

Enfin Micromégas leur dit: «Puisque vous savez si bien

ce qui est hors de vous, sans doute vous savez encore mieux ce qui est en dedans. Dites-moi ce que c'est que votre âme, et comment vous formez vos idées.» Les philosophes parlèrent tous à la fois comme auparavant; mais ils furent tous de différents avis. Le plus vieux citait Aristote, l'autre prononçait le nom de Descartes; celui-ci, de Malebranche; cet autre, de Leibnitz; cet autre, de Locke. Un vieux péripatéticien dit tout haut avec confiance: «L'âme est une entéléchie,[1] et une raison par qui elle a la puissance d'être ce qu'elle est. C'est ce que déclare expressément Aristote, page 633 de l'édition du Louvre.» Il cita le passage. «Je n'entends pas trop bien le grec, dit le géant.—Ni moi non plus, dit la mite philosophique. — Pourquoi donc, reprit le Sirien, citez-vous un certain Aristote en grec? — C'est, répliqua le savant, qu'il faut bien citer ce qu'on ne comprend point du tout dans la langue qu'on entend le moins.»

SONGE DE PLATON.

(1756.)

Platon rêvait beaucoup, et on n'a pas moins rêvé depuis. Il avait songé que la nature humaine était autrefois double, et qu'en punition de ses fautes elle fut divisée en mâle et femelle.

Il avait prouvé qu'il ne peut y avoir que cinq mondes parfaits, parce qu'il n'y a que cinq corps réguliers en mathématiques. Sa république fut un de ses grands rêves. Il avait rêvé encore que le dormir naît de la veille, et la veille du dormir, et qu'on perd sûrement la vue en regardant une éclipse ailleurs que dans un bassin d'eau. Les rêves alors donnaient une grande réputation.

Voici un de ses songes, qui n'est pas un des moins intéressants. Il lui sembla que le grand Demiourgos, l'éternel Géomètre, ayant peuplé l'espace infini de globes innombrables, voulut éprouver la science des génies qui avaient été témoins de ses ouvrages. Il donna à chacun d'entre eux un petit morceau de matière à arranger, à peu près comme Phidias et Zeuxis auraient donné des statues et des tableaux à faire à leurs disciples, s'il est permis de comparer les petites choses aux grandes.

Démogorgon eut en partage le morceau de boue qu'on appelle *la terre* ; et, l'ayant arrangé de la manière qu'on le voit aujourd'hui, il prétendait avoir fait un chef-d'œuvre. Il pensait avoir subjugué l'envie, et attendait des éloges même de ses confrères: il fut bien surpris d'être reçu d'eux avec des huées.

L'un d'eux, qui était un fort mauvais plaisant, lui dit: «Vraiment vous avez fort bien opéré; vous avez séparé votre monde en deux, et vous avez mis un grand espace d'eau entre les deux hémisphères, afin qu'il n'y eût point de communication de l'un à l'autre. On gèlera de froid sous vos deux pôles, on mourra de chaud sous votre ligne équinoxiale. Vous avez prudemment établi de grands déserts de sable, pour que les passants y mourussent de faim et de soif. Je suis assez content de vos moutons, de vos vaches, et de vos poules; mais franchement, je ne le suis pas trop de vos serpents et de vos araignées. Vos ognons et vos artichauts sont de très bonnes choses, mais je ne vois pas quelle a été votre idée en couvrant la terre de tant de plantes venimeuses, à moins que vous n'ayez eu le dessein d'empoisonner ses habitants. Il me paraît d'ailleurs que vous avez formé une trentaine d'espèces de singes, beaucoup plus d'espèces de chiens, et seulement quatre ou cinq espèces d'hommes: il est vrai que vous

avez donné à ce dernier animal ce que vous appelez *la raison*; mais, en conscience, cette raison-là est trop ridicule, et approche trop de la folie. Il me paraît d'ailleurs que vous ne faites pas grand cas de cet animal à deux
5 pieds, puisque vous lui avez donné tant d'ennemis et si peu de défense, tant de maladies et si peu de remèdes, tant de passions et si peu de sagesse. Vous ne voulez pas apparemment qu'il reste beaucoup de ces animaux-là sur terre: car, sans compter les dangers auxquels vous les
10 exposez, vous avez si bien fait votre compte qu'un jour la petite vérole emportera tous les ans régulièrement la dixième partie de cette espèce; et, comme si ce n'était pas encore assez, vous avez tellement disposé les choses que la moitié des survivants sera occupée à plaider, et l'autre
15 à se tuer; ils vous auront sans doute beaucoup d'obligation, et vous avez fait là un beau chef-d'œuvre.»

Démogorgon rougit; il sentit bien qu'il y avait du mal moral et du mal physique dans son affaire; mais il soutenait qu'il y avait plus de bien que de mal. « Il est
20 aisé de critiquer, dit-il; mais pensez-vous qu'il soit si facile de faire un animal qui soit toujours raisonnable; qui soit libre, et qui n'abuse jamais de sa liberté? Pensez-vous que, quand on a neuf à dix mille plantes à faire provigner, on puisse si aisément empêcher que quelques-
25 unes de ces plantes n'aient des qualités nuisibles? Vous imaginez-vous qu'avec une certaine quantité d'eau, de sable, de fange, et de feu, on puisse n'avoir ni mer, ni désert? Vous venez, monsieur le rieur, d'arranger la planète de Mars; nous verrons comment vous vous en
30 êtes tiré avec vos deux grandes bandes, et quel bel effet font vos nuits sans lune; nous verrons s'il n'y a chez vos gens ni folie ni maladie.»

En effet, les génies examinèrent Mars, et on tomba rudement sur le railleur. Le sérieux génie qui avait pétri Saturne ne fut pas épargné: ses confrères, les fabricateurs de Jupiter, de Mercure, de Vénus, eurent chacun des reproches à essuyer.

On écrivit des gros volumes et des brochures; on dit des bons mots, on fit des chansons, on se donna des ridicules, les partis s'aigrirent; enfin l'éternel Demiourgos leur imposa silence à tous: «Vous avez fait, leur dit-il, du bon et du mauvais, parce que vous avez beaucoup d'intelligence, et que vous êtes imparfaits; vos œuvres dureront seulement quelques centaines de millions d'années; après quoi, étant plus instruits, vous ferez mieux: il n'appartient qu'à moi de faire des choses parfaites et immortelles.»

Voilà ce que Platon enseignait à ses disciples. Quand il eut cessé de parler, l'un d'eux lui dit: *Et puis vous vous réveillâtes.*

CANDIDE, OU L'OPTIMISME.
(1759.)

Ce que devint Candide parmi les Bulgares.[1] —Candide, chassé du paradis terrestre, marcha longtemps sans savoir où, pleurant, levant les yeux au ciel, les tournant souvent vers le plus beau des châteaux, qui renfermait la plus belle des baronnettes; il se coucha sans souper au milieu des champs entre deux sillons; la neige tombait à gros flocons. Candide, tout transi, se traîna le lendemain vers la ville voisine, qui s'appelle *Valdberghoff-trarbk-dik-dorff*, n'ayant point d'argent, mourant de faim et de lassitude. Il s'arrêta tristement à la porte d'un cabaret.

Deux hommes habillés de bleu le remarquèrent: «Camarade, dit l'un, voilà un jeune homme très bien fait, et qui a la taille requise; ils s'avancèrent vers Candide, et le prièrent à dîner très civilement. — Messieurs, leur dit Candide avec une modestie charmante, vous me faites beaucoup d'honneur, mais je n'ai pas de quoi payer mon écot.—Ah! monsieur, lui dit un des bleus, les personnes de votre figure et de votre mérite ne payent jamais rien: n'avez-vous pas cinq pieds cinq pouces de haut?—Oui, messieurs, c'est ma taille, dit-il en faisant la révérence. —Ah! monsieur, mettez-vous à table; non seulement nous vous défrayerons, mais nous ne souffrirons jamais qu'un homme comme vous manque d'argent; les hommes ne sont faits que pour se secourir les uns les autres.—Vous avez raison, dit Candide; c'est ce que M. Pangloss m'a toujours dit, et je vois bien que tout est au mieux.» On le prie d'accepter quelques écus, il les prend et veut faire son billet; on n'en veut point, on se met à table. «N'aimez-vous pas tendrement? . . . —Oh! oui, répond-il, j'aime tendrement Mlle Cunégonde.—Non, dit l'un de ces messieurs, nous vous demandons si vous n'aimez pas tendrement le roi des Bulgares?—Point du tout, dit-il, car je ne l'ai jamais vu.—Comment! c'est le plus charmant des rois, et il faut boire à sa santé.—Oh! très volontiers, messieurs.» Et il boit. «C'en est assez, lui dit-on, vous voilà l'appui, le soutien, le défenseur, le héros des Bulgares; votre fortune est faite, et votre gloire est assurée.» On lui met sur-le-champ les fers aux pieds, et on le mène au régiment. On le fait tourner à droite, à gauche, hausser la baguette, remettre la baguette, coucher en joue, tirer, doubler le pas, et on lui donne trente coups de bâton; le lendemain, il fait l'exercice un peu moins mal, et il ne reçoit que vingt coups; le surlendemain, on ne lui en donne que dix, et il est regardé par ses camarades comme un prodige.

Candide, tout stupéfait, ne démêlait pas encore trop bien comment il était un héros. Il s'avisa un beau jour de printemps de s'aller promener, marchant tout droit devant lui, croyant que c'était un privilége de l'espèce humaine, comme de l'espèce animale, de se servir de ses jambes à son plaisir. Il n'eut pas fait deux lieues que voilà quatre autres héros de six pieds qui l'atteignent, qui le lient, qui le mènent dans un cachot. On lui demanda juridiquement ce qu'il aimait le mieux, d'être fustigé trente-six fois par tout le régiment, ou de recevoir à la fois douze balles de plomb dans la cervelle. Il eut beau dire que les volontés sont libres, et qu'il ne voulait ni l'un ni l'autre, il fallut faire un choix: il se détermina, en vertu du don de Dieu qu'on nomme *liberté*, à passer trente-six fois par les baguettes; il essuya deux promenades. Le régiment était composé de deux mille hommes. Cela lui composa quatre mille coups de baguette, qui, depuis la nuque du cou jusqu'au cul, lui découvrirent les muscles et les nerfs. Comme on allait procéder à la troisième course, Candide, n'en pouvant plus, demanda en grâce qu'on voulût bien avoir la bonté de lui casser la tête: il obtint cette faveur; on lui bande les yeux; on le fait mettre à genoux. Le roi des Bulgares passe dans ce moment, s'informe du crime du patient; et comme ce roi avait un grand génie, il comprit, par tout ce qu'il apprit de Candide, que c'était un jeune métaphysicien fort ignorant des choses de ce monde, et il lui accorda sa grâce avec une clémence qui sera louée dans tous les journaux et dans tous les siècles. Un brave chirurgien guérit Candide en trois semaines avec les émollients enseignés par Dioscoride. Il avait déjà un peu de peau, et pouvait marcher, quand le roi des Bulgares livra bataille au roi des Abares.

Rien n'était si beau, si leste, si brillant, si bien ordonné que les deux armées. Les trompettes, les fifres, les hautbois, les tambours, les canons, formaient une harmonie telle qu'il n'y en eut jamais en enfer. Les canons
5 renversèrent d'abord à peu près six mille hommes de chaque côté; en suite la mousqueterie ôta du meilleur des mondes environ neuf à dix mille coquins qui en infectaient la surface. La baïonnette fut aussi la raison suffisante de la mort de quelques milliers d'hommes. Le
10 tout pouvait bien se monter à une trentaine de mille âmes. Candide, qui tremblait comme un philosophe, se cacha du mieux qu'il put pendant cette boucherie héroïque.

VOL. XXI, 139-142.

Arrivée de Candide et de son valet au pays d'Eldorado, et ce qu'ils y virent. — Quand ils furent aux frontières des
15 Oreillons: «Vous voyez, dit Cacambo à Candide, que cet hémisphère-ci ne vaut pas mieux que l'autre; croyez-moi, retournons en Europe par le plus court chemin.— Comment y retourner, dit Candide; et où aller? Si je vais dans mon pays, les Bulgares et les Abares y égorgent tout; si je re-
20 tourne en Portugal, j'y suis brûlé; si nous restons dans ce pays-ci, nous risquons à tout moment d'être mis en broche. Mais comment se résoudre à quitter la partie du monde que Mlle Cunégonde habite? — Tournons vers la Cayenne,[1] dit Cacambo, nous y trouverons des Fran-
25 çais, qui vont par tout le monde; ils pourront nous aider. Dieu aura peut-être pitié de nous.»

Il n'était pas facile d'aller à la Cayenne: ils savaient bien à peu près de quel côté il fallait marcher; mais des montagnes, des fleuves, des précipices, des brigands, des
30 sauvages, étaient partout de terribles obstacles. Leurs chevaux moururent de fatigue ; leurs provisions furent

consumées; ils se nourrirent un mois entier de fruits sauvages, et se trouvèrent enfin auprès d'une petite rivière bordée de cocotiers, qui soutinrent leur vie et leurs espérances.

Cacambo, qui donnait toujours d'aussi bons conseils que la vieille, dit à Candide : « Nous n'en pouvons plus, nous avons assez marché; j'aperçois un canot vide sur le rivage, emplissons-le de cocos, jetons-nous dans cette petite barque, laissons-nous aller au courant; une rivière mène toujours à quelque endroit habité. Si nous ne trouvons pas des choses agréables, nous trouverons du moins des choses nouvelles. — Allons, dit Candide, recommandons-nous à la Providence.»

Ils voguèrent quelques lieues entre des bords, tantôt fleuris, tantôt arides, tantôt unis, tantôt escarpés. La rivière s'élargissait toujours; enfin elle se perdait sous une voûte de rochers épouvantables qui s'élevaient jusqu'au ciel. Les deux voyageurs eurent la hardiesse de s'abandonner aux flots sous cette voûte. Le fleuve, resserré en cet endroit, les porta avec une rapidité et un bruit horrible. Au bout de vingt-quatre heures ils revirent le jour; mais leur canot se fracassa contre les écueils; il fallut se traîner de rocher en rocher pendant une lieue entière; enfin ils découvrirent un horizon immense, bordé de montagnes inaccessibles. Le pays était cultivé pour le plaisir comme pour le besoin; partout l'utile était agréable : les chemins étaient couverts ou plutôt ornés de voitures d'une forme et d'une matière brillante, portant des hommes et des femmes d'une beauté singulière, traînés rapidement par de gros moutons rouges qui surpassaient en vitesse les plus beaux chevaux d'Andalousie, de Tétuan et de Méquinez.

« Voilà pourtant, dit Candide, un pays qui vaut mieux

que la Westphalie.» Il mit pied à terre avec Cacambo
auprès du premier village qu'il rencontra. Quelques enfants du village, couverts de brocarts d'or tout déchirés,
jouaient au palet à l'entrée du bourg; nos deux hommes
5 de l'autre monde s'amusèrent à les regarder: leurs palets
étaient d'assez larges pièces rondes, jaunes, rouges, vertes,
qui jetaient un éclat singulier. Il prit envie aux voyageurs d'en ramasser quelques-uns; c'était de l'or, c'était
des émeraudes, des rubis, dont le moindre aurait été le
10 plus grand ornement du trône du Mogol. « Sans doute,
dit Cacambo, ces enfants sont les fils du roi du pays, qui
jouent au petit palet.» Le magister du village parut dans
ce moment pour les faire rentrer à l'école. «Voilà, dit
Candide, le précepteur de la famille royale.»
15 Les petits gueux quittèrent aussitôt le jeu, en laissant
à terre leurs palets, et tout ce qui avait servi à leurs
divertissements. Candide les ramasse, court au précepteur, et les lui présente humblement, lui faisant entendre
par signes que leurs altesses royales avaient oublié leur
20 or et leurs pierreries. Le magister du village, en souriant, les jeta par terre, regarda un moment la figure
de Candide avec beaucoup de surprise, et continua son
chemin.

Les voyageurs ne manquèrent pas de ramasser l'or, les
25 rubis, et les émeraudes. «Où sommes-nous? s'écria Candide. Il faut que les enfants des rois de ce pays soient
bien élevés, puisqu'on leur apprend à mépriser l'or et les
pierreries.» Cacambo était aussi surpris que Candide.
Ils approchèrent enfin de la première maison du village;
30 elle était bâtie comme un palais d'Europe. Une foule de
monde s'empressait à la porte, et encore plus dans le logis;
une musique très agréable se faisait entendre, et une
odeur délicieuse de cuisine se faisait sentir. Cacambo

s'approcha de la porte, et entendit qu'on parlait péruvien ; c'était sa langue maternelle ; car tout le monde sait que Cacambo était né au Tucuman, dans un village où l'on ne connaissait que cette langue. « Je vous servirai d'interprète, dit-il à Candide ; entrons, c'est ici un cabaret. »

Aussitôt deux garçons et deux filles de l'hôtellerie, vêtus de drap d'or, et les cheveux renoués avec des rubans, les invitent à se mettre à la table de l'hôte. On servit quatre potages garnis chacun de deux perroquets, un contour bouilli qui pesait deux cents livres, deux singes rôtis d'un goût excellent, trois cents colibris dans un plat, et six cents oiseaux-mouches dans un autre ; des ragoûts exquis, des pâtisseries délicieuses ; le tout dans des plats d'une espèce de cristal de roche. Les garçons et les filles de l'hôtellerie versaient plusieurs liqueurs faites de cannes de sucre.

Les convives étaient pour la plupart des marchands et des voituriers, tous d'une politesse extrême, qui firent quelques questions à Cacambo avec la discrétion la plus circonspecte, et qui répondirent aux siennes d'une manière à le satisfaire.

Quand le repas fut fini, Cacambo crut, ainsi que Candide, bien payer son écot en jetant sur la table de l'hôte deux de ces larges pièces d'or qu'il avait ramassées ; l'hôte et l'hôtesse éclatèrent de rire, et se tinrent longtemps les côtés. Enfin ils se remirent. « Messieurs, dit l'hôte, nous voyons bien que vous êtes des étrangers ; nous ne sommes pas accoutumés à en voir. Pardonnez-nous si nous nous sommes mis à rire quand vous nous avez offert en payement les cailloux de nos grands chemins. Vous n'avez pas sans doute de la monnaie du pays, mais il n'est pas nécessaire d'en avoir pour dîner ici. Toutes les hôtelleries établies pour la commodité du commerce sont payées

par le gouvernement. Vous avez fait mauvaise chère ici,
parce que c'est un pauvre village; mais partout ailleurs
vous serez reçus comme vous méritez de l'être.» Cacambo
expliquait à Candide tous les discours de l'hôte, et Can-
5 dide les écoutait avec la même admiration et le même
égarement que son ami Cacambo les rendait. « Quel est
donc ce pays, disaient-ils l'un et l'autre, inconnu à tout le
reste de la terre, et où toute la nature est d'une espèce si
différente de la nôtre? C'est probablement le pays où tout
10 va bien: car il faut absolument qu'il y en ait un de cette
espèce. Et, quoi qu'en dît maître Pangloss, je me suis
souvent aperçu que tout allait assez mal en Westphalie.»
 Ce qu'ils virent dans le pays d'Eldorado. — Cacambo
témoigna à son hôte toute sa curiosité; l'hôte lui dit:
15 « Je suis fort ignorant, et je m'en trouve bien; mais nous
avons ici un vieillard retiré de la cour qui est le plus
savant homme du royaume, et le plus communicatif.»
Aussitôt il mène Cacambo chez le vieillard. Candide
ne jouait plus que le second personnage, et accompagnait
20 son valet. Ils entrèrent dans une maison fort simple, car
la porte n'était que d'argent, et les lambris des appartements n'étaient que d'or, mais travaillés avec tant de goût
que les plus riches lambris ne l'effaçaient pas. L'antichambre n'était à la vérité incrustée que de rubis et
25 d'émeraudes; mais l'ordre dans lequel tout était arrangé
réparait bien cette extrême simplicité.
 Le vieillard reçut les deux étrangers sur un sofa mate-
lassé de plumes de colibri, et leur fit présenter des liqueurs dans des vases de diamant; après quoi il satisfit
30 à leur curiosité en ces termes:
 « Je suis âgé de cent soixante et douze ans, et j'ai appris de feu mon père, écuyer du roi, les étonnantes révolutions du Pérou dont il avait été témoin. Le royaume

où nous sommes est l'ancienne patrie des Incas, qui en sortirent très imprudemment pour aller subjuguer une partie du monde, et qui furent enfin détruits par les Espagnols. Les princes de leur famille qui restèrent dans leur pays natal furent plus sages; ils ordonnèrent, du consentement de la nation, qu'aucun habitant ne sortirait jamais de notre petit royaume; et c'est ce qui nous a conservé notre innocence et notre félicité. Les Espagnols ont eu une connaissance confuse de ce pays, ils l'ont appelé *Eldorado;* et un Anglais, nommé le chevalier Raleigh,[1] en a même approché il y a environ cent années; mais, comme nous sommes entourés de rochers inabordables et de précipices, nous avons toujours été jusqu'à présent à l'abri de la rapacité des nations de l'Europe, qui ont une fureur inconcevable pour les cailloux et pour la fange de notre terre, et qui, pour en avoir, nous tueraient tous jusqu'au dernier.»

La conversation fut longue; elle roula sur la forme du gouvernement, sur les mœurs, sur les femmes, sur les spectacles publics, sur les arts. Enfin Candide, qui avait toujours du goût pour la métaphysique, fit demander par Cacambo si dans le pays il y avait une religion.

Le vieillard rougit un peu. «Comment donc! dit-il; en pouvez-vous douter? Est-ce que vous nous prenez pour des ingrats?» Cacambo demanda humblement quelle était la religion d'Eldorado. Le vieillard rougit encore: « Est-ce qu'il peut y avoir deux religions? dit-il. Nous avons, je crois, la religion de tout le monde; nous adorons Dieu du soir jusqu'au matin. — N'adorez-vous qu'un seul Dieu? dit Cacambo, qui servait toujours d'interprète aux doutes de Candide. — Apparemment, dit le vieillard, qu'il n'y en a ni deux, ni trois, ni quatre. Je vous avoue que les gens de votre monde font des questions bien singulières.» Candide ne se lassait pas de faire interroger ce bon vieillard; il voulut savoir comment on priait Dieu dans Eldorado. « Nous ne le prions point, dit le bon et respectable sage; nous n'avons rien à lui demander, il nous a donné tout ce qu'il nous faut; nous le remercions sans cesse.» Candide eut la curiosité de voir des prêtres; il fit demander où ils étaient. Le bon vieillard sourit: «Mes amis, dit-il, nous sommes tous prêtres; le roi et tous les chefs de famille chantent des cantiques d'actions de grâces solennellement tous les matins, et cinq ou six mille musiciens les accompagnent. — Quoi! vous n'avez point de moines qui enseignent, qui disputent, qui gouvernent, qui cabalent, et qui font brûler les gens qui ne sont pas de leur avis? — Il faudrait que nous fussions fous, dit le vieillard; nous sommes tous ici du même avis, et nous n'entendons pas ce que vous voulez dire avec vos moines.» Candide à tous ces discours demeurait en extase, et disait en lui-même: « Ceci est bien différent de la Westphalie et du château de monsieur le baron: si notre ami Pangloss avait vu Eldorado, il n'aurait plus dit que le château de Thunder-ten-tronckh était ce qu'il y avait de mieux sur la terre; il est certain qu'il faut voyager.»

Après cette longue conversation, le bon vieillard fit atteler un carrosse à six moutons, et donna douze de ses domestiques aux deux voyageurs pour les conduire à la cour. «Excusez-moi, leur dit-il, si mon âge me prive de l'honneur de vous accompagner. Le roi vous recevra d'une manière dont vous ne serez pas mécontents, et vous pardonnerez sans doute aux usages du pays, s'il y en a quelques-uns qui vous déplaisent.»

Candide et Martin vont sur les côtes d'Angleterre; ce qu'ils y voient. — « Ah! Pangloss! Pangloss! Ah! Martin! Martin! Ah! ma chère Cunégonde! qu'est-ce que ce monde-ci? disait Candide sur le vaisseau hollandais. — Quelque chose de bien fou et de bien abominable, répondait Martin. — Vous connaissez l'Angleterre; y est-on aussi fou qu'en France? — C'est une autre espèce de folie, dit Martin. Vous savez que ces deux nations sont en guerre pour quelques arpents de neige vers le Canada,[1] et qu'elles dépensent pour cette belle guerre beaucoup plus que tout le Canada ne vaut. De vous dire précisément s'il y a plus de gens à lier[2] dans un pays que dans un autre, c'est ce que mes faibles lumières ne me permettent pas; je sais seulement qu'en général les gens que nous allons voir sont fort atrabilaires.»

En causant ainsi ils abordèrent à Portsmouth; une multitude de peuple couvrait le rivage, et regardait attentivement un assez gros homme[3] qui était à genoux, les yeux bandés, sur le tillac d'un des vaisseaux de la flotte; quatre soldats, postés vis-à-vis de cet homme, lui tirèrent chacun trois balles dans le crâne, le plus paisiblement du monde; et toute l'assemblée s'en retourna extrêmement satisfaite. « Qu'est-ce donc que tout ceci? dit Candide; et quel démon exerce partout son empire?» Il demanda qui était ce gros homme qu'on venait de tuer en cérémonie. « C'est un amiral, lui répondit-on. — Et pourquoi tuer cet amiral? — C'est, lui dit-on, parce qu'il n'a pas fait tuer assez de monde; il a livré un combat à un amiral français, et on a trouvé qu'il n'était pas assez près de lui. — Mais, dit Candide, l'amiral français était aussi loin de l'amiral anglais que celui-ci l'était de l'autre! — Cela est incontestable, lui répliqua-t-on; mais dans ce pays-ci il est bon de tuer de temps en temps un amiral pour encourager les autres.»

Candide fut si étourdi et si choqué de ce qu'il voyait et de ce qu'il entendait qu'il ne voulut pas seulement mettre pied à terre, et qu'il fit son marché avec le patron hollandais (dût-il le voler comme celui de Surinam) pour
5 le conduire sans délai à Venise.

Le patron fut prêt au bout de deux jours. On côtoya la France; on passa à la vue de Lisbonne, et Candide frémit.[1] On entra dans le détroit et dans la Méditerranée; enfin on aborda à Venise. « Dieu soit loué! dit
10 Candide, en embrassant Martin; c'est ici que je reverrai la belle Cunégonde. Je compte sur Cacambo comme sur moi-même. Tout est bien, tout va bien, tout va le mieux qu'il soit possible.»

VOL. XXI, 196, 197.

D'un souper que Candide et Martin firent avec six
15 *étrangers, et qui ils étaient.* — Un soir que Candide, suivi de Martin, allait se mettre à table avec les étrangers qui logeaient dans la même hôtellerie, un homme à visage couleur de suie l'aborda par derrière, et, le prenant par le bras, lui dit: « Soyez prêt à partir avec nous, n'y
20 manquez pas.» Il se retourne, et voit Cacambo. Il n'y avait que la vue de Cunégonde qui pût l'étonner et lui plaire davantage. Il fut sur le point de devenir fou de joie. Il embrasse son cher ami. «Cunégonde est ici, sans doute? Où est-elle? Mène-moi vers elle, que je
25 meure de joie avec elle. — Cunégonde n'est point ici, dit Cacambo, elle est à Constantinople. — Ah ciel! à Constantinople! mais fût-elle à la Chine, j'y vole, partons. — Nous partirons après souper, reprit Cacambo; je ne peux vous en dire davantage; je suis esclave, mon maître m'at-
30 tend; il faut que j'aille le servir à table: ne dites mot; soupez, et tenez-vous prêt.»

Candide, partagé entre la joie et la douleur, charmé d'avoir revu son agent fidèle, étonné de le voir esclave, plein de l'idée de retrouver sa maîtresse, le cœur agité, l'esprit bouleversé, se mit à table avec Martin, qui voyait de sang-froid toutes ces aventures, et avec six étrangers[1] qui étaient venus passer le carnaval à Venise.

Cacambo, qui versait à boire à l'un de ces étrangers, s'approcha de l'oreille de son maître, sur la fin du repas, et lui dit: «Sire, Votre Majesté partira quand elle voudra, le vaisseau est prêt.» Ayant dit ces mots, il sortit. Les convives, étonnés, se regardaient sans proférer une seule parole, lorsqu'un autre domestique, s'approchant de son maître, lui dit: «Sire, la chaise de Votre Majesté est à Padoue, et la barque est prête.» Le maître fit un signe, et le domestique partit. Tous les convives se regardèrent encore, et la surprise commune redoubla. Un troisième valet, s'approchant aussi d'un troisième étranger, lui dit: «Sire, croyez-moi, Votre Majesté ne doit pas rester ici plus longtemps: je vais tout préparer»; et aussitôt il disparut.

Candide et Martin ne doutèrent pas alors que ce ne fût une mascarade du carnaval. Un quatrième domestique dit au quatrième maître: «Votre Majesté partira quand elle voudra», et sortit comme les autres. Le cinquième valet en dit autant au cinquième maître. Mais le sixième valet parla différemment au sixième étranger, qui était auprès de Candide; il lui dit: «Ma foi, sire, on ne veut plus faire crédit à Votre Majesté ni à moi non plus, et nous pourrions bien être coffrés cette nuit, vous et moi; je vais pourvoir à mes affaires: adieu.»

Tous les domestiques ayant disparu, les six étrangers, Candide, et Martin, demeurèrent dans un profond silence. Enfin Candide le rompit: «Messieurs, dit-il, voilà une singulière plaisanterie. Pourquoi êtes-vous tous rois? Pour moi, je vous avoue que ni moi ni Martin nous ne le sommes.»

Le maître de Cacambo prit alors gravement la parole, et dit en italien: «Je ne suis point plaisant, je m'appelle Achmet III; j'ai été grand sultan plusieurs années; je détrônai mon frère; mon neveu m'a détrôné; on a coupé le cou à mes vizirs; j'achève ma vie dans le vieux sérail; mon neveu le grand sultan Mahmoud me permet de voyager quelquefois pour ma santé; et je suis venu passer le carnaval à Venise.»

Un jeune homme qui était auprès d'Achmet parla après lui, et dit: «Je m'appelle Ivan; j'ai été empereur de toutes les Russies; j'ai été détrôné au berceau; mon père et ma mère ont été enfermés, on m'a élevé en prison; j'ai quelquefois la permission de voyager, accompagné de ceux qui me gardent; et je suis venu passer le carnaval à Venise.»

Le troisième dit: «Je suis Charles-Édouard, roi d'Angleterre; mon père m'a cédé ses droits au royaume; j'ai combattu pour les soutenir; on a arraché le cœur à huit cents de mes partisans, et on leur en a battu les joues; j'ai été mis en prison; je vais à Rome faire une visite au roi mon père, détrôné ainsi que moi et mon grand-père; et je suis venu passer le carnaval à Venise.»

Le quatrième[1] prit alors la parole et dit: «Je suis roi des Polaques; le sort de la guerre m'a privé de mes États héréditaires; mon père a éprouvé les mêmes revers; je me résigne à la Providence comme le sultan Achmet, l'empereur Ivan, et le roi Charles-Édouard, à qui Dieu donne une longue vie; et je suis venu passer le carnaval à Venise.»

Le cinquième[2] dit: «Je suis aussi roi des Polaques;

j'ai perdu mon royaume deux fois; mais la Providence m'a donné un autre État[1] dans lequel j'ai fait plus de bien que tous les rois des Sarmates ensemble n'en ont jamais pu faire sur les bords de la Vistule. Je me résigne aussi à la Providence; et je suis venu passer le carnaval à Venise.»

Il restait au sixième monarque à parler. «Messieurs, dit-il, je ne suis pas si grand seigneur que vous; mais enfin j'ai été roi tout comme un autre; je suis Théodore; on m'a élu roi en Corse; on m'a appelé *Votre Majesté*, et à présent à peine m'appelle-t-on *Monsieur;* j'ai fait frapper de la monnaie, et je ne possède pas un denier; j'ai eu deux secrétaires d'État, et j'ai à peine un valet; je me suis vu sur un trône, et j'ai longtemps été à Londres en prison sur la paille; j'ai bien peur d'être traité de même ici, quoique je sois venu, comme Vos Majestés, passer le carnaval à Venise.»

Les cinq autres rois écoutèrent ce discours avec une noble compassion. Chacun d'eux donna vingt sequins au roi Théodore pour avoir des habits et des chemises; Candide lui fit présent d'un diamant de deux mille sequins. «Quel est donc, disaient les cinq rois, cet homme qui est en état de donner cent fois autant que chacun de nous, et qui le donne? Êtes-vous roi aussi, monsieur? —Non, messieurs, et n'en ai nulle envie.»

Dans l'instant qu'on sortait de table, il arriva dans la même hôtellerie quatre altesses sérénissimes qui avaient aussi perdu leurs États par le sort de la guerre, et qui venaient passer le reste du carnaval à Venise; mais Candide ne prit pas seulement garde à ces nouveaux venus. Il n'était occupé que d'aller trouver sa chère Cunégonde à Constantinople.

HISTOIRE D'UN BON BRAMIN.

(1759.)

Je rencontrai dans mes voyages un vieux bramin, homme fort sage, plein d'esprit, et très savant; de plus, il était riche, et, partant, il en était plus sage encore : car, ne manquant de rien, il n'avait besoin de tromper personne. Sa famille était très bien gouvernée par trois belles femmes qui s'étudiaient à lui plaire; et, quand il ne s'amusait pas avec ses femmes, il s'occupait à philosopher.

Près de sa maison, qui était belle, ornée et accompagnée de jardins charmants, demeurait une vieille Indienne, bigote, imbécile, et assez pauvre.

Le bramin me dit un jour: «Je voudrais n'être jamais né.» Je lui demandai pourquoi. Il me répondit: «J'étudie depuis quarante ans, ce sont quarante années de perdues; j'enseigne les autres, et j'ignore tout : cet état porte dans mon âme tant d'humiliation et de dégoût que la vie m'est insupportable; je suis né, je vis dans le temps, et je ne sais pas ce que c'est que le temps; je me trouve dans un point entre deux éternités, comme disent nos sages, et je n'ai nulle idée de l'éternité; je suis composé de matière; je pense, je n'ai jamais pu m'instruire de ce qui produit la pensée; j'ignore si mon entendement est en moi une simple faculté, comme celle de marcher, de digérer, et si je pense avec ma tête comme je prends avec mes mains. Non seulement le principe de ma pensée m'est inconnu, mais le principe de mes mouvements m'est également caché : je ne sais pourquoi j'existe; cependant on me fait chaque jour des questions sur tous ces points: il faut répondre; je n'ai rien de bon à dire; je parle beaucoup, et je demeure confus et honteux de moi-même après avoir parlé.

«C'est bien pis quand on me demande si Brama a été produit par Vitsnou, ou s'ils sont tous deux éternels. Dieu m'est témoin que je n'en sais pas un mot, et il y paraît bien à mes réponses. Ah! mon révérend père, me dit-on, apprenez-nous comment le mal inonde toute la terre. Je suis aussi en peine que ceux qui me font cette question: je leur dis quelquefois que tout est le mieux du monde; mais ceux qui ont été ruinés et mutilés à la guerre n'en croient rien, ni moi non plus; je me retire chez moi accablé de ma curiosité et de mon ignorance. Je lis nos anciens livres, et ils redoublent mes ténèbres. Je parle à mes compagnons: les uns me répondent qu'il faut jouir de la vie, et se moquer des hommes; les autres croient savoir quelque chose, et se perdent dans des idées extravagantes; tout augmente le sentiment douloureux que j'éprouve. Je suis prêt quelquefois de tomber dans le désespoir, quand je songe qu'après toutes mes recherches je ne sais ni d'où je viens, ni ce que je suis, ni où j'irai, ni ce que je deviendrai.»

L'état de ce bon homme me fit une vraie peine: personne n'était ni plus raisonnable ni de meilleure foi que lui. Je conçus que plus il avait de lumières dans son entendement et de sensibilité dans son cœur, plus il était malheureux.

Je vis le même jour la vieille femme qui demeurait dans son voisinage: je lui demandai si elle avait jamais été affligée de ne savoir pas comment son âme était faite. Elle ne comprit seulement pas ma question: elle n'avait jamais réfléchi un seul moment de sa vie sur un seul des points qui tourmentaient le bramin; elle croyait aux métamorphoses de Vitsnou de tout son cœur, et pourvu qu'elle pût avoir quelquefois de l'eau du Gange pour se laver, elle se croyait la plus heureuse des femmes.

Frappé du bonheur de cette pauvre créature, je revins à mon philosophe, et je lui dis : « N'êtes-vous pas honteux d'être malheureux, dans le temps qu'à votre porte il y a un vieil automate qui ne pense à rien, et qui vit content ? — Vous avez raison, me répondit-il ; je me suis dit cent fois que je serais heureux si j'étais aussi sot que ma voisine, et cependant je ne voudrais pas d'un tel bonheur. »

Cette réponse de mon bramin me fit une plus grande impression que tout le reste ; je m'examinai moi-même, et je vis qu'en effet je n'aurais pas voulu être heureux à condition d'être imbécile.

Je proposai la chose à des philosophes, et ils furent de mon avis. « Il y a pourtant, disais-je, une furieuse contradiction dans cette manière de penser : car enfin de quoi s'agit-il ? d'être heureux. Qu'importe d'avoir de l'esprit ou d'être sot ? Il y a bien plus : ceux qui sont contents de leur être sont bien sûrs d'être contents ; ceux qui raisonnent ne sont pas si sûrs de bien raisonner. Il est donc clair, disais-je, qu'il faudrait choisir de n'avoir pas le sens commun, pour peu que ce sens commun contribue à notre mal-être. » Tout le monde fut de mon avis, et cependant je ne trouvai personne qui voulût accepter le marché de devenir imbécile pour devenir content. De là je conclus que, si nous faisons cas du bonheur, nous faisons encore plus de cas de la raison.

Mais, après y avoir réfléchi, il paraît que de préférer la raison à la félicité, c'est être très insensé. Comment donc cette contradiction peut-elle s'expliquer ? comme toutes les autres. Il y a là de quoi parler beaucoup.

LE BLANC ET LE NOIR.
(1764.)

Tout le monde dans la province de Candahar connaît l'aventure du jeune Rustan. Il était fils unique d'un mirza du pays : c'est comme qui dirait marquis parmi nous, ou baron chez les Allemands. Le mirza, son père, avait un bien honnête. On devait marier le jeune Rustan à une demoiselle, ou mirzasse de sa sorte. Les deux familles le désiraient passionnément. Il devait faire la consolation de ses parents, rendre sa femme heureuse, et l'être avec elle.

Mais par malheur il avait vu la princesse de Cachemire à la foire de Cabul, qui est la foire la plus considérable du monde, et incomparablement plus fréquentée que celle de Bassora et d'Astracan ; et voici pourquoi le vieux prince de Cachemire était venu à la foire avec sa fille.

Il avait perdu les deux plus rares pièces de son trésor : l'une était un diamant gros comme le pouce, sur lequel sa fille était gravée par un art que les Indiens possédaient alors, et qui s'est perdu depuis ; l'autre était un javelot qui allait de lui-même où l'on voulait : ce qui n'est pas une chose bien extraordinaire parmi nous, mais qui l'était à Cachemire.

Un faquir de Son Altesse lui vola ces deux bijoux ; il les porta à la princesse. « Gardez soigneusement ces deux pièces, lui dit-il ; votre destinée en dépend. » Il partit alors, et on ne le revit plus. Le duc de Cachemire, au désespoir, résolut d'aller voir, à la foire de Cabul, si de tous les marchands qui s'y rendent des quatre coins du monde il n'y en aurait pas un qui eût

son diamant et son arme. Il menait sa fille avec lui dans tous ses voyages. Elle porta son diamant bien enfermé dans sa ceinture; mais pour le javelot, qu'elle ne pouvait si bien cacher, elle l'avait enfermé soigneusement à
5 Cachemire dans son grand coffre de la Chine.

Rustan et elle se virent à Cabul; ils s'aimèrent avec toute la bonne foi de leur âge, et toute la tendresse de leur pays. La princesse, pour gage de son amour, lui donna son diamant, et Rustan lui promit à son départ de
10 l'aller voir secrètement à Cachemire.

Le jeune mirza avait deux favoris qui lui servaient de secrétaires, d'écuyers, de maîtres d'hôtel et de valets de chambre. L'un s'appelait Topaze: il était beau, bien fait, blanc comme une Circassienne, doux et serviable comme
15 un Arménien, sage comme Guèbre. L'autre se nommait Ébène: c'était un nègre fort joli, plus empressé, plus industrieux que Topaze, et qui ne trouvait rien de difficile. Il leur communiqua le projet de son voyage. Topaze tâcha de l'en détourner avec le zèle circonspect d'un ser-
20 viteur qui ne voulait pas lui déplaire; il lui représenta tout ce qu'il hasardait. Comment laisser deux familles au désespoir? comment mettre le couteau dans le cœur de ses parents? Il ébranla Rustan; mais Ébène le raffermit et leva tous ses scrupules.
25 Le jeune homme manquait d'argent pour un si long voyage. Le sage Topaze ne lui en aurait pas fait prêter; Ébène y pourvut. Il prit adroitement le diamant de son maître, en fit faire un faux tout semblable, qu'il remit à sa place, et donna le véritable en gage à un Arménien
30 pour quelques milliers de roupies.

Quand le marquis eut ses roupies, tout fut prêt pour le départ. On chargea un éléphant de son bagage; on monta à cheval. Topaze dit à son maître: « J'ai pris la liberté de vous faire des remontrances sur votre entreprise; mais, après avoir remontré, il faut obéir; je suis à vous, je vous aime, je vous suivrai jusqu'au bout du monde; mais consultons en chemin l'oracle qui est à deux parasanges d'ici.» Rustan y consentit. L'oracle répondit: « Si tu vas à l'orient, tu seras à l'occident.» Rustan ne comprit rien à cette réponse. Topaze soutint qu'elle ne contenait rien de bon. Ébène, toujours complaisant, lui persuada qu'elle était très favorable.

Il y avait encore un oracle dans Cabul; ils y allèrent. L'oracle de Cabul répondit en ces mots: «Si tu possèdes, tu ne posséderas pas; si tu es vainqueur, tu ne vaincras pas; si tu es Rustan, tu ne le seras pas.» Cet oracle parut encore plus inintelligible que l'autre. «Prenez garde à vous, disait Topaze.—Ne redoutez rien», disait Ébène; et ce ministre, comme on peut le croire, avait toujours raison auprès de son maître, dont il encourageait la passion et l'espérance.

Au sortir de Cabul, on marcha par une grande forêt, on s'assit sur l'herbe pour manger, on laissa les chevaux paître. On se préparait à décharger l'éléphant qui portait le dîner et le service, lorsqu'on s'aperçut que Topaze et Ébène n'étaient plus avec la petite caravane. On les appelle; la forêt retentit des noms d'Ébène et de Topaze. Les valets les cherchent de tous côtés, et remplissent la forêt de leurs cris; ils reviennent sans avoir rien vu, sans qu'on leur ait répondu. «Nous n'avons trouvé, dirent-ils à Rustan, qu'un vautour qui se battait avec un aigle, et qui lui ôtait toutes ses plumes.» Le récit de ce combat piqua la curiosité de Rustan; il alla à pied sur le lieu, il n'aperçut ni vautour ni aigle; mais il vit son éléphant, encore tout chargé de son bagage, qui était assailli par un gros rhinocéros. L'un frappait de sa corne, l'autre de sa trompe. Le rhinocéros lâcha prise à la vue de Rustan; on ramena son éléphant, mais on ne trouva plus les chevaux. « Il arrive d'étranges choses dans les forêts quand on voyage ! » s'écriait Rustan. Les valets étaient consternés, et le maître au désespoir d'avoir perdu à la fois ses chevaux, son cher nègre, et le sage Topaze, pour lequel il avait toujours eu de l'amitié, quoiqu'il ne fût jamais de son avis.

L'espérance d'être bientôt aux pieds de la belle princesse de Cachemire le consolait, quand il rencontra un grand âne rayé, à qui un rustre vigoureux et terrible donnait cent coups de bâton. Rien n'est si beau, ni si rare, ni si léger à la course que les ânes de cette espèce. Celui-ci répondait aux coups redoublés du vilain par des ruades qui auraient pu déraciner un chêne. Le jeune mirza prit, comme de raison, le parti de l'âne, qui était une créature charmante. Le rustre s'enfuit en disant à l'âne : « Tu me le payeras. » L'âne remercia son libérateur en son langage, s'approcha, se laissa caresser, et caressa. Rustan monte dessus après avoir dîné, et prend le chemin de Cachemire avec ses domestiques, qui suivent, les uns à pied, les autres montés sur l'éléphant.

A peine était-il sur son âne que cet animal tourne vers Cabul, au lieu de suivre la route de Cachemire. Son maître a beau tourner la bride, donner des saccades, serrer les genoux, appuyer des éperons, rendre la bride, tirer à lui, fouetter à droite et à gauche, l'animal opiniâtre courait toujours vers Cabul.

Rustan suait, se démenait, se désespérait, quand il rencontre un marchand de chameaux qui lui dit : « Maître, vous avez là un âne bien malin qui vous mène où vous ne voulez pas aller; si vous voulez me le céder, je vous donnerai quatre de mes chameaux à choisir. » Rustan

remercia la Providence de lui avoir procuré un si bon
marché. « Topaze avait grand tort, dit-il, de me dire
que mon voyage serait malheureux.» Il monte sur le
plus beau chameau, les trois autres suivent; il rejoint sa
caravane, et se voit dans le chemin de son bonheur.

A peine a-t-il marché quatre parasanges qu'il est arrêté
par un torrent profond, large et impétueux, qui roulait des
rochers blanchis d'écume. Les deux rivages étaient des
précipices affreux qui éblouissaient la vue et glaçaient
le courage; nul moyen de passer, nul d'aller à droite ou
à gauche. « Je commence à craindre, dit Rustan, que
Topaze n'ait eu raison de blâmer mon voyage, et moi
grand tort de l'entreprendre; encore, s'il était ici, il me
pourrait donner quelques bons avis. Si j'avais Ébène,
il me consolerait, et il trouverait des expédients; mais
tout me manque.» Son embarras était augmenté par la
consternation de sa troupe: la nuit était noire, on la
passa à se lamenter. Enfin la fatigue et l'abattement
endormirent l'amoureux voyageur. Il se réveille au
point du jour, et voit un beau pont de marbre élevé sur
le torrent d'une rive à l'autre.

Ce furent des exclamations, des cris d'étonnement et
de joie. « Est-il possible? est-ce un songe? quel prodige! quel enchantement! oserons-nous passer?» Toute
la troupe se mettait à genoux, se relevait, allait au pont,
baisait la terre, regardait le ciel, étendait les mains, po-
sait le pied en tremblant, allait, revenait, était en extase;
et Rustan disait: « Pour le coup le ciel me favorise: Topaze ne savait ce qu'il disait; les oracles étaient en ma
faveur; Ébène avait raison; mais pourquoi n'est-il pas
ici?»

A peine la troupe fut-elle au-delà du torrent que voilà
le pont qui s'abîme dans l'eau avec un fracas épouvan-

table. «Tant mieux! tant mieux! s'écria Rustan; Dieu soit loué! le ciel soit béni! il ne veut pas que je retourne dans mon pays, où je n'aurais été qu'un simple gentilhomme; il veut que j'épouse ce que j'aime. Je serai prince de Cachemire; c'est ainsi qu'en *possédant* ma maîtresse je ne *posséderai* pas mon petit marquisat à Candahar. *Je serai Rustan, et je ne le serai pas*, puisque je deviendrai un grand prince: voilà une grande partie de l'oracle expliquée nettement en ma faveur, le reste s'expliquera de même; je suis trop heureux. Mais pourquoi Ébène n'est-il pas auprès de moi? je le regrette mille fois plus que Topaze.»

Il avança encore quelques parasanges avec la plus grande allégresse; mais, sur la fin du jour, une enceinte de montagnes plus roides qu'une contrescarpe, et plus hautes que n'aurait été la tour de Babel si elle avait été achevée, barra entièrement la caravane saisie de crainte.

Tout le monde s'écria: «Dieu veut que nous périssions ici! il n'a brisé le pont que pour nous ôter tout espoir de retour; il n'a élevé la montagne que pour nous priver de tout moyen d'avancer. O Rustan! ô malheureux marquis! nous ne verrons jamais Cachemire, nous ne rentrerons jamais dans la terre de Candahar.»

La plus cuisante douleur, l'abattement le plus accablant, succédaient dans l'âme de Rustan à la joie immodérée qu'il avait ressentie, aux espérances dont il s'était enivré. Il était bien loin d'interpréter les prophéties à son avantage. «O ciel! ô Dieu paternel! faut-il que j'aie perdu mon ami Topaze!»

Comme il prononçait ces paroles en poussant de profonds soupirs, et en versant des larmes au milieu de ses suivants désespérés, voilà la base de la montagne qui s'ouvre, une longue galerie en voûte, éclairée de cent mille flambeaux, se présente aux yeux éblouis ; et Rustan de s'écrier, et ses gens de se jeter à genoux, et de tomber d'étonnement à la renverse, et de crier miracle ! et de dire : « Rustan est le favori de Vitsnou, le bien-aimé de Brama ; il sera le maître du monde. » Rustan le croyait, il était hors de lui, élevé au-dessus de lui-même. « Ah ! Ébène, mon cher Ébène ! où êtes-vous ? que n'êtes-vous témoin de toutes ces merveilles ! comment vous ai-je perdu ? Belle princesse de Cachemire, quand reverrai-je vos charmes ? »

Il avance avec ses domestiques, son éléphant, ses chameaux, sous la voûte de la montagne, au bout de laquelle il entre dans une prairie émaillée de fleurs et bordée de ruisseaux : au bout de la prairie ce sont des allées d'arbres à perte de vue ; et au bout de ces allées, une rivière, le long de laquelle sont mille maisons de plaisance, avec des jardins délicieux. Il entend partout des concerts de voix et d'instruments ; il voit des danses ; il se hâte de passer un des ponts de la rivière ; il demande au premier homme qu'il rencontre quel est ce beau pays.

Celui auquel il s'adressait lui répondit : « Vous êtes dans la province de Cachemire ; vous voyez les habitants dans la joie et dans les plaisirs ; nous célébrons les noces de notre belle princesse, qui va se marier avec le seigneur Barbabou, à qui son père l'a promise ; que Dieu perpétue leur félicité ! » A ces paroles Rustan tomba évanoui, et le seigneur cachemirien crut qu'il était sujet à l'épilepsie ; il le fit porter dans sa maison, où il fut longtemps sans connaissance. On alla chercher les deux plus habiles médecins du canton ; ils tâtèrent le pouls du malade, qui, ayant repris un peu ses esprits, poussait des sanglots, roulait les yeux, et s'écriait de temps en temps : « Topaze, Topaze, vous aviez bien raison ! »

L'un des deux médecins dit au seigneur cachemirien :
« Je vois à son accent que c'est un jeune homme de Candahar, à qui l'air de ce pays ne vaut rien ; il faut le renvoyer chez lui ; je vois à ses yeux qu'il est devenu fou ;
confiez-le-moi, je le remènerai dans sa patrie, et je le guérirai. » L'autre médecin assura qu'il n'était malade que de chagrin, qu'il fallait le mener aux noces de la princesse, et le faire danser. Pendant qu'ils consultaient, le malade reprit ses forces ; les deux médecins furent congédiés, et Rustan demeura tête à tête avec son hôte.

« Seigneur, lui dit-il, je vous demande pardon de m'être évanoui devant vous, je sais que cela n'est pas poli ; je vous supplie de vouloir bien accepter mon éléphant en reconnaissance des bontés dont vous m'avez honoré. » Il lui conta ensuite toutes ses aventures, en se gardant bien de lui parler de l'objet de son voyage. « Mais au nom de Vitsnou et de Brama, lui dit-il, apprenez-moi quel est cet heureux Barbabou qui épouse la princesse de Cachemire ; pourquoi son père l'a choisi pour gendre, et pourquoi la princesse l'a accepté pour son époux.

— Seigneur, lui dit le Cachemirien, la princesse n'a point du tout accepté Barbabou ; au contraire, elle est dans les pleurs, tandis que toute la province célèbre avec joie son mariage ; elle est enfermée dans la tour de son palais ; elle ne veut voir aucune des réjouissances qu'on fait pour elle. » Rustan, en entendant ces paroles, se sentit renaître ; l'éclat de ses couleurs, que la douleur avait flétries, reparut sur son visage. « Dites-moi, je vous prie, continua-t-il, pourquoi le prince de Cachemire s'obstine à donner sa fille à un Barbabou dont elle ne veut pas.

— Voici le fait, répondit le Cachemirien. Savez-vous

que notre auguste prince avait perdu un gros diamant et un javelot qui lui tenaient fort au cœur?

— Ah! je le sais très bien, dit Rustan.

— Apprenez donc, dit l'hôte, que notre prince, au désespoir de n'avoir point de nouvelles de ses deux bijoux, après les avoir fait longtemps chercher par toute la terre, a promis sa fille à quiconque lui rapporterait l'un ou l'autre. Il est venu un seigneur Barbabou qui était muni du diamant, et il épouse demain la princesse.»

Rustan pâlit, bégaya un compliment, prit congé de son hôte, et courut sur son dromadaire à la ville capitale où se devait faire la cérémonie. Il arrive au palais du prince; il dit qu'il a des choses importantes à lui communiquer; il demande une audience; on lui répond que le prince est occupé des préparatifs de la noce: «C'est pour cela même, dit-il, que je veux lui parler.» Il presse tant qu'il est introduit. «Monseigneur, dit-il, que Dieu couronne tous vos jours de gloire et de magnificence! votre gendre est un fripon.

— Comment un fripon? qu'osez-vous dire? est-ce ainsi qu'on parle à un duc de Cachemire du gendre qu'il a choisi?

— Oui, un fripon, reprit Rustan; et pour le prouver à Votre Altesse, c'est que voici votre diamant que je vous rapporte.»

Le duc, tout étonné, confronta les deux diamants; et comme il ne s'y connaissait guère, il ne put dire quel était le véritable. «Voilà deux diamants, dit-il, et je n'ai qu'une fille; me voilà dans un étrange embarras!» Il fit venir Barbabou, et lui demanda s'il ne l'avait point trompé. Barbabou jura qu'il avait acheté son diamant d'un Arménien; l'autre ne disait pas de qui il tenait le sien, mais il proposa un expédient: ce fut qu'il plût à

Son Altesse de le faire combattre sur-le-champ contre son rival. «Ce n'est pas assez que votre gendre donne un diamant, disait-il; il faut aussi qu'il donne des preuves de valeur: ne trouvez-vous pas bon que celui qui tuera l'autre épouse la princesse?

—Très bon, répondit le prince, ce sera un fort beau spectacle pour la cour; battez-vous vite tous deux: le vainqueur prendra les armes du vaincu, selon l'usage de Cachemire, et il épousera ma fille.»

Les deux prétendants descendent aussitôt dans la cour. Il y avait sur l'escalier une pie et un corbeau. Le corbeau criait: «Battez-vous, battez-vous»; la pie: «Ne vous battez pas.» Cela fit rire le prince; les deux rivaux y prirent garde à peine: ils commencent le combat; tous les courtisans faisaient un cercle autour d'eux. La princesse, se tenant toujours renfermée dans sa tour, ne voulut point assister à ce spectacle; elle était bien loin de se douter que son amant fût à Cachemire, et elle avait tant d'horreur pour Barbabou qu'elle ne voulait rien voir. Le combat se passa le mieux du monde; Barbabou fut tué roide, et le peuple en fut charmé, parce qu'il était laid, et que Rustan était fort joli: c'est presque toujours ce qui décide de la faveur publique.

Le vainqueur revêtit la cotte de maille, l'écharpe, et le casque du vaincu, et vint, suivi de toute la cour, au son des fanfares, se présenter sous les fenêtres de sa maîtresse. Tout le monde criait: «Belle princesse, venez voir votre beau mari qui a tué son vilain rival»; ses femmes répétaient ces paroles. La princesse mit par malheur la tête à la fenêtre, et voyant l'armure d'un homme qu'elle abhorrait, elle courut en désespérée à son coffre de la Chine, et tira le javelot fatal qui alla percer son cher Rustan au défaut de la cuirasse; il jeta un grand cri, et à ce cri la princesse crut reconnaître la voix de son malheureux amant.

Elle descend échevelée, la mort dans les yeux et dans le cœur. Rustan était déjà tombé tout sanglant dans les bras de son père. Elle le voit: ô moment! ô vue! ô reconnaissance dont on ne peut exprimer ni la douleur, ni la tendresse, ni l'horreur! Elle se jette sur lui, elle l'embrasse: « Tu reçois, lui dit-elle, les premiers et les derniers baisers de ton amante et de ta meurtrière. » Elle retire le dard de la plaie, l'enfonce dans son cœur, et meurt sur l'amant qu'elle adore. Le père, épouvanté, éperdu, prêt à mourir comme elle, tâche en vain de la rappeler à la vie; elle n'était plus. Il maudit ce dard fatal, le brise en morceaux, jette au loin ses deux diamants funestes; et, tandis qu'on prépare les funérailles de sa fille au lieu de son mariage, il fait transporter dans son palais Rustan ensanglanté, qui avait encore un reste de vie.

On le porte dans un lit. La première chose qu'il voit aux deux côtés de ce lit de mort, c'est Topaze et Ébène. Sa surprise lui rendit un peu de force. « Ah! cruels, dit-il, pourquoi m'avez-vous abandonné? Peut-être la princesse vivrait encore, si vous aviez été près du malheureux Rustan.

— Je ne vous ai pas abandonné un seul moment, dit Topaze.

— J'ai toujours été près de vous, dit Ébène.

— Ah! que dites-vous? pourquoi insulter à mes derniers moments? répondit Rustan d'une voix languissante.

— Vous pouvez m'en croire, dit Topaze; vous savez que je n'approuvai jamais ce fatal voyage dont je prévoyais les horribles suites. C'est moi qui étais l'aigle qui a combattu contre le vautour, et qu'il a déplumé; j'étais

l'éléphant qui emportait le bagage pour vous forcer à retourner dans votre patrie; j'étais l'âne rayé qui vous ramenait malgré vous chez votre père; c'est moi qui ai égaré vos chevaux; c'est moi qui ai formé le torrent qui
5 vous empêchait de passer; c'est moi qui ai élevé la montagne qui vous fermait un chemin si funeste; j'étais le médecin qui vous conseillait l'air natal; j'étais la pie qui vous criait de ne point combattre.

— Et moi, dit Ébène, j'étais le vautour qui a déplumé
10 l'aigle; le rhinocéros qui donnait cent coups de cornes à l'éléphant; le vilain qui battait l'âne rayé; le marchand qui vous donnait des chameaux pour courir à votre perte; j'ai bâti le pont sur lequel vous avez passé; j'ai creusé la caverne que vous avez traversée; je suis le médecin
15 qui vous encourageait à marcher; le corbeau qui vous criait de vous battre.

— Hélas! souviens-toi des oracles, dit Topaze: *Si tu vas à l'orient, tu seras à l'occident.* — Oui, dit Ébène, on ensevelit ici les morts le visage tourné à l'occident: l'o-
20 racle était clair, que ne l'as-tu compris? *Tu as possédé, et tu ne possédais pas :* car tu avais le diamant, mais il était faux, et tu n'en savais rien. Tu es vainqueur, et tu meurs; tu es Rustan, et tu cesses de l'être: tout a été accompli.»

25 Comme il parlait ainsi, quatre ailes blanches couvrirent le corps de Topaze, et quatre ailes noires celui d'Ébène. «Que vois-je?» s'écria Rustan. Topaze et Ébène répondirent ensemble: «Tu vois tes deux génies.
— Eh! messieurs, leur dit le malheureux Rustan, de
30 quoi vous mêliez-vous? et pourquoi deux génies pour un pauvre homme? — C'est la loi, dit Topaze; chaque homme a ses deux génies, c'est Platon qui l'a dit le premier, et d'autres l'ont répété ensuite; tu vois que rien

n'est plus véritable: moi, qui te parle, je suis ton bon génie, et ma charge était de veiller auprès de toi jusqu'au dernier moment de ta vie; je m'en suis fidèlement acquitté.

— Mais, dit le mourant, si ton emploi était de me servir, je suis donc d'une nature fort supérieure à la tienne; et puis comment oses-tu dire que tu es mon bon génie, quand tu m'as laissé tromper dans tout ce que j'ai entrepris, et que tu me laisses mourir, moi et ma maîtresse, misérablement?— Hélas ! c'était ta destinée, dit Topaze. — Si c'est la destinée qui fait tout, dit le mourant, à quoi un génie est-il bon? Et toi, Ébène, avec tes quatre ailes noires, tu es apparemment mon mauvais génie? — Vous l'avez dit, répondit Ébène. — Mais tu étais donc aussi le mauvais génie de ma princesse?— Non, elle avait le sien, et je l'ai parfaitement secondé. — Ah ! maudit Ébène, si tu es si méchant, tu n'appartiens donc pas au même maître que Topaze? vous avez été formés tous deux par deux principes différents, dont l'un est bon, et l'autre méchant de sa nature?— Ce n'est pas une conséquence, dit Ébène, mais c'est une grande difficulté. — Il n'est pas possible, reprit l'agonisant, qu'un être favorable ait fait un génie si funeste. — Possible ou non possible, repartit Ébène, la chose est comme je te le dis. — Hélas! dit Topaze, mon pauvre ami, ne vois-tu pas que ce coquin-là a encore la malice de te faire disputer pour allumer ton sang et précipiter l'heure de ta mort? — Va, je ne suis guère plus content de toi que de lui, dit le triste Rustan: il avoue du moins qu'il a voulu me faire du mal; et toi, qui prétendais me défendre, tu ne m'as servi de rien.— J'en suis bien fâché, dit le bon génie. — Et moi aussi, dit le mourant; il y a quelque chose là-dessous que je ne comprends pas. — Ni moi non plus, dit le pauvre bon génie. — J'en serai instruit dans un moment, dit Rustan. — C'est ce que nous verrons, dit Topaze. »

Alors tout disparut. Rustan se retrouva dans la maison de son père, dont il n'était pas sorti, et dans son lit, où il avait dormi une heure.

Il se réveille en sursaut, tout en sueur, tout égaré ; il se tâte, il appelle, il crie, il sonne. Son valet de chambre, Topaze, accourt en bonnet de nuit, et tout en bâillant. « Suis-je mort, suis-je en vie ? s'écria Rustan ; la belle princesse de Cachemire en réchappera-t-elle ?... — Monseigneur rêve-t-il ? répondit froidement Topaze.

— Ah ! s'écriait Rustan, qu'est donc devenu ce barbare Ébène avec ses quatre ailes noires ? c'est lui qui me fait mourir d'une mort si cruelle. — Monseigneur, je l'ai laissé là-haut qui ronfle : voulez-vous qu'on le fasse descendre ? — Le scélérat ! il y a six mois entiers qu'il me persécute ; c'est lui qui me mena à cette fatale foire de Cabul ; c'est lui qui m'escamota le diamant que m'avait donné la princesse ; il est seul la cause de mon voyage, de la mort de ma princesse, et du coup de javelot dont je meurs à la fleur de mon âge.

— Rassurez-vous, dit Topaze ; vous n'avez jamais été à Cabul ; il n'y a point de princesse de Cachemire ; son père n'a jamais eu que deux garçons qui sont actuellement au collége. Vous n'avez jamais eu de diamant ; la princesse ne peut être morte, puisqu'elle n'est pas née ; et vous vous portez à merveille.

— Comment ! il n'est pas vrai que tu m'assistais à la mort dans le lit du prince de Cachemire ? Ne m'as-tu pas avoué que, pour me garantir de tant de malheurs, tu avais été aigle, éléphant, âne rayé, médecin, et pie ? — Monseigneur, vous avez rêvé tout cela : nos idées ne dépendent pas plus de nous dans le sommeil que dans la veille. Dieu a voulu que cette file d'idées vous ait passé par la tête, pour vous donner apparemment quelque instruction dont vous ferez votre profit.

— Tu te moques de moi, reprit Rustan ; combien de temps ai-je dormi? — Monseigneur, vous n'avez encore dormi qu'une heure. — Eh bien! maudit raisonneur, comment veux-tu qu'en une heure de temps j'aie été à la foire de Cabul il y a six mois, que j'en sois revenu, que j'aie fait le voyage de Cachemire, et que nous soyons morts, Barbabou, la princesse, et moi? — Monseigneur, il n'y a rien de plus aisé et de plus ordinaire, et vous auriez pu réellement faire le tour du monde, et avoir beaucoup plus d'aventures en bien moins de temps.

«N'est-il pas vrai que vous pouvez lire en une heure l'abrégé de l'histoire des Perses, écrite par Zoroastre? cependant cet abrégé contient huit cent mille années. Tous ces événements passent sous vos yeux l'un après l'autre en une heure; or vous m'avouerez qu'il est aussi aisé à Brama de les resserrer tous dans l'espace d'une heure que de les étendre dans l'espace de huit cent mille années ; c'est précisément la même chose. Figurez-vous que le temps tourne sur une roue dont le diamètre est infini. Sous cette roue immense est une multitude innombrable de roues les unes dans les autres; celle du centre est imperceptible, et fait un nombre infini de tours précisément dans le même temps que la grande roue n'en achève qu'un. Il est clair que tous les événements, depuis le commencement du monde jusqu'à sa fin, peuvent arriver successivement en beaucoup moins de temps que la cent millième partie d'une seconde; et on peut dire même que la chose est ainsi.

— Je n'y entends rien, dit Rustan. — Si vous voulez, dit Topaze, j'ai un perroquet qui vous le fera aisément com-

prendre. Il est né quelque temps avant le déluge, il a
été dans l'arche ; il a beaucoup vu; cependant il n'a
encore qu'un an et demi : il vous contera son histoire,
qui est fort intéressante.
5 —Allez vite chercher votre perroquet, dit Rustan; il
m'amusera jusqu'à ce que je puisse me rendormir.—Il
est chez ma sœur la religieuse, dit Topaze; je vais le
chercher, vous en serez content; sa mémoire est fidèle,
il conte simplement, sans chercher à montrer de l'esprit
10 à tout propos, et sans faire des phrases.—Tant mieux, dit
Rustan, voilà comme j'aime les contes.» On lui amena
le perroquet, lequel parla ainsi.

N. B. Mlle Catherine Vadé n'a jamais pu trouver l'histoire du perroquet
dans le portefeuille de feu son cousin Antoine Vadé, auteur de ce conte.
15 C'est grand dommage, vu le temps auquel vivait ce perroquet. (*Note de
Voltaire.*)

LES AVEUGLES JUGES DES COULEURS.

(1766.)

Dans les commencements de la fondation des Quinze-
Vingts,[1] on sait qu'ils étaient tous égaux, et que leurs
petites affaires se décidaient à la pluralité des voix.
20 Ils distinguaient parfaitement au toucher la monnaie de
cuivre de celle d'argent; aucun d'eux ne prit jamais du
vin de Brie pour du vin de Bourgogne. Leur odorat était
plus fin que celui de leurs voisins qui avaient deux yeux.
Ils raisonnèrent parfaitement sur les quatre sens, c'est-
25 à-dire qu'ils en connurent tout ce qu'il est permis d'en
savoir; et ils vécurent paisibles et fortunés autant que
des Quinze-Vingts peuvent l'être. Malheureusement un

de leurs professeurs prétendit avoir des notions claires sur le sens de la vue ; il se fit écouter, il intrigua, il forma des enthousiastes : enfin on le reconnut pour le chef de la communauté. Il se mit à juger souverainement des couleurs, et tout fut perdu.

Ce premier dictateur des Quinze-Vingts se forma d'abord un petit conseil, avec lequel il se rendit maître de toutes les aumônes. Par ce moyen personne n'osa lui résister. Il décida que tous les habits des Quinze-Vingts étaient blancs : les aveugles le crurent ; ils ne parlaient que de leurs beaux habits blancs, quoiqu'il n'y en eût pas un seul de cette couleur. Tout le monde se moqua d'eux, ils allèrent se plaindre au dictateur, qui les reçut fort mal ; il les traita de novateurs, d'esprits forts, de rebelles, qui se laissaient séduire par les opinions erronées de ceux qui avaient des yeux, et qui osaient douter de l'infaillibilité de leur maître. Cette querelle forma deux partis. Le dictateur, pour les apaiser, rendit un arrêt par lequel tous leurs habits étaient rouges. Il n'y avait pas un habit rouge aux Quinze-Vingts. On se moqua d'eux plus que jamais : nouvelles plaintes de la part de la communauté. Le dictateur entra en fureur, les autres aveugles aussi : on se battit longtemps, et la concorde ne fut rétablie que lorsqu'il fut permis à tous les Quinze-Vingts de suspendre leur jugement sur la couleur de leurs habits.

Un sourd, en lisant cette petite histoire, avoua que les aveugles avaient eu tort de juger les couleurs ; mais il resta ferme dans l'opinion qu'il n'appartient qu'aux sourds de juger de la musique.

L'INGÉNU. HISTOIRE VÉRITABLE.
(1767.)

Comment le prieur de Notre-Dame de la Montagne et mademoiselle sa sœur rencontrèrent un Huron. — Un jour saint Dunstan, Irlandais de nation et saint de profession, partit d'Irlande sur une petite montagne qui vogua vers les côtes de France, et arriva par cette voiture à la baie de Saint-Malo. Quand il fut à bord, il donna la bénédiction à sa montagne, qui lui fit de profondes révérences, et s'en retourna en Irlande par le même chemin qu'elle était venue.

Dunstan fonda un petit prieuré dans ces quartiers-là, et lui donna le nom de prieuré de la Montagne, qu'il porte encore, comme un chacun sait.

En l'année 1689, le 15 juillet au soir, l'abbé de Kerkabon, prieur de Notre-Dame de la Montagne, se promenait sur le bord de la mer avec Mlle de Kerkabon, sa sœur, pour prendre le frais. Le prieur, déjà un peu sur l'âge, était un très bon ecclésiastique, aimé de ses voisins, après l'avoir été autrefois de ses voisines. Ce qui lui avait donné surtout une grande considération, c'est qu'il était le seul bénéficier du pays qu'on ne fût pas obligé de porter dans son lit quand il avait soupé avec ses confrères. Il savait assez honnêtement de théologie; et quand il était las de lire saint Augustin, il s'amusait avec Rabelais: aussi tout le monde disait du bien de lui.

Mlle de Kerkabon, qui n'avait jamais été mariée, quoiqu'elle eût grande envie de l'être, conservait de la fraîcheur à l'âge de quarante-cinq ans; son caractère était bon et sensible; elle aimait le plaisir, et était dévote.

Le prieur disait à sa sœur, en regardant la mer: « Hélas! c'est ici que s'embarqua notre pauvre frère avec notre chère belle-sœur Mme de Kerkabon, sa femme, sur la frégate l'*Hirondelle*, en 1669, pour aller servir en Canada. S'il n'avait pas été tué, nous pourrions espérer de le revoir encore.

— Croyez-vous, disait Mlle de Kerkabon, que notre belle-sœur ait été mangée par les Iroquois, comme on nous l'a dit? Il est certain que si elle n'avait pas été mangée, elle serait revenue au pays. Je la pleurerai toute ma vie: c'était une femme charmante; et notre frère, qui avait beaucoup d'esprit, aurait fait assurément une grande fortune.»

Comme ils s'attendrissaient l'un et l'autre à ce souvenir, ils virent entrer dans la baie de Rance un petit bâtiment qui arrivait avec la marée: c'étaient des Anglais qui venaient vendre quelques denrées de leur pays. Ils sautèrent à terre, sans regarder monsieur le prieur ni mademoiselle sa sœur, qui fut très choquée du peu d'attention qu'on avait pour elle.

Il n'en fut pas de même d'un jeune homme très bien fait qui s'élança d'un saut par-dessus la tête de ses compagnons, et se trouva vis-à-vis mademoiselle. Il lui fit un signe de tête, n'étant pas dans l'usage de faire la révérence. Sa figure et son ajustement attirèrent les regards du frère et de la sœur. Il était nu-tête et nu-jambes, les pieds chaussés de petites sandales, le chef orné de longs cheveux en tresses, un petit pourpoint qui serrait une taille fine et dégagée; l'air martial et doux. Il tenait dans sa main une petite bouteille d'eau des Barbades, et dans l'autre une espèce de bourse dans laquelle était un gobelet et de très bon biscuit de mer. Il parlait français fort intelligiblement. Il présenta de

son eau des Barbades à Mlle de Kerkabon et à monsieur son frère; il en but avec eux; il leur en fit reboire encore, et tout cela d'un air si simple et si naturel que le frère et la sœur en furent charmés. Ils lui offrirent leurs
5 services, en lui demandant qui il était et où il allait. Le jeune homme leur répondit qu'il n'en savait rien, qu'il était curieux, qu'il avait voulu voir comment les côtes de France étaient faites, qu'il était venu, et allait s'en retourner.
10 Monsieur le prieur, jugeant à son accent qu'il n'était pas Anglais, prit la liberté de lui demander de quel pays il était. «Je suis Huron,» lui répondit le jeune homme.

Mlle de Kerkabon, étonnée et enchantée de voir un Huron qui lui avait fait des politesses, pria le jeune homme
15 à souper; il ne se fit pas prier deux fois, et tous trois allèrent de compagnie au prieuré de Notre-Dame de la Montagne.

La courte et ronde demoiselle le regardait de tous ses petits yeux, et disait de temps en temps au prieur: «Ce
20 grand garçon-là a un teint de lis et de rose! qu'il a une belle peau pour un Huron!—Vous avez raison, ma sœur, disait le prieur.» Elle faisait cent questions coup sur coup, et le voyageur répondait toujours fort juste.

Le bruit se répandit bientôt qu'il y avait un Huron au
25 prieuré. La bonne compagnie du canton s'empressa d'y venir souper. L'abbé de Saint-Yves y vint avec mademoiselle sa sœur, jeune basse-brette,[1] fort jolie et très bien élevée. Le bailli, le receveur des tailles, et leurs femmes, furent du souper. On plaça l'étranger entre
30 Mlle de Kerkabon et Mlle de Saint-Yves. Tout le monde le regardait avec admiration; tout le monde lui parlait et l'interrogeait à la fois; le Huron ne s'en émouvait pas. Il semblait qu'il eût pris pour sa devise celle de

milord Bolingbroke: *Nihil admirari.* Mais à la fin, excédé de tant de bruit, il leur dit avec assez de douceur, mais avec un peu de fermeté: « Messieurs, dans mon pays on parle l'un après l'autre; comment voulez-vous que je vous réponde quand vous m'empêchez de vous entendre? » La raison fait toujours rentrer les hommes en eux-mêmes pour quelques moments: il se fit un grand silence. Monsieur le bailli, qui s'emparait toujours des étrangers dans quelque maison qu'il se trouvât, et qui était le plus grand questionneur de la province, lui dit en ouvrant la bouche d'un demi-pied: « Monsieur, comment vous nommez-vous? — On m'a toujours appelé l'Ingénu, reprit le Huron, et on m'a confirmé ce nom en Angleterre, parce que je dis toujours naïvement ce que je pense, comme je fais tout ce que je veux.

— Comment, étant né Huron, avez-vous pu, monsieur, venir en Angleterre? — C'est qu'on m'y a mené; j'ai été fait, dans un combat, prisonnier par les Anglais, après m'être assez bien défendu; et les Anglais, qui aiment la bravoure, parce qu'ils sont braves et qu'ils sont aussi honnêtes que nous, m'ayant proposé de me rendre à mes parents ou de venir en Angleterre, j'acceptai le dernier parti, parce que de mon naturel j'aime passionnément à voir du pays.

— Mais, monsieur, dit le bailli avec son ton imposant, comment avez-vous pu abandonner ainsi père et mère ? — C'est que je n'ai jamais connu ni père ni mère», dit l'étranger. La compagnie s'attendrit, et tout le monde répétait: *Ni père, ni mère !* « Nous lui en servirons, dit la maîtresse de la maison à son frère le prieur; que ce monsieur le Huron est intéressant ! » L'Ingénu la remercia avec une cordialité noble et fière, et lui fit comprendre qu'il n'avait besoin de rien.

« Je m'aperçois, monsieur l'Ingénu, dit le grave bailli, que vous parlez mieux français qu'il n'appartient à un Huron.—Un Français, dit-il, que nous avions pris dans ma grande jeunesse en Huronie, et pour qui je conçus beaucoup d'amitié, m'enseigna sa langue; j'apprends très vite ce que je veux apprendre. J'ai trouvé en arrivant à Plymouth un de vos Français réfugiés que vous appelez *huguenots*, je ne sais pourquoi; il m'a fait faire quelques progrès dans la connaissance de votre langue; et dès que j'ai pu m'exprimer intelligiblement, je suis venu voir votre pays, parce que j'aime assez les Français quand ils ne font pas trop de questions.»

VOL. XXI, 247-250.

Le Huron, nommé l'Ingénu, reconnu de ses parents. — L'Ingénu, selon sa coutume, s'éveilla avec le soleil, au chant du coq, qu'on appelle en Angleterre et en Huronie *la trompette du jour.* Il n'était pas comme la bonne compagnie, qui languit dans un lit oiseux jusqu'à ce que le soleil ait fait la moitié de son tour, qui ne peut ni dormir ni se lever, qui perd tant d'heures précieuses dans cet état mitoyen entre la vie et la mort, et qui se plaint encore que la vie est trop courte.

Il avait déjà fait deux ou trois lieues, il avait tué trente pièces de gibier à balle seule, lorsqu'en rentrant il trouva M. le prieur de Notre-Dame de la Montagne et sa discrète sœur, se promenant en bonnet de nuit dans leur jardin. Il leur présenta toute sa chasse, et en tirant de sa chemise une espèce de petit talisman qu'il portait toujours à son cou, il les pria de l'accepter en reconnaissance de leur bonne réception. « C'est ce que j'ai de plus précieux, leur dit-il; on m'a assuré que je serais toujours heureux tant que je porterais ce petit brimborion sur moi, et je vous le donne afin que vous soyez toujours heureux.»

Le prieur et mademoiselle sourirent avec attendrissement de la naïveté de l'Ingénu. Ce présent consistait en deux petits portraits assez mal faits, attachés ensemble avec une courroie fort grasse.

Mlle de Kerkabon lui demanda s'il y avait des peintres en Huronie. « Non, dit l'Ingénu ; cette rareté me vient de ma nourrice ; son mari l'avait eue par conquête, en dépouillant quelques Français du Canada qui nous avaient fait la guerre ; c'est tout ce que j'en ai su. »

Le prieur regardait attentivement ces portraits ; il changea de couleur, il s'émut, ses mains tremblèrent. « Par Notre-Dame de la Montagne, s'écria-t-il, je crois que voilà le visage de mon frère le capitaine et de sa femme ! » Mademoiselle, après les avoir considérés avec la même émotion, en jugea de même. Tous deux étaient saisis d'étonnement et d'une joie mêlée de douleur ; tous deux s'attendrissaient ; tous deux pleuraient ; leur cœur palpitait ; ils poussaient des cris ; ils s'arrachaient les portraits ; chacun d'eux les prenait et les rendait vingt fois en une seconde ; ils dévoraient des yeux les portraits et le Huron ; ils lui demandaient l'un après l'autre, et tous deux à la fois, en quel lieu, en quel temps, comment ces miniatures étaient tombées entre les mains de sa nourrice ; ils rapprochaient, ils comptaient les temps depuis le départ du capitaine ; ils se souvenaient d'avoir eu nouvelle qu'il avait été jusqu'au pays des Hurons, et que depuis ce temps ils n'en avaient jamais entendu parler.

L'Ingénu leur avait dit qu'il n'avait connu ni père ni mère. Le prieur, qui était homme de sens, remarqua que l'Ingénu avait un peu de barbe ; il savait très bien que les Hurons n'en ont point. « Son menton est cotonné, il est donc fils d'un homme d'Europe ; mon frère et ma belle-sœur ne parurent plus après l'expédition contre les

Hurons, en 1669; mon neveu devait alors être à la mamelle; la nourrice huronne lui a sauvé la vie et lui a servi de mère.» Enfin, après cent questions et cent réponses, le prieur et sa sœur conclurent que le Huron
5 était leur propre neveu. Ils l'embrassaient en versant des larmes; et l'Ingénu riait, ne pouvant s'imaginer qu'un Huron fût neveu d'un prieur bas-breton.

Toute la compagnie descendit; M. de Saint-Yves, qui était grand physionomiste, compara les deux portraits avec
10 le visage de l'Ingénu; il fit très habilement remarquer qu'il avait les yeux de sa mère, le front et le nez de feu M. le capitaine de Kerkabon, et des joues qui tenaient de l'un et de l'autre.

Mlle de Saint-Yves, qui n'avait jamais vu le père ni la
15 mère, assura que l'Ingénu leur ressemblait parfaitement. Ils admiraient tous la Providence et l'enchaînement des événements de ce monde. Enfin on était si persuadé, si convaincu de la naissance de l'Ingénu, qu'il consentit lui-même à être neveu de monsieur le prieur, en disant
20 qu'il aimait autant l'avoir pour oncle qu'un autre.

On alla rendre grâce à Dieu dans l'église de Notre-Dame de la Montagne, tandis que le Huron, d'un air indifférent, s'amusait à boire dans la maison.

Les Anglais qui l'avaient amené, et qui étaient prêts
25 à mettre à la voile, vinrent lui dire qu'il était temps de partir. « Apparemment, leur dit-il, que vous n'avez pas retrouvé vos oncles et vos tantes; je reste ici; retournez à Plymouth, je vous donne toutes mes hardes, je n'ai plus besoin de rien au monde puisque je suis le neveu d'un
30 prieur.» Les Anglais mirent à la voile, en se souciant fort peu que l'Ingénu eût des parents ou non en Basse-Bretagne.

Après que l'oncle, la tante, et la compagnie eurent

chanté le *Te Deum* ; après que le bailli eut encore accablé l'Ingénu de questions ; après qu'on eut épuisé tout ce que l'étonnement, la joie, la tendresse peuvent faire dire, le prieur de la Montagne et l'abbé de Saint-Yves conclurent à faire baptiser l'Ingénu au plus vite. Mais il n'en était pas d'un grand Huron de vingt-deux ans comme d'un enfant qu'on régénère sans qu'il en sache rien. Il fallait l'instruire, et cela paraissait difficile : car l'abbé de Saint-Yves supposait qu'un homme qui n'était pas né en France n'avait pas le sens commun.

Le prieur fit observer à la compagnie que, si en effet M. l'Ingénu, son neveu, n'avait pas eu le bonheur de naître en Basse-Bretagne, il n'en avait pas moins d'esprit ; qu'on en pouvait juger par toutes ses réponses, et que sûrement la nature l'avait beaucoup favorisé, tant du côté paternel que du maternel.

On lui demanda d'abord s'il avait jamais lu quelque livre. Il dit qu'il avait lu Rabelais traduit en anglais, et quelques morceaux de Shakespeare qu'il savait par cœur ; qu'il avait trouvé ces livres chez le capitaine du vaisseau qui l'avait amené de l'Amérique à Plymouth, et qu'il en était fort content. Le bailli ne manqua pas de l'interroger sur ces livres. « Je vous avoue, dit l'Ingénu, que j'ai cru en deviner quelque chose, et que je n'ai pas entendu le reste. »

L'abbé de Saint-Yves, à ce discours, fit réflexion que c'était ainsi que lui-même avait toujours lu, et que la plupart des hommes ne lisaient guère autrement. « Vous avez sans doute lu la *Bible ?* dit-il au Huron. — Point du tout, monsieur l'abbé ; elle n'était pas parmi les livres de mon capitaine ; je n'en ai jamais entendu parler. — Voilà comme sont ces maudits Anglais, criait Mlle de Kerkabon : ils feront plus de cas d'une pièce de Shakespeare, d'un plum-pudding et d'une bouteille de rhum que du *Pentateuque.* Aussi n'ont-ils jamais converti personne en Amérique. Certainement ils sont maudits de Dieu; et nous leur prendrons la Jamaïque et la Virginie avant qu'il soit peu de temps.»

Quoi qu'il en soit, on fit venir le plus habile tailleur de Saint-Malo pour habiller l'Ingénu de pied en cap. La compagnie se sépara ; le bailli alla faire ses questions ailleurs. Mlle de Saint-Yves, en partant, se retourna plusieurs fois pour regarder l'Ingénu ; et il lui fit des révérences plus profondes qu'il n'en avait jamais fait à personne en sa vie.

Le bailli, avant de prendre congé, présenta à Mlle de Saint-Yves un grand nigaud de fils qui sortait du collége ; mais à peine le regarda-t-elle, tant elle était occupée de la politesse du Huron.

L'Ingénu va en cour. Il soupe en chemin avec des huguenots. — L'Ingénu prit le chemin de Saumur par le coche, parce qu'il n'y avait point alors d'autre commodité. Quand il fut à Saumur, il s'étonna de trouver la ville presque déserte, et de voir plusieurs familles qui déménageaient. On lui dit que, six ans auparavant, Saumur contenait plus de quinze mille âmes, et qu'à présent il n'y en avait pas six mille. Il ne manqua pas d'en parler à souper dans son hôtellerie. Plusieurs protestants étaient à table : les uns se plaignaient amèrement, d'autres frémissaient de colère, d'autres disaient en pleurant :

.... Nos dulcia linquimus arva,
Nos patriam fugimus.[1]

L'Ingénu, qui ne savait pas le latin, se fit expliquer ces paroles, qui signifient : Nous abandonnons nos douces campagnes, nous fuyons notre patrie.

« Et pourquoi fuyez-vous votre patrie, messieurs? — C'est qu'on veut que nous reconnaissions le pape. — Et pourquoi ne le reconnaîtriez-vous pas? Vous n'avez donc point de marraines que vous vouliez épouser? Car on m'a dit que c'était lui qui en donnait la permission. — Ah! monsieur, ce pape dit qu'il est le maître du domaine des rois. — Mais, messieurs, de quelle profession êtes-vous? — Monsieur, nous sommes pour la plupart des drapiers et des fabricants. — Si le pape dit qu'il est le maître de vos draps et de vos fabriques, vous faites très bien de ne le pas reconnaître; mais pour les rois, c'est leur affaire; de quoi vous mêlez-vous? » Alors un petit homme noir[1] prit la parole, et exposa très savamment les griefs de la compagnie. Il parla de la révocation de l'édit de Nantes avec tant d'énergie, il déplora d'une manière si pathétique le sort de cinquante mille familles fugitives et de cinquante mille autres converties par les dragons, que l'Ingénu à son tour versa des larmes. «D'où vient donc, disait-il, qu'un si grand roi, dont la gloire s'étend jusque chez les Hurons, se prive ainsi de tant de cœurs qui l'auraient aimé, et de tant de bras qui l'auraient servi?

— C'est qu'on l'a trompé, comme les autres grands rois, répondit l'homme noir. On lui a fait croire que, dès qu'il aurait dit un mot, tous les hommes penseraient comme lui; et qu'il nous ferait changer de religion comme son musicien Lulli fait changer en un moment les décorations de ses opéras. Non seulement il perd déjà cinq à six mille sujets très utiles, mais il s'en fait des ennemis; et le roi Guillaume, qui est actuellement maître de l'Angleterre, a composé plusieurs régiments de ces mêmes Français qui auraient combattu pour leur monarque.

« Un tel désastre est d'autant plus étonnant que le pape régnant,[2] à qui Louis XIV sacrifie une partie de son peuple, est son ennemi déclaré. Ils ont encore tous deux, depuis neuf ans, une querelle violente. Elle a été poussée si loin que la France a espéré enfin de voir briser le joug qui la soumet depuis tant de siècles à cet étranger, et surtout de ne lui plus donner d'argent: ce qui est le premier mobile des affaires de ce monde. Il paraît donc évident qu'on a trompé ce grand roi sur ses intérêts comme sur l'étendue de son pouvoir, et qu'on a donné atteinte à la magnanimité de son cœur.»

L'Ingénu, attendri de plus en plus, demanda quels étaient les Français qui trompaient ainsi un monarque si cher aux Hurons. «Ce sont les jésuites, lui répondit-on; c'est surtout le P. de La Chaise, confesseur de Sa Majesté. Il faut espérer que Dieu les en punira un jour, et qu'ils seront chassés comme ils nous chassent.[1] Y a-t-il un malheur égal aux nôtres? Mons de Louvois[2] nous envoie de tous côtés des jésuites et des dragons. — Oh bien! messieurs, répliqua l'Ingénu, qui ne pouvait plus se contenir, je vais à Versailles recevoir la récompense due à mes services; je parlerai à ce mons de Louvois: on m'a dit que c'est lui qui fait la guerre dans son cabinet. Je verrai le roi, je lui ferai connaître la vérité; il est impossible qu'on ne se rende pas à cette vérité quand on la sent. Je reviendrai bientôt pour épouser Mlle de Saint-Yves, et je vous prie à la noce.» Ces bonnes gens le prirent alors pour un grand seigneur qui voyageait *incognito* par le coche. Quelques-uns le prirent pour le fou du roi.

Il y avait à table un jésuite déguisé qui servait d'espion au révérend P. de la Chaise. Il lui rendait compte de tout, et le P. de la Chaise en instruisait mons de Louvois. L'espion écrivit. L'Ingénu et la lettre arrivèrent presque en même temps à Versailles.

Arrivée de l'Ingénu à Versailles. Sa réception à la cour.
— L'Ingénu débarque en pot de chambre[1] dans la cour des cuisines. Il demande aux porteurs de chaise à quelle heure on peut voir le roi. Les porteurs lui rient au nez, tout comme avait fait l'amiral anglais. Il les traita de même, il les battit; ils voulurent le lui rendre, et la scène allait être sanglante s'il n'eût passé un garde du corps, gentilhomme breton, qui écarta la canaille. «Monsieur, lui dit le voyageur, vous me paraissez un brave homme; je suis le neveu de M. le prieur de Notre-Dame de la Montagne; j'ai tué des Anglais, je viens parler au roi; je vous prie de me mener dans sa chambre.» Le garde, ravi de trouver un brave de sa province, qui ne paraissait pas au fait des usages de la cour, lui apprit qu'on ne parlait pas ainsi au roi, et qu'il fallait être présenté par monseigneur de Louvois. «Eh bien! menez-moi donc chez ce monseigneur de Louvois, qui sans doute me conduira chez Sa Majesté.— Il est encore plus difficile, répliqua le garde, de parler à monseigneur de Louvois qu'à Sa Majesté; mais je vais vous conduire chez M. Alexandre, le premier commis de la guerre: c'est comme si vous parliez au ministre.» Ils vont donc chez ce M. Alexandre, premier commis, et ils ne purent être introduits; il était en affaire avec une dame de la cour, et il y avait ordre de ne laisser entrer personne. «Eh bien! dit le garde, il n'y a rien de perdu; allons chez le premier commis de M. Alexandre: c'est comme si vous parliez à M. Alexandre lui-même.»

Le Huron, tout étonné, le suit; ils restent ensemble une demi-heure dans une petite antichambre. «Qu'est-ce donc que tout ceci? dit l'Ingénu; est-ce que tout le monde est invisible dans ce pays-ci? Il est bien plus aisé de se battre en Basse-Bretagne contre les Anglais que de

rencontrer à Versailles les gens à qui on a affaire.» Il se désennuya en racontant ses amours à son compatriote. Mais l'heure en sonnant rappela le garde du corps à son poste. Ils se promirent de se revoir le lendemain, et
5 l'Ingénu resta encore une autre demi-heure dans l'antichambre, en rêvant à Mlle de Saint-Yves, et à la difficulté de párler aux rois et aux premiers commis.

Enfin le patron parut. «Monsieur, lui dit l'Ingénu, si j'avais attendu pour repousser les Anglais aussi long-
10 temps que vous m'avez fait attendre mon audience, ils ravageraient actuellement la Basse-Bretagne tout à leur aise.» Ces paroles frappèrent le commis. Il dit enfin au Breton : « Que demandez-vous ? — Récompense, dit l'autre ; voici mes titres.» Il lui étala tous ses certificats,
15 le commis lut, et lui dit que probablement on lui accorderait la permission d'acheter une lieutenance. «Moi! que je donne de l'argent pour avoir repoussé les Anglais? que je paye le droit de me faire tuer pour vous, pendant que vous donnez ici vos audiences tranquillement?
20 Je crois que vous voulez rire. Je veux une compagnie de cavalerie pour rien; je veux que le roi fasse sortir Mlle de Saint-Yves du couvent, et qu'il me la donne par mariage; je veux parler au roi en faveur de cinquante mille familles que je prétends lui rendre; en un mot, je veux
25 être utile : qu'on m'emploie et qu'on m'avance.

— Comment vous nommez-vous, monsieur, qui parlez si haut?

— Oh, oh! reprit l'Ingénu, vous n'avez donc pas lu mes certificats? C'est donc ainsi qu'on en use? Je m'appelle
30 Hercule de Kerkabon; je suis baptisé, je loge au Cadran bleu; et je me plaindrai de vous au roi.» Le commis conclut, comme les gens de Saumur, qu'il n'avait pas la tête bien saine, et n'y fit pas grande attention.

Ce même jour, le révérend P. La Chaise, confesseur de Louis XIV, avait reçu la lettre de son espion, qui accusait le Breton Kerkabon de favoriser dans son cœur les huguenots, et de condamner la conduite des jésuites. M. de Louvois, de son côté, avait reçu une lettre de l'interrogant bailli, qui dépeignait l'Ingénu comme un garnement qui voulait brûler les couvents et enlever les filles.

L'Ingénu, après s'être promené dans les jardins de Versailles, où il s'ennuya, après avoir soupé en Huron et en Bas-Breton, s'était couché dans la douce espérance de voir le roi le lendemain, d'obtenir Mlle de Saint-Yves en mariage; d'avoir au moins une compagnie de cavalerie, et de faire cesser la persécution contre les huguenots. Il se berçait de ces flatteuses idées, quand la maréchaussée entra dans sa chambre. Elle se saisit d'abord de son fusil à deux coups et de son grand sabre.

On fit un inventaire de son argent comptant, et on le mena dans le château[1] que fit construire le roi Charles V, fils de Jean II, auprès de la rue Saint-Antoine, à la porte des Tournelles.

Quel était en chemin l'étonnement de l'Ingénu! je vous le laisse à penser. Il crut d'abord que c'était un rêve. Il resta dans l'engourdissement, puis tout à coup transporté d'une fureur qui redoublait ses forces, il prend à la gorge deux de ses conducteurs, qui étaient avec lui dans le carrosse, les jette par la portière, se jette après eux, et entraîne le troisième, qui voulait le retenir. Il tombe de l'effort; on le lie, on le remonte dans la voiture. « Voilà donc, disait-il, ce que l'on gagne à chasser les Anglais de la Basse-Bretagne! Que dirais-tu, belle Saint-Yves, si tu me voyais dans cet état?»

On arrive enfin au gîte qui lui était destiné. On le porte en silence dans la chambre où il devait être en-

fermé, comme un mort qu'on porte dans un cimetière. Cette chambre était déjà occupée par un vieux solitaire de Port-Royal,[1] nommé Gordon, qui y languissait depuis deux ans. « Tenez, lui dit le chef des sbires, voilà de la
5 compagnie que je vous amène »; et sur-le-champ on referma les énormes verrous de la porte épaisse, revêtue de larges barres. Les deux captifs restèrent séparés de l'univers entier.

VOL. XXI, 267-272.

Ce que l'Ingénu pense des pièces de théâtre. — Le jeune
10 Ingénu ressemblait à un de ces arbres vigoureux qui, nés dans un sol ingrat, étendent en peu de temps leurs racines et leurs branches quand ils sont transplantés dans un terrain favorable; et il était bien extraordinaire qu'une prison fût ce terrain.
15 Parmi les livres qui occupaient le loisir des deux captifs, il se trouva des poésies, des traductions de tragédies grecques, quelques pièces du théâtre français. Les vers qui parlaient d'amour portèrent à la fois dans l'âme de l'Ingénu le plaisir et la douleur. Ils lui parlaient tous
20 de sa chère Saint-Yves. La fable des deux Pigeons[2] lui perça le cœur; il était bien loin de pouvoir revenir à son colombier.

Molière l'enchanta. Il lui faisait connaître les mœurs de Paris et du genre humain. « A laquelle de ses comé-
25 dies donnez-vous la préférence?

— Au *Tartufe*, sans difficulté.

— Je pense comme vous, dit Gordon; c'est un tartufe[3] qui m'a plongé dans ce cachot, et peut-être ce sont des tartufes qui ont fait votre malheur. Comment trouvez-
30 vous ces tragédies grecques?

— Bonnes pour des Grecs, dit l'Ingénu.» Mais quand

il lut l'*Iphigénie* moderne, *Phèdre*, *Andromaque*, *Athalie*,[1] il fut en extase, il soupira, il versa des larmes, il les sut par cœur sans avoir envie de les apprendre.

« Lisez *Rodogune*,[2] lui dit Gordon ; on dit que c'est le chef-d'œuvre du théâtre ; les autres pièces qui vous ont fait tant de plaisir sont peu de chose en comparaison. » Le jeune homme, dès la première page, lui dit : « Cela n'est pas du même auteur.

— A quoi le voyez-vous?

— Je n'en sais rien encore ; mais ces vers-là ne vont ni à mon oreille ni à mon cœur.

— Oh ! ce n'est rien que les vers », répliqua Gordon.

L'Ingénu répondit : « Pourquoi donc en faire? »

Après avoir lu très attentivement la pièce, sans autre dessein que celui d'avoir du plaisir, il regardait son ami avec des yeux secs et étonnés, et ne savait que dire. Enfin, pressé de rendre compte de ce qu'il avait senti, voici ce qu'il répondit : « Je n'ai guère entendu le commencement ; j'ai été révolté du milieu ; la dernière scène m'a beaucoup ému, quoiqu'elle me paraisse peu vraisemblable : je ne me suis intéressé pour personne, et je n'ai pas retenu vingt vers, moi qui les retiens tous quand ils me plaisent.

— Cette pièce passe pourtant pour la meilleure que nous ayons.

— Si cela est, répliqua-t-il, elle est peut-être comme bien des gens qui ne méritent pas leurs places. Après tout, c'est ici une affaire de goût ; le mien ne doit pas encore être formé : je peux me tromper ; mais vous savez que je suis assez accoutumé à dire ce que je pense, ou plutôt ce que je sens. Je soupçonne qu'il y a souvent de l'illusion, de la mode, du caprice, dans les jugements des hommes. J'ai parlé d'après la nature ; il se peut que chez moi la nature soit très imparfaite; mais il se peut aussi qu'elle soit quelquefois peu consultée par la plupart des hommes.» Alors il récita des vers d'*Iphigénie*, dont il était plein; et quoiqu'il ne déclamât pas bien, il y mit tant de vérité et d'onction qu'il fit pleurer le vieux janséniste. Il lut ensuite *Cinna;* il ne pleura point, mais il admira.

LA PRINCESSE DE BABYLONE.
(1768.)

Description du palais du roi de Babylone, père de la belle Babylonienne. Portrait de cette incomparable beauté. Oracle qui ordonne son mariage, et à quelles conditions. Trois rois se présentent pour l'obtenir. Arrivée d'un quatrième prétendant.

— Le vieux Bélus, roi de Babylone, se croyait le premier homme de la terre: car tous ses courtisans le lui disaient, et ses historiographes le lui prouvaient. Ce qui pouvait excuser en lui ce ridicule, c'est qu'en effet ses prédécesseurs avaient bâti Babylone plus de trente mille ans avant lui, et qu'il l'avait embellie. On sait que son palais et son parc, situés à quelques parasanges de Babylone, s'étendaient entre l'Euphrate et le Tigre, qui baignaient ces rivages enchantés. Sa vaste maison, de trois mille pas de façade, s'élevait jusqu'aux nues. La plate-forme était entourée d'une balustrade de marbre blanc de cinquante pieds de hauteur, qui portait les statues colossales de tous les rois et de tous les grands hommes de l'empire. Cette plate-forme, composée de deux rangs de briques couvertes d'une épaisse surface de plomb d'une extrémité à l'autre, était chargée de douze pieds de terre, et sur cette terre on avait élevé des forêts d'oliviers, d'orangers, de citronniers, de palmiers, de girofliers, de cocotiers, de cannelliers, qui formaient des allées impénétrables aux rayons du soleil.

Les eaux de l'Euphrate, élevées par des pompes dans cent colonnes creusées, venaient dans ces jardins remplir de vastes bassins de marbre, et, retombant ensuite par d'autres canaux, allaient former dans le parc des cascades de six mille pieds de longueur, et cent mille jets d'eau dont la hauteur pouvait à peine être aperçue : elles retournaient ensuite dans l'Euphrate, dont elles étaient parties. Les jardins de Sémiramis, qui étonnèrent l'Asie plusieurs siècles après, n'étaient qu'une faible imitation de ces antiques merveilles : car, du temps de Sémiramis, tout commençait à dégénérer chez les hommes et chez les femmes.

Mais ce qu'il y avait de plus admirable à Babylone, ce qui éclipsait tout le reste, était la fille unique du roi, nommée Formosante. Ce fut d'après ses portraits et ses statues que dans la suite des siècles Praxitèle sculpta son Aphrodite. Quelle différence, ô ciel! de l'original aux copies! Aussi Bélus était plus fier de sa fille que de son royaume. Elle avait dix-huit ans : il lui fallait un époux digne d'elle; mais où le trouver ? Un ancien oracle avait ordonné que Formosante ne pourrait appartenir qu'à celui qui tendrait l'arc de Nembrod. Ce Nembrod, le fort chasseur devant le Seigneur, avait laissé un arc de sept pieds babyloniques de haut, d'un bois d'ébène plus dur que le fer du mont Caucase, qu'on travaille dans les forges de Derbent; et nul mortel, depuis Nembrod, n'avait pu bander cet arc merveilleux.

Il était dit encore que le bras qui aurait tendu cet arc tuerait le lion le plus terrible et le plus dangereux qui serait lâché dans le cirque de Babylone. Ce n'était pas tout : le bandeur de l'arc, le vainqueur du lion devait terrasser tous ses rivaux ; mais il devait surtout avoir beaucoup d'esprit, être le plus magnifique des hommes, le plus vertueux, et posséder la chose la plus rare qui fût dans l'univers entier.

Il se présenta trois rois qui osèrent disputer Formosante : le pharaon d'Égypte, le sha des Indes, et le grand kan des Scythes. Bélus assigna le jour, et le lieu du combat à l'extrémité de son parc, dans le vaste espace bordé par les eaux de l'Euphrate et du Tigre réunies. On dressa autour de la lice un amphithéâtre de marbre qui pouvait contenir cinq cent mille spectateurs. Vis-à-vis l'amphithéâtre était le trône du roi, qui devait paraître avec Formosante, accompagnée de toute la cour ; et à droite et à gauche entre le trône et l'amphithéâtre, étaient d'autres trônes et d'autres siéges pour les trois rois et pour tous les autres souverains qui seraient curieux de venir voir cette auguste cérémonie.

Le roi d'Égypte arriva le premier, monté sur le bœuf Apis, et tenant en main le sistre d'Isis. Il était suivi de deux mille prêtres vêtus de robes de lin plus blanches que la neige, de deux mille eunuques, de deux mille magiciens, et de deux mille guerriers.

Le roi des Indes arriva bientôt après dans un char traîné par douze éléphants. Il avait une suite encore plus nombreuse et plus brillante que le pharaon d'Égypte.

Le dernier qui parut était le roi des Scythes. Il n'avait auprès de lui que des guerriers choisis, armés d'arcs et de flèches. Sa monture était un tigre superbe qu'il avait dompté, et qui était aussi haut que les plus beaux chevaux de Perse. La taille de ce monarque, imposante et majestueuse, effaçait celle de ces rivaux ; ses bras nus, aussi nerveux que blancs, semblaient déjà tendre l'arc de Nembrod.

Les trois princes se prosternèrent d'abord devant Bélus et Formosante. Le roi d'Égypte offrit à la princesse les deux plus beaux crocodiles du Nil, deux hippopotames, deux zèbres, deux rats d'Égypte, et deux momies, avec les livres du grand Hermès, qu'il croyait être ce qu'il y avait de plus rare sur la terre.

Le roi des Indes lui offrit cent éléphants qui portaient chacun une tour de bois doré, et mit à ses pieds le *Veidam*, écrit de la main de Xaca[1] lui-même.

Le roi des Scythes, qui ne savait ni lire ni écrire, présenta cent chevaux de bataille couverts de housses de peaux de renards noirs.

La princesse baissa les yeux devant ses amants, et s'inclina avec des grâces aussi modestes que nobles.

Bélus fit conduire ces monarques sur les trônes qui leur étaient préparés. « Que n'ai-je trois filles ! leur dit-il, je rendrais aujourd'hui six personnes heureuses. » Ensuite il fit tirer au sort à qui essayerait le premier l'arc de Nembrod. On mit dans un casque d'or les noms des trois prétendants. Celui du roi d'Égypte sortit le premier ; ensuite parut le nom du roi des Indes. Le roi scythe, en regardant l'arc et ses rivaux, ne se plaignit point d'être le troisième.

Tandis qu'on préparait ces brillantes épreuves, vingt mille pages et vingt mille jeunes filles distribuaient sans confusion des rafraîchissements aux spectateurs entre les rangs des siéges. Tout le monde avouait que les dieux n'avaient établi les rois que pour donner tous les jours des fêtes, pourvu qu'elles fussent diversifiées ; que la vie est trop courte pour en user autrement ; que les procès, les intrigues, la guerre, les disputes des prêtres, qui consument la vie humaine, sont des choses absurdes et horribles ; que l'homme n'est né que pour la joie ; qu'il

n'aimerait pas les plaisirs passionnément et continuellement s'il n'était pas formé pour eux; que l'essence de la nature humaine est de se réjouir, et que tout le reste est folie. Cette excellente morale n'a jamais été démentie
5 que par les faits.

Comme on allait commencer ces essais, qui devaient décider de la destinée de Formosante, un jeune inconnu monté sur une licorne,[1] accompagné de son valet monté de même, et portant sur le poing un gros oiseau, se pré-
10 sente à la barrière. Les gardes furent surpris de voir en cet équipage une figure qui avait l'air de la divinité. C'était, comme on a dit depuis, le visage d'Adonis sur le corps d'Hercule; c'était la majesté avec les grâces. Ses sourcils noirs et ses longs cheveux blonds, mélange de
15 beautés inconnu à Babylone, charmèrent l'assemblée: tout l'amphithéâtre se leva pour le mieux regarder; toutes les femmes de la cour fixèrent sur lui des regards étonnés; Formosante elle-même, qui baissait les yeux, les releva et rougit; les trois rois pâlirent. Tous les spectateurs,
20 en comparant Formosante avec l'inconnu, s'écriaient: «Il n'y a dans le monde que ce jeune homme qui soit aussi beau que la princesse.»

Les huissiers, saisis d'étonnement, lui demandèrent s'il était roi. L'étranger répondit qu'il n'avait pas cet hon-
25 neur, mais qu'il était venu de fort loin par curiosité pour voir s'il y avait des rois qui fussent dignes de Formosante. On l'introduisit dans le premier rang de l'amphithéâtre, lui, son valet, ses deux licornes, et son oiseau. Il salua profondément Bélus, sa fille, les trois rois, et toute l'as-
30 semblée; puis il prit place en rougissant. Ses deux licornes se couchèrent à ses pieds, son oiseau se percha sur son épaule, et son valet, qui portait un petit sac, se mit à côté de lui.

Tous les concurrents tentent d'accomplir l'oracle ; un seul réussit, et ne cesse pas d'être modeste. Oiseau merveilleux qu'il députe à Formosante avec un superbe présent. Quel était ce vainqueur. Son départ; ce qui l'occasionne. — Les épreuves commencèrent. On tira de son étui d'or l'arc de Nembrod. Le grand maître des cérémonies, suivi de cinquante pages et précédé de vingt trompettes, le présenta au roi d'Égypte, qui le fit bénir par ses prêtres ; et, l'ayant posé sur la tête du bœuf Apis, il ne douta pas de remporter cette première victoire.

Il descend au milieu de l'arène, il essaye, il épuise ses forces, il fait des contorsions qui excitent le rire de l'amphithéâtre, qui font même sourire Formosante. Son grand-aumônier s'approcha de lui: «Que Votre Majesté, lui dit-il, renonce à ce vain honneur, qui n'est que celui des muscles et des nerfs; vous triompherez dans tout le reste: vous vaincrez le lion, puisque vous avez le sabre d'Osiris. La princesse de Babylone doit appartenir au prince qui a le plus d'esprit, et vous avez deviné les énigmes ; elle doit épouser le plus vertueux, vous l'êtes, puisque vous avez été élevé par les prêtres d'Égypte ; le plus généreux doit l'emporter, et vous avez donné les deux plus beaux crocodiles et les deux plus beaux rats qui soient dans le Delta; vous possédez le bœuf Apis et les livres d'Hermès, qui sont la chose la plus rare de l'univers: personne ne peut vous disputer Formosante.

—Vous avez raison, dit le roi d'Égypte» ; et il se remit sur son trône.

On alla mettre l'arc entre les mains du roi des Indes. Il en eut des ampoules pour quinze jours, et se consola en présumant que le roi des Scythes ne serait pas plus heureux que lui.

Le Scythe mania l'arc à son tour. Il joignait l'adresse

à la force: l'arc parut prendre quelque élasticité entre ses
mains; il le fit un peu plier, mais jamais il ne put venir à
bout de le tendre. L'amphithéâtre, à qui la bonne mine
de ce prince inspirait des inclinations favorables, gémit
5 de son peu de succès, et jugea que la belle princesse ne
serait jamais mariée.
 Alors le jeune inconnu descendit d'un saut dans l'arène,
et, s'adressant au roi des Scythes: «Que Votre Majesté,
lui dit-il, ne s'étonne point de n'avoir pas entièrement
10 réussi. Ces arcs d'ébène se font dans mon pays; il n'y a
qu'un certain tour à donner; vous avez beaucoup plus de
mérite à l'avoir fait plier que je n'en peux avoir à le tendre.» Aussitôt il prit une flèche, l'ajusta sur la corde,
tendit l'arc de Nembrod, et fit voler la flèche bien au-
15 delà des barrières. Un million de mains applaudit à
ce prodige. Babylone retentit d'acclamations, et toutes
les femmes disaient: «Quel bonheur qu'un si beau gar-
çon ait tant de force!»
 Il tira ensuite de sa poche une petite lame d'ivoire,
20 écrivit sur cette lame avec une aiguille d'or, attacha la
tablette d'ivoire à l'arc, et présenta le tout à la princesse
avec une grâce qui ravissait tous les assistants. Puis il
alla modestement se remettre à sa place entre son oiseau
et son valet. Babylone entière était dans la surprise;
25 les trois rois étaient confondus, et l'inconnu ne paraissait
pas s'en apercevoir.
 Formosante fut encore plus étonnée en lisant sur la
tablette d'ivoire attachée à l'arc ces petits vers en beau
langage chaldéen:

30   L'arc de Nembrod est celui de la guerre;
   L'arc de l'amour est celui du bonheur;
   Vous le portez. Par vous ce dieu vainqueur
   Est devenu le maître de la terre.

Trois rois puissants, trois rivaux aujourd'hui,
Osent prétendre à l'honneur de vous plaire :
Je ne sais pas qui votre cœur préfère,
Mais l'univers sera jaloux de lui.

Ce petit madrigal ne fâcha point la princesse. Il fut critiqué par quelques seigneurs de la vieille cour, qui dirent qu'autrefois dans le bon temps on aurait comparé Bélus au soleil, et Formosante à la lune, son cou à une tour, et sa gorge à un boisseau de froment. Ils dirent que l'étranger n'avait point d'imagination, et qu'il s'écartait des règles de la véritable poésie ; mais toutes les dames trouvèrent les vers fort galants. Elles s'émerveillèrent qu'un homme qui bandait si bien un arc eût tant d'esprit. La dame d'honneur de la princesse lui dit : «Madame, voilà bien des talents en pure perte. De quoi serviront à ce jeune homme son esprit et l'arc de Bélus ?

—A le faire admirer, répondit Formosante.

—Ah ! dit la dame d'honneur entre ses dents, encore un madrigal, et il pourrait bien être aimé.»

Cependant Bélus, ayant consulté ses mages, déclara qu'aucun des trois rois n'ayant pu bander l'arc de Nembrod, il n'en fallait pas moins marier sa fille, et qu'elle appartiendrait à celui qui viendrait à bout d'abattre le grand lion qu'on nourrissait exprès dans sa ménagerie.

Le roi d'Égypte, qui avait été élevé dans toute la sagesse de son pays, trouva qu'il était fort ridicule d'exposer un roi aux bêtes pour le marier. Il avouait que la possession de Formosante était d'un grand prix ; mais il prétendait que, si le lion l'étranglait, il ne pourrait jamais épouser cette belle Babylonienne. Le roi des Indes entra dans les sentiments de l'Égyptien ; tous deux conclurent que le roi de Babylone se moquait d'eux ; qu'il

fallait faire venir des armées pour le punir; qu'ils avaient assez de sujets qui se tiendraient fort honorés de mourir au service de leurs maîtres, sans qu'il en coûtât un cheveu à leurs têtes sacrées; qu'ils détrôneraient aisément le
5 roi de Babylone, et qu'ensuite ils tireraient au sort la belle Formosante. Cet accord étant fait, les deux rois dépêchèrent chacun dans leur pays un ordre exprès d'assembler une armée de trois cent mille hommes pour enlever Formosante.

10 Cependant le roi des Scythes descendit seul dans l'arène, le cimeterre à la main. Il n'était pas éperdument épris des charmes de Formosante; la gloire avait été jusque-là sa seule passion; elle l'avait conduit à Babylone. Il voulait faire voir que si les rois de l'Inde et de
15 l'Égypte étaient assez prudents pour ne se pas compromettre avec des lions, il était assez courageux pour ne pas dédaigner ce combat, et qu'il réparerait l'honneur du diadème. Sa rare valeur ne lui permit pas seulement de se servir du secours de son tigre. Il s'avance seul, légère-
20 ment armé, couvert d'un casque d'acier garni d'or, ombragé de trois queues de cheval blanches comme la neige.

On lâche contre lui le plus énorme lion qui ait jamais été nourri dans les montagnes de l'Anti-Liban. Ses terribles griffes semblaient capables de déchirer les trois
25 rois à la fois, et sa vaste gueule de les dévorer. Ses affreux rugissements faisaient retentir l'amphithéâtre. Les deux fiers champions se précipitent l'un contre l'autre d'une course rapide. Le courageux Scythe enfonce son épée dans le gosier du lion; mais la pointe, rencontrant
30 une de ces épaisses dents que rien ne peut percer, se brise en éclats, et le monstre des forêts, furieux de sa blessure, imprimait déjà ses ongles sanglants dans les flancs du monarque.

Le jeune inconnu, touché du péril d'un si brave prince, se jette dans l'arène plus prompt qu'un éclair; il coupe la tête du lion avec la même dextérité qu'on a vu depuis dans nos carrousels de jeunes chevaliers adroits enlever des têtes de maures ou des bagues.

Puis, tirant une petite boîte, il la présente au roi scythe, en lui disant: « Votre Majesté trouvera dans cette petite boîte le véritable dictame [1] qui croît dans mon pays. Vos glorieuses blessures seront guéries en un moment. Le hasard seul vous a empêché de triompher du lion; votre valeur n'en est pas moins admirable. »

Le roi scythe, plus sensible à la reconnaissance qu'à la jalousie, remercia son libérateur, et, après l'avoir tendrement embrassé, rentra dans son quartier pour appliquer le dictame sur ses blessures.

L'inconnu donna la tête du lion à son valet; celui-ci, après l'avoir lavée à la grande fontaine qui était au-dessous de l'amphithéâtre, et en avoir fait écouler tout le sang, tira un fer de son petit sac, arracha les quarante dents du lion, et mit à leur place quarante diamants d'une égale grosseur.

Son maître, avec sa modestie ordinaire, se remit à sa place; il donna la tête du lion à son oiseau: « Bel oiseau, dit-il, allez porter aux pieds de Formosante ce faible hommage. » L'oiseau part, tenant dans une de ses serres le terrible trophée; il le présente à la princesse en baissant humblement le cou, et en s'aplatissant devant elle. Les quarante brillants éblouirent tous les yeux. On ne connaissait pas encore cette magnificence dans la superbe Babylone: l'émeraude, la topaze, le saphir, et le pyrope, étaient regardés comme les plus précieux ornements. Bélus et toute la cour étaient saisis d'admiration. L'oiseau qui offrait ce présent les surprit encore

davantage. Il était de la taille d'un aigle, mais ses yeux étaient aussi doux et aussi tendres que ceux de l'aigle sont fiers et menaçants. Son bec était couleur de rose, et semblait tenir quelque chose de la belle bouche de
5 Formosante. Son cou rassemblait toutes les couleurs de l'iris, mais plus vives et plus brillantes. L'or en mille nuances éclatait sur son plumage. Ses pieds paraissaient un mélange d'argent et de pourpre; et la queue des beaux oiseaux qu'on attela depuis au char de Junon n'approchait
10 pas de la sienne.

L'attention, la curiosité, l'étonnement, l'extase de toute la cour, se partageaient entre les quarante diamants et l'oiseau. Il s'était perché sur la balustrade, entre Bélus et sa fille Formosante; elle le flattait, le caressait, le
15 baisait. Il semblait recevoir ses caresses avec un plaisir mêlé de respect. Quand la princesse lui donnait des baisers, il les rendait, et la regardait ensuite avec des yeux attendris. Il recevait d'elle des biscuits et des pistaches, qu'il prenait de sa patte purpurine et argentée, et
20 qu'il portait à son bec avec des grâces inexprimables.

Bélus, qui avait considéré les diamants avec attention, jugeait qu'une de ses provinces pouvait à peine payer un présent si riche. Il ordonna qu'on préparât pour l'inconnu des dons encore plus magnifiques que ceux qui
25 étaient destinés aux trois monarques. «Ce jeune homme, disait-il, est sans doute le fils du roi de la Chine, ou de cette partie du monde qu'on nomme Europe, dont j'ai entendu parler, ou de l'Afrique, qui est, dit-on, voisine du royaume d'Égypte.»

30 Il envoya sur-le-champ son grand écuyer complimenter l'inconnu, et lui demander s'il était souverain ou fils de souverain d'un de ces empires, et pourquoi, possédant de si étonnants trésors, il était venu avec un valet et un petit sac.

Tandis que le grand écuyer avançait vers l'amphithéâtre pour s'acquitter de sa commission, arriva un autre valet sur une licorne. Ce valet, adressant la parole au jeune homme, lui dit : « Ormar, votre père touche à l'extrémité de sa vie, et je suis venu vous en avertir. » L'inconnu leva les yeux au ciel, versa des larmes, et ne répondit que par ce mot : « Partons. »

Le grand écuyer, après avoir fait les compliments de Bélus au vainqueur du lion, au donneur des quarante diamants, au maître du bel oiseau, demanda au valet de quel royaume était souverain le père de ce jeune héros. Le valet répondit : « Son père est un vieux berger qui est fort aimé dans le canton. »

Pendant ce court entretien l'inconnu était déjà monté sur sa licorne. Il dit au grand écuyer : « Seigneur, daignez me mettre aux pieds de Bélus et de sa fille. J'ose la supplier d'avoir grand soin de l'oiseau que je lui laisse ; il est unique comme elle. » En achevant ces mots, il partit comme un éclair ; les deux valets le suivirent, et on les perdit de vue.

Formosante ne put s'empêcher de jeter un grand cri. L'oiseau, se retournant vers l'amphithéâtre où son maître avait été assis, parut très affligé de ne le plus voir. Puis regardant fixement la princesse, et frottant doucement sa belle main de son bec, il sembla se vouer à son service.

Bélus, plus étonné que jamais, apprenant que ce jeune homme si extraordinaire était le fils d'un berger, ne put le croire. Il fit courir après lui ; mais bientôt on lui rapporta que les licornes sur lesquelles ces trois hommes couraient ne pouvaient être atteintes, et qu'au galop dont elles allaient elles devaient faire cent lieues par jour.

L'oiseau merveilleux parle à Formosante; il lui fait son histoire. Description du pays des Gangarides, d'où est son ami appelé Amazan. Entreprise infructueuse d'un roi des Indes sur cette contrée. Leurs richesses, leurs guerres, leur religion.
5 *Conseils de l'oiseau à la princesse.*—Il y avait longtemps que l'incomparable Formosante s'était allée coucher. Elle avait fait placer à côté de son lit un petit oranger dans une caisse d'argent pour y faire reposer son oiseau. Ses rideaux étaient fermés; mais elle n'avait nulle envie de
10 dormir; son cœur et son imagination étaient trop éveillés. Le charmant inconnu était devant ses yeux; elle le voyait tirant une flèche avec l'arc de Nembrod; elle le contemplait coupant la tête du lion; elle récitait son madrigal; enfin elle le voyait s'échapper de la foule, monté sur sa licorne;
15 alors elle éclatait en sanglots; elle s'écriait avec larmes: «Je ne le reverrai donc plus; il ne reviendra pas!

— Il reviendra, madame, lui répondit l'oiseau du haut de son oranger; peut-on vous avoir vue, et ne pas vous revoir?
20 — O ciel! ô puissances éternelles! mon oiseau parle le pur chaldéen!»

En disant ces mots, elle tire ses rideaux, lui tend les bras, se met à genoux sur son lit: «Êtes-vous un dieu descendu sur la terre? êtes-vous le grand Orosmade caché
25 sous ce beau plumage? Si vous êtes un dieu, rendez-moi ce beau jeune homme.

— Je ne suis qu'un volatile, répliqua l'autre; mais je naquis dans le temps que toutes les bêtes parlaient encore, et que les oiseaux, les serpents, les ânesses, les
30 chevaux, et les griffons, s'entretenaient familièrement avec les hommes. Je n'ai pas voulu parler devant le monde, de peur que vos dames d'honneur ne me prissent pour un sorcier: je ne veux me découvrir qu'à vous.»

Formosante, interdite, égarée, enivrée de tant de merveilles, agitée de l'empressement de faire cent questions à la fois, lui demanda d'abord quel âge il avait. « Vingt-sept mille neuf cents ans et six mois, madame; je suis de l'âge de la petite révolution du ciel que vos mages appellent *la précession des équinoxes*, et qui s'accomplit en près de vingt-huit mille de vos années. Il y a des révolutions infiniment plus longues : aussi nous avons des êtres beaucoup plus vieux que moi. Il y a vingt-deux mille ans que j'appris le chaldéen dans un de mes voyages; j'ai toujours conservé beaucoup de goût pour la langue chaldéenne; mais les autres animaux mes confrères ont renoncé à parler dans vos climats.

— Et pourquoi cela, mon divin oiseau?

— Hélas ! c'est parce que les hommes ont pris enfin l'habitude de nous manger, au lieu de converser et de s'instruire avec nous. Les barbares! ne devaient-ils pas être convaincus qu'ayant les mêmes organes qu'eux, les mêmes sentiments, les mêmes besoins, les mêmes désirs, nous avions ce qui s'appelle *une âme* tout comme eux; que nous étions leurs frères, et qu'il ne fallait cuire et manger que les méchants? Nous sommes tellement vos frères que le grand Être, l'Être éternel et formateur, ayant fait un pacte avec les hommes,[1] nous comprit expressément dans le traité. Il vous défendit de vous nourrir de notre sang, et à nous, de sucer le vôtre.

« Les fables de votre ancien Locman,[2] traduites en tant de langues, seront un témoignage éternellement subsistant de l'heureux commerce que vous avez eu autrefois avec nous. Elles commencent toutes par ces mots: *Du temps que les bêtes parlaient.*[3] Il est vrai qu'il y a beaucoup de femmes parmi vous qui parlent toujours à leurs chiens; mais ils ont résolu de ne point répondre depuis qu'on les a forcés à coups de fouet d'aller à la chasse, et d'être les complices du meurtre de nos anciens amis communs, les cerfs, les daims, les lièvres et les perdrix.

« Vous avez encore d'anciens poëmes dans lesquels les
5 chevaux parlent, et vos cochers leur adressent la parole tous les jours; mais c'est avec tant de grossièreté, et en prononçant des mots si infâmes, que les chevaux, qui vous aimaient tant autrefois, vous détestent aujourd'hui.

« Le pays où demeure votre charmant inconnu, le plus
10 parfait des hommes, est demeuré le seul où votre espèce sache encore aimer la nôtre et lui parler; et c'est la seule contrée de la terre où les hommes soient justes.

— Et où est-il ce pays de mon cher inconnu? Quel est le nom de ce héros? Comment se nomme son empire?
15 Car je ne croirai pas plus qu'il est un berger que je ne crois que vous êtes une chauve-souris.

— Son pays, madame, est celui des Gangarides, peuple vertueux et invincible qui habite la rive orientale du Gange. Le nom de mon ami est Amazan. Il n'est pas
20 roi, et je ne sais même s'il voudrait s'abaisser à l'être; il aime trop ses compatriotes: il est berger comme eux. Mais n'allez pas vous imaginer que ces bergers ressemblent aux vôtres, qui, couverts à peine de lambeaux déchirés, gardent des moutons infiniment mieux habillés
25 qu'eux; qui gémissent sous le fardeau de la pauvreté, et qui payent à un exacteur la moitié des gages chétifs qu' ils reçoivent de leurs maîtres. Les bergers gangarides, nés tous égaux, sont les maîtres des troupeaux innombrables qui couvrent leurs prés éternellement fleuris.
30 On ne les tue jamais: c'est un crime horrible vers le Gange de tuer et de manger son semblable. Leur laine, plus fine et plus brillante que la plus belle soie, est le plus grand commerce de l'Orient. D'ailleurs la terre des

Gangarides produit tout ce qui peut flatter les désirs de
l'homme. Ces gros diamants qu'Amazan a eu l'honneur
de vous offrir sont d'une mine qui lui appartient. Cette
licorne que vous l'avez vu monter est la monture ordinaire des Gangarides. C'est le plus bel animal, le plus
fier, le plus terrible, et le plus doux qui orne la terre.
Il suffirait de cent Gangarides et de cent licornes pour
dissiper des armées innombrables. Il y a environ deux
siècles qu'un roi des Indes fut assez fou pour vouloir
conquérir cette nation : il se présenta suivi de dix mille
éléphants et d'un million de guerriers. Les licornes per-
cèrent les éléphants, comme j'ai vu sur votre table des
mauviettes enfilées dans des brochettes d'or. Les guerriers tombaient sous le sabre des Gangarides comme les
moissons de riz sont coupées par les mains des peuples
de l'Orient. On prit le roi prisonnier avec plus de six
cent mille hommes. On le baigna dans les eaux salutaires du Gange; on le mit au régime du pays, qui consiste à ne se nourrir que de végétaux prodigués par la
nature pour nourrir tout ce qui respire. Les hommes
alimentés de carnage et abreuvés de liqueurs fortes ont
tous un sang aigri et aduste qui les rend fous en cent
manières différentes. Leur principale démence est la
fureur de verser le sang de leurs frères, et de dévaster
des plaines fertiles pour régner sur des cimetières. On
employa six mois entiers à guérir le roi des Indes de sa
maladie. Quand les médecins eurent enfin jugé qu'il
avait le pouls plus tranquille et l'esprit plus rassis, ils
en donnèrent le certificat au conseil des Gangarides. Ce
conseil, ayant pris l'avis des licornes, renvoya humaine-
ment le roi des Indes, sa sotte cour, et ses imbéciles
guerriers, dans leur pays. Cette leçon les rendit sages,
et, depuis ce temps, les Indiens respectèrent les Ganga-

rides, comme les ignorants qui voudraient s'instruire respectent parmi vous les philosophes chaldéens, qu'ils ne peuvent égaler.

— A propos, mon cher oiseau, lui dit la princesse, y a-t-il une religion chez les Gangarides?

— S'il y en a une, madame! Nous nous assemblons pour rendre grâces à Dieu, les jours de la pleine lune, les hommes dans un grand temple de cèdre, les femmes dans un autre, de peur des distractions; tous les oiseaux dans un bocage, les quadrupèdes sur une belle pelouse; nous remercions Dieu de tous les biens qu'il nous a faits. Nous avons surtout des perroquets qui prêchent à merveille.

« Telle est la patrie de mon cher Amazan; c'est là que je demeure; j'ai autant d'amitié pour lui qu'il vous a inspiré d'amour. Si vous m'en croyez, nous partirons ensemble, et vous irez lui rendre sa visite.

— Vraiment, mon oiseau, vous faites là un joli métier, répondit en souriant la princesse, qui brûlait d'envie de faire le voyage, et qui n'osait le dire.

— Je sers mon ami, dit l'oiseau; et, après le bonheur de vous aimer, le plus grand est celui de servir vos amours.»

Formosante ne savait plus où elle en était; elle se croyait transportée hors de la terre. Tout ce qu'elle avait vu dans cette journée, tout ce qu'elle voyait, tout ce qu'elle entendait, et surtout ce qu'elle sentait dans son cœur, la plongeait dans un ravissement qui passait de bien loin celui qu'éprouvent aujourd'hui les fortunés musulmans quand, dégagés de leurs liens terrestres, ils se voient dans le neuvième ciel entre les bras de leurs houris, environnés et pénétrés de la gloire et de la félicité célestes.

Amazan rencontre sur la route d'Albion un milord auquel il rend service. Singulière conversation qu'ils ont ensemble. La femme du milord albionien devient amoureuse d'Amazan.

— Cependant Amazan était déjà sur le chemin de la capitale d'Albion, dans son carrosse à six licornes, et rêvait à sa princesse. Il aperçut un équipage versé dans un fossé ; les domestiques s'étaient écartés pour aller chercher du secours ; le maître de l'équipage restait tranquillement dans sa voiture, ne témoignant pas la plus légère impatience, et s'amusant à fumer, car on fumait alors : il se nommait milord *What-then*, ce qui signifie à peu près milord *Qu'importe* en la langue dans laquelle je traduis ces mémoires.

Amazan se précipita pour lui rendre service ; il releva tout seul la voiture, tant sa force était supérieure à celle des autres hommes. Milord Qu'importe se contenta de dire : « Voilà un homme bien vigoureux. »

Des rustres du voisinage, étant accourus, se mirent en colère de ce qu'on les avait fait venir inutilement, et s'en prirent à l'étranger : ils le menacèrent en l'appelant *chien d'étranger*, et ils voulurent le battre.

Amazan en saisit deux de chaque main, et les jeta à vingt pas ; les autres le respectèrent, le saluèrent, lui demandèrent pour boire : il leur donna plus d'argent qu'ils n'en avaient jamais vu. Milord Qu'importe lui dit : « Je vous estime ; venez dîner avec moi dans ma maison de campagne, qui n'est qu'à trois milles » ; il monta dans la voiture d'Amazan, parce que la sienne était dérangée par la secousse.

Après un quart d'heure de silence, il regarda un moment Amazan, et lui dit : *How d'ye do ;* à la lettre : *Comment faites-vous faire ?* et dans la langue du traducteur : *Comment vous portez-vous ?* ce qui ne veut rien dire du tout en aucune langue; puis il ajouta: « Vous avez là six jolies licornes »; et il se remit à fumer.

Le voyageur lui dit que ses licornes étaient à son service; qu'il venait avec elles du pays des Gangarides; et il en prit occasion de lui parler de la princesse de Babylone, et du fatal baiser qu'elle avait donné au roi d'Égypte. A quoi l'autre ne répliqua rien du tout, se souciant très peu qu'il y eût dans le monde un roi d'Égypte et une princesse de Babylone. Il fut encore un quart d'heure sans parler; après quoi il redemanda à son compagnon *comment il faisait faire*, et si on mangeait du bon *roast-beef* dans le pays des Gangarides. Le voyageur lui répondit avec sa politesse ordinaire qu'on ne mangeait point ses frères sur les bords du Gange. Il lui expliqua le système qui fut, après tant de siècles, celui de Pythagore, de Porphyre, de Jamblique. Sur quoi milord s'endormit, et ne fit qu'un somme jusqu'à ce qu'on fût arrivé à sa maison.

Il avait une femme jeune et charmante, à qui la nature avait donné une âme aussi vive et aussi sensible que celle de son mari était indifférente. Plusieurs seigneurs albioniens étaient venus ce jour-là dîner avec elle. Il y avait des caractères de toutes les espèces: car le pays n'ayant presque jamais été gouverné que par des étrangers, les familles venues avec ces princes avaient toutes apporté des mœurs différentes. Il se trouva dans la compagnie des gens très aimables, d'autres d'un esprit supérieur, quelques-uns d'une science profonde.

La maîtresse de la maison n'avait rien de cet air emprunté et gauche, de cette roideur, de cette mauvaise honte qu'on reprochait alors aux jeunes femmes d'Albion; elle ne cachait point, par un maintien dédaigneux et par un silence affecté, la stérilité de ses idées et l'embarras humiliant de n'avoir rien à dire : nulle femme n'était plus engageante. Elle reçut Amazan avec la politesse et les grâces qui lui étaient naturelles. L'extrême beauté de ce jeune étranger, et la comparaison soudaine qu'elle fit entre lui et son mari, la frappèrent d'abord sensiblement.

On servit. Elle fit asseoir Amazan à côté d'elle, et lui fit manger des puddings de toute espèce, ayant su de lui que les Gangarides ne se nourrissaient de rien qui eût reçu des dieux le don céleste de la vie. Sa beauté, sa force, les mœurs des Gangarides, les progrès des arts, la religion et le gouvernement, furent le sujet d'une conversation aussi agréable qu'instructive pendant le repas, qui dura jusqu'à la nuit, et pendant lequel milord Qu'importe but beaucoup et ne dit mot.

Amazan arrive à la capitale des Gaules. Tableau de ce qu'il y remarque. — De province en province, ayant toujours repoussé les agaceries de toute espèce, toujours fidèle à la princesse de Babylone, toujours en colère contre le roi d'Égypte, ce modèle de constance parvint à la capitale nouvelle des Gaules. Cette ville avait passé, comme tant d'autres, par tous les degrés de la barbarie, de l'ignorance, de la sottise et de la misère. Son premier nom[1] avait été *la boue* et *la crotte;* ensuite elle avait pris celui d'Isis, du culte d'Isis parvenu jusque chez elle. Son premier sénat avait été une compagnie de bateliers. Elle avait été longtemps esclave des héros déprédateurs des sept montagnes; et, après quelques siècles, d'autres héros brigands, venus de la rive ultérieure du Rhin, s'étaient emparés de son petit terrain.

Le temps, qui change tout, en avait fait une ville

dont la moitié était très noble et très agréable, l'autre
un peu grossière et ridicule: c'était l'emblème de ses
habitants. Il y avait dans son enceinte environ cent
mille personnes au moins qui n'avaient rien à faire qu'à
jouer et à se divertir. Ce peuple d'oisifs jugeait des
arts que les autres cultivaient. Ils ne savaient rien de
ce qui se passait à la cour; quoiqu'elle ne fût qu'à
quatre petits milles d'eux, il semblait qu'elle en fût à
six cents milles au moins. La douceur de la société, la
gaieté, la frivolité, étaient leur importante et leur unique
affaire; on les gouvernait comme des enfants à qui l'on
prodigue des jouets pour les empêcher de crier. Si on
leur parlait des horreurs qui avaient, deux siècles auparavant, désolé leur patrie, et des temps épouvantables où
la moitié de la nation avait massacré l'autre pour des
sophismes, ils disaient qu'en effet cela n'était pas bien,
et puis ils se mettaient à rire et à chanter des vaudevilles.

Plus les oisifs étaient polis, plaisants, et aimables,
plus on observait un triste contraste entre eux et des
compagnies d'occupés.

Il était, parmi ces occupés, ou qui prétendaient l'être,
une troupe de sombres fanatiques, moitié absurdes, moitié
fripons, dont le seul aspect contristait la terre, et qui
l'auraient bouleversée, s'ils l'avaient pu, pour se donner
un peu de crédit; mais la nation des oisifs, en dansant
et en chantant, les faisait rentrer dans leurs cavernes,
comme les oiseaux obligent les chats-huants à se re-
plonger dans les trous des masures.

D'autres occupés, en plus petit nombre, étaient les
conservateurs d'anciens usages barbares contre lesquels
la nature effrayée réclamait à haute voix; ils ne consultaient que leurs registres rongés des vers. S'ils y

voyaient une coutume insensée et horrible, ils la regardaient comme une loi sacrée. C'est par cette lâche habitude de n'oser penser par eux-mêmes, et de puiser leurs idées dans les débris des temps où l'on ne pensait pas, que, dans la ville des plaisirs, il était encore des mœurs atroces. C'est par cette raison qu'il n'y avait nulle proportion entre les délits et les peines. On faisait quelquefois souffrir mille morts à un innocent pour lui faire avouer un crime qu'il n'avait pas commis.

On punissait une étourderie de jeune homme comme on aurait puni un empoisonnement ou un parricide. Les oisifs en poussaient des cris perçants, et le lendemain ils n'y pensaient plus, et ne parlaient que de modes nouvelles.

Ce peuple avait vu s'écouler un siècle entier pendant lequel les beaux-arts s'élevèrent à un degré de perfection qu'on n'aurait jamais osé espérer; les étrangers venaient alors, comme à Babylone, admirer les grands monuments d'architecture, les prodiges des jardins, les sublimes efforts de la sculpture et de la peinture. Ils étaient enchantés d'une musique qui allait à l'âme sans étonner les oreilles.

La vraie poésie, c'est-à-dire celle qui est naturelle et harmonieuse, celle qui parle au cœur autant qu'à l'esprit, ne fut connue de la nation que dans cet heureux siècle. De nouveaux genres d'éloquence déployèrent des beautés sublimes. Les théâtres surtout retentirent de chefs-d'œuvre dont aucun peuple n'approcha jamais. Enfin le bon goût se répandit dans toutes les professions, au point qu'il y eut de bons écrivains même chez les druides.

Tant de lauriers, qui avaient levé leurs têtes jusqu'aux nues, se séchèrent bientôt dans une terre épuisée.

Il n'en resta qu'un très petit nombre dont les feuilles étaient d'un vert pâle et mourant. La décadence fut produite par la facilité de faire et par la paresse de bien faire, par la satiété du beau et par le goût du bizarre. La vanité protégea des artistes qui ramenaient les temps de la barbarie; et cette même vanité, en persécutant les talents véritables, les força de quitter leur patrie; les frelons firent disparaître les abeilles.

Presque plus de véritables arts, presque plus de génie; le mérite consistait à raisonner à tort et à travers sur le mérite du siècle passé: le barbouilleur des murs d'un cabaret critiquait savamment les tableaux des grands peintres; les barbouilleurs de papier défiguraient les ouvrages des grands écrivains. L'ignorance et le mauvais goût avaient d'autres barbouilleurs à leurs gages. On répétait les mêmes choses dans cent volumes sous des titres différents. Tout était ou dictionnaire ou brochure. Un gazetier druide[1] écrivait deux fois par semaine les annales obscures de quelques énergumènes ignorés de la nation, et de prodiges célestes opérés dans des galetas par de petits gueux et de petites gueuses; d'autres ex-druides, vêtus de noir, près de mourir de colère et de faim, se plaignaient dans cent écrits qu'on ne leur permit plus de tromper les hommes, et qu'on laissât ce droit à des boucs vêtus de gris. Quelques archi-druides imprimaient des libelles diffamatoires.

Amazan ne savait rien de tout cela; et, quand il l'aurait su, il ne s'en serait guère embarrassé, n'ayant la tête remplie que de la princesse de Babylone, du roi de l'Égypte, et de son serment inviolable de mépriser toutes les coquetteries des dames, dans quelque pays que le chagrin conduisît ses pas.

Toute la populace légère, ignorante, et toujours poussant à l'excès cette curiosité naturelle au genre humain, s'empressa longtemps auprès de ses licornes; les femmes, plus sensées, forcèrent les portes de son hôtel pour contempler sa personne.

Il témoigna d'abord à son hôte quelque désir d'aller à la cour; mais des oisifs de bonne compagnie, qui se trouvèrent là par hasard, lui dirent que ce n'était plus la mode, que les temps étaient bien changés, et qu'il n'y avait plus de plaisirs qu'à la ville. Il fut invité le soir même à souper par une dame[1] dont l'esprit et les talents étaient connus hors de sa patrie, et qui avait voyagé dans quelques pays où Amazan avait passé. Il goûta fort cette dame et la société rassemblée chez elle. La liberté y était décente, la gaieté n'y était point bruyante, la science n'y avait rien de rebutant, et l'esprit rien d'apprêté. Il vit que le nom de bonne compagnie n'est pas un vain nom, quoiqu'il soit souvent usurpé.

CHAPTER V. — MÉLANGES.

LETTRES PHILOSOPHIQUES.

(1734.)

Sur le parlement. — Les membres du parlement d'Angleterre aiment à se comparer aux anciens Romains autant qu'ils le peuvent.

Il n'y a pas longtemps que M. Shipping, dans la
5 chambre des communes, commença son discours par ces mots : « La majesté du peuple anglais serait blessée, etc. » La singularité de l'expression causa un grand éclat de rire ; mais, sans se déconcerter, il répéta les mêmes paroles d'un air ferme, et on ne rit plus. J'avoue que
10 je ne vois rien de commun entre la majesté du peuple anglais et celle du peuple romain, encore moins entre leurs gouvernements ; il y a un sénat à Londres dont quelques membres sont soupçonnés, quoique à tort sans doute, de vendre leurs voix dans l'occasion, comme on
15 faisait à Rome : voilà toute la ressemblance. D'ailleurs les deux nations me paraissent entièrement différentes, soit en bien, soit en mal. On n'a jamais connu chez les Romains la folie horrible des guerres de religion : cette abomination était réservée à des dévots prêcheurs
20 d'humilité et de patience. Marius et Sylla, Pompée et César, Antoine et Auguste, ne se battaient point pour décider si le *flamen* devait porter sa chemise par dessus sa robe, ou sa robe par dessus sa chemise, et si les poulets sacrés devaient manger et boire, ou bien manger

seulement, pour qu'on prît les augures. Les Anglais se sont fait pendre autrefois réciproquement à leurs assises, et se sont détruits en bataille rangée pour des querelles de pareille espèce; la secte des épiscopaux et le presbytérianisme ont tourné pour un temps ces têtes mélancoliques. Je m'imagine que pareille sottise ne leur arrivera plus; ils me paraissent devenir sages à leurs dépens, et je ne leur vois nulle envie de s'égorger dorénavant pour des syllogismes. Toutefois, qui peut répondre des hommes?

Voici une différence plus essentielle entre Rome et l'Angleterre, qui met tout l'avantage du côté de la dernière : c'est que le fruit des guerres civiles de Rome a été l'esclavage, et celui des troubles d'Angleterre, la liberté. La nation anglaise est la seule de la terre qui soit parvenue à régler le pouvoir des rois en leur résistant, et qui d'efforts en efforts ait enfin établi ce gouvernement sage où le prince, tout-puissant pour faire du bien, a les mains liées pour faire du mal: où les seigneurs sont grands sans insolence et sans vassaux, et où le peuple partage le gouvernement sans confusion.[1]

La chambre des pairs et celle des communes sont les arbitres de la nation, le roi est le surarbitre. ·Cette balance manquait aux Romains: les grands et le peuple étaient toujours en division à Rome, sans qu'il y eût un pouvoir mitoyen qui pût les accorder. Le sénat de Rome, qui avait l'injuste et punissable orgueil de ne vouloir rien partager avec les plébéiens, ne connaissait d'autre secret, pour les éloigner du gouvernement, que de les occuper toujours dans les guerres étrangères. Il regardait le peuple comme une bête féroce qu'il fallait lâcher sur leurs voisins de peur qu'elle ne dévorât ses maîtres: ainsi le plus grand défaut du gouvernement des Romains en fit des conquérants; c'est parce qu'ils étaient malheureux chez eux qu'ils devinrent les maîtres du monde, jusqu'à ce qu'enfin leurs divisions les rendirent esclaves.

Le gouvernement d'Angleterre n'est point fait pour un si grand éclat, ni pour une fin si funeste; son but n'est point la brillante folie de faire des conquêtes, mais d'empêcher que ses voisins n'en fassent; ce peuple n'est pas seulement jaloux de sa liberté, il l'est encore de celle des autres. Les Anglais étaient acharnés contre Louis XIV, uniquement parce qu'ils lui croyaient de l'ambition.

Il en a coûté sans doute pour établir la liberté en Angleterre; c'est dans des mers de sang qu'on a noyé l'idole du pouvoir despotique; mais les Anglais ne croient point avoir acheté trop cher leurs lois. Les autres nations n'ont pas eu moins de troubles, n'ont pas versé moins de sang qu'eux; mais ce sang qu'elles ont répandu pour la cause de leur liberté n'a fait que cimenter leur servitude.

Ce qui devient une révolution en Angleterre n'est qu'une sédition dans les autres pays. Une ville prend les armes pour défendre ses priviléges, soit en Espagne, soit en Barbarie, soit en Turquie: aussitôt des soldats mercenaires la subjuguent, des bourreaux la punissent, et le reste de la nation baise ses chaînes. Les Français pensent que le gouvernement de cette île est plus orageux que la mer qui l'environne, et cela est vrai; mais c'est quand le roi commence la tempête, c'est quand il veut se rendre le maître du vaisseau dont il n'est que le premier pilote. Les guerres civiles de France ont été plus longues, plus cruelles, plus fécondes en crimes, que celles d'Angleterre ; mais de toutes ces guerres civiles aucune n'a eu une liberté sage pour objet.

Dans les temps détestables de Charles IX et de Henri
III,[1] il s'agissait seulement de savoir si on serait l'esclave
des Guises.[2] Pour la dernière guerre de Paris,[3] elle ne
mérite que des sifflets; il me semble que je vois des
écoliers qui se mutinent contre le préfet d'un collége, et
qui finissent par être fouettés; le cardinal de Retz,[4] avec
beaucoup d'esprit et de courage mal employés, rebelle
sans aucun sujet, factieux sans dessein, chef de parti sans
armée, cabalait pour cabaler, et semblait faire la guerre
civile pour son plaisir. Le parlement ne savait ce qu'il
voulait, ni ce qu'il ne voulait pas; il levait des troupes
par arrêt, il les cassait, il menaçait et demandait pardon;
il mettait à prix la tête du cardinal Mazarin, et ensuite
venait le complimenter en cérémonie : nos guerres civiles
sous Charles VI[5] avaient été cruelles, celles de la Ligue
furent abominables, celle de la Fronde fut ridicule.

Ce qu'on reproche le plus en France aux Anglais, c'est
le supplice de Charles Ier, monarque digne d'un meilleur
sort, qui fut traité par ses vainqueurs comme il les eût
traités s'il eût été heureux.

Après tout, regardez d'un côté Charles Ier vaincu en
bataille rangée, prisonnier, jugé, condamné dans West-
minster, et décapité; et de l'autre l'empereur Henri VII
empoisonné par son chapelain[6] en communiant, Henri III
assassiné par un moine, trente assassinats médités contre
Henri IV, plusieurs exécutés, et le dernier[7] privant enfin
la France de ce grand roi. Pesez ces attentats, et jugez.

VOL. XXII, 102-105.

Sur Descartes.[8] — Descartes était né avec une imagination brillante et forte, qui en fit un homme singulier dans
sa vie privée comme dans sa manière de raisonner. Cette
imagination ne put se cacher même dans ses ouvrages

philosophiques, où l'on voit à tout moment des comparaisons ingénieuses et brillantes. La nature en avait presque fait un poëte, et en effet il composa pour la reine de Suède un divertissement en vers que pour l'honneur de sa mémoire on n'a pas fait imprimer.

Il essaya quelque temps du métier de la guerre, et depuis, étant devenu tout à fait philosophe, il ne crut pas indigne de lui de faire l'amour. Il eut de sa maîtresse une fille nommée Francine, qui mourut jeune, et dont il regretta beaucoup la perte. Ainsi il éprouva tout ce qui appartient à l'humanité.

Il crut longtemps qu'il était nécessaire de fuir les hommes, et surtout sa patrie, pour philosopher en liberté. Il avait raison: les hommes de son temps n'en savaient pas assez pour l'éclairer, et n'étaient guère capables que de lui nuire.

Il quitta la France parce qu'il cherchait la vérité, qui y était persécutée alors par la misérable philosophie de l'école; mais il ne trouva pas plus de raison dans les universités de la Hollande, où il se retira. Car dans le temps qu'on condamnait en France les seules propositions de sa philosophie qui fussent vraies, il fut aussi persécuté par les prétendus philosophes de Hollande, qui ne l'entendaient pas mieux, et qui, voyant de plus près sa gloire, haïssaient davantage sa personne. Il fut obligé de sortir d'Utrecht: il essuya l'accusation d'athéisme, dernière ressource des calomniateurs; et lui, qui avait employé toute la sagacité de son esprit à chercher de nouvelles preuves de l'existence d'un Dieu, fut soupçonné de n'en point reconnaître.

Tant de persécutions supposaient un très grand mérite et une réputation éclatante: aussi avait-il l'un et l'autre. La raison perça même un peu dans le monde à travers les ténèbres de l'école et les préjugés de la superstition populaire. Son nom fit enfin tant de bruit qu'on voulut l'attirer en France par des récompenses. On lui proposa une pension de mille écus; il vint sur cette espérance, paya les frais de la patente qui se vendait alors, n'eut point la pension, et s'en retourna philosopher dans sa solitude de Nord-Hollande, dans le temps que le grand Galilée, à l'âge de quatre-vingts ans, gémissait dans les prisons de l'Inquisition pour avoir démontré le mouvement de la terre.[1]

Enfin il mourut à Stockholm d'une mort prématurée, et causée par un mauvais régime, au milieu de quelques savants, ses ennemis, et entre les mains d'un médecin qui le haïssait.

Sur la tragédie. — Les Anglais avaient déjà un théâtre aussi bien que les Espagnols, quand les Français n'avaient encore que des tréteaux. Shakespeare que les Anglais prennent pour un Sophocle, florissait à peu près dans le temps de Lope de Véga:[2] il créa le théâtre; il avait un génie plein de force et de fécondité, de naturel et de sublime, sans la moindre étincelle de bon goût, et sans la moindre connaissance des règles. Je vais vous dire une chose hasardée, mais vraie: c'est que le mérite de cet auteur a perdu le théâtre anglais; il y a de si belles scènes, des morceaux si grands et si terribles répandus dans ses farces monstrueuses, qu'on appelle tragédies, que ses pièces ont toujours été jouées avec un grand succès. Le temps, qui fait seul la réputation des hommes, rend à la fin leurs défauts respectables. La plupart des idées bizarres et gigantesques de cet auteur ont acquis au bout de deux cents ans le droit de passer pour sublimes. Les auteurs modernes l'ont presque tous copié; mais ce qui réussissait dans Shakespeare est sifflé chez eux, et vous croyez bien que la vénération qu'on a pour cet ancien augmente à mesure que l'on méprise les modernes. On ne fait pas réflexion qu'il ne faudrait pas l'imiter, et le mauvais succès de ses copistes fait seulement qu'on le croit inimitable.

Vous savez que dans la tragédie du *More de Venise*, pièce très touchante, un mari étrangle sa femme sur le théâtre; et que, quand la pauvre femme est étranglée, elle s'écrie qu'elle meurt très injustement. Vous n'ignorez pas que, dans *Hamlet*, des fossoyeurs creusent une fosse en buvant, en chantant des vaudevilles, et en faisant sur les têtes des morts qu'ils rencontrent des plaisanteries convenables à gens de leur métier; mais, ce qui vous surprendra, c'est qu'on a imité ces sottises. Sous le règne de Charles II, qui était celui de la politesse, et l'âge des beaux-arts, Otway,[1] dans sa *Venise sauvée*, introduit le sénateur Antonio et sa courtisane Naki[2] au milieu des horreurs de la conspiration du marquis de Bedmar. Le vieux sénateur Antonio fait auprès de sa courtisane toutes les singeries d'un vieux débauché: elle lui donne des coups de pied et des coups de fouet. On a retranché de la pièce d'Otway ces bouffonneries faites pour la plus vile canaille; mais on a laissé dans le *Jules César* de Shakespeare les plaisanteries des cordonniers et des savetiers romains introduits sur la scène avec Brutus et Cassius.

Vous vous plaindrez sans doute que ceux qui, jusqu'à présent, vous ont parlé du théâtre anglais, et surtout de ce fameux Shakespeare, ne vous aient encore fait voir que ses erreurs, et que personne n'ait traduit aucun de ces endroits frappants qui demandent grâce pour toutes ses fautes. Je vous répondrai qu'il est bien aisé de rapporter en prose les sottises d'un poëte, mais très difficile de traduire ses beaux vers. Tous ceux qui s'érigent en critiques des écrivains célèbres compilent des volumes. J'aimerais mieux deux pages qui nous fissent connaître quelques beautés : car je maintiendrai toujours, avec tous les gens de bon goût, qu'il y a plus à profiter dans douze vers d'Homère et de Virgile que dans toutes les critiques qu'on a faites de ces deux grands hommes.

VOL. XXII, 148-150.

CONSEILS À UN JOURNALISTE.
(1737.)

Sur l'histoire. — Ce que les journalistes aiment peut-être le mieux à traiter, ce sont les morceaux d'histoire : c'est là ce qui est le plus à la portée de tous les hommes, et le plus de leur goût. Ce n'est pas que dans le fond on ne soit aussi curieux pour le moins de connaître la nature que de savoir ce qu'a fait Sésostris[1] ou Bacchus;[2] mais il en coûte de l'application pour examiner, par exemple, par quelle machine on pourrait fournir beaucoup d'eau à la ville de Paris, ce qui nous importe pourtant assez; et on n'a qu'à ouvrir les yeux pour lire les anciens contes qui nous sont transmis sous le nom d'*histoires*, lesquels on nous répète tous les jours, et qui ne nous importent guère.

Si vous rendez compte de l'histoire ancienne, proscrivez, je vous en conjure, toutes ces déclamations contre certains conquérants. Laissez Juvénal et Boileau donner, du fond de leur cabinet, des ridicules à Alexandre, qu'ils eussent fatigué d'encens s'ils eussent vécu sous lui ; qu'ils appellent Alexandre insensé;[3] vous, philosophe impartial, regardez dans Alexandre ce capitaine général de la Grèce, semblable à peu près à un Scanderbeg,[1] à un Huniade,[2] chargé comme eux de venger son pays, mais plus heureux, plus grand, plus poli et plus magnifique. Ne le faites pas voir seulement subjuguant tout l'empire de l'ennemi des Grecs, et portant ses conquêtes jusqu'à l'Inde, où s'étendait la domination de Darius; mais représentez-le donnant des lois au milieu de la guerre, formant des colonies, établissant le commerce, fondant Alexandrie et Scanderon,[3] qui sont aujourd'hui le centre du négoce de l'Orient. C'est par là surtout qu'il faut considérer les rois; et c'est ce qu'on néglige. Quel bon citoyen n'aimera pas mieux qu'on l'entretienne des villes et des ports que César a bâtis, du calendrier qu'il a réformé, etc., que des hommes qu'il a fait égorger?

Inspirez surtout aux jeunes gens plus de goût pour l'histoire des temps récents, qui est pour nous de nécessité, que pour l'ancienne, qui n'est que de curiosité; qu'ils songent que la moderne a l'avantage d'être plus certaine, par cela même qu'elle est moderne.

Je voudrais surtout que vous recommandassiez de commencer sérieusement l'étude de l'histoire au siècle qui précède immédiatement Charles-Quint, Léon X, François Ier.[4] C'est là qu'il se fait dans l'esprit humain, comme dans notre monde, une révolution qui a tout changé.

Le beau siècle de Louis XIV achève de perfectionner ce que Léon X, tous les Médicis,[5] Charles-Quint, François Ier, avaient commencé. Je travaille depuis longtemps[6] à l'histoire de ce dernier siècle, qui doit être l'exemple des siècles à venir; j'essaye de faire voir le progrès de l'esprit humain, et de tous les arts, sous Louis XIV. Puissé-je, avant de mourir, laisser ce monument à la gloire de ma nation! J'ai bien des matériaux pour élever cet édifice.

Je ne manque point de Mémoires sur les avantages que le grand Colbert[1] a procurés et voulait faire à la nation et au monde; sur la vigilance infatigable, sur la prévoyance d'un ministre de la guerre[2] né pour être le ministre d'un conquérant; sur les révolutions arrivées dans l'Europe; sur la vie privée de Louis XIV, qui a été dans son domestique l'exemple des hommes, comme il a été quelquefois celui des rois. J'ai des Mémoires sur des fautes inséparables de l'humanité, dont je n'aime à parler que parce qu'elles font valoir les vertus; et j'applique déjà à Louis XIV ce beau mot d'Henri IV, qui disait à l'ambassadeur don Pèdre : « Quoi donc! votre maître n'a-t-il pas assez de vertus pour avoir des défauts? » Mais j'ai peur de n'avoir ni le temps ni la force de conduire ce grand ouvrage à sa fin.

Je vous prierai de bien faire sentir que si nos histoires modernes écrites par des contemporains sont plus certaines en général que toutes les histoires anciennes, elles sont quelquefois plus douteuses dans les détails. Je m'explique. Les hommes diffèrent entre eux d'état, de parti, de religion. Le guerrier, le magistrat, le janséniste,[3] le moliniste,[4] ne voient point les mêmes faits avec les mêmes yeux : c'est le vice de tous les temps. Un Carthaginois n'eût point écrit les guerres puniques dans l'esprit d'un Romain, et il eût reproché à Rome la mauvaise foi[5] dont Rome accusait Carthage. Nous n'avons guère d'historiens anciens qui aient écrit les uns contre les autres sur le même événement : ils auraient répandu le doute sur des choses que nous prenons aujourd'hui pour incontestables. Quelque peu vraisemblables qu'elles soient, nous les respectons pour deux raisons : parce qu'elles sont anciennes, et parce qu'elles n'ont point été contredites.

Nous autres historiens contemporains, nous sommes

dans un cas bien différent ; il nous arrive souvent la même chose qu'aux puissances qui sont en guerre. On a fait à Vienne, à Londres, à Versailles, des feux de joie pour des batailles que personne n'avait gagnées : chaque parti chante victoire, chacun a raison de son côté. Voyez que de contradictions sur Marie Stuart,[1] sur les guerres civiles d'Angleterre, sur les troubles de Hongrie,[2] sur l'établissement de la religion protestante, sur le concile de Trente.[3] Parlez de la révocation de l'édit de Nantes[4] à un bourgmestre hollandais, c'est une tyrannie imprudente ; consultez un ministre de la cour de France, c'est une politique sage. Que dis-je ? la même nation, au bout de vingt ans, n'a plus les mêmes idées qu'elle avait sur le même événement et sur la même personne : j'en ai été témoin au sujet du feu roi Louis XIV. Mais quelles contradictions n'aurai-je pas à essuyer sur l'histoire de Charles XII ! J'ai écrit sa vie singulière sur les Mémoires de M. Fabrice, qui a été huit ans son favori ; sur les lettres de M. de Fierville, envoyé de France auprès de lui ; sur celles de M. de Villelongue, longtemps colonel à son service ; sur celles de M. de Poniatowski. J'ai consulté M. de Croissy, ambassadeur de France auprès de ce prince, etc. J'apprends à présent que M. Nordberg, chapelain de Charles XII, écrit une histoire de son règne. Je suis sûr que le chapelain aura souvent vu les mêmes choses avec d'autres yeux que le favori de l'ambassadeur. Quel parti prendre en ce cas ? celui de me corriger sur-le-champ dans les choses où ce nouvel historien aura évidemment raison, et de laisser les autres au jugement des lecteurs désintéressés. Que suis-je en tout cela ? je ne suis qu'un peintre qui cherche à représenter d'un pinceau faible, mais vrai, les hommes tels qu'ils ont été. Tout m'est indifférent de Charles XII et de Pierre le Grand, excepté le bien que

le dernier a pu faire aux hommes. Je n'ai aucun sujet de
les flatter ni d'en médire. Je les traiterai comme Louis
XIV, avec le respect qu'on doit aux têtes couronnées qui
viennent de mourir, et avec le respect qu'on doit à la
vérité, qui ne mourra jamais.
VOL. XXII, 243-247.

SOMMAIRES DES PIÈCES DE MOLIÈRE.
(1739.)

Le Misanthrope. Comédie en vers et en cinq actes, représentée sur le théâtre du Palais-Royal, le 4 juin 1666. — L'Europe regarde cet ouvrage comme le chef-d'œuvre du haut comique. Le sujet du Misanthrope a réussi chez toutes les nations longtemps avant Molière, et après lui. En effet, il y a peu de choses plus attachantes qu'un homme qui hait le genre humain, dont il a éprouvé les noirceurs, et qui est entouré de flatteurs dont la complaisance servile fait un contraste avec son inflexibilité. Cette façon de traiter le Misanthrope est la plus commune, la plus naturelle, et la plus susceptible du genre comique. Celle dont Molière l'a traité est bien plus délicate, et, fournissant bien moins, exigeait beaucoup d'art. Il s'est fait à lui-même un sujet stérile, privé d'action, dénué d'intérêt. Son Misanthrope hait les hommes encore plus par humeur que par raison. Il n'y a d'intrigue dans la pièce que ce qu'il en faut pour faire sortir les caractères, mais peut-être pas assez pour attacher ; en récompense, tous ces caractères ont une force, une vérité et une finesse que jamais auteur comique n'a connues comme lui.

Molière est le premier qui ait su tourner en scènes ces conversations du monde, et y mêler des portraits. *Le*

Misanthrope en est plein ; c'est une peinture continuelle, mais une peinture de ces ridicules que les yeux vulgaires n'aperçoivent pas. Il est inutile d'examiner ici en détail les beautés de ce chef-d'œuvre de l'esprit ; de montrer
5 avec quel art Molière a peint un homme qui pousse la vertu jusqu'au ridicule, rempli de faiblesse pour une coquette, et de remarquer la conversation et le contraste charmant d'une prude avec cette coquette outrée. Quiconque lit doit sentir ces beautés, lesquelles même, toutes
10 grandes qu'elles sont, ne seraient rien sans le style. La pièce est, d'un bout à l'autre, à peu près dans le style des satires de Despréaux ; et c'est, de toutes les pièces de Molière, la plus fortement écrite.

Elle eut, à la première représentation, les applaudisse-
15 ments qu'elle méritait. Mais c'était un ouvrage plus fait pour les gens d'esprit que pour la multitude, et plus propre encore à être lu qu'à être joué. Le théâtre fut désert dès le troisième jour.[1] Depuis, lorsque le fameux acteur Baron,[2] étant remonté sur le théâtre après trente
20 ans d'absence, joua le Misanthrope, la pièce n'attira pas un grand concours : ce qui confirma l'opinion où l'on était que cette pièce serait plus admirée que suivie. Ce peu d'empressement qu'on a, d'un côté, pour *le Misanthrope*, et, de l'autre, la juste admiration qu'on a pour lui,
25 prouvent, peut-être plus qu'on ne pense, que le public n'est point injuste. Il court en foule à des comédies gaies et amusantes, mais qu'il n'estime guère ; et ce qu'il admire n'est pas toujours réjouissant. Il en est des comédies comme des jeux : il y en a que tout le monde
30 joue ; il y en a qui ne sont faits que pour les esprits plus fins et plus appliqués.

Si on osait encore chercher dans le cœur humain la raison de cette tiédeur du public aux représentations du

Misanthrope, peut-être les trouverait-on dans les éléments de l'intrigue de la pièce, dont les beautés ingénieuses et fines ne sont pas également vives et intéressantes; dans ces conversations même, qui sont des morceaux inimitables, mais qui, n'étant pas toujours nécessaires à la pièce, peut-être refroidissent un peu l'action, pendant qu'elles font admirer l'auteur; enfin dans le dénoûment, qui, tout bien amené et tout sage qu'il est, semble être attendu du public sans inquiétude, et qui, venant après une intrigue peu attachante, ne peut avoir rien de piquant. En effet, le spectateur ne souhaite point que le Misanthrope épouse la coquette Célimène, et ne s'inquiète pas beaucoup s'il se détachera d'elle. Enfin, on prendrait la liberté de dire que *le Misanthrope* est une satire plus sage et plus fine que celles d'Horace et de Boileau, et pour le moins aussi bien écrite; mais qu'il y a des comédies plus intéressantes, et que *le Tartufe*, par exemple, réunit les beautés du style du *Misanthrope* avec un intérêt plus marqué.

On sait que les ennemis de Molière voulurent persuader au duc de Montausier,[1] fameux par sa vertu sauvage, que c'était lui que Molière jouait dans *le Misanthrope*. Le duc de Montausier alla voir la pièce, et dit, en sortant, qu'il aurait bien voulu ressembler au Misanthrope de Molière.

Vol. XXIII, 109-111.

FRAGMENT D'UNE LETTRE SUR UN USAGE TRÈS UTILE ÉTABLI EN HOLLANDE.

(1739.)

Il serait à souhaiter que ceux qui sont à la tête des nations imitassent les artisans. Dès qu'on sait à Londres qu'on fait une nouvelle étoffe en France, on la contrefait.

Pourquoi un homme d'État ne s'empressera-t-il pas d'établir dans son pays une loi utile qui viendra d'ailleurs? Nous sommes parvenus à faire la même porcelaine qu'à la Chine; parvenons à faire le bien qu'on fait chez nos
5 voisins, et que nos voisins profitent de ce que nous avons d'excellent.

Il y a tel particulier qui fait croître dans son jardin des fruits que la nature n'avait destinés qu'à mûrir sous la ligne:[1] nous avons à nos portes mille lois, mille cou-
10 tumes sages; voilà les fruits qu'il faut faire naître chez soi, voilà les arbres qu'il faut y transplanter: ceux-là viennent en tous climats, et se plaisent dans tous les terrains.

La meilleure loi, le plus excellent usage, le plus utile
15 que j'aie jamais vu, c'est en Hollande. Quand deux hommes veulent plaider l'un contre l'autre, ils sont obligés d'aller d'abord au tribunal des *conciliateurs*, appelés *faiseurs de paix*. Si les parties arrivent avec un avocat et un procureur, on fait d'abord retirer ces der-
20 niers, comme on ôte le bois d'un feu qu'on veut éteindre. Les *faiseurs de paix* disent aux parties: Vous êtes de grands fous de vouloir manger votre argent à vous rendre mutuellement malheureux; nous allons vous accomoder sans qu'il vous en coûte rien.

25 Si la rage de la chicane est trop forte dans ces plaideurs, on les remet à un autre jour, afin que le temps adoucisse les symptômes de leur maladie. Ensuite les juges les envoient chercher une seconde, une troisième fois. Si leur folie est incurable, on leur permet de
30 plaider, comme on abandonne au fer des chirurgiens des membres gangrenés: alors la justice fait sa main.[2]

Il n'est pas nécessaire de faire ici de longues déclamations, ni de calculer ce qui en reviendrait au genre humain si cette loi était adoptée. D'ailleurs je ne veux point aller sur les brisées de M. l'abbé de Saint-Pierre,[1] dont un ministre plein d'esprit[2] appelait les projets *les rêves d'un homme de bien*. Je sais que souvent un particulier qui s'avise de proposer quelque chose pour le bonheur public se fait berner. On dit: De quoi se mêle-t-il? voilà un plaisant homme, de vouloir que nous soyons plus heureux que nous ne sommes! ne sait-il pas qu'un abus est toujours le patrimoine d'une bonne partie de la nation? pourquoi nous ôter un mal où tant de gens trouvent leur bien? A cela je n'ai rien à répondre.

Vol. XXIII, 127, 128.

DISCOURS DE M. DE VOLTAIRE À SA RÉCEPTION À L'ACADÉMIE FRANÇAISE, PRONONCÉ LE LUNDI 9 MAI 1746.

Pourquoi Homère, Théocrite, Lucrèce, Virgile, Horace, sont-ils heureusement traduits chez les Italiens et chez les Anglais?[a] Pourquoi ces nations n'ont-elles aucun grand poëte de l'antiquité en prose, et pourquoi n'en avons-nous encore eu aucun en vers? Je vais tâcher d'en démêler la raison.

La difficulté surmontée, dans quelque genre que ce puisse être, fait une grande partie du mérite. Point de grandes choses sans de grandes peines: et il n'y a point de nation au monde chez laquelle il soit plus difficile que chez la nôtre de rendre une véritable vie à la poésie ancienne. Les premiers poëtes formèrent le génie de leur langue; les Grecs et les Latins employèrent d'abord la poésie à peindre les objets sensibles de toute la nature. Homère exprime tout ce qui frappe les yeux: les Français, qui n'ont guère commencé à perfectionner la grande poésie qu'au théâtre, n'ont pu et n'ont dû exprimer alors que ce qui peut toucher l'âme. Nous nous sommes interdit nous-mêmes insensiblement presque tous les objets que d'autres nations ont osé peindre. Il n'est rien que le Dante n'exprimât, à l'exemple des anciens : il accoutuma les Italiens à tout dire ; mais nous, comment pourrions-nous aujourd'hui imiter l'auteur des *Géorgiques*, qui nomme sans détour tous les instruments de l'agriculture ? A peine les connaissons-nous, et notre mollesse orgueilleuse, dans le sein du repos et du luxe de nos villes, attache malheureusement une idée basse à ces travaux champêtres, et au détail de ces arts utiles, que les maîtres et les législateurs de la terre cultivaient de leurs mains victorieuses. Si nos bons poëtes avaient su exprimer heureusement les petites choses, notre langue ajouterait aujourd'hui ce mérite, qui est très grand, à l'avantage d'être devenue la première langue du monde pour les charmes de la conversation, et pour l'expression du sentiment. Le langage du cœur et le style du théâtre ont entièrement prévalu : ils ont embelli la langue française ; mais ils en ont resserré les agréments dans des bornes un peu trop étroites.

Et quand je dis ici, messieurs, que ce sont les grands poëtes qui ont déterminé le génie des langues,[1] je n'avance rien qui ne soit connu de vous. Les Grecs n'écrivirent l'histoire que quatre cents ans après Homère. La langue grecque reçut de ce grand peintre de la nature la supériorité qu'elle prit chez tous les peuples de l'Asie et de l'Europe : c'est Térence qui, chez les Romains, parla le premier avec une pureté toujours élégante ; c'est Pétrarque qui, après le Dante, donna à la langue italienne cette aménité et cette grâce qu'elle a toujours conservées ;

c'est à Lope de Véga que l'espagnol doit sa noblesse et sa pompe ; c'est Shakespeare qui, tout barbare qu'il était, init dans l'anglais cette force et cette énergie qu'on n'a jamais pu augmenter depuis sans l'outrer, et par conséquent sans l'affaiblir. D'où vient ce grand effet de la poésie, de former et fixer enfin le génie des peuples et de leurs langues? La cause en est bien sensible: les premiers bons vers, ceux même qui n'en ont que l'apparence, s'impriment dans la mémoire à l'aide de l'harmonie. Leurs tours naturels et hardis deviennent familiers ; les hommes, qui sont tous nés imitateurs, prennent insensiblement la manière de s'exprimer, et même de penser, des premiers dont l'imagination a subjugué celle des autres. Me désavouerez-vous donc, messieurs, quand je dirai que le vrai mérite et la réputation de notre langue ont commencé à l'auteur du *Cid* et de *Cinna*?[1]

ÉLOGE FUNÈBRE DES OFFICIERS QUI SONT MORTS DANS LA GUERRE DE 1741.

(1748.)

Tu n'es plus, ô douce espérance du reste de mes jours ! ô ami tendre,[2] élevé dans cet invincible régiment du roi, toujours conduit par des héros, qui s'est tant signalé dans les tranchées de Prague,[3] dans la bataille de Fontenoy,[2] dans celle de Laufelt[3] où il a décidé la victoire ! La retraite de Prague pendant trente lieues de glaces jeta dans ton sein les semences de la mort, que mes tristes yeux ont vues depuis se développer : familiarisé avec le trépas, tu le sentis approcher avec cette indifférence que les philosophes s'efforçaient jadis ou d'acquérir ou de montrer ; accablé de souffrances au dedans et au dehors, privé de la vue, perdant chaque jour une partie de toi-même, ce n'était que par un excès de vertu que tu n'étais point malheureux, et cette vertu ne te coûtait point d'effort. Je t'ai vu toujours le plus infortuné des hommes, et le plus tranquille. On ignorerait ce qu'on a perdu en toi, si le cœur d'un homme éloquent n'avait fait l'éloge du tien dans un ouvrage [1] consacré à l'amitié, et embelli par les charmes de la plus touchante poésie. Je n'étais point surpris que dans le tumulte des armes tu cultivasses les lettres et la sagesse : ces exemples ne sont pas rares parmi nous. Si ceux qui n'ont que de l'ostentation ne t'imposèrent jamais, si ceux qui dans l'amitié même ne sont conduits que par la vanité révoltèrent ton cœur, il y a des âmes nobles et simples qui te ressemblent. Si la hauteur de tes pensées ne pouvait s'abaisser à la lecture de ces ouvrages licencieux, délices passagers d'une jeunesse égarée à qui le sujet plaît plus que l'ouvrage ; si tu méprisais cette foule d'écrits que le mauvais goût enfante ; si ceux qui ne veulent avoir que de l'esprit te paraissaient si peu de chose ; ce goût solide t'était commun avec ceux qui soutiennent toujours la raison contre l'inondation de ce faux goût qui semble nous entraîner à la décadence. Mais par quel prodige avais-tu, à l'âge de vingt-cinq ans, la vraie philosophie et la vraie éloquence, sans autre étude que le secours de quelques bons livres ? Comment avais-tu pris un essor si haut dans le siècle des petitesses ? et comment la simplicité d'un enfant timide couvrait-elle cette profondeur et cette force de génie ? Je sentirai longtemps avec amertume le prix de ton amitié ; à peine en ai-je goûté les charmes : non pas de cette amitié vaine qui naît dans les vains plaisirs, qui s'envole avec eux, et dont on a toujours à se plaindre ; mais de cette amitié solide et courageuse, la plus rare des vertus. C'est ta perte qui mit dans mon cœur ce dessein de rendre quelque honneur aux cendres de tant de défenseurs de l'État, pour élever aussi un monument à la tienne. Mon cœur, rempli de toi, a cherché cette consolation, sans prévoir à quel usage ce discours sera destiné, ni comment il sera reçu de la malignité humaine, qui à la vérité épargne d'ordinaire les morts, mais qui quelquefois aussi insulte à leurs cendres, quand c'est un prétexte de plus de déchirer les vivants.

VOL. XXIII, 259, 260.

REMERCIEMENT SINCÈRE À UN HOMME CHARITABLE.[1]

À Marseille, *le 10 mai 1750*.

Vous avez rendu service au genre humain en vous déchaînant sagement contre les ouvrages faits pour le pervertir. Vous ne cessez d'écrire contre *l'Esprit des lois*, et même il paraît à votre style que vous êtes l'ennemi de toute sorte d'esprit. Vous avertissez que vous avez préservé le monde du venin répandu dans l'*Essai sur l'Homme* de Pope,[2] livre que je ne cesse de relire pour me convaincre de plus en plus de la force de vos raisons et de l'importance de vos services. Vous ne vous amusez pas, monsieur, à examiner le fond de l'ouvrage sur les lois, à vérifier les citations, à discuter s'il y a de la justesse, de la profondeur, de la clarté, de la sagesse ; si les chapitres naissent les uns des autres, s'ils forment un tout ensemble ; si enfin ce livre, qui devrait être utile, ne serait pas par malheur un livre agréable.

Vous allez d'abord au fait ; et, regardant M. de Montesquieu comme le disciple de Pope, vous les regardez tous deux comme les disciples de Spinosa.[1] Vous leur reprochez, avec un zèle merveilleux, d'être athées, parce que vous découvrez, dites-vous, dans toute leur philosophie les principes de la religion naturelle. Rien n'est assurément, monsieur, ni plus charitable, ni plus judicieux, que de conclure qu'un philosophe ne connaît point de Dieu, de cela même qu'il pose pour principe que Dieu parle au cœur de tous les hommes.

«Un honnête homme est le plus noble ouvrage de Dieu», dit le célèbre poëte philosophe;[2] vous vous élevez au-dessus de l'honnête homme. Vous confondez ces maximes funestes que la Divinité est l'auteur et le lien de tous les êtres, que tous les hommes sont frères, que Dieu est leur père commun, qu'il faut ne rien innover dans la religion, ne point troubler la paix établie par un monarque sage; qu'on doit tolérer les sentiments des hommes, ainsi que leurs défauts. Continuez, monsieur, écrasez cet affreux libertinage,[3] qui est au fond la ruine de la société. C'est beaucoup que par vos gazettes ecclésiastiques vous ayez saintement essayé de tourner en ridicule toutes les puissances; et quoique la grâce d'être plaisant vous ait manqué, *volenti et conanti*,[4] cependant vous avez le mérite d'avoir fait tous vos efforts pour écrire agréablement des invectives. Vous avez voulu quelquefois réjouir les saints; mais vous avez souvent essayé d'armer chrétiennement les fidèles les uns contre les autres. Vous prêchez le schisme pour la plus grande gloire de Dieu. Tout cela est très édifiant; mais ce n'est point encore assez.

Votre zèle n'a rien fait qu'à demi si vous ne parvenez pas à faire brûler les livres de Pope, de Locke[5] et de Bayle,[6] *l'Esprit des lois*, etc., dans un bûcher auquel on mettra le feu avec un paquet de *Nouvelles ecclésiastiques*.

LES QUAND,[1] NOTES UTILES SUR UN DISCOURS PRONONCÉ DEVANT L'ACADÉMIE FRANÇAISE LE 10 MARS 1760.

Quand on a l'honneur d'être reçu dans une compagnie respectable d'hommes de lettres, il ne faut pas que la harangue de réception soit une satire contre les gens de lettres: c'est insulter la compagnie et le public.

Quand par hasard on est riche, il ne faut pas avoir la basse cruauté de reprocher aux gens de lettres leur pauvreté dans un discours académique, et dire avec orgueil qu'ils déclament contre les richesses, et qu'ils portent envie en secret aux riches : 1° parce que le récipiendaire ne peut savoir ce que ses confrères moins opulents que lui pensent en secret ; 2° parce que aucun d'eux ne porte envie au récipiendaire.

Quand on ne fait pas honneur à son siècle par ses ouvrages, c'est une étrange témérité de décrier son siècle.

Quand on est à peine homme de lettres, et nullement philosophe, il ne sied pas de dire que notre nation n'a qu'une fausse littérature et une vaine philosophie.

Quand on a traduit et outré même la *Prière du déiste*,[2] composée par Pope ; *quand* on a été privé six mois entiers de sa charge en province[3] pour avoir traduit et envenimé cette formule du déisme ; *quand* enfin on a été redevable à des philosophes de la jouissance de cette charge, c'est manquer à la fois à la reconnaissance, à la vérité, à la justice, que d'accuser les philosophes d'impiété; et c'est insulter à toutes les bienséances de se donner les airs de parler de religion dans un discours public, devant une académie qui a pour maxime et pour loi de n'en jamais parler dans ses assemblées.

Quand on prononce, devant une académie, un de ces discours dont on parle un jour ou deux, et que même quelquefois on porte au pied du trône, c'est être coupable envers ses concitoyens d'oser dire, dans ce discours, que la philosophie de nos jours sape les fondements du trône et de l'autel. C'est jouer le rôle d'un délateur d'oser avancer que la haine de l'autorité est le caractère dominant de nos productions; et c'est être délateur avec une imposture bien odieuse, puisque non seulement les gens de lettres sont les sujets les plus soumis, mais qu'ils n'ont même aucun privilége, aucune prérogative qui puisse jamais leur donner le moindre prétexte de n'être pas soumis. Rien n'est plus criminel que de vouloir donner aux princes et aux ministres des idées si injustes sur des sujets fidèles, dont les études font honneur à la nation. Mais heureusement les princes et les ministres ne lisent point ces discours, et ceux qui les ont lus une fois ne les lisent plus.

Quand on succède à un homme bizarre,[1] qui a eu le malheur de nier dans un mauvais livre[2] les preuves évidentes de l'existence d'un Dieu, tirées des desseins, des rapports et des fins de tous les ouvrages de la création, seules preuves admises par les philosophes, et seules preuves consacrées par les Pères de l'Église; *quand* cet homme bizarre a fait tout ce qu'il a pu pour infirmer ces témoignages éclatants de la nature entière; *quand* à ces preuves frappantes, qui éclairent tous les yeux, il a substitué ridiculement une équation d'algèbre, il ne faut pas dire, à la vérité, que ce raisonneur était un athée, parce qu'il ne faut accuser personne d'athéisme, et encore moins l'homme à qui l'on succède; mais aussi ne faut-il pas le proposer comme le modèle des écrivains religieux: il faut se taire, ou du moins parler avec plus d'art et de retenue.

Quand on harangue en France une académie, il ne faut pas s'emporter contre les philosophes qu'a produits l'Angleterre; il faudrait plutôt les étudier.

Quand on est admis dans un corps respectable, il faut dans sa harangue cacher sous le voile de la modestie l'insolent orgueil qui est le partage des têtes chaudes et des talents médiocres.

À MONSEIGNEUR LE CHANCELIER.[1]

De Châtelaine, 7 *juillet* 1762.

MONSEIGNEUR —

S'il est permis à un sujet d'implorer son roi, s'il est permis à un fils, à un frère, de parler pour son père, pour sa mère et pour son frère, je me jette à vos pieds avec confiance.

Toute ma famille et le fils d'un avocat célèbre, nommé Lavaisse, ont tous été accusés d'avoir étranglé et pendu un de mes frères, pour cause de religion, dans la ville de Toulouse. Le parlement a fait périr mon père par le supplice de la roue. C'était un vieillard de soixante-huit ans, que j'ai vu incommodé des jambes. Vous sentez, monseigneur, qu'il est impossible qu'il ait pendu seul un jeune homme de vingt-huit ans, dix fois plus fort que lui. Il a protesté devant Dieu de son innocence en expirant. Il est prouvé par le procès-verbal que mon père n'avait pas quitté un instant le reste de sa famille, ni le sieur Lavaisse, pendant qu'on suppose qu'il commettait ce parricide.

Mon frère Pierre Calas, accusé comme mon père, a été banni: ce qui est trop, s'il est innocent, et trop peu, s'il est coupable. Malgré son bannissement on le retient dans un couvent, à Toulouse.

Ma mère, sans autre appui que son innocence, ayant perdu tout son bien dans cette cruelle affaire, ne trouve encore personne qui la présente devant vous. J'ose, monseigneur, parler en son nom et au mien; on m'assure que les pièces ci-jointes[1] feront impression sur votre esprit et sur votre cœur,[2] si vous daignez les lire.

Réduit à l'état le plus déplorable, je ne demande autre chose, sinon que la vérité s'éclaire. Tous ceux qui, dans l'Europe entière, ont entendu parler de cette horrible aventure, joignent leurs voix à la mienne. Tant que le parlement de Toulouse, qui m'a ravi mon père et mon bien, ne manifestera pas les causes d'un tel malheur, on sera en droit de croire qu'il s'est trompé, et que l'esprit de parti seul a prévalu par les calomnies auprès des juges les plus intègres. Je serai surtout en droit de redemander le sang innocent de mon malheureux père.

Pour mon bien, qui est entièrement perdu, ce n'est pas un objet dont je me plaigne; je ne demande autre chose de votre justice, et de celle du conseil du roi, sinon que la procédure qui m'a ravi mon père, ma mère, mon frère, ma patrie, vous soit au moins communiquée.

Je suis, avec le plus profond respect, etc.

DONAT CALAS.

VOL. XXIV, 379, 380.

SERMON DES CINQUANTE.
(1762.)

Cinquante personnes instruites, pieuses, et raisonnables, s'assemblent depuis un an tous les dimanches dans une ville peuplée et commerçante: elles font des prières.

après lesquelles un membre de la société prononce un discours; ensuite on dine, et après le repas on fait une collecte pour les pauvres. Chacun préside à son tour; c'est au président à faire la prière et à prononcer le sermon. Voici une de ces prières et un de ces sermons.

Si les semences de ces paroles tombent dans une bonne terre, on ne doute pas qu'elles ne fructifient.

Prière. — Dieu de tous les globes et de tous les êtres, la seule prière qui puisse vous convenir est la soumission: car que demander à celui qui a tout ordonné, tout prévu, tout enchaîné, depuis l'origine des choses? Si pourtant il est permis de représenter ses besoins à un père, conservez dans nos cœurs cette soumission même, conservez-y votre religion pure; écartez de nous toute superstition: si l'on peut vous insulter par des sacrifices indignes, abolissez ces infâmes mystères; si l'on peut déshonorer la Divinité par des fables absurdes, périssent ces fables à jamais; si les jours du prince et du magistrat ne sont point comptés de toute éternité, prolongez la durée de leurs jours; conservez la pureté de nos mœurs, l'amitié que nos frères se portent, la bienveillance qu'ils ont pour tous les hommes, leur obéissance pour les lois, et leur sagesse dans la conduite privée; qu'ils vivent et qu'ils meurent en n'adorant qu'un seul Dieu, rémunérateur du bien, vengeur du mal, un Dieu qui n'a pu naître ni mourir, ni avoir des associés, mais qui a dans ce monde trop d'enfants rebelles.

Sermon. — Mes frères, la religion est la voix secrète de Dieu, qui parle à tous les hommes; elle doit tous les réunir, et non les diviser: donc toute religion qui n'appartient qu'à un peuple est fausse. La nôtre est dans son principe celle de l'univers entier, car nous adorons un Être suprême comme toutes les nations l'adorent, nous

pratiquons la justice que toutes les nations enseignent, et nous rejetons tous ces mensonges que les peuples se reprochent les uns aux autres. Ainsi, d'accord avec eux dans le principe qui les concilie, nous différons d'eux
5 dans les choses où ils se combattent.

Il est impossible que le point dans lequel tous les hommes de tous les temps se réunissent ne soit l'unique centre de la vérité, et que les points dans lesquels ils diffèrent tous ne soient les étendards du mensonge. La
10 religion doit être conforme à la morale, et universelle comme elle: ainsi toute religion dont les dogmes offensent la morale est certainement fausse.

Vol. XXIV, 438, 439.

TRAITÉ SUR LA TOLÉRANCE.
(1763.)

De la tolérance universelle. — Il ne faut pas un grand art, une éloquence bien recherchée, pour prouver que des
15 chrétiens doivent se tolérer les uns les autres. Je vais plus loin: je vous dis qu'il faut regarder tous les hommes comme nos frères. Quoi! mon frère le Turc? mon frère le Chinois? le Juif? le Siamois? Oui, sans doute; ne sommes-nous pas tous enfants du même père, et créatures
20 du même Dieu?

Mais ces peuples nous méprisent; mais ils nous traitent d'idolâtres! Hé bien! je leur dirai qu'ils ont grand tort. Il me semble que je pourrais étonner au moins l'orgueilleuse opiniâtreté d'un iman ou d'un tala-
25 poin,[1] si je leur parlais à peu près ainsi:

« Ce petit globe, qui n'est qu'un point, roule dans l'espace, ainsi que tant d'autres globes; nous sommes perdus dans cette immensité. L'homme, haut d'environ cinq pieds, est assurément peu de chose dans la création. Un de ces êtres imperceptibles dit à quelques-uns de ses voisins, dans l'Arabie ou dans la Cafrerie : « Écoutez-moi, car le Dieu de tous ces mondes m'a éclairé : il y a neuf cents millions de petites fourmis comme nous sur la terre, mais il n'y a que ma fourmilière qui soit chère à Dieu ; toutes les autres lui sont en horreur de toute éternité ; elle sera seule heureuse, et toutes les autres seront éternellement infortunées. »

Ils m'arrêteraient alors, et me demanderaient quel est le fou qui a dit cette sottise. Je serais obligé de leur répondre : « C'est vous-mêmes. » Je tâcherais ensuite de les adoucir ; mais cela serait bien difficile.

VOL. XXV, 104, 105.

Prière à Dieu. — Ce n'est donc plus aux hommes que je m'adresse ; c'est à toi, Dieu de tous les êtres, de tous les mondes, et de tous les temps : s'il est permis à de faibles créatures perdues dans l'immensité, et imperceptibles au reste de l'univers, d'oser te demander quelque chose, à toi qui as tout donné, à toi dont les décrets sont immuables comme éternels, daigne regarder en pitié les erreurs attachées à notre nature ; que ces erreurs ne fassent point nos calamités. Tu ne nous as point donné un cœur pour nous haïr, et des mains pour nous égorger ; fais que nous nous aidions mutuellement à supporter le fardeau d'une vie pénible et passagère ; que les petites différences entre les vêtements qui couvrent nos débiles corps, entre tous nos langages insuffisants, entre tous nos usages ridicules, entre toutes nos lois imparfaites, entre toutes nos opinions insensées, entre toutes nos conditions si disproportionnées à nos yeux, et si égales devant toi ;

que toutes ces petites nuances qui distinguent les atomes appelés *hommes* ne soient pas des signaux de haine et de persécution; que ceux qui allument des cierges en plein midi pour te célébrer supportent ceux qui se contentent de la lumière de ton soleil; que ceux qui couvrent leur robe d'une toile blanche pour dire qu'il faut t'aimer ne détestent pas ceux qui disent la même chose sous un manteau de laine noire; qu'il soit égal de t'adorer dans un jargon formé d'une ancienne langue, ou dans un jargon plus nouveau; que ceux dont l'habit est teint en rouge ou en violet, qui dominent sur une petite parcelle d'un petit tas de la boue de ce monde, et qui possèdent quelques fragments arrondis d'un certain métal, jouissent sans orgueil de ce qu'ils appellent *grandeur* et *richesse*, et que les autres les voient sans envie : car tu sais qu'il n'y a dans ces vanités ni de quoi envier, ni de quoi s'enorgueillir.

Puissent tous les hommes se souvenir qu'ils sont frères! qu'ils aient en horreur la tyrannie exercée sur les âmes, comme ils ont en exécration le brigandage qui ravit par la force le fruit du travail et de l'industrie paisible! Si les fléaux de la guerre sont inévitables, ne nous haïssons pas, ne nous déchirons pas les uns les autres dans le sein de la paix, et employons l'instant de notre existence à bénir également en mille langages divers, depuis Siam jusqu'à la Californie, ta bonté qui nous a donné cet instant.

AVIS AU PUBLIC SUR LES PARRICIDES IMPUTÉS AUX CALAS ET AUX SIRVEN
(1766.)

La tolérance peut seule rendre la société supportable. — C'est une passion bien terrible que cet orgueil qui veut forcer les hommes à penser comme nous; mais n'est-ce pas une extrême folie de croire les ramener à nos dogmes en les révoltant continuellement par les calomnies les plus atroces, en les persécutant, en les traînant aux galères, à la potence, sur la roue et dans les flammes?

Un prêtre irlandais[1] a écrit depuis peu, dans une brochure à la vérité ignorée, mais enfin il a écrit, et il a entendu dire à d'autres, que nous venons cent ans trop tard pour élever nos voix contre l'intolérance, que la barbarie a fait place à la douceur, qu'il n'est plus temps de se plaindre. Je répondrai à ceux qui parlent ainsi: Voyez ce qui se passe sous vos yeux, et si vous avez un cœur humain vous joindrez votre compassion à la nôtre. On a pendu en France huit malheureux prédicants, depuis l'année 1745. Les billets de confession ont excité mille troubles; et enfin un malheureux fanatique[2] de la lie du peuple, ayant assassiné son roi en 1757, a répondu devant le parlement, à son premier interrogatoire, qu'il avait commis ce parricide par principe de religion; et il a ajouté ces mots funestes: «Qui n'est bon que pour soi n'est bon à rien.» De qui les tenait-il? qui faisait parler ainsi un cuistre de collège, un misérable valet? Il a soutenu à la torture, non seulement que son assassinat était «une œuvre méritoire», mais qu'il l'avait entendu dire à tous les prêtres dans la grand'salle du Palais où l'on rend la justice.

La contagion du fanatisme subsiste donc encore. Ce poison est si peu détruit qu'un prêtre[1] du pays des Calas et des Sirven[2] a fait imprimer, il y a quelques années, l'apologie de la Saint-Barthélemy. Un autre[3] a publié la justification des meurtriers du curé Urbain Grandier;[4] et quand le *Traité* aussi utile qu'humain *de la Tolérance*[5] a paru en France, on n'a pas osé en permettre le débit publiquement. Ce traité a fait à la vérité quelque bien; il a dissipé quelques préjugés; il a inspiré de l'horreur pour les persécutions et pour le fanatisme; mais, dans ce tableau des barbaries religieuses, l'auteur a omis bien des traits qui auraient rendu le tableau plus terrible, et l'instruction plus frappante.

VOL. XXV, 523, 524.

COMMENTAIRE SUR LE LIVRE DES DÉLITS ET DES PEINES.

(1766.)

Idée de quelque réforme. — La magistrature est si respectable que le seul pays[6] de la terre où elle est vénale fait des vœux pour être délivré de cet usage. On souhaite que le jurisconsulte puisse parvenir par son mérite à rendre la justice qu'il a défendue par ses veilles, par sa voix et par ses écrits. Peut-être alors on verrait naître, par d'heureux travaux, une jurisprudence régulière et uniforme.

Jugera-t-on toujours différemment la même cause en province et dans la capitale? Faut-il que le même homme ait raison en Bretagne, et tort en Languedoc?[7] Que dis-je? il y a autant de jurisprudences que de villes; et dans le même parlement la maxime d'une chambre n'est pas celle de la chambre voisine.[8]

Quelle prodigieuse contrariété entre les lois du même royaume ! A Paris, un homme qui a été domicilié dans la ville un an et un jour est réputé bourgeois. En Franche-Comté, un homme libre qui a demeuré un an et un jour dans une maison mainmortable[1] devient esclave ; ses collatéraux n'hériteraient pas de ce qu'il aurait acquis ailleurs, et ses propres enfants sont réduits à la mendicité s'ils ont passé un an loin de la maison où le père est mort. La province est nommée franche, mais quelle franchise !

Quand on veut poser des limites entre l'autorité civile et les usages ecclésiastiques, quelles disputes interminables ! où sont ces limites ? Qui conciliera les éternelles contradictions du fisc et de la jurisprudence ? Enfin, pourquoi, dans certains pays, les arrêts ne sont-ils jamais motivés ? Y a-t-il quelque honte à rendre raison de son jugement ? Pourquoi ceux qui jugent au nom du souverain ne présentent-ils pas au souverain leurs arrêts de mort avant qu'on les exécute ?

De quelque côté qu'on jette les yeux, on trouve la contrariété, la dureté, l'incertitude, l'arbitraire. Nous cherchons dans ce siècle à tout perfectionner ; cherchons donc à perfectionner les lois dont nos vies et nos fortunes dépendent.

VOL. XXV, 577.

LE PHILOSOPHE IGNORANT.
(1766.)

Utilité réelle. Notion de la justice. — La notion de quelque chose de juste me semble si naturelle, si universellement acquise par tous les hommes, qu'elle est indépendante de toute loi, de tout pacte, de toute religion. Que je redemande à un Turc,[2] à un Guèbre,[2] à un Malabare,[2] l'argent que je lui ai prêté pour se nourrir et pour se vêtir, il ne lui tombera jamais dans la tête de me répondre : Attendez que je sache si Mahomet, Zoroastre ou Brama, ordonnent que je vous rende votre argent. Il conviendra qu'il est juste qu'il me paye, et s'il n'en fait rien, c'est que sa pauvreté ou son avarice l'emporteront sur la justice qu'il reconnaît.

Je mets en fait qu'il n'y a aucun peuple chez lequel il soit juste, beau, convenable, honnête, de refuser la nourriture à son père et à sa mère quand on peut leur en donner ; que nulle peuplade n'a jamais pu regarder la calomnie comme une bonne action, non pas même une compagnie de bigots fanatiques.

L'idée de justice me paraît tellement une vérité du premier ordre, à laquelle tout l'univers donne son assentiment, que les plus grands crimes qui affligent la société humaine sont tous commis sous un faux prétexte de justice. Le plus grand des crimes, du moins le plus destructif, et par conséquent le plus opposé au but de la nature, est la guerre ; mais il n'y a aucun agresseur qui ne colore ce forfait du prétexte de la justice.

Les déprédateurs romains faisaient déclarer toutes leurs invasions justes par des prêtres nommés *Féciales*. Tout brigand qui se trouve à la tête d'une armée commence ses fureurs par un manifeste, et implore le dieu des armées.

Les petits voleurs eux-mêmes, quand ils sont associés, se gardent bien de dire : Allons voler, allons arracher à la veuve et à l'orphelin leur nourriture ; ils disent : Soyons justes, allons reprendre notre bien des mains des riches qui s'en sont emparés. Ils ont entre eux un dictionnaire[1] qu'on a même imprimé dès le XVIe siècle ; et dans ce vocabulaire, qu'ils appellent *argot*, les mots de *vol*, *larcin*, *rapine*, ne se trouvent point ; ils se servent des termes qui répondent à *gagner*, *reprendre*.

Le mot d'injustice ne se prononce jamais dans un conseil d'État où l'on propose le meurtre le plus injuste ; les conspirateurs, même les plus sanguinaires, n'ont jamais dit : Commettons un crime. Ils ont tous dit : Vengeons la patrie des crimes du tyran ; punissons ce qui nous paraît une injustice. En un mot, flatteurs lâches, ministres barbares, conspirateurs odieux, voleurs plongés dans l'iniquité, tous rendent hommage, malgré eux, à la vertu même, qu'ils foulent aux pieds.

J'ai toujours été étonné que, chez les Français, qui sont éclairés et polis, on ait souffert sur le théâtre ces maximes aussi affreuses que fausses qui se trouvent dans la première scène de *Pompée*,[1] et qui sont beaucoup plus outrées que celles de Lucain dont elles sont imitées :

> La justice et le droit sont de vaines idées . . .
> Le droit des rois consiste à ne rien épargner.

Et on met ces abominables paroles dans la bouche de Photin, ministre du jeune Ptolémée. Mais c'est précisément parce qu'il est ministre qu'il devait dire tout le contraire ; il devait représenter la mort de Pompée comme un malheur nécessaire et juste.

Je crois donc que les idées du juste et de l'injuste sont aussi claires, aussi universelles, que les idées de santé et de maladie, de vérité et de fausseté, de convenance et de disconvenance. Les limites du juste et de l'injuste sont très difficiles à poser ; comme l'état mitoyen entre la santé et la maladie, entre ce qui est convenance et la disconvenance des choses, entre le faux et le vrai, est difficile à marquer. Ce sont des nuances qui se mêlent, mais les couleurs tranchantes frappent tous les yeux. Par exemple, tous les hommes avouent qu'on doit rendre ce qu'on nous a prêté ; mais si je sais certainement que celui à qui

je dois deux millions s'en servira pour asservir ma patrie
dois-je lui rendre cette arme funeste? Voilà où les sentiments se partagent ; mais en général je dois observer mon
serment quand il n'en résulte aucun mal: c'est de quoi
personne n'a jamais douté.

VOL. XXVI, 79-81.

PROFESSION DE FOI DES THÉISTES.
(1768.)

Bénédictions sur la tolérance. — Soyez béni à jamais, sire.[1] Vous avez établi chez vous la liberté de conscience. Dieu et les hommes vous en ont récompensé. Vos peuples multiplient, vos richesses augmentent, vos États prospèrent, vos voisins vous imitent ; cette grande partie du monde devient plus heureuse.

Puissent tous les gouvernements prendre pour modèle cette admirable loi de la Pennsylvanie, dictée par le pacifique Penn,[2] et signée par le roi d'Angleterre Charles II,[3] le 4 mars 1681 !

« La liberté de conscience étant un droit que tous les hommes ont reçu de la nature avec l'existence, il est fermement établi que personne ne sera jamais forcé d'assister à aucun exercice public de religion. Au contraire, il est donné plein pouvoir à chacun de faire librement exercice public ou privé de sa religion, sans qu'on le puisse troubler en rien, pourvu qu'il fasse profession de croire un Dieu éternel, tout-puissant, formateur et conservateur de l'univers. »

Par cette loi, le théisme a été consacré comme le centre où toutes les lignes vont aboutir, comme le seul principe nécessaire. Aussi qu'est-il arrivé? la colonie pour laquelle cette loi fut faite n'était alors composée que de cinq cents têtes ; elle est aujourd'hui de trois cent mille. Nos Souabes, nos Saltzbourgeois, nos palatins, plusieurs autres colons de notre basse Allemagne, des Suédois, des Holstenois, ont couru en foule à Philadelphie. Elle est devenue une des plus belles et des plus heureuses villes de la terre, et la métropole de dix villes considérables. Plus de vingt religions sont autorisées dans cette province florissante, sous la protection du théisme leur père, qui ne détourne point les yeux de ses enfants, tout opposés qu'ils sont entre eux, pourvu qu'ils se reconnaissent pour frères. Tout y est en paix, tout y vit dans une heureuse simplicité, pendant que l'avarice, l'ambition, l'hypocrisie, oppriment encore les consciences dans tant de provinces de notre Europe : tant il est vrai que le théisme est doux, et que la superstition est barbare.

VOL. XXVII, 71, 72.

LE PYRRHONISME DE L'HISTOIRE.
(1768.)

Usage qu'on peut faire d'Hérodote.[1] — Hérodote eut le même mérite qu'Homère : il fut le premier historien, comme Homère le premier poëte épique, et tous deux saisirent les beautés propres d'un art qu'on croit inconnu avant eux. C'est un spectacle admirable dans Hérodote que cet empereur[2] de l'Asie et de l'Afrique, qui fait passer son armée immense sur un pont de bateaux d'Asie en Europe ; qui prend la Thrace, la Macédoine, la Thessalie, l'Achaïe supérieure, et qui entre dans Athènes abandonnée et déserte. On ne s'attend point que les Athéniens, sans ville, sans territoire, réfugiés sur leurs vaisseaux avec quelques autres Grecs, mettront en fuite la nombreuse flotte du grand roi; qu'ils rentreront chez eux en vainqueurs; qu'ils forceront Xerxès à ramener ignominieusement les débris de son armée; et qu'ensuite ils lui défendront, par un traité, de naviguer sur leurs mers. Cette supériorité d'un petit peuple généreux, libre, sur toute l'Asie esclave, est peut-être ce qu'il y a de plus glorieux chez les hommes. On apprend aussi par cet événement que les peuples de l'Occident ont toujours été meilleurs marins que les peuples asiatiques. Quand on lit l'histoire moderne, la victoire de Lépante[1] fait souvenir de celle de Salamine,[2] et on compare don Juan d'Autriche et Colonne à Thémistocle et à Eurybiade. Voilà peut-être le seul fruit qu'on peut tirer de la connaissance de ces temps reculés.

VOL. XXVII, 248.

Du dauphin François. — Le dauphin François, fils de François Ier,[3] joue à la paume;[4] il boit beaucoup d'eau fraîche dans une transpiration abondante; on accuse l'empereur Charles-Quint de l'avoir fait empoisonner! Quoi! le vainqueur aurait craint le fils du vaincu! Quoi! il aurait fait périr à la cour de France le fils de celui dont alors il prenait deux provinces,[5] et il aurait déshonoré toute la gloire de sa vie par un crime infâme et inutile! Il aurait empoisonné le dauphin en laissant deux frères[6] pour le venger! L'accusation est absurde; aussi je me joins à l'auteur, toujours impartial, de l'*Essai sur les Mœurs*,[7] etc., pour détester cette absurdité.

Mais le dauphin François avait auprès de lui un gentilhomme italien, un comte Montecuculli, qui lui avait versé l'eau fraîche dont il résulta une pleurésie. Ce comte était né sujet de Charles-Quint; il lui avait parlé autrefois, et sur cela seul on l'arrête, on le met à la torture; des médecins ignorants affirment que les tranchées causées par l'eau froide sont causées par l'arsenic. On fait écarteler Montecuculli, et toute la France traite d'empoisonneur le vainqueur de Soliman, le libérateur de la chrétienté, le triomphateur de Tunis, le plus grand homme de l'Europe! Quels juges condamnèrent Monte cuculli ? Je n'en sais rien ; ni Mézerai[1] ni Daniel[1] ne le disent. Le président Hénault dit : « Le dauphin François est empoisonné par Montecuculli, son échanson, non sans soupçon contre l'empereur.»

Il est clair qu'il faut au moins douter du crime de Montecuculli : ni lui ni Charles-Quint n'avaient aucun intérêt à le commettre. Montecuculli attendait de son maître une grande fortune, et l'empereur n'avait rien à craindre d'un jeune homme tel que François. Ce procès funeste peut donc être mis dans la foule des cruautés juridiques que l'ivresse de l'opinion, celle de la passion, et l'ignorance, ont trop souvent déployées contre les hommes les plus innocents.

VOL. XXVII, 292, 293.

Des templiers. — Que dirons-nous du massacre ecclésiastique[2] juridique des templiers? Leur supplice fait frémir d'horreur. L'accusation laisse dans nos esprits plus que de l'incertitude. Je crois bien plus à quatre-vingts gentilshommes qui protestent de leur innocence devant Dieu en mourant, qu'à cinq ou six prêtres qui les condamnent.

VOL. XXVII, 294.

L'A, B, C, OU DIALOGUES ENTRE A, B, C.
(1769.)

A.

Des manières de perdre et de garder sa liberté. — J'imagine d'abord que deux petites peuplades voisines, composées chacune d'environ une centaine de familles, sont séparées par un ruisseau, et cultivent un assez bon terrain: car, si elles se sont fixées en cet endroit, c'est que la terre y est fertile.

Comme chaque individu a reçu également de la nature deux bras, deux jambes et une tête, il me paraît impossible que les habitants de ce petit canton n'aient pas d'abord été tous égaux. Et, comme ces deux peuplades sont séparées par un ruisseau, il me paraît encore impossible qu'elles n'aient pas été ennemies, car il y aura eu nécessairement quelque différence dans leur manière de prononcer les mêmes mots. Les habitants du midi du ruisseau se seront sûrement moqués de ceux qui sont au nord, et cela ne se pardonne point. Il y aura eu une grande émulation entre les deux villages; quelque fille, quelque femme aura été enlevée. Les jeunes gens se seront battus à coups de poings, de gaules et de pierres, à plusieurs reprises. Les choses étant égales jusque-là de part et d'autre, celui qui passe pour le plus fort et le plus habile du village du nord dit à ses compagnons: Si vous voulez me suivre et faire ce que je vous dirai, je vous rendrai les maîtres du village du midi. Il parle avec tant d'assurance qu'il obtient leurs suffrages. Il leur fait prendre de meilleures armes que n'en a la peuplade opposée. Vous ne vous êtes battus jusqu'à présent qu'en plein jour, leur dit-il; il faut attaquer vos ennemis pendant qu'ils dorment. Cette idée paraît d'un grand génie à la fourmilière du septentrion; elle attaque la fourmilière méridionale dans la nuit, tue quelques habitants dormeurs, en estropie plusieurs (comme firent noblement Ulysse et Rhésus),[1] enlève les filles et le reste du bétail; après quoi, la bourgade victorieuse se querelle nécessairement pour le partage des dépouilles. Il est naturel qu'ils s'en rapportent au chef qu'ils ont choisi pour cette expédition héroïque. Le voilà donc établi capitaine et juge. L'invention de surprendre, de voler et de tuer ses voisins, a imprimé la terreur dans le midi, et le respect dans le nord.

Ce nouveau chef passe dans le pays pour un grand homme; on s'accoutume à lui obéir, et lui encore plus à commander. Je crois que ce pourrait bien être là l'origine de la monarchie.

Vol. XXVII, 343, 344.

C.

De la meilleure législation. — De tous les États, quel est celui qui vous paraît avoir les meilleures lois, la jurisprudence la plus conforme au bien général et au bien des particuliers?

A.

C'est mon pays,[2] sans contredit. La preuve en est que, dans tous nos démêlés, nous vantons toujours *notre heureuse constitution*, et que, dans presque tous les autres royaumes, on en souhaite une autre. Notre jurisprudence criminelle est équitable et n'est point barbare: nous avons aboli la torture, contre laquelle la voix de la nature s'élève en vain dans tant d'autres pays; ce moyen affreux de faire périr un innocent faible, et de sauver un coupable robuste, a fini avec notre infâme chancelier

Jeffreys,[1] qui employait avec joie cet usage infernal sous le roi Jacques II.

    Chaque accusé est jugé par ses pairs ; il n'est réputé coupable que quand ils sont d'accord sur le fait : c'est la loi seule qui le condamne sur le crime avéré, et non sur la sentence arbitraire des juges. La peine capitale est la simple mort, et non une mort accompagnée de tourments recherchés. Étendre un homme sur une croix de Saint-André, lui casser les bras et les cuisses, et le mettre en cet état sur une roue de carrosse, nous paraît une barbarie qui offense trop la nature humaine. Si,' pour les crimes de haute trahison, on arrache encore le cœur du coupable après sa mort, c'est un ancien usage de cannibale, un appareil de terreur qui effraye le spectateur sans être douloureux pour l'exécuté. Nous n'ajoutons point de tourments à la mort ; on ne refuse point comme ailleurs un conseil à l'accusé ; on ne met point un témoin qui a porté trop légèrement son témoignage dans la nécessité de mentir, en le punissant s'il se rétracte ; on ne fait point déposer les témoins en secret, ce serait en faire des délateurs ; la procédure est publique : les procès secrets n'ont été inventés que par la tyrannie.

    Nous n'avons point l'imbécile barbarie de punir des indécences[2] du même supplice dont on punit les parricides. Cette cruauté, aussi sotte qu'abominable, est indigne de nous.

    Dans le civil, c'est encore la seule loi qui juge ; il n'est pas permis de l'interpréter : ce serait abandonner la fortune des citoyens au caprice, à la faveur et à la haine.

    Si la loi n'a pas pourvu au cas qui se présente, alors on se pourvoit à *la cour d'équité*, par-devant le chancelier et ses assesseurs ; et s'il s'agit d'une chose importante, on fait pour l'avenir une nouvelle loi en parlement, c'est-à-dire dans les états de la nation assemblée.

Les plaideurs ne sollicitent jamais leurs juges; ce serait leur dire: Je veux vous séduire. Un juge qui recevrait une visite d'un plaideur serait déshonoré; ils ne recherchent point cet honneur ridicule qui flatte la vanité d'un bourgeois. Aussi n'ont-ils point acheté le droit de juger; on ne vend point chez nous une place de magistrat[1].comme une métairie: si des membres du parlement vendent quelquefois leur voix à la cour, ils ressemblent à quelques belles qui vendent leurs faveurs, et qui ne le disent pas. La loi ordonne chez nous qu'on ne vendra rien que des terres et les fruits de la terre; tandis qu'en France la loi elle-même fixe le prix d'une charge de conseiller au banc du roi qu'on nomme *parlement*, et de président qu'on nomme *à mortier;* presque toutes les places et les dignités se vendent en France, comme on vend des herbes au marché. Le chancelier de France est tiré souvent du corps des conseillers d'État; mais, pour être conseiller d'État, il faut avoir acheté une charge de maître des requêtes. Un régiment n'est point le prix des services, c'est le prix de la somme que les parents d'un jeune homme ont déposée pour qu'il aille trois mois de l'année tenir table ouverte dans une ville de province.

Vous voyez clairement combien nous sommes heureux d'avoir des lois qui nous mettent à l'abri de ces abus. Chez nous, rien d'arbitraire, sinon les grâces que le roi veut faire. Les bienfaits émanent de lui; la loi fait tout le reste.

Si l'autorité attente illégalement à la liberté du moindre citoyen, la loi le venge; le ministre est incontinent condamné à l'amende envers le citoyen, et il la paye.

Ajoutez à tous ces avantages le droit que tout homme

a parmi nous de parler par sa plume à la nation entière. L'art admirable de l'imprimerie est dans notre île aussi libre que la parole. Comment ne pas aimer une telle législation?

Nous avons, il est vrai, toujours deux partis;[1] mais ils tiennent la nation en garde plutôt qu'ils ne la divisent. Ces deux partis veillent l'un sur l'autre, et se disputent l'honneur d'être les gardiens de la liberté publique. Nous avons des querelles; mais nous bénissons toujours cette heureuse constitution qui les fait naître.

C.

Votre gouvernement est un bel ouvrage, mais il est fragile.

A.

Nous lui donnons quelquefois de rudes coups, mais nous ne le cassons pas.

B.

Conservez ce précieux monument que l'intelligence et le courage ont élevé: il vous a trop coûté pour que vous le laissiez détruire. L'homme est né libre: le meilleur gouvernement est celui qui conserve le plus qu'il est possible à chaque mortel ce don de la nature.

Mais, croyez-moi, arrangez-vous avec vos colonies, et que la mère et les filles ne se battent pas.[2]

VOL. XXVII, 385-388.

DÉFENSE DE LOUIS XIV.
(1769.)

J'ai moins fait l'histoire de Louis XIV que celle des Français: mon principal but a été de rendre justice aux hommes célèbres de ce temps illustre dont j'ai vu la fin;

mais je n'ai pas dû être injuste envers celui[1] qui les a tous encouragés. Puisse la raison, qui s'affaiblit quelquefois dans la vieillesse, me préserver de ce défaut trop ordinaire d'élever le passé aux dépens du présent! Je sais que la philosophie, les connaissances utiles, le véritable esprit, n'ont jamais fait tant de progrès parmi les gens de lettres que dans les jours où j'achève de vivre; mais qu'il me soit permis de défendre la cause d'un siècle à qui nous devons tout, et d'un roi qui n'a pas été assurément indigne de son siècle.

Je porte les yeux sur toutes les nations du monde, et je n'en trouve aucune qui ait jamais eu des jours plus brillants que la française depuis 1655 jusqu'à 1704. Je prie tous les hommes sages et désintéressés de juger si un petit nombre d'années très malheureuses dans la guerre de la Succession[2] doivent flétrir la mémoire de Louis XIV. Je leur demande s'il faut juger par les événements? Je leur demande si le feu roi devait priver son petit-fils du trône que le roi d'Espagne lui avait laissé par son testament, et où ce jeune prince était appelé par les vœux de toute la nation? Philippe V avait pour lui les lois de la nature, celles du droit des gens, celles mêmes par qui toutes les familles de l'Europe sont gouvernées, les dernières volontés d'un testateur, les acclamations de l'Espagne entière; disons la vérité, il n'y a jamais eu de guerre plus légitime.

Louis XIV la soutint seul avec constance pendant plusieurs années; il la finit heureusement après les plus grandes infortunes. C'est à lui que le roi d'Espagne d'aujourd'hui,[3] le roi de Naples,[4] le duc de Parme,[5] doivent leurs États.

Je n'ai pas justifié de même (et Dieu m'en garde!) la guerre contre la Hollande, qui lui attira celle de 1689.[6]

L'Europe a prononcé que c'est une grande faute; il en fit l'aveu en mourant. Il ne faut pas charger de reproches ceux qui ont eu la gloire de se repentir.

Le public en général est plus éclairé qu'il ne l'était. Servons-nous donc de nos lumières pour voir les choses sans passion et sans préjugés.

Vol. XXVIII, 331, 332.

DISCOURS DE M^E BELLEGUIER.

(1773.)

O toi, qui seras toujours compté parmi les rois les plus illustres; toi qui vis naître le long siècle des héros et des beaux-arts, et qui les conduisis tous dans les divers sentiers de la gloire; toi que la nature avait fait pour régner, Louis XIV, petit-fils de Henri IV, plût au ciel que ta belle âme eût été assez éclairée par la philosophie pour ne point détruire l'ouvrage de ton grand-père![1] Tu n'aurais point vu la huitième partie de ton peuple abandonner ton royaume, porter chez tes ennemis les manufactures, les arts, et l'industrie de la France; tu n'aurais point vu des Français combattre sous les étendards de Guillaume III[2] contre des Français, et leur disputer longtemps la victoire; tu n'aurais point vu un prince catholique[3] armer contre toi deux régiments de Français protestants; tu aurais sagement prévenu le fanatisme barbare des Cévennes,[4] et le châtiment, non moins barbare que le crime. Tu le pouvais: tout t'était soumis; les deux religions t'aimaient, te révéraient également; tu avais devant les yeux l'exemple de tant de nations chez qui les cultes différents n'altèrent point la paix qui doit régner parmi les hommes, unis par la nature. Rien ne t'était plus aisé que de soutenir et de contenir tous tes sujets. Jaloux du nom de *Grand*,[1] tu ne connus pas ta grandeur. Il eût mieux valu avoir six régiments de plus de Français protestants que de ménager encore Odescalchi, Innocent XI,[2] qui prit si hautement contre toi le parti du prince d'Orange,[3] huguenot. Il eût mieux valu te priver des jésuites, qui ne travaillaient qu'à établir la grâce suffisante,[4] le congruisme et les lettres de cachet, que te priver de plus de quinze cent mille bras qui enrichissaient ton beau royaume, et qui combattaient pour sa défense.

Ah! Louis XIV, Louis XIV, que n'étais-tu philosophe! Ton siècle a été grand; mais tous les siècles te reprocheront tant de citoyens expatriés, et Arnauld[5] sans sépulture.

VOL. XXIX, 17.

DE L'ENCYCLOPÉDIE.[6]

(1774.)

Un domestique de Louis XV me contait qu'un jour, le roi son maître soupant à Trianon[7] en petite compagnie, la conversation roula d'abord sur la chasse, et ensuite sur la poudre à tirer. Quelqu'un dit que la meilleure poudre se faisait avec des parties égales de salpêtre, de soufre, et de charbon. Le duc de La Vallière,[8] mieux instruit, soutint que pour faire de bonne poudre à canon il fallait une seule partie de soufre et une de charbon, sur cinq parties de salpêtre bien filtré, bien évaporé, bien cristallisé.

« Il est plaisant, dit M. le duc de Nivernois,[9] que nous nous amusions tous les jours à tuer des perdrix dans le parc de Versailles, et quelquefois à tuer des hommes ou à nous faire tuer sur la frontière, sans savoir précisément avec quoi l'on tue.

— Hélas! nous en sommes réduits là sur toutes les choses de ce monde, répondit Mme de Pompadour;[1] je ne sais de quoi est composé le rouge que je mets sur mes joues, et on m'embarrasserait fort si on me demandait comment on fait les bas de soie dont je suis chaussée.

— C'est dommage, dit alors le duc de La Vallière, que Sa Majesté nous ait confisqué nos dictionnaires encyclopédiques, qui nous ont coûté chacun cent pistoles:[2] nous y trouverions bientôt la décision de toutes nos questions.»

Le roi justifia sa confiscation: il avait été averti que les vingt et un volumes *in-folio*, qu'on trouvait sur la toilette de toutes les dames, étaient la chose du monde la plus dangereuse pour le royaume de France; et il avait voulu savoir par lui-même si la chose était vraie, avant de permettre qu'on lût ce livre. Il envoya sur la fin du souper chercher un exemplaire par trois garçons de sa chambre, qui apportèrent chacun sept volumes avec bien de la peine.

On vit à l'article *Poudre* que le duc de La Vallière avait raison; et bientôt Mme de Pompadour apprit la différence entre l'ancien rouge d'Espagne, dont les dames de Madrid coloraient leurs joues, et le rouge des dames de Paris. Elle sut que les dames grecques et romaines étaient peintes avec de la pourpre qui sortait du *murex*, et que par conséquent notre écarlate était la pourpre des anciens; qu'il entrait plus de safran dans le rouge d'Espagne, et plus de cochenille dans celui de France.

Elle vit comme on lui faisait ses bas au métier;[3] et la machine[4] de cette manœuvre la ravit d'étonnement. «Ah! le beau livre! s'écria-t-elle. Sire, vous avez donc confisqué ce magasin de toutes les choses utiles pour le posséder seul, et pour être le seul savant de votre royaume? »

Chacun se jetait sur les volumes comme les filles de Lycomède sur les bijoux d'Ulysse;[1] chacun y trouvait à l'instant tout ce qu'il cherchait. Ceux qui avaient des procès étaient surpris d'y voir la décision de leurs affaires. Le roi y lut tous les droits de sa couronne. « Mais vraiment, dit-il, je ne sais pourquoi on m'avait dit tant de mal de ce livre.

— Eh! ne voyez-vous pas, sire, lui dit le duc de Nivernois, que c'est parce qu'il est fort bon? On ne se déchaîne contre le médiocre et le plat en aucun genre. Si les femmes cherchent à donner du ridicule à une nouvelle venue, il est sûr qu'elle est plus jolie qu'elles. »

Pendant ce temps-là on feuilletait, et le comte de C...[2] dit tout haut: « Sire, vous êtes trop heureux qu'il se soit trouvé sous votre règne des hommes capables de connaître tous les arts, et de les transmettre à la postérité. Tout est ici, depuis la manière de faire une épingle jusqu'à celle de fondre et de pointer vos canons; depuis l'infiniment petit jusqu'à l'infiniment grand. Remerciez Dieu d'avoir fait naître dans votre royaume ceux qui ont servi ainsi l'univers entier. Il faut que les autres peuples achètent l'*Encyclopédie*, ou qu'ils la contrefassent. Prenez tout mon bien si vous voulez; mais rendez-moi mon *Encyclopédie*.

— On dit pourtant, repartit le roi, qu'il y a bien des fautes dans cet ouvrage si nécessaire et si admirable.

— Sire, reprit le comte de C..., il y avait à votre souper deux ragoûts manqués; nous n'en avons pas mangé, et nous avons fait très bonne chère. Auriez-vous voulu qu'on jetât tout le souper par la fenêtre, à cause de ces deux ragoûts? »

Le roi sentit la force de la raison; chacun reprit son bien: ce fut un beau jour.

L'envie et l'ignorance ne se tinrent pas pour battues; ces deux sœurs immortelles continuèrent leurs cris, leurs cabales, leurs persécutions: l'ignorance en cela est très savante.

Qu'arriva-t-il? les étrangers firent quatre éditions[1] de cet ouvrage français, proscrit en France, et gagnèrent environ dix-huit cent mille écus.[2]

Français, tâchez dorénavant d'entendre mieux vos intérêts.

COMMENTAIRE SUR L'ESPRIT DES LOIS.[3]

(1777.)

Avant-propos. — Montesquieu fut compté parmi les hommes les plus illustres du XVIIIe siècle, et cependant il ne fut pas persécuté: il ne fut qu'un peu molesté pour ses *Lettres persanes*, ouvrage imité du *Siamois* de Dufresny, et de *l'Espion turc;*[4] imitation très supérieure aux originaux, mais au-dessous de son génie. Sa gloire fut *l'Esprit des lois;* les ouvrages des Grotius[5] et des Puffendorf[6] n'étaient que des compilations; celui de Montesquieu parut être celui d'un homme d'État, d'un philosophe, d'un bel esprit, d'un citoyen. Presque tous ceux qui étaient les juges naturels d'un tel livre, gens de lettres, gens de loi de tous les pays, le regardèrent et le regardent encore comme le code de la raison et de la liberté.

Commentaire sur quelques principales maximes de l'Esprit des lois. — « La vénalité des charges est bonne dans les

États monarchiques, parce qu'elle fait faire, comme un métier de famille, ce qu'on ne voudrait pas entreprendre pour la vertu.» (Page 79, liv. v, chap. xix.)

La fonction divine de rendre justice, de disposer de la fortune et de la vie des hommes, un métier de famille ! De quelles raisons l'ingénieux auteur soutient-il une thèse si indigne de lui? Voici comme il s'explique: « Platon ne peut souffrir cette vénalité; c'est, dit-il, comme si dans un navire on faisait quelqu'un pilote pour son argent. . . . Mais Platon parle d'une république fondée sur la vertu, et nous parlons d'une monarchie.» (Page 79, liv. v, chap. xix.)

Une monarchie, selon Montesquieu, n'est donc fondée que sur des vices? Mais pourquoi la France est-elle la seule monarchie de l'univers qui soit souillée de cet opprobre de la vénalité passée en loi de l'État? Pourquoi cet étrange abus ne fut-il introduit qu'au bout de onze cents années? On sait assez que ce monstre naquit d'un roi alors indigent et prodigue,[1] et de la vanité de quelques citoyens, dont les pères avaient amassé de l'argent. On a toujours attaqué cet abus par des cris impuissants, parce qu'il eût fallu rembourser les offices qu'on avait vendus. Il eût mieux valu mille fois, dit un sage jurisconsulte, vendre les trésors de tous les couvents et l'argenterie de toutes les églises que de vendre la justice. Lorsque François Ier prit la grille d'argent de Saint-Martin,[2] il ne fit tort à personne; saint Martin ne se plaignit point; il se passa très bien de sa grille. Mais vendre publiquement la place de juge, et faire jurer à ce juge qu'il ne l'a point achetée, c'est une sottise sacrilége qui a été l'une de nos modes.

CHAPTER VI. — COMMENTAIRES SUR CORNEILLE.

À MESSIEURS DE L'ACADÉMIE FRANÇAISE.
(1764.)

MESSIEURS,

J'ai l'honneur de vous dédier cette édition des ouvrages d'un grand génie, à qui la France et notre compagnie doivent une partie de leur gloire. Les *Commentaires* qui accompagnent cette édition seraient plus utiles si j'avais pu recevoir vos instructions de vive voix. Vous avez bien voulu m'éclairer quelquefois par lettres sur les difficultés de la langue; vous m'auriez guidé non moins utilement sur le goût. Cinquante ans d'expérience m'ont instruit, mais ont pu m'égarer; quelques-unes de vos séances m'en auraient plus enseigné qu'un demi-siècle de mes réflexions.

Vous savez, messieurs, comment cette édition fut entreprise: ce que j'ai cru devoir au sang de Corneille était mon premier motif; le second est le désir d'être utile aux jeunes gens qui s'exercent dans la carrière des belles-lettres, et aux étrangers qui apprennent notre langue. Ces deux motifs me donnent quelques droits à votre indulgence. Je vous supplie, messieurs, de me continuer vos bontés, et d'agréer mon profond respect.

VOLTAIRE.

REMARQUES SUR BÉRÉNICE, TRAGÉDIE DE RACINE, REPRÉSENTÉE EN 1670.

Préface du commentateur. — Un amant et une maîtresse qui se quittent ne sont pas sans doute un sujet de tragédie. Si on avait proposé un tel plan à Sophocle ou à Euripide, ils l'auraient renvoyé à Aristophane. L'amour qui n'est qu'amour, qui n'est point une passion terrible et funeste, ne semble fait que pour la comédie, pour la pastorale, ou pour l'églogue.

Cependant Henriette d'Angleterre, belle-sœur de Louis XIV, voulut que Racine et Corneille fissent chacun une tragédie des adieux de Titus et de Bérénice. Elle crut qu'une victoire obtenue sur l'amour le plus vrai et le plus tendre ennoblissait le sujet, et en cela elle ne se trompait pas; mais elle avait encore un intérêt secret à voir cette victoire représentée sur le théâtre; elle se ressouvenait des sentiments qu'elle avait eus longtemps pour Louis XIV, et du goût vif de ce prince pour elle. Le danger de cette passion, la crainte de mettre le trouble dans la famille royale, les noms de beau-frère et de belle-sœur, mirent un frein à leurs désirs; mais il resta toujours dans leurs cœurs une inclination secrète, toujours chère à l'un et à l'autre.

Ce sont ces sentiments qu'elle voulut voir développés sur la scène, autant pour sa consolation que pour son amusement. Elle chargea le marquis de Dangeau, confident de ses amours avec le roi, d'engager secrètement Corneille et Racine à travailler l'un et l'autre sur ce sujet, qui paraissait si peu fait pour la scène. Les deux pièces furent composées dans l'année 1670, sans qu'aucun des deux sût qu'il avait un rival.

Elles furent jouées en même temps sur la fin de la même
année : celle de Racine, à l'hôtel de Bourgogne, et celle
de Corneille, au Palais-Royal.

Il est étonnant que Corneille tombât dans ce piége ; il
devait bien sentir que le sujet était l'opposé de son talent.
Entelle ne terrassa point Darès[1] dans ce combat ; il s'en
faut bien. La pièce de Corneille tomba ; celle de Racine
eut trente représentations de suite ; et toutes les fois qu'il
s'est trouvé un acteur et une actrice capables d'intéresser
dans les rôles de Titus et de Bérénice, cet ouvrage dramatique, qui n'est peut-être pas une tragédie, a toujours
excité les applaudissements les plus vrais : ce sont les
larmes.

Racine fut bien vengé, par le succès de *Bérénice*, de la
chute de *Britannicus*. Cette estimable pièce était tombée
parce qu'elle avait paru un peu froide ; le cinquième acte
surtout avait ce défaut, et Néron, qui revenait alors avec
Junie, et qui se justifiait de la mort de Britannicus, faisait
un très mauvais effet. Néron, qui se cache derrière une
tapisserie pour écouter, ne paraissait pas un empereur
romain. On trouvait que deux amants, dont l'un est aux
genoux de l'autre, et qui sont surpris ensemble, formaient
un coup de théâtre plus comique que tragique ; les intérêts
d'Agrippine, qui veut seulement avoir le premier crédit,
ne semblaient pas un objet assez important. Narcisse
n'était qu'odieux ; Britannicus et Junie étaient regardés
comme des personnages faibles. Ce n'est qu'avec le
temps que les connaisseurs firent revenir le public. On
vit que cette pièce était la peinture fidèle de la cour de
Néron. On admira enfin toute l'énergie de Tacite exprimée dans des vers dignes de Virgile. On comprit que
Britannicus et Junie ne devaient pas avoir un autre caractère. On démêla dans Agrippine des beautés vraies,

solides, qui ne sont ni gigantesques ni hors de la nature, et qui ne surprennent point le parterre par des déclamations ampoulées. Le développement du caractère de Néron fut enfin regardé comme un chef-d'œuvre. On convint que le rôle de Burrhus est admirable d'un bout à l'autre, et qu'il n'y a rien de ce genre dans toute l'antiquité. *Britannicus* fut la pièce des connaisseurs, qui conviennent des défauts, et qui apprécient les beautés.

Racine passa de l'imitation de Tacite à celle de Tibulle. Il se tira d'un très mauvais pas par un effort de l'art, et par la magie enchanteresse de ce style qui n'a été donné qu'à lui.

Jamais on n'a mieux senti quel est le mérite de la difficulté surmontée. Cette difficulté était extrême, le fond ne semblait fournir que deux ou trois scènes, et il fallait faire cinq actes.

On ne donnera qu'un léger commentaire sur la tragédie de Corneille ; il faut avouer qu'elle n'en mérite pas. On en fera sur celle de Racine, que nous donnons avant la *Bérénice* de Corneille. Les lecteurs doivent sentir qu'on ne cherche qu'à leur être utile : ce n'est ni pour Corneille ni pour Racine qu'on écrit ; c'est pour leur art, et pour les amateurs de cet art si difficile.

On ne doit pas se passionner pour un nom. Qu'importe qui soit l'auteur de la *Bérénice* qu'on lit avec plaisir, et celui de la *Bérénice* qu'on ne lit plus ? C'est l'ouvrage, et non la personne, qui intéresse la postérité. Tout esprit de parti doit céder au désir de s'instruire.

CHAPTER VII.— CORRESPONDANCE.

À UN PREMIER COMMIS.

20 juin 1733.

PUISQUE vous êtes, monsieur, à portée de rendre service aux belles-lettres, ne rognez pas de si près les ailes à nos écrivains et ne faites pas des volailles de basse-cour de ceux qui, en prenant l'essor, pourraient devenir des aigles: une liberté honnête élève l'esprit, et l'esclavage le fait ramper. S'il y avait eu une inquisition littéraire à Rome, nous n'aurions aujourd'hui ni Horace, ni Juvénal, ni les œuvres philosophiques de Cicéron. Si Milton, Dryden, Pope, et Locke, n'avaient pas été libres, l'Angleterre n'aurait eu ni des poëtes, ni des philosophes: il y a je ne sais quoi de turc à proscrire l'imprimerie, et c'est la proscrire que la trop gêner. Contentez-vous de réprimer sévèrement les libelles diffamatoires, parce que ce sont des crimes; mais tandis qu'on débite hardiment des recueils de ces infâmes *calottes*,[1] et tant d'autres productions qui méritent l'horreur et le mépris, souffrez au moins que Bayle[2] entre en France, et que celui qui fait tant d'honneur à sa patrie n'y soit pas de contrebande.

Vous me dites que les magistrats qui régissent la douane de la littérature se plaignent qu'il y a trop de livres. C'est comme si le prévôt des marchands se plaignait qu'il y eût à Paris trop de denrées : en achète qui veut. Une immense bibliothèque ressemble à la ville de Paris, dans laquelle il y a près de huit cent mille hommes: vous ne vivez pas avec tout ce chaos; vous y choisissez

quelque société, et vous en changez. On traite les livres
de même : on prend quelques amis dans la foule. Il y
aura sept ou huit mille controversistes, quinze ou seize
mille romans, que vous ne lirez point; une foule de
feuilles périodiques que vous jetterez au feu après les
avoir lues. L'homme de goût ne lit que le bon, mais
l'homme d'État permet le bon et le mauvais.

Les pensées des hommes sont devenues un objet important de commerce. Les libraires hollandais gagnent un
million par an, parce que les Français ont eu de l'esprit.
Un roman médiocre est, je le sais bien, parmi les livres,
ce qu'est dans le monde un sot qui veut avoir de l'imagination. On s'en moque, mais on le souffre. Ce roman
fait vivre et l'auteur qui l'a composé, et le libraire qui le
débite, et le fondeur, et l'imprimeur, et le papetier, et le
relieur, et le colporteur, et le marchand de mauvais vin,
à qui tous ceux-là portent leur argent. L'ouvrage amuse
encore deux ou trois heures quelques femmes avec lesquelles il faut de la nouveauté en livres, comme en tout
le reste. Ainsi, tout méprisable qu'il·est, il a produit
deux choses importantes : du profit et du plaisir.

Les spectacles méritent encore plus d'attention. Je ne
les considère pas comme une occupation qui retire les
jeunes gens de la débauche : cette idée serait celle d'un
curé ignorant. Il y a assez de temps, avant et après les
spectacles, pour faire usage de ce peu de moments qu'on
donne à des plaisirs de passage, immédiatement suivis du
dégoût. D'ailleurs on ne va pas aux spectacles tous les
jours, et dans la multitude de nos citoyens, il n'y a pas
quatre mille hommes qui les fréquentent avec quelque
assiduité.

Je regarde la tragédie et la comédie comme des leçons
de vertu, de raison et de bienséance. Corneille, ancien

Romain parmi les Français, a établi une école de grandeur d'âme; et Molière a fondé celle de la vie civile. Les génies français formés par eux appellent du fond de l'Europe les étrangers qui viennent s'instruire chez nous, et qui contribuent à l'abondance de Paris. Nos pauvres sont nourris du produit de ces ouvrages, qui nous soumettent jusqu'aux nations qui nous haïssent. Tout bien pesé, il faut être ennemi de sa patrie pour condamner nos spectacles. Un magistrat qui, parce qu'il a acheté cher un office de judicature, ose penser qu'il ne lui convient pas de voir *Cinna*, montre beaucoup de gravité et bien peu de goût.

Il y aura toujours dans notre nation polie de ces âmes qui tiendront du Goth et du Vandale; je ne connais pour vrais Français que ceux qui aiment les arts et les encouragent. Ce goût commence, il est vrai, à languir parmi nous; nous sommes des sybarites lassés des faveurs de nos maîtresses. Nous jouissons des veilles des grands hommes qui ont travaillé pour nos plaisirs et pour ceux des siècles à venir, comme nous recevons les productions de la nature: on dirait qu'elles nous sont dues. Il n'y a que cent ans que nous mangions du gland; les Triptolèmes[1] qui nous ont donné le froment le plus pur nous sont indifférents; rien ne réveille cet esprit de nonchalance pour les grandes choses, qui se mêle toujours avec notre vivacité pour les petites.

Nous mettons tous les ans plus d'industrie et plus d'invention dans nos tabatières et dans nos autres colifichets que les Anglais n'en ont mis à se rendre les maîtres des mers, à faire monter l'eau par le moyen du feu, et à calculer l'aberration de la lumière. Les anciens Romains élevaient des prodiges d'architecture pour faire combattre des bêtes; et nous n'avons pas su depuis un siècle bâtir seulement une salle passable pour y faire représenter les chefs-d'œuvre de l'esprit humain. Le centième de l'argent des cartes[1] suffirait pour avoir des salles de spectacle plus belles que le théâtre de Pompée; mais quel homme dans Paris est animé de l'amour du bien public? On joue, on soupe, on médit, on fait de mauvaises chansons, et on s'endort dans la stupidité, pour recommencer le lendemain son cercle de légèreté et d'indifférence. Vous, monsieur, qui avez au moins une petite place dans laquelle vous êtes à portée de donner de bons conseils, tâchez de réveiller cette léthargie barbare, et faites, si vous pouvez, du bien aux lettres, qui en ont tant fait à la France.

AU PRINCE ROYAL DE PRUSSE.[2]

À Paris, *le 26 août* (1736).

Monseigneur, il faudrait être insensible pour n'être pas infiniment touché de la lettre dont Votre Altesse royale a daigné m'honorer. Mon amour-propre en a été trop flatté; mais l'amour du genre humain, que j'ai toujours eu dans le cœur, et qui, j'ose dire, fait mon caractère, m'a donné un plaisir mille fois plus pur, quand j'ai vu qu'il y a dans le monde un prince qui pense en homme, un prince philosophe qui rendra les hommes heureux.

Souffrez que je vous dise qu'il n'y a point d'homme sur la terre qui ne doive des actions de grâces au soin que vous prenez de cultiver, par la saine philosophie, une âme née pour commander. Croyez qu'il n'y a eu de véritablement bons rois que ceux qui ont commencé comme vous pour s'instruire, par connaître les hommes, par aimer le vrai, par détester la persécution et la superstition. Il

n'y a point de prince qui, en pensant ainsi, ne puisse
ramener l'âge d'or dans ses États. Pourquoi si peu de
rois recherchent-ils cet avantage ? Vous le sentez, monseigneur : c'est que presque tous songent plus à la royauté
qu'à l'humanité ; vous faites précisément le contraire.
Soyez sûr que, si un jour le tumulte des affaires et la
méchanceté des hommes n'altèrent point un si divin
caractère, vous serez adoré de vos peuples et chéri du
monde entier. Les philosophes dignes de ce nom voleront
dans vos États, et, comme les artisans célèbres viennent
en foule dans le pays où leur art est plus favorisé, les
hommes qui pensent viendront entourer votre trône.

L'illustre reine Christine[1] quitta son royaume pour
aller chercher les arts ; régnez, monseigneur, et que les
arts viennent vous chercher.

Puissiez-vous n'être jamais dégoûté des sciences par
les querelles des savants ! Vous voyez, monseigneur,
par les choses que vous daignez me mander, qu'ils sont
hommes, pour la plupart, comme les courtisans mêmes.
Ils sont quelquefois aussi avides, aussi intrigants, aussi
faux, aussi cruels ; et toute la différence qui est entre les
pestes de cour et les pestes de l'école, c'est que ces derniers sont plus ridicules.

Il est bien triste pour l'humanité que ceux qui se disent
les déclarateurs des commandements célestes, les interprètes de la Divinité, en un mot les théologiens, soient
quelquefois les plus dangereux de tous ; qu'il s'en trouve
d'aussi pernicieux dans la société qu'obscurs dans leurs
idées, et que leur âme soit gonflée de fiel et d'orgueil, à
proportion qu'elle est vide de vérités. Ils voudraient
troubler la terre pour un sophisme, et intéresser tous les
rois à venger par le fer et par le feu l'honneur d'un argument *in ferio* ou *in barbara*.[2]

Tout être pensant qui n'est pas de leur avis est un athée, et tout roi qui ne les favorise pas sera damné. Vous savez, monseigneur, que le mieux qu'on puisse faire, c'est d'abandonner à eux-mêmes ces prétendus précepteurs et ces ennemis réels du genre humain. Leurs paroles, quand elles sont négligées, se perdent en l'air comme du vent; mais si le poids de l'autorité s'en mêle, ce vent acquiert une force qui renverse quelquefois le trône.

Je vois, monseigneur, avec la joie d'un cœur rempli d'amour pour le bien public, la distance immense que vous mettez entre les hommes qui cherchent en paix la vérité, et ceux qui veulent faire la guerre pour des mots qu'ils n'entendent pas. Je vois que les Newton, les Leibnitz, les Bayle, les Locke, ces âmes si élevées, si éclairées et si douces, sont ceux qui nourrissent votre esprit, et que vous rejetez les autres aliments prétendus, que vous trouveriez empoisonnés ou sans substance.

Je ne saurais trop remercier Votre Altesse royale de la bonté qu'elle a eue de m'envoyer le petit livre concernant M. Wolff.[1] Je regarde ses idées métaphysiques comme des choses qui font honneur à l'esprit humain. Ce sont des éclairs au milieu d'une nuit profonde; c'est tout ce qu'on peut espérer, je crois, de la métaphysique. Il n'y a pas d'apparence que les premiers principes des choses soient jamais bien connus. Les souris qui habitent quelques petits trous d'un bâtiment immense ne savent ni si ce bâtiment est éternel, ni quel en est l'architecte, ni pourquoi cet architecte a bâti. Elles tâchent de conserver leur vie, de peupler leurs trous, et de fuir les animaux destructeurs qui les poursuivent. Nous sommes les souris, et le divin architecte qui a bâti cet univers n'a pas encore, que je sache, dit son secret à aucun de nous.

Si quelqu'un peut prétendre à deviner juste, c'est M. Wolff. On peut le combattre, mais il faut l'estimer: sa philosophie est bien loin d'être pernicieuse; y a-t-il rien de plus beau et de plus vrai que de dire, comme il fait, que les hommes doivent être justes, quand même ils auraient le malheur d'être athées?

La protection qu'il semble que vous donnez, monseigneur, à ce savant homme, est une preuve de la justesse de votre esprit et de l'humanité de vos sentiments.

Vous avez la bonté, monseigneur, de me promettre de m'envoyer le *Traité de Dieu, de l'âme, et du monde.* Quel présent, monseigneur, et quel commerce! L'héritier d'une monarchie daigne, du sein de son palais, envoyer des instructions à un solitaire! Daignez me faire ce présent, monseigneur; mon amour extrême pour le vrai est la seule chose qui m'en rende digne. La plupart des princes craignent d'entendre la vérité, et ce sera vous qui l'enseignerez.

A l'égard des vers dont vous me parlez, vous pensez sur cet art aussi sensément que sur tout le reste. Les vers qui n'apprennent pas aux hommes des vérités neuves et touchantes ne méritent guère d'être lus. Vous sentez qu'il n'y aurait rien de plus méprisable que de passer sa vie à renfermer dans des rimes des lieux communs usés, qui ne méritent pas le nom de pensées. S'il y a quelque chose de plus vil, c'est de n'être que poëte satirique, et de n'écrire que pour décrier les autres. Ces poëtes sont au Parnasse ce que sont dans les écoles ces docteurs qui ne savent que des mots, et qui cabalent contre ceux qui écrivent des choses.

Si *la Henriade*[1] a pu ne pas déplaire à Votre Altesse royale, j'en dois rendre grâce à cet amour du vrai, à cette horreur que mon poëme inspire pour les factieux, pour les persécuteurs, pour les superstitieux, pour les tyrans et pour les rebelles. C'est l'ouvrage d'un honnête homme : il devait trouver grâce devant un prince philosophe.

Vous m'ordonnez de vous envoyer mes autres ouvrages : je vous obéirai, monseigneur; vous serez mon juge, et vous me tiendrez lieu du public. Je vous soumettrai ce que j'ai hasardé en philosophie; vos lumières seront ma récompense : c'est un prix que peu de souverains peuvent donner. Je suis sûr de votre secret; votre vertu doit égaler vos connaissances.

Je regarderai comme un bonheur bien précieux celui de venir faire ma cour à Votre Altesse royale. On va à Rome pour voir des églises, des tableaux, des ruines et des bas-reliefs. Un prince tel que vous mérite bien mieux un voyage : c'est une rareté plus merveilleuse. Mais l'amitié, qui me retient dans la retraite où je suis,[1] ne me permet pas d'en sortir. Vous pensez sans doute, comme Julien,[2] ce grand homme si calomnié, qui disait que les amis doivent toujours être préférés aux rois.

Dans quelque coin du monde que j'achève ma vie, soyez sûr, monseigneur, que je ferai continuellement des vœux pour vous, c'est-à-dire pour le bonheur de tout un peuple. Mon cœur sera au rang de vos sujets; votre gloire me sera toujours chère. Je souhaiterai que vous ressembliez toujours à vous-même, et que les autres rois vous ressemblent. Je suis avec un profond respect, de Votre Altesse royale, le très humble, etc.

À M. LÉVESQUE DE BURIGNY.[1]

À Cirey, *le 29 octobre* (1738).

Je n'ai point reçu votre lettre, monsieur, comme un compliment; je sais trop combien vous aimez la vérité. Si vous n'aviez pas trouvé quelques morceaux dignes de votre attention dans les *Éléments de Newton*, vous ne les auriez pas loués.

Cette philosophie a plus d'un droit sur vous: elle est la seule vraie, et M. votre frère de Pouilly est le premier en France qui l'ait connue. Je n'ai que le mérite d'avoir osé effleurer le premier, en public, ce qu'il eût approfondi s'il eût voulu.

Je ne sais si ma santé me permettra dorénavant de suivre ces études avec l'ardeur qu'elles méritent; mais il s'en faut bien qu'elles soient les seules qui doivent fixer un être pensant. Il y a des livres sur les droits les plus sacrés des hommes, des livres écrits par des citoyens aussi hardis que vertueux, où l'on apprend à donner des limites aux abus, et où l'on distingue continuellement la justice et l'usurpation, la religion et le fanatisme. Je lis ces livres avec un plaisir inexprimable; je les étudie, et j'en remercie l'auteur, quel qu'il soit.

Il y a quelques années, monsieur, que j'ai commencé une espèce d'histoire philosophique du siècle de Louis XIV; tout ce qui peut paraître important à la postérité doit y trouver sa place; tout ce qui n'a été important qu'en passant y sera omis. Les progrès des arts et de l'esprit humain tiendront dans cet ouvrage la place la plus honorable. Tout ce qui regarde la religion y sera traité sans controverse, et ce que le droit public a de plus intéressant pour la société s'y trouvera. Une loi utile y sera préférée à des villes prises et rendues, à des batailles qui n'ont décidé de rien. On verra dans tout l'ouvrage le caractère d'un homme qui fait plus de cas d'un ministre qui fait croître deux épis de blé là où la terre n'en portait qu'un que d'un roi qui achète ou saccage une province.

Si vous aviez, monsieur, sur le règne de Louis XIV quelques anecdotes dignes des lecteurs philosophes, je vous supplierais de m'en faire part. Quand on travaille pour la vérité on doit hardiment s'adresser à vous, et compter sur vos secours. Je suis, monsieur, avec les sentiments d'estime les plus respectueux, etc.

Vol. XXXV, 25, 26.

À M. L'ABBÉ DUBOS.[1]

À Cirey, le 30 octobre (1738).

Il y a déjà longtemps, monsieur, que je vous suis attaché par la plus forte estime; je vais l'être par la reconnaissance. Je ne vous répéterai point ici que vos livres doivent être le bréviaire des gens de lettres, que vous êtes l'écrivain le plus utile et le plus judicieux que je connaisse; je suis si charmé de voir que vous êtes le plus obligeant que je suis tout occupé de cette dernière idée.

Il y a longtemps que j'ai assemblé quelques matériaux pour faire l'histoire du siècle de Louis XIV. Ce n'est point simplement la vie de ce prince que j'écris, ce ne sont point les annales de son règne, c'est plutôt l'histoire de l'esprit humain, puisée dans le siècle le plus glorieux à l'esprit humain.

Cet ouvrage est divisé en chapitres; il y en a vingt environ destinés à l'histoire générale: ce sont vingt ta-

bleaux des grands événements du temps. Les principaux personnages sont sur le devant de la toile; la foule est dans l'enfoncement. Malheur aux détails! la postérité ies néglige tous: c'est une vermine qui tue les grands
5 ouvrages. Ce qui caractérise le siècle, ce qui a causé des révolutions, ce qui sera important dans cent années, c'est là ce que je veux écrire aujourd'hui.

Il y a un chapitre pour la vie privée de Louis XIV; deux pour les grands changements faits dans la police du
10 royaume, dans le commerce, dans les finances; deux pour le gouvernement ecclésiastique, dans lequel la révocation de l'Édit de Nantes et l'affaire de la Régale[1] sont comprises; cinq ou six pour l'histoire des arts, à commencer par Descartes et à finir par Rameau.[2]
15 Je n'ai d'autres mémoires, pour l'histoire générale, qu'environ deux cents volumes de mémoires imprimés que tout le monde connaît; il ne s'agit que de former un corps bien proportionné de tous ces membres épars, et de peindre avec des couleurs vraies, mais d'un trait, ce
20 que Larrey, Limiers, Lamberti, Roussel, etc., etc., falsifient et délayent dans des volumes.

J'ai pour la vie privée de Louis XIV les *Mémoires du marquis de Dangeau*, en quarante volumes, dont j'ai extrait quarante pages; j'ai ce que j'ai entendu dire à de
25 vieux courtisans, valets grands seigneurs, et autres, et je rapporte les faits dans lesquels ils s'accordent. J'abandonne le reste aux faiseurs de conversations et d'anecdotes. J'ai un extrait de la fameuse lettre du roi au sujet de M. de Barbésieux,[3] dont il marque tous les défauts
30 auxquels il pardonne en faveur des services du père: ce qui caractérise Louis XIV bien mieux que les flatteries de Pellisson.[4]

Je suis assez instruit de l'aventure de *l'homme au*

masque de fer,[1] mort à la Bastille.[2] J'ai parlé à des gens qui l'ont servi.

Il y a une espèce de mémorial, écrit de la main de Louis XIV, qui doit être dans le cabinet de Louis XV. M. Hardion[3] le connaît sans doute; mais je n'ose en demander communication.

Sur les affaires de l'Église, j'ai tout le fatras des injures de parti, et je tâcherai d'extraire une once de miel de l'absinthe des Jurieu, des Quesnel, des Doucin, etc.

Pour le dedans du royaume, j'examine les mémoires des intendants, et les bons livres qu'on a sur cette matière. M. l'abbé de Saint Pierre[4] a fait un journal politique de Louis XIV, que je voudrais bien qu'il me confiât. Je ne sais s'il fera cet acte de *bienfaisance*[5] pour gagner le paradis.

A l'égard des arts et des sciences, il n'est question, je crois, que de tracer la marche de l'esprit humain en philosophie, en éloquence, en poésie, en critique; de marquer les progrès de la peinture, de la sculpture, de la musique, de l'orfèvrerie, des manufactures de tapisserie, de glaces, d'étoffes d'or, de l'horlogerie. Je ne veux que peindre, chemin faisant, les génies qui ont excellé dans ces parties. Dieu me préserve d'employer trois cents pages à l'histoire de Gassendi![6] La vie est trop courte, le temps trop précieux, pour dire des choses inutiles.

En un mot, monsieur, vous voyez mon plan mieux que je ne pourrais vous le dessiner. Je ne me presse point d'élever mon bâtiment :

. . . . Pendent opera interrupta, minaeque
Murorum ingentes . . . .

Si vous daignez me conduire, je pourrai dire alors :

. . . . Æquataque machina coelo.
(*Æneid.*, lib. IV, v. 88.)

Voyez ce que vous pouvez faire pour moi, pour la vérité, pour un siècle qui vous compte parmi ses ornements.

A qui daignerez-vous communiquer vos lumières, si ce n'est à un homme qui aime sa patrie et la vérité, et qui ne cherche à écrire l'histoire ni en flatteur, ni en panégyriste, ni en gazetier, mais en philosophe? Celui qui a si bien débrouillé le chaos de l'origine des Français m'aidera sans doute à répandre la lumière sur les plus beaux jours de la France. Songez, monsieur, que vous rendrez service à votre disciple et à votre admirateur.

Je serai toute ma vie, avec autant de reconnaissance que d'estime, etc.

AU PÈRE TOURNEMINE.[1]

(*Décembre* 1738.)

Mon très cher et très révérend Père, est-il vrai que ma *Mérope* vous ait plu? Y avez-vous reconnu quelques-uns de ces sentiments généreux que vous m'avez inspirés dans mon enfance? *Si placet tuum est:* ce que je dis toujours en parlant de vous et du Père Porée.[2] Je vous souhaite la bonne année et une vie aussi longue que vous la méritez. Aimez-moi toujours un peu, malgré mon goût pour Locke et pour Newton. Ce goût n'est point un enthousiasme qui s'opiniâtre contre des vérités.

Nullius addictus jurare in verba magistri.

J'avoue que Locke m'avait bien séduit par cette idée que Dieu peut joindre quand il voudra le don le plus sublime de penser à la matière en apparence la plus informe. Il me semblait qu'on ne pouvait trop étendre la toute-puissance du Créateur. Qui sommes-nous, disais-je, pour la borner? Ce qui me confirmait dans ce sentiment, c'est qu'il semblait s'accorder à merveille avec l'immortalité de nos âmes : car, la matière ne périssant pas, qui pourrait empêcher la toute-puissance divine de conserver le don éternel de la pensée à une portion de matière qu'il ferait subsister éternellement? Je n'apercevais pas l'incompatibilité, et c'est en cela probablement que je me trompais. Les lectures assidues que j'ai faites de Platon, de Descartes, de Malebranche,[1] de Leibnitz, de Wolff, et du modeste Locke, n'ont servi toutes qu'à me faire voir combien la nature de mon âme m'était incompréhensible, combien nous devons admirer la sagesse de cet Être suprême qui nous a fait tant de présents dont nous jouissons sans les connaître, et qui a daigné y ajouter encore la faculté d'oser parler de lui. Je me suis toujours tenu dans les bornes où Locke se renferme, n'assurant rien sur notre âme, mais croyant que Dieu peut tout. Si pourtant ce sentiment a des suites dangereuses, je l'abandonne à jamais de tout mon cœur.

Vous savez si le poëme de *la Henriade*, dont j'espère vous présenter bientôt une édition très corrigée, respire autre chose que l'amour des lois et l'obéissance au souverain. Ce poëme enfin est la conversion d'un roi protestant à la religion catholique. Si dans quelques autres ouvrages qui sont échappés à ma jeunesse (ce temps de fautes) qui n'étaient pas faits pour être publics, que l'on a tronqués, que l'on a falsifiés, que je n'ai jamais approuvés, il se trouve des propositions dont on puisse se plaindre, ma réponse sera bien courte : c'est que je suis prêt d'effacer sans miséricorde tout ce qui peut scandaliser, quelque innocent qu'il soit dans le fond. Il ne m'en coûte point de me corriger. Je réforme encore ma *Henriade*; je retouche toutes mes tragédies; je refonds

l'*Histoire de Charles XII*. Pourquoi, en prenant tant de peine pour corriger des mots, n'en prendrais-je pas pour corriger des choses essentielles, quand il suffit d'un trait de plume ?
Ce que je n'aurai jamais à corriger, ce sont les sentiments de mon cœur pour vous et pour ceux qui m'ont élevé ; les mêmes amis que j'avais dans votre collége, je les ai conservés tous. Ma respectueuse tendresse pour mes maîtres est la même. Adieu, mon révérend Père ; je suis pour toute ma vie, etc.

Vol. XXXV, 87, 88.

À MILORD HERVEY,[1]

Garde des Sceaux d'Angleterre.

(*Avril*, 1740.)

Je fais compliment à votre nation, milord, sur la prise de Porto-Bello,[2] et sur votre place de garde des sceaux. Vous voilà fixé en·Angleterre : c'est une raison pour moi d'y voyager encore. Je vous réponds bien que, si certain procès est gagné, vous verrez arriver à Londres une petite compagnie choisie de newtoniens à qui le pouvoir de votre attraction, et celui de milady Hervey, feront passer la mer. Ne jugez point, je vous prie, de mon *Essai sur le Siècle de Louis XIV*, par les deux chapitres imprimés en Hollande avec tant de fautes qui rendent mon ouvrage inintelligible. Si la traduction anglaise est faite sur cette copie informe, le traducteur est digne de faire une version de l'*Apocalypse ;* mais, surtout, soyez un peu moins fâché contre moi de ce que j'appelle le siècle dernier le *Siècle de Louis XIV*. Je sais bien que Louis XIV n'a pas eu l'honneur d'être le maître ni le bienfaiteur d'un

Bayle, d'un Newton, d'un Halley, d'un Addison, d'un Dryden; mais dans le siècle qu'on nomme de Léon X, ce pape Léon X avait-il tout fait? N'y avait-il pas d'autres princes qui contribuèrent à polir et à éclairer le genre humain? Cependant le nom de Léon X a prévalu, parce qu'il encouragea les arts plus qu'aucun autre. Eh! quel roi a donc en cela rendu plus de services à l'humanité que Louis XIV? Quel roi a répandu plus de bienfaits, a marqué plus de goût, s'est signalé par de plus beaux établissements? Il n'a pas fait tout ce qu'il pouvait faire, sans doute, parce qu'il était homme; mais il a fait plus qu'aucun autre, parce qu'il était un grand homme: ma plus forte raison pour l'estimer beaucoup, c'est qu'avec des fautes connues il a plus de réputation qu'aucun de ses contemporains; c'est que, malgré un million d'hommes dont il a privé la France, et qui tous ont été intéressés à le décrier, toute l'Europe l'estime, et le met au rang des meilleurs monarques.

Nommez-moi donc, milord, un souverain qui ait attiré chez lui plus d'étrangers habiles, et qui ait plus encouragé le mérite dans ses sujets. Soixante savants de l'Europe reçurent à la fois des récompenses de lui, étonnés d'en être connus.

«Quoique le roi ne soit pas votre souverain, leur écrivait M. Colbert, il veut être votre bienfaiteur; il m'a commandé de vous envoyer la lettre de change ci-jointe, comme un gage de son estime.» Un Bohémien, un Danois, recevaient de ces lettres datées de Versailles. Guglielmini[1] bâtit une maison à Florence des bienfaits de Louis XIV; il mit le nom de ce roi sur le frontispice; et vous ne voulez pas qu'il soit à la tête du siècle dont je parle!

Ce qu'il a fait dans son royaume doit servir à jamais

d'exemple. Il chargea de l'éducation de son fils et de son petit-fils les plus éloquents et les plus savants hommes de l'Europe.[1] Il eut l'attention de placer trois enfants de Pierre Corneille, deux dans les troupes, et l'autre dans
5 l'Église; il excita le mérite naissant de Racine, par un présent considérable pour un jeune homme inconnu et sans bien; et, quand ce génie se fut perfectionné, ces talents, qui souvent sont l'exclusion de la fortune, firent la sienne. Il eut plus que de la fortune, il eut la faveur,
10 et quelquefois la familiarité d'un maître dont un regard était un bienfait; il était, en 1688 et 1689, de ces voyages de Marly tant brigués par les courtisans; il couchait dans la chambre du roi pendant ses maladies, et lui lisait ces chefs-d'œuvre d'éloquence et de poésie qui décoraient ce
15 beau règne.

Cette faveur, accordée avec discernement, est ce ·qui produit de l'émulation et qui échauffe les grands génies: c'est beaucoup de faire des fondations, c'est quelque chose de les soutenir; mais s'en tenir à ces établissements,
20 c'est souvent préparer les mêmes asiles pour l'homme inutile et pour le grand homme; c'est recevoir dans la même ruche l'abeille et le frelon.

Louis XIV songeait à tout; il protégeait les académies, et distinguait ceux qui se signalaient. Il ne prodiguait
25 point ses faveurs à un genre de mérite, à l'exclusion des autres, comme tant de princes qui favorisent, non ce qui est bon, mais ce qui leur plaît; la physique et l'étude de l'antiquité attirèrent son attention. Elle ne se ralentit pas même dans les guerres qu'il soutenait contre l'Europe :
30 car, en bâtissant trois cents citadelles, en faisant marcher quatre cent mille soldats, il faisait élever l'Observatoire, et tracer une méridienne d'un bout du royaume à l'autre, ouvrage unique dans le monde. Il faisait imprimer dans

son palais les traductions des bons auteurs grecs et latins;
il envoyait des géomètres et des physiciens au fond de
l'Afrique et de l'Amérique chercher de nouvelles connaissances. Songez, milord, que, sans le voyage et les
expériences de ceux qu'il envoya à Cayenne, en 1672, et
sans les mesures de M. Picard,[1] jamais Newton n'eût fait
ses découvertes sur l'attraction. Regardez, je vous prie,
un Cassini et un Huygens,[2] qui renoncent tous deux à
leur patrie qu'ils honorent, pour venir en France jouir
de l'estime et des bienfaits de Louis XIV. Et pensez-
vous que les Anglais mêmes ne lui aient pas d'obligation?
Dites-moi, je vous prie, dans quelle cour Charles II puisa
tant de politesse et tant de goût. Les bons auteurs de
Louis XIV n'ont-ils pas été vos modèles? N'est-ce pas
d'eux que votre sage Addison, l'homme de votre nation
qui avait le goût le plus sûr, a tiré souvent ses excellentes
critiques? L'évêque Burnet[3] avoue que ce goût, acquis
en France par les courtisans de Charles II, réforma chez
vous jusqu'à la chaire, malgré la différence de nos religions; tant la saine raison a partout d'empire! Dites-
moi si les bons livres de ce temps n'ont pas servi à l'éducation de tous les princes de l'empire. Dans quelles cours
de l'Allemagne n'a-t-on pas vu des théâtres français?
Quel prince ne tâchait pas d'imiter Louis XIV? Quelle
nation ne suivait pas alors les modes de la France?

Vous m'apportez, milord, l'exemple du czar Pierre le
Grand, qui a fait naître les arts dans son pays, et qui est
le créateur d'une nation nouvelle; vous me dites cependant que son siècle ne sera pas appelé dans l'Europe le
siècle du czar Pierre; vous en concluez que je ne dois
pas appeler le siècle passé le *siècle de Louis XIV.* Il
me semble que la différence est bien palpable. Le czar
Pierre s'est instruit chez les autres peuples; il a porté

leurs arts chez lui; mais Louis XIV a instruit les nations; tout, jusqu'à ses fautes, leur a été utile. Des protestants, qui ont quitté ses États, ont porté chez vous-mêmes une industrie qui faisait la richesse de la France.
5 Comptez-vous pour rien tant de manufactures de soie et de cristaux? Ces dernières surtout furent perfectionnées chez vous par nos réfugiés, et nous avons perdu ce que vous avez acquis.

Enfin la langue française, milord, est devenue presque
10 la langue universelle. A qui en est-on redevable? était-elle aussi étendue du temps de Henri IV? Non, sans doute; on ne connaissait que l'italien et l'espagnol. Ce sont nos excellents écrivains qui ont fait ce changement. Mais qui a protégé, employé, encouragé ces excellents
15 écrivains? C'était M. Colbert, me direz-vous; je l'avoue, et je prétends bien que le ministre doit partager la gloire du maître. Mais qu'eût fait un Colbert sous un autre prince: sous votre roi Guillaume, qui n'aimait rien; sous le roi d'Espagne Charles II, sous tant d'autres souve-
20 rains?

Croiriez-vous bien, milord, que Louis XIV a réformé le goût de sa cour en plus d'un genre? Il choisit Lulli pour son musicien, et ôta le privilége à Cambert, parce que Cambert était un homme médiocre, et Lulli un
25 homme supérieur. Il savait distinguer l'esprit du génie; il donnait à Quinault les sujets de ses opéras; il dirigeait les peintures de Lebrun; il soutenait Boileau, Racine, et Molière, contre leurs ennemis; il encourageait les arts utiles comme les beaux-arts, et toujours en connaissance
30 de cause; il prêtait de l'argent à Van Robais[1] pour établir ses manufactures; il avançait des millions à la compagnie des Indes, qu'il avait formée; il donnait des pensions aux savants et aux braves officiers. Non seulement il

s'est fait de grandes choses sous son règne, mais c'est lui qui les faisait. Souffrez donc, milord, que je tâche d'élever à sa gloire un monument que je consacre encore plus à l'utilité du genre humain.

Je ne considère pas seulement Louis XIV parce qu'il a fait du bien aux Français, mais parce qu'il a fait du bien aux hommes; c'est comme homme, et non comme sujet, que j'écris; je veux peindre le dernier siècle, et non pas simplement un prince. Je suis las des histoires où il n'est question que des aventures d'un roi, comme s'il existait seul, ou que rien n'existât que par rapport à lui; en un mot, c'est encore plus d'un grand siècle que d'un grand roi que j'écris l'histoire.

Pellisson eût écrit plus éloquemment que moi; mais il était courtisan, et il était payé. Je ne suis ni l'un ni l'autre: c'est à moi qu'il appartient de dire la vérité.

J'espère que dans cet ouvrage vous trouverez, milord, quelques-uns de vos sentiments; plus je penserai comme vous, plus j'aurai droit d'espérer l'approbation publique.

Vol. XXXV, 411-414.

À M. L. C.

15 *avril* 1741.

Monsieur, si vous voulez vous appliquer sérieusement à l'étude de la nature, permettez-moi de vous dire qu'il faut commencer par ne faire aucun système. Il faut se conduire comme les Boyle,[1] les Galilée, les Newton; examiner, peser, calculer et mesurer, mais jamais deviner. M. Newton n'a jamais fait de système: il a vu, et il a fait voir; mais il n'a point mis ses imaginations à la place de la vérité. Ce que nos yeux et les mathématiques nous démontrent, il faut le tenir pour vrai. Dans tout le reste, il n'y a qu'à dire : J'ignore.

Il est incontestable que les marées suivent exactement le cours du soleil et de la lune : il est mathématiquement démontré que ces deux astres pèsent sur notre globe, et en quelle portion ils pèsent; de là Newton a non seulement calculé l'action du soleil et de la lune sur les marées de la terre, mais encore l'action de la terre et du soleil sur les eaux de la lune (supposé qu'il y en ait). Il est étrange, à la vérité, qu'un homme ait pu faire de telles découvertes; mais cet homme s'est servi du flambeau des mathématiques, qui est la grande lumière des hommes.

Gardez-vous donc bien, monsieur, de vous laisser séduire par l'imagination. Il faut la renvoyer à la poésie, et la bannir de la physique : imaginer un feu central pour expliquer le flux de la mer, c'est comme si on résolvait un problème avec un madrigal.

Qu'il y ait du feu dans tous les corps, c'est une vérité dont il n'est pas permis de douter : il y en a dans la glace même, et l'expérience le démontre; mais qu'il y ait une fournaise précisément dans le centre de la terre, c'est une chose que personne ne peut savoir, et que par conséquent on ne peut admettre en physique.

Quand même ce feu existerait, il ne rendrait raison ni des grandes marées, ni pourquoi les marées retardent avec la lune des équinoxes et des solstices, ni de celles des pleines lunes, ni pourquoi les mers qui ne communiquent point à l'Océan n'ont aucune marée, etc. Donc il n'y aurait pas la moindre raison d'admettre ce prétendu foyer pour cause du gonflement des eaux.

Vous demandez, monsieur, ce que deviennent les eaux des fleuves portées à la mer ? Ignorez-vous qu'on a calculé combien l'action du soleil, à un degré de chaleur donné, dans un temps donné, élève d'eau pour la résoudre ensuite en pluies par le secours des vents?

Vous dites, monsieur, que vous trouvez très mal imaginé ce que plusieurs auteurs avancent, que les neiges et les pluies suffisent à la formation des rivières; comptez que cela n'est ni bien ni mal imaginé, mais que c'est une vérité reconnue par le calcul. Vous pouvez consulter sur cela Mariotte[1] et les *Transactions* d'Angleterre.[2]

En un mot, monsieur, s'il m'est permis de répondre à l'honneur de votre lettre par des conseils, lisez les bons auteurs qui n'ont que l'expérience et le calcul pour guides; et ne regardez tout le reste que comme des romans indignes d'occuper un homme qui veut s'instruire.

J'ai l'honneur d'être, etc.

VOL. XXXVI, 44, 45.

À M. DE VAUVENARGUES,[a]

À NANCY.

PARIS, *le 15 avril* (1743).

J'eus l'honneur de dire hier à M. le duc de Duras[4] que je venais de recevoir une lettre d'un philosophe plein d'esprit, qui d'ailleurs était capitaine au régiment du roi. Il devina aussitôt M. de Vauvenargues. Il serait en effet fort difficile, monsieur, qu'il y eût deux personnes capables d'écrire une telle lettre, et, depuis que j'entends raisonner sur le goût, je n'ai rien vu de si fin et de si approfondi que ce que vous m'avez fait l'honneur de m'écrire.

Il n'y avait pas quatre hommes dans le siècle passé qui osassent s'avouer à eux-mêmes que Corneille n'était souvent qu'un déclamateur; vous sentez, monsieur, et

vous exprimez cette vérité en homme qui a des idées bien
justes et bien lumineuses. Je ne m'étonne point qu'un
esprit aussi sage et aussi fin donne la préférence à l'art
de Racine, à cette sagesse toujours éloquente, toujours
maîtresse du cœur, qui ne lui fait dire que ce qu'il faut,
et de la manière dont il le faut; mais, en même temps, je
suis persuadé que ce même goût, qui vous a fait sentir si
bien la supériorité de l'art de Racine, vous fait admirer
le génie de Corneille, qui a créé la tragédie dans un siècle
barbare. Les inventeurs ont le premier rang, à juste
titre, dans la mémoire des hommes. Newton en savait
assurément plus qu'Archimède; cependant les *Equipondé-
rants* d'Archimède seront à jamais un ouvrage admirable. La belle scène d'Horace et de Curiace, les deux
charmantes scènes du *Cid*, une grande partie de *Cinna*, le
rôle de Sévère,[1] presque tout celui de Pauline, la moitié
du dernier acte de *Rodogune*, se soutiendraient à côté
d'*Athalie*, quand même ces morceaux seraient faits aujourd'hui. De quel œil devons-nous donc les regarder
quand nous songeons au temps où Corneille a écrit! J'ai
toujours dit: *In domo patris mei mansiones multae sunt.*[2]
Molière ne m'a point empêché d'estimer *le Glorieux* de
M. Destouches; *Rhadamiste* m'a ému, même après *Phèdre.*
Il appartient à un homme comme vous, monsieur, de
donner des préférences, et point d'exclusions.

Vous avez grande raison, je crois, de condamner le
sage Despréaux d'avoir comparé Voiture à Horace.[3] La
réputation de Voiture a dû tomber, parce qu'il n'est
presque jamais naturel, et que le peu d'agréments qu'il
a sont d'un genre bien petit et bien frivole. Mais il y a
des choses si sublimes dans Corneille, au milieu de ses
froids raisonnements, et même des choses si touchantes,
qu'il doit être respecté avec ses défauts. Ce sont des

tableaux de Léonard de Vinci qu'on aime encore à voir
à côté des Paul Véronèse et des Titien. Je sais, monsieur, que le public ne connaît pas encore assez tous les
défauts de Corneille; il y en a que l'illusion confond encore avec le petit nombre de ses rares beautés.

Il n'y a que le temps qui puisse fixer le prix de chaque
chose; le public commence toujours par être ébloui.

On a d'abord été ivre des *Lettres persanes* dont vous me
parlez. On a négligé le petit livre de la *Décadence des
Romains*, du même auteur; cependant je vois que tous les
bons esprits estiment le grand sens qui règne dans ce bon
livre, d'abord méprisé, et font assez peu de cas de la frivole imagination des *Lettres persanes*, dont la hardiesse,
en certains endroits, fait le plus grand mérite. Le grand
nombre des juges décide, à la longue, d'après les voix du
petit nombre éclairé; vous me paraissez, monsieur, fait
pour être à la tête de ce petit nombre. Je suis fâché que
le parti des armes, que vous avez pris, vous éloigne d'une
ville où je serais à portée de m'éclairer de vos lumières;
mais ce même esprit de justesse qui vous fait préférer
l'art de Racine à l'intempérance de Corneille, et la sagesse de Locke à la profusion de Bayle, vous servira dans
votre métier. La justesse sert à tout. Je m'imagine que
M. de Catinat[1] aurait pensé comme vous.

J'ai pris la liberté de remettre au coche de Nancy un
exemplaire que j'ai trouvé d'une des moins mauvaises
éditions de mes faibles ouvrages; l'envie de vous offrir
ce petit témoignage de mon estime l'a emporté sur la
crainte que votre goût me donne. J'ai l'honneur d'être
avec tous les sentiments que vous méritez, monsieur,
votre, etc.   VOLTAIRE.

À M. SENAC DE MEILHAN.[1]

Aux Délices,[2] 5 *avril* (1755).

Je n'ai guère reçu, monsieur, en ma vie, ni de lettres plus agréables que celle dont vous m'avez honoré, ni de plus jolis vers que les vôtres. Je ne suis point séduit par les louanges que vous me donnez, je ne juge de vos vers que par eux-mêmes. Ils sont faciles, pleins d'images et d'harmonie; et ce qu'il y a encore de bon, c'est que vous y joignez des plaisanteries du meilleur ton. Je vous assure qu'à votre âge je n'aurais point fait de pareilles lettres.

Si monsieur votre père est le favori d'Esculape, vous l'êtes d'Apollon. C'est une famille pour qui je me suis toujours senti un profond respect, en qualité de poëte et de malade. Ma mauvaise santé, qui me prive de l'honneur de vous écrire de ma main, m'ôte aussi la consolation de vous répondre dans votre langue.

Permettez-moi de vous dire que vous faites si bien des vers que je crains que vous ne vous attachiez trop au métier; il est séduisant, et il empêche quelquefois de s'appliquer à des choses plus utiles. Si vous continuez, je vous dirai bientôt par jalousie ce que je vous dis à présent par l'intérêt que vous m'inspirez pour vous.

Vous me parlez, monsieur, de faire un petit voyage sur les bords de mon lac; je vous en défie, et, si jamais vous allez dans le pays que j'habite, je me ferai un plaisir de vous marquer tous les sentiments que j'ai depuis longtemps pour monsieur votre père, et tous ceux que je commence à avoir pour son fils. Comptez, monsieur, que c'est avec un cœur pénétré de reconnaissance et d'estime que j'ai l'honneur d'être, etc.

Vol. XXXVIII, 366.

À M. J.-J. ROUSSEAU,[1]
À PARIS.
30 août (1755).

J'ai reçu, monsieur, votre nouveau livre [2] contre le genre humain; je vous en remercie. Vous plairez aux hommes, à qui vous dites leurs vérités, mais vous ne les corrigerez pas. On ne peut peindre avec des couleurs plus fortes les horreurs de la société humaine, dont notre ignorance et notre faiblesse se promettent tant de consolations. On n'a jamais employé tant d'esprit à vouloir nous rendre bêtes; il prend envie de marcher à quatre pattes, quand on lit votre ouvrage. Cependant, comme il y a plus de soixante ans que j'en ai perdu l'habitude, je sens malheureusement qu'il m'est impossible de la reprendre, et je laisse cette allure naturelle à ceux qui en sont plus dignes que vous et moi. Je ne peux non plus m'embarquer pour aller trouver les sauvages du Canada : premièrement, parce que les maladies dont je suis accablé me retiennent auprès du plus grand médecin de l'Europe, et que je ne trouverais pas les mêmes secours chez les Missouris; secondement, parce que la guerre est portée dans ces pays-là, et que les exemples de nos nations ont rendu les sauvages presque aussi méchants que nous. Je me borne à être un sauvage paisible dans la solitude que j'ai choisie auprès de votre patrie,[3] où vous devriez être.

Je conviens avec vous que les belles-lettres et les sciences ont causé quelquefois beaucoup de mal. Les ennemis du Tasse firent de sa vie un tissu de malheurs; ceux de Galilée le firent gémir dans les prisons, à soixante et dix ans, pour avoir connu le mouvement de la terre; et ce qu'il y a de plus honteux, c'est qu'ils l'obligèrent à se rétracter.[4] Dès que vos amis[5] eurent commencé le *Dictionnaire encyclopédique*, ceux qui osèrent être leurs rivaux les traitèrent de *déistes*, d'*athées*, et même de *jansénistes*.[1]

Si j'osais me compter parmi ceux dont les travaux n'ont eu que la persécution pour récompense, je vous ferais voir des gens acharnés à me perdre du jour que je donnai la tragédie d'*Œdipe;* une bibliothèque de calomnies ridicules imprimées contre moi ; un prêtre ex-jésuite,[2] que j'avais sauvé du dernier supplice, me payant par des libelles diffamatoires du service que je lui avais rendu ; un homme, plus coupable encore,[3] faisant imprimer mon propre ouvrage du *Siècle de Louis XIV* avec des *notes* dans lesquelles la plus crasse ignorance vomit les plus infâmes impostures ; un autre, qui vend à un libraire quelques chapitres d'une prétendue *Histoire universelle*, sous mon nom ; le libraire assez avide pour imprimer ce tissu informe de bévues, de fausses dates, de faits et de noms estropiés ; et enfin des hommes assez lâches et assez méchants pour m'imputer la publication de cette rapsodie. Je vous ferais voir la société infectée de ce genre d'hommes inconnu à toute l'antiquité, qui, ne pouvant embrasser une profession honnête, soit de manœuvre, soit de laquais, et sachant malheureusement lire et écrire, se font courtiers de littérature, vivent de nos ouvrages, volent des manuscrits, les défigurent, et les vendent. Je pourrais me plaindre que des fragments d'une plaisanterie faite, il y a près de trente ans, sur le même sujet que Chapelain[4] eut la bêtise de traiter sérieusement, courent aujourd'hui le monde par l'infidélité et l'avarice de ces malheureux qui ont mêlé leurs grossièretés à ce badinage, qui en ont rempli les vides avec autant de sottise que de malice, et qui enfin, au bout de trente ans, vendent partout en manuscrit ce qui n'appartient qu'à eux, et qui n'est digne que d'eux. J'ajouterais qu'en dernier lieu on a volé une partie des matériaux que j'avais rassemblés dans les archives publiques pour servir à l'*Histoire de la Guerre de 1741*, lorsque j'étais historiographe de France; qu'on a vendu à un libraire de Paris ce fruit de mon travail; qu'on se saisit à l'envi de mon bien, comme si j'étais déjà mort, et qu'on le dénature pour le mettre à l'encan. Je vous peindrais l'ingratitude, l'imposture et la rapine, me poursuivant depuis quarante ans jusqu'au pied des Alpes, jusqu'au bord de mon tombeau. Mais que conclurai-je de toutes ces tribulations? Que je ne dois pas me plaindre; que Pope, Descartes, Bayle, le Camoens,[1] et cent autres, ont essuyé les mêmes injustices, et de plus grandes; que cette destinée est celle de presque tous ceux que l'amour des lettres a trop séduits.

Avouez en effet, monsieur, que ce sont là de ces petits malheurs particuliers dont à peine la société s'aperçoit. Qu'importe au genre humain que quelques frelons pillent le miel de quelques abeilles? Les gens de lettres font grand bruit de toutes ces petites querelles, le reste du monde ou les ignore ou en rit.

De toutes les amertumes répandues sur la vie humaine, ce sont là les moins funestes. Les épines attachées à la littérature et à un peu de réputation ne sont que des fleurs en comparaison des autres maux qui, de tout temps, ont inondé la terre. Avouez que ni Cicéron, ni Varron, ni Lucrèce, ni Virgile, ni Horace, n'eurent la moindre part aux proscriptions. Marius était un ignorant; le barbare Sylla,[2] le crapuleux Antoine, l'imbécile Lépide,[3] lisaient peu Platon et Sophocle; et pour ce tyran sans courage, Octave Cépias, surnommé si lâchement *Auguste*, il ne fut un détestable assassin que dans le temps où il fut privé de la société des gens de lettres.

Avouez que Pétrarque et Boccace ne firent pas naître les troubles de l'Italie; avouez que le *badinage* de Marot[1] n'a pas produit la Saint-Barthélemy, et que la tragédie du *Cid* ne causa pas les troubles de la Fronde.[2] Les grands crimes n'ont guère été commis que par de célèbres ignorants. Ce qui fait et fera toujours de ce monde une vallée de larmes, c'est l'insatiable cupidité et l'indomptable orgueil des hommes, depuis Thomas Kouli-kan,[3] qui ne savait pas lire, jusqu'à un commis de la douane, qui ne sait que chiffrer. Les lettres nourissent l'âme, la rectifient, la consolent; elles vous servent, monsieur, dans le temps que vous écrivez contre elles; vous êtes comme Achille, qui s'emporte contre la gloire, et comme le père Malebranche, dont l'imagination brillante écrivait contre l'imagination.

Si quelqu'un doit se plaindre de lettres, c'est moi, puisque, dans tous les temps et dans tous les lieux, elles ont servi à me persécuter; mais il faut les aimer malgré l'abus qu'on en fait, comme il faut aimer la société dont tant d'hommes méchants corrompent les douceurs; comme il faut aimer sa patrie, quelques injustices qu'on y essuie; comme il faut aimer et servir l'Être suprême, malgré les superstitions et le fanatisme qui déshonorent si souvent son culte.

M. Chappuis m'apprend que votre santé est bien mauvaise; il faudrait la venir rétablir dans l'air natal, jouir de la liberté, boire avec moi du lait de nos vaches, et brouter nos herbes.

Je suis très philosophiquement et avec la plus tendre estime, etc.

À MM. CRAMER FRÈRES.[1]

(*Mars-avril*, 1756.)

Je ne peux que vous remercier, messieurs, de l'honneur que vous me faites d'imprimer mes ouvrages; mais je n'en ai pas moins de regret de les avoir faits. Plus on avance en âge et en connaissances, plus on doit se repentir d'avoir écrit. Il n'y a presque aucun de mes ouvrages dont je sois content, et il y en a quelques-uns que je voudrais n'avoir jamais faits. Toutes les pièces fugitives que vous avez recueillies étaient des amusements de société qui ne méritaient pas d'être imprimés. J'ai toujours eu d'ailleurs un si grand respect pour le public que, quand j'ai fait imprimer *la Henriade* et mes tragédies, je n'y ai jamais mis mon nom; je dois, à plus forte raison, n'être point responsable de toutes ces pièces fugitives qui échappent à l'imagination, qui sont consacrées à l'amitié, et qui devaient rester dans les portefeuilles de ceux pour qui elles ont été faites.

A l'égard de quelques écrits plus sérieux, tout ce que j'ai à vous dire, c'est que je suis né Français et catholique; et c'est principalement dans un pays protestant que je dois vous marquer mon zèle pour ma patrie, et mon profond respect pour la religion dans laquelle je suis né, et pour ceux qui sont à la tête de cette religion. Je ne crois pas que dans aucun de mes ouvrages il y ait un seul mot qui démente ces sentiments. J'ai écrit l'histoire avec vérité; j'ai abhorré les abus, les querelles et les crimes; mais toujours avec la vénération due aux choses sacrées, que les hommes ont si souvent fait servir de prétexte à ces querelles, à ces abus et à ces crimes. Je n'ai jamais écrit en théologien; je n'ai été qu'un citoyen zélé, et plus encore un citoyen de l'univers. L'humanité, la candeur, la vérité, m'ont toujours conduit dans la morale et dans l'histoire. S'il se trouvait dans ces écrits quelques expressions répréhensibles, je serais le premier à les condamner et à les réformer.

Au reste, puisque vous avez rassemblé mes ouvrages, c'est-à-dire les fautes que j'ai pu faire, je vous déclare que je n'ai point commis d'autres fautes; que toutes les pièces qui ne seront point dans votre édition sont supposées, et que c'est à cette seule édition que ceux qui me veulent du mal ou du bien doivent ajouter foi. S'il y a dans ce recueil quelques pièces pour lesquelles le public ait de l'indulgence, je voudrais avoir mérité encore plus cette indulgence par un plus grand travail. S'il y a des choses que le public désapprouve, je les désapprouve encore davantage.

Si quelque chose peut me faire penser que mes faibles ouvrages ne sont pas indignes d'être lus des honnêtes gens, c'est que vous en êtes les éditeurs. L'estime que s'est acquise depuis longtemps votre famille dans une république où règnent l'esprit, la philosophie, et les mœurs; celle dont vous jouissez personnellement, les soins que vous prenez, et votre amitié pour moi, combattent la défiance que j'ai de moi-même. Je suis, etc.

Vol. XXXIX, 15, 16.

À MADEMOISELLE * * *.

Aux Délices, près de Genève, 20 *juin* 1756.

Je ne suis, mademoiselle, qu'un vieux malade, et il faut que mon état soit bien douloureux puisque je n'ai pu répondre plus tôt à la lettre dont vous m'honorez, et que je ne vous envoie que de la prose pour vos jolis vers. Vous me demandez des conseils ; il ne vous en faut point d'autre que votre goût. L'étude que vous avez faite de la langue italienne doit encore fortifier ce goût avec lequel vous êtes née, et que personne ne peut donner. Le Tasse et l'Arioste vous rendront plus de services que moi, et la lecture de nos meilleurs poëtes vaut mieux que toutes les leçons ; mais, puisque vous daignez de si loin me consulter, je vous invite à ne lire que les ouvrages qui sont depuis longtemps en possession des suffrages du public, et dont la réputation n'est point équivoque. Il y en a peu ; mais on profite bien davantage en les lisant qu'avec tous les mauvais petits livres dont nous sommes inondés. Les bons auteurs n'ont de l'esprit qu'autant qu'il en faut, ne le recherchent jamais, pensent avec bon sens, et s'expriment avec clarté. Il semble qu'on n'écrive plus qu'en énigmes. Rien n'est simple, tout est affecté ; on s'éloigne en tout de la nature, on a le malheur de vouloir mieux faire que nos maîtres.

Tenez-vous-en, mademoiselle, à tout ce qui plaît en eux. La moindre affectation est un vice. Les Italiens n'ont dégénéré, après le Tasse et l'Arioste, que parce qu'ils ont voulu avoir trop d'esprit ; et les Français sont dans le même cas. Voyez avec quel naturel Mme de Sévigné[1] et d'autres dames écrivent ; comparez ce style avec les phrases entortillées de nos petits romans ; je vous cite les héroïnes de votre sexe, parce que vous me paraissez faite pour leur ressembler. Il y a des pièces de Mme Deshoulières[2] qu'aucun auteur de nos jours ne pourrait égaler. Si vous voulez que je vous cite des hommes, voyez avec quelle clarté, quelle simplicité notre Racine s'exprime toujours. Chacun croit, en le lisant, qu'il dirait en prose tout ce que Racine a dit en vers.

Croyez que tout ce qui ne sera pas aussi clair, aussi simple, aussi élégant, ne vaudra rien du tout.

Vos réflexions, mademoiselle, vous en apprendront cent fois plus que je ne pourrais vous en dire. Vous verrez que nos bons écrivains, Fénelon, Bossuet, Racine, Despréaux, employaient toujours le mot propre. On s'accoutume à bien parler, en lisant souvent ceux qui ont bien écrit; on se fait une habitude d'exprimer simplement et noblement sa pensée sans effort. Ce n'est point une étude; il n'en coûte aucune peine de lire ce qui est bon, et de ne lire que cela; on n'a de maître que son plaisir et son goût.

Pardonnez, mademoiselle, à ces longues réflexions; ne les attribuez qu'à mon obéissance à vos ordres.

J'ai l'honneur d'être avec respect, etc.

VOL. XXXIX, 59, 60.

À M. DEODATI DE TOVAZZI.[1]

AU CHÂTEAU DE FERNEY, EN BOURGOGNE, 24 *janvier* (1761).

Je suis très sensible, monsieur, à l'honneur que vous me faites de m'envoyer votre livre de l'*Excellence de la langue italienne ;* c'est envoyer à un amant l'éloge de sa maîtresse. Permettez-moi cependant quelques réflexions en faveur de la langue française, que vous paraissez dépriser un peu trop. On prend souvent le parti de sa femme, quand la maîtresse ne la ménage pas assez.

Je crois, monsieur, qu'il n'y a aucune langue parfaite. Il en est des langues comme de bien d'autres choses, dans lesquelles les savants ont reçu la loi des ignorants. C'est le peuple ignorant qui a formé les langages; les ouvriers ont nommé tous leurs instruments. Les peuplades, à peine rassemblées, ont donné des noms à tous leurs besoins; et, après un très grand nombre de siècles, les hommes de génie se sont servis, comme ils ont pu, des termes établis au hasard par le peuple.

Il me paraît qu'il n'y a dans le monde que deux langues véritablement harmonieuses, la grecque et la latine. Ce sont en effet les seules dont les vers aient une vraie mesure, un rhythme certain, un vrai mélange de dactyles et de spondées, une valeur réelle dans les syllabes. Les ignorants qui formèrent ces deux langues avaient sans doute la tête plus sonnante, l'oreille plus juste, les sens plus délicats que les autres nations.

Vous avez, comme vous le dites, monsieur, des syllabes longues et brèves dans votre belle langue italienne: nous en avons aussi; mais ni vous, ni nous, ni aucun peuple, n'avons de véritables dactyles et de véritables spondées. Nos vers sont caractérisés par le nombre, et non par la valeur des syllabes. *La bella lingua toscana è la figlia primogenita del latino.* Mais jouissez de votre droit d'aînesse, et laissez à vos cadettes partager quelque chose de la succession.

J'ai toujours respecté les Italiens comme nos maîtres; mais vous avouerez que vous avez fait de fort bons disciples. Presque toutes les langues de l'Europe ont des beautés et des défauts qui se compensent. Vous n'avez point les mélodieuses et nobles terminaisons des mots espagnols, qu'un heureux concours de voyelles et de consonnes rend si sonores: *Los rios, los hombres, las historias, las costumbres.* Il vous manque aussi les diphthongues, qui, dans notre langue, font un effet si harmonieux: Les *rois*, les *empereurs*, les *exploits*, les *histoires*. Vous nous reprochez nos *e* muets comme un son triste et sourd qui expire dans notre bouche; mais c'est précisément dans

ces *e* muets que consiste la grande harmonie de notre prose et de nos vers. *Empire, couronne, diadème, flamme, tendresse, victoire ;* toutes ces désinences heureuses laissent dans l'oreille un son qui subsiste encore après le mot
5 prononcé, comme un clavecin qui résonne quand les doigts ne frappent plus les touches.

Avouez, monsieur, que la prodigieuse variété de toutes ces désinences peut avoir quelque avantage sur les cinq terminaisons de tous les mots de votre langue. Encore,
10 de ces cinq terminaisons faut-il retrancher la dernière, car vous n'avez que sept ou huit mots qui se terminent en *u ;* reste donc quatre sons, *a, e, i, o*, qui finissent tous les mots italiens.

Pensez-vous, de bonne foi, que l'oreille d'un étranger
15 soit bien flattée, quand il lit, pour la première fois,

> . . . . E 'l Capitano
> Che 'l gran sepolcro liberò di Cristo ;
> et
> Molto egli oprò col senno e con la mano ?
20 (Le Tasse, *Jerus. deliv.*, ch. I, *v.* 1-3.)

Croyez-vous que tous ces *o* soient bien agréables à une oreille qui n'y est pas accoutumée ? Comparez à cette triste uniformité, si fatigante pour un étranger ; comparez à cette sécheresse ces deux vers simples de Corneille :

25
> Le destin se déclare, et nous venons d'entendre
> Ce qu'il a résolu du beau-père et du gendre.
> (*La Mort de Pompée*, acte *I, scène I.*)

Vous voyez que chaque mot se termine différemment. Prononcez à présent ces deux vers d'Homère :

30
> Ἐξ οὗ δὴ τὰ πρῶτα διαστήτην ἐρίσαντε
> Ἀτρείδης τε, ἄναξ ἀνδρῶν, καὶ δῖος Ἀχιλλεύς.
> (*Iliade, liv. I, v. 6.*)

Qu'on prononce ces vers devant une jeune personne, soit anglaise ou allemande, qui aura l'oreille un peu délicate : elle donnera la préférence au grec, elle souffrira le français, elle sera un peu choquée de la répétition continuelle des désinences italiennes. C'est une expérience que j'ai faite plusieurs fois.

Vos poëtes, qui ont servi à former votre langue, ont si bien senti ce vice radical de la terminaison des mots italiens qu'ils ont retranché les lettres *e* et *o*, qui finissaient tous les mots à l'infinitif, au passé, et au nominatif; ils disent *amar* pour *amare*, *nocqueron* pour *nocquerono*, *la stagion* pour *la stagione*, *buon* pour *buono*, *malevol* pour *malevole*. Vous avez voulu éviter la cacophonie ; et c'est pour cela que vous finissez très souvent vos vers par la lettre canine *r*, ce que les Grecs ne firent jamais.

J'avoue que la langue latine dut longtemps paraître rude et barbare aux Grecs, par la fréquence de ses *ur*, de ses *um*, qu'on prononçait *our* et *oum*, et par la multitude de ses noms propres, terminés tous en *us* ou plutôt en *ous*. Nous avons brisé plus que vous cette uniformité. Si Rome était pleine autrefois de sénateurs et de chevaliers en *us*, on n'y voit à présent que des cardinaux et des abbés en *i*.

Vous vantez, monsieur, et avec raison, l'extrême abondance de votre langue; mais permettez-nous de n'être pas dans la disette. Il n'est, à la vérité, aucun idiome au monde qui peigne toutes les nuances des choses. Toutes les langues sont pauvres à cet égard; aucune ne peut exprimer, par exemple, en un seul mot, l'amour fondé sur l'estime, ou sur la beauté seule, ou sur la convenance des caractères, ou sur le besoin d'aimer. Il en est ainsi de toutes les passions, de toutes les qualités de notre âme. Ce que l'on sent le mieux est souvent ce qui manque de terme.

Mais, monsieur, ne croyez pas que nous soyons réduits à l'extrême indigence que vous nous reprochez en tout. Vous faites un catalogue en deux colonnes de votre superflu et de notre pauvreté; vous mettez d'un côté *orgoglio*, *alterigia*, *superbia*, et de l'autre, *orgueil* tout seul. Cependant, monsieur, nous avons *orgueil*, *superbe*, *hauteur*, *fierté*, *morgue*, *élévation*, *dédain*, *arrogance*, *insolence*, *gloire*, *gloriole*, *présomption*, *outrecuidance*. Tous ces mots expriment des nuances différentes, de même que chez vous *orgoglio*, *alterigia*, *superbia*, ne sont pas toujours synonymes.

Vous nous reprochez, dans votre alphabet de nos misères, de n'avoir qu'un mot pour signifier *vaillant*.

Je sais, monsieur, que votre nation est très vaillante quand elle veut, et quand on le veut; l'Allemagne et la France ont eu le bonheur d'avoir à leur service de très braves et de très grands officiers italiens.

L'italico valor non è ancor morto.

Mais, si vous avez *valente*, *prode*, *animoso*, nous avons *vaillant*, *valeureux*, *preux*, *courageux*, *intrépide*, *hardi*, *animé*, *audacieux*, *brave*, etc. Ce courage, cette bravoure, ont plusieurs caractères différents, qui ont chacun leurs termes propres. Nous dirions bien que nos généraux sont vaillants, courageux, braves, etc.; mais nous distinguerions le courage vif et audacieux du général[1] qui emporta, l'épée à la main, tous les ouvrages de Port-Mahon taillés dans le roc vif; la fermeté constante, réfléchie et adroite, avec laquelle un de nos chefs[2] sauva une garnison entière d'une ruine certaine, et fit une marche de trente lieues à la vue d'une armée ennemie de trente mille combattants.

Nous exprimerions encore différemment l'intrépidité tranquille que les connaisseurs admirèrent dans le petit-neveu du héros de la Valteline,[3] lorsque, ayant vu son armée en déroute par une terreur panique de nos alliés, ce général, ayant aperçu le régiment de Diesbach et un autre, qui faisaient ferme contre une armée victorieuse, quoiqu'ils fussent entamés par la cavalerie et foudroyés par le canon, marcha seul à ces régiments, loua leur valeur, leur courage, leur fermeté, leur intrépidité, leur vaillance, leur patience, leur audace, leur animosité, leur bravoure, leur héroïsme, etc. Voyez, monsieur, que de termes pour un! Ensuite il eut le courage de ramener ces deux régiments à petits pas, et de les sauver du péril où leur valeur les jetait; les conduisit en bravant les ennemis victorieux, et eut encore le courage de soutenir les reproches d'une multitude toujours mal instruite.

Vous pourrez encore voir, monsieur, que le courage, la valeur, la fermeté de celui qui a gardé Cassel et Goettingen,[1] malgré les efforts de soixante mille ennemis très valeureux, est un courage composé d'activité, de prévoyance, et d'audace. C'est aussi ce qu'on a reconnu dans celui qui a sauvé Vesel.[2] Croyez donc, je vous prie, monsieur, que nous avons, dans notre langue, l'esprit de faire sentir ce que les défenseurs de notre patrie ou de notre pays ont le mérite de faire.

Vous nous insultez, monsieur, sur le mot de *ragoût;* vous vous imaginez que nous n'avons que ce terme pour exprimer nos *mets*, nos *plats*, nos *entrées* de table, et nos *menus*. Plût à Dieu que vous eussiez raison, je m'en porterais mieux! mais malheureusement nous avons un dictionnaire entier de cuisine.

Vous vous vantez de deux expressions pour signifier *gourmand;* mais daignez plaindre, monsieur, nos gourmands, nos goulus, nos friands, nos mangeurs, nos gloutons.

Vous ne connaissez que le mot de *savant;* ajoutez-y,

s'il vous plaît, *docte, érudit, instruit, éclairé, habile, lettré;* vous trouverez parmi nous le nom et la chose. Croyez qu'il en est ainsi de tous les reproches que vous nous faites. Nous n'avons point de diminutifs ; nous en avions autant que vous du temps de Marot, et de Rabelais, et de Montaigne ; mais cette puérilité nous a paru indigne d'une langue ennoblie par les Pascal, les Bossuet, les Fénelon, les Pellisson, les Corneille, les Despréaux, les Racine, les Massillon, les La Fontaine, les La Bruyère, etc. ; nous avons laissé à Ronsard, à Marot, à du Bartas, les diminutifs badins en *otte* et en *ette*, et nous n'avons guère conservé que *fleurette, amourette, fillette, grisette, grandelette, vieillotte, nabote, maisonnette, villotte ;* encore ne les employons-nous que dans le style très familier. N'imitez pas le Buonmattei,[1] qui, dans sa harangue à l'Académie de la Crusca,[2] fait tant valoir l'avantage exclusif d'exprimer *corbello, corbellino,* en oubliant que nous avons des *corbeilles* et des *corbillons.*

Vous possédez, monsieur, des avantages bien plus réels, celui des inversions, celui de faire plus facilement cent bons vers en italien que nous n'en pouvons faire dix en français. La raison de cette facilité, c'est que vous vous permettez ces *hiatus,* ces bâillements de syllabes que nous proscrivons ; c'est que tous vos mots, finissant en *a, e, i, o,* vous fournissent au moins vingt fois plus de rimes que nous n'en avons, et que, par-dessus cela, vous pouvez encore vous passer de rimes. Vous êtes moins asservis que nous à l'hémistiche et à la césure ; vous dansez en liberté, et nous dansons avec nos chaînes.

Mais, croyez-moi, monsieur, ne reprochez à notre langue ni la rudesse, ni le défaut de prosodie, ni l'obscurité, ni la sécheresse. Vos traductions de quelques ouvrages français prouveraient le contraire. Lisez d'ailleurs tout ce que MM. d'Olivet et Dumarsais ont composé sur la manière de bien parler notre langue; lisez M. Duclos; voyez avec combien de force, de clarté, d'énergie, et de grâce, s'expriment MM. d'Alembert et Diderot. Quelles expressions pittoresques emploient souvent M. de Buffon et M. Helvétius, dans des ouvrages qui n'en paraissent pas toujours susceptibles!

Je finis cette lettre trop longue par une seule réflexion. Si le peuple a formé les langues, les grands hommes les perfectionnent par les bons livres; et la première de toutes les langues est celle qui a le plus d'excellents ouvrages.

J'ai l'honneur d'être, monsieur, avec beaucoup d'estime pour vous et pour la langue italienne, etc.

À M. DE LA HARPE.[1]

22 décembre (1763).

Après le plaisir, monsieur, que m'a fait votre tragédie, le plus grand que je puisse recevoir est la lettre dont vous m'honorez. Vous êtes dans les bons principes, et votre pièce justifie bien tout ce que vous dites dans votre lettre.

Racine, qui fut le premier qui eut du goût, comme Corneille fut le premier qui eut du génie; l'admirable Racine, non assez admiré, pensait comme vous. La pompe du spectacle n'est une beauté que quand elle fait une partie nécessaire du sujet; autrement ce n'est qu'une décoration. Les incidents ne sont un mérite que quand ils sont naturels, et les déclamations sont toujours puériles, surtout quand elles sont remplies d'enflure. Vous vous applaudissez de n'avoir pas fait des vers à retenir; et moi, monsieur, je trouve que vous en avez fait beaucoup de ce genre. Les vers que je retiens le plus aisément sont ceux où la maxime est tournée en sentiment, où le poëte cherche moins à paraître qu'à faire paraître son personnage, où l'on ne cherche point à étonner, où la nature parle, où l'on dit ce que l'on doit dire: voilà les vers que j'aime; jugez si je ne dois pas être très content de votre ouvrage.

Vous me paraissez avoir beaucoup de mérite, attendu que vous avez beaucoup d'ennemis. Autrefois, dès qu'un homme avait fait un bon ouvrage, on allait dire au frère Vadeblé qu'il était janséniste; le frère Vadeblé le disait au Père Le Tellier, qui le disait au roi. Aujourd'hui faites une bonne tragédie, et l'on dira que vous êtes athée. C'est un plaisir de voir les pouilles que l'abbé d'Aubignac,[1] prédicateur du roi, prodigue à l'auteur de *Cinna*. Il y a eu de tout temps des Frérons[2] dans la littérature; mais on dit qu'il faut qu'il y ait des chenilles, parce que les rossignols les mangent afin de mieux chanter.

J'ai l'honneur d'être, etc.

Vol. XLIII, 56, 57.

À M. BERTRAND.[3]

8 *janvier* (1764).

Je ne cesserai, mon cher monsieur, de prêcher la tolérance sur les toits, malgré les plaintes de vos prêtres et les clameurs des nôtres, tant qu'on ne cessera pas de persécuter. Les progrès de la raison sont lents, les racines des préjugés sont profondes. Je ne verrai pas sans doute les fruits de mes efforts, mais ce seront des semences qui peut-être germeront un jour.

Vous ne trouverez pas, mon cher ami, que la plaisan-

terie convienne dans les matières graves. Nous autres
Français nous sommes gais; les Suisses sont plus sérieux.
Dans le charmant pays de Vaud, qui inspire la joie,
la gravité serait-elle l'effet du gouvernement? Comptez
que rien n'est plus efficace pour écraser la superstition
que le ridicule dont 'on la couvre. Je ne la confonds
point avec la religion, mon cher philosophe. Celle-là
est l'objet de la sottise et de l'orgueil, celle-ci est dictée
par la sagesse et la raison. La première a toujours produit
le trouble et la guerre; la dernière maintient l'union
et la paix. Mon ami Jean-Jacques ne veut point de comédie,[1]
et vous ne voulez pas être amusé par des plaisanteries
innocentes. Malgré votre sérieux, je vous aime
bien tendrement.

VOL. XLIII, 79, 80.

À M. DE CHABANON.[2]

AU CHÂTEAU DE FERNEY, 2 *septembre* (1764).

Je vous dois, monsieur, de l'estime et de la reconnaissance,
et je m'acquitte de ces deux tributs en vous remerciant
avec autant de sensibilité que je vous lis avec
plaisir. Vous pensez en philosophe, et vous faites des
vers en vrai poëte. Ce n'est pas la philosophie à qui on
doit attribuer la décadence des beaux-arts. C'est du
temps de Newton qu'ont fleuri les meilleurs poëtes anglais;
Corneille était contemporain de Descartes, et Molière
était l'élève de Gassendi. Notre décadence vient
peut-être de ce que les orateurs et les poëtes du siècle de
Louis XIV nous ont dit ce que nous ne savions pas, et
qu'aujourd'hui les meilleurs écrivains ne pourraient dire
que ce qu'on sait. Le dégoût est venu de l'abondance.
Vous avez parfaitement saisi le mérite d'Homère; mais

vous sentez bien, monsieur, qu'on ne doit pas plus écrire aujourd'hui dans son goût qu'on ne doit combattre à la manière d'Achille et de Sarpédon.¹ Racine était un homme adroit; il louait beaucoup Euripide, l'imitait un
5 peu (il en a pris tout au plus une douzaine de vers), et il le surpassait infiniment. C'est qu'il a su se plier au goût, au génie de la nation un peu ingrate pour laquelle il travaillait; c'est la seule façon de réussir dans tous les arts. Je veux croire qu'Orphée était un grand musicien,
10 mais s'il revenait parmi nous pour faire un opéra, je lui conseillerais d'aller à l'école de Rameau.

Je sais bien qu'aujourd'hui les Welches² n'ont que leur opéra-comique; mais je suis persuadé que des génies tels que vous peuvent leur ramener le siècle de Louis XIV:
15 c'est à vous de rallumer le reste du feu sacré qui n'est pas encore tout à fait éteint. Je ne suis plus qu'un vieux soldat retiré dans sa chaumière. Je souhaite passionnément que vous combattiez contre le mauvais goût avec plus de succès que nous n'avons résisté à nos autres
20 ennemis. C'est avec ces sentiments très sincères que j'ai l'honneur d'être, monsieur, votre, etc.

VOL. XLIII, 311.

À M. DAMILAVILLE.³

AU CHÂTEAU DE FERNEY, 1ᵉʳ *mars* (1765).

J'ai dévoré, mon cher ami, le nouveau Mémoire de M. de Beaumont⁴ sur l'innocence des Calas;⁵ je l'ai
25 admiré, j'ai répandu des larmes, mais il ne m'a rien appris; il y a longtemps que j'étais convaincu; et j'avais eu le bonheur de fournir les premières preuves.

Vous voulez savoir comment cette réclamation de toute

l'Europe contre le meurtre juridique du malheureux Calas, roué à Toulouse, a pu venir d'un petit coin de terre ignoré, entre les Alpes et le mont Jura, à cent lieues du théâtre où se passa cette scène épouvantable.

Rien ne fera peut-être mieux voir la chaîne insensible qui lie tous les événements de ce malheureux monde.

Sur la fin de mars 1762, un voyageur qui avait passé par le Languedoc, et qui vint dans ma retraite à deux lieues de Genève, m'apprit le supplice de Calas, et m'assura qu'il était innocent. Je lui répondis que son crime n'était pas vraisemblable, mais qu'il était moins vraisemblable encore que des juges eussent, sans aucun intérêt, fait périr un innocent par le supplice de la roue.

J'appris le lendemain qu'un des enfants de ce malheureux père s'était réfugié en Suisse, assez près de ma chaumière. Sa fuite me fit présumer que la famille était coupable. Cependant je fis réflexion que le père avait été condamné au supplice comme ayant seul assassiné son fils pour la religion, et que ce père était mort âgé de soixante-neuf ans. Je ne me souviens pas d'avoir jamais lu qu'aucun vieillard eût été possédé d'un si horrible fanatisme. J'avais toujours remarqué que cette rage n'attaquait d'ordinaire que la jeunesse, dont l'imagination ardente, tumultueuse, et faible, s'enflamme par la superstition. Les fanatiques des Cévennes étaient des fous de vingt à trente ans, stylés à prophétiser dès l'enfance. Presque tous les convulsionnaires que j'avais vus à Paris en très grand nombre étaient de petites filles et de jeunes garçons. Les vieillards chez les moines sont moins emportés, et moins susceptibles des fureurs du zèle que ceux qui sortent du noviciat. Les fameux assassins, armés par le fanatisme, ont tous été de jeunes gens, de même que tous ceux qui ont prétendu être possédés; jamais on n'a vu exorciser un vieillard. Cette idée me fit douter d'un crime qui d'ailleurs n'est guère dans la nature. J'en ignorais les circonstances.

Je fis venir le jeune Calas chez moi. Je m'attendais à voir un énergumène tel que son pays en a produit quelquefois. Je vis un enfant simple, ingénu, de la physionomie la plus douce et la plus intéressante, et qui, en me parlant, faisait des efforts inutiles pour retenir ses larmes. Il me dit qu'il était à Nîmes en apprentissage chez un fabricant, lorsque la voix publique lui avait appris qu'on allait condamner dans Toulouse toute sa famille au supplice; que presque tout le Languedoc la croyait coupable, et que, pour se dérober à des opprobres si affreux, il était venu se cacher en Suisse.

Je lui demandai si son père et sa mère étaient d'un caractère violent: il me dit qu'ils n'avaient jamais battu un seul de leurs enfants, et qu'il n'y avait point de parents plus indulgents et plus tendres.

J'avoue qu'il ne m'en fallut pas davantage pour présumer fortement l'innocence de la famille. Je pris de nouvelles informations de deux négociants de Genève, d'une probité reconnue, qui avaient logé à Toulouse chez Calas. Ils me confirmèrent dans mon opinion. Loin de croire la famille Calas fanatique et parricide, je crus voir que c'étaient des fanatiques qui l'avaient accusée et perdue. Je savais depuis longtemps de quoi l'esprit de parti et la calomnie sont capables.

Mais quel fut mon étonnement lorsqu'ayant écrit en Languedoc sur cette étrange aventure, catholiques et protestants me répondirent qu'il ne fallait pas douter du crime des Calas! Je ne me rebutai point. Je pris la liberté d'écrire à ceux mêmes qui avaient gouverné la province, à des commandants de provinces voisines, à des ministres d'État: tous me conseillèrent unanimement de ne me point mêler d'une si mauvaise affaire; tout le monde me condamna, et je persistai: voici le parti que je pris.

La veuve de Calas, à qui, pour comble de malheur et d'outrage, on avait enlevé ses filles, était retirée dans une solitude où elle se nourrissait de ses larmes, et où elle attendait la mort. Je ne m'informai point si elle était attachée ou non à la religion protestante, mais seulement si elle croyait un Dieu rémunérateur de la vertu et vengeur des crimes. Je lui fis demander si elle signerait au nom de ce Dieu que son mari était mort innocent; elle n'hésita pas. Je n'hésitai pas non plus. Je priai M. Mariette[1] de prendre au conseil du roi sa défense. Il fallait tirer Mme Calas de sa retraite, et lui faire entreprendre le voyage de Paris.

On vit alors que s'il y a de grands crimes sur la terre, il y a autant de vertus; et que si la superstition produit d'horribles malheurs, la philosophie les répare.

Une dame[2] dont la générosité égale la haute naissance, qui était alors à Genève pour faire inoculer ses filles, fut la première qui secourut cette famille infortunée. Des Français retirés en ce pays la secondèrent; des Anglais qui voyageaient se signalèrent; et, comme le dit M. de Beaumont, il y eut un combat de générosité entre ces deux nations, à qui secourrait le mieux la vertu si cruellement opprimée.

Le reste, qui le sait mieux que vous? qui a servi l'innocence avec un zèle plus constant et plus intrépide? combien n'avez-vous pas encouragé la voix des orateurs, qui a été entendue de toute la France et de l'Europe attentive? Nous avons vu renouveler les temps où Cicéron justifiait, devant une assemblée de législateurs, Amerinus[3] accusé de parricide. Quelques personnes, qu'on appelle *dévotes*, se sont élevées contre les Calas; mais, pour la première fois depuis l'établissement du fanatisme, la voix des sages les a fait taire.

La raison remporte donc de grandes victoires parmi nous! Mais croiriez-vous, mon cher ami, que la famille des Calas, si bien secourue, si bien vengée, n'était pas la seule alors que la religion accusât d'un parricide, n'était pas la seule immolée aux fureurs du préjugé? Il y en a une plus malheureuse encore, parce qu'éprouvant les mêmes horreurs elle n'a pas eu les mêmes consolations; elle n'a point trouvé des Mariette, des Beaumont, et des Loiseau.

Il semble qu'il y ait dans le Languedoc une furie infernale amenée autrefois par les inquisiteurs à la suite de Simon de Montfort,[1] et que depuis ce temps elle secoue quelquefois son flambeau.

Un feudiste de Castres, nommé Sirven,[2] avait trois filles. Comme la religion de cette famille est la prétendue réformée, on enlève, entre les bras de sa femme, la plus jeune de leurs filles. On la met dans un couvent, on la fouette pour lui mieux apprendre son catéchisme; elle devient folle; elle va se jeter dans un puits, à une lieue de la maison de son père. Aussitôt les zélés ne doutent pas que le père, la mère, et les sœurs, n'aient noyé cette enfant. Il passait pour constant, chez les catholiques de la province, qu'un des points capitaux de la religion protestante est que les pères et mères sont tenus de pendre, d'égorger ou de noyer tous leurs enfants qu'ils soupçonneront avoir quelque penchant pour la religion romaine. C'était précisément le temps où les Calas étaient aux fers, et où l'on dressait leur échafaud.

L'aventure de la fille noyée parvient incontinent à Toulouse. Voilà un nouvel exemple, s'écrie-t-on, d'un père et d'une mère parricides. La fureur publique s'en augmente; on roue Calas, et on décrète Sirven, sa femme, et ses filles. Sirven, épouvanté, n'a que le temps de fuir avec toute sa famille malade. Ils marchent à pied, dénués de tout secours, à travers des montagnes escarpées, alors couvertes de neige. Une de ses filles accouche parmi les glaçons; et, mourante, elle emporte son enfant mourant dans ses bras: ils prennent enfin leur chemin vers la Suisse.

Le même hasard qui m'amena les enfants de Calas veut encore que les Sirven s'adressent à moi. Figurez-vous, mon ami, quatre moutons que des bouchers accusent d'avoir mangé un agneau: voilà ce que je vis. Il m'est impossible de vous peindre tant d'innocence et tant de malheurs. Que devais-je faire, et qu'eussiez-vous fait à ma place? Faut-il s'en tenir à gémir sur la nature humaine? Je prends la liberté d'écrire à monsieur le premier président de Languedoc, homme vertueux et sage; mais il n'était point à Toulouse. Je fais présenter par un de vos amis un placet à monsieur le vice-chancelier. Pendant ce temps-là, on exécute vers Castres, en effigie, le père, la mère, les deux filles; leur bien est confisqué, dévasté, il n'en reste plus rien.

Voilà toute une famille honnête, innocente, vertueuse, livrée à l'opprobre et à la mendicité chez les étrangers: ils trouvent de la pitié, sans doute; mais qu'il est dur d'être jusqu'au tombeau un objet de pitié! On me répond enfin qu'on pourra leur obtenir des lettres de grâce. Je crus d'abord que c'était de leurs juges qu'on me parlait, et que ces lettres étaient pour eux. Vous croyez bien que la famille aimerait mieux mendier son pain de porte en porte, et expirer de misère, que de demander une grâce qui supposerait un crime trop horrible pour être graciable.

Mais aussi comment obtenir justice? comment s'aller remettre en prison dans sa patrie, où la moitié du peuple dit encore que le meurtre de Calas était juste? Ira-t-on une seconde fois demander une évocation au conseil? tentera-t-on d'émouvoir la pitié publique, que l'infortune des Calas a peut-être épuisée, et qui se lassera d'avoir des accusations de parricide à réfuter, des condamnés à réhabiliter, et des juges à confondre?

Ces deux événements tragiques, arrivés coup sur coup, ne sont-ils pas, mon ami, des preuves de cette fatalité inévitable à laquelle notre misérable espèce est soumise? Vérité terrible, tant enseignée dans Homère et dans Sophocle; mais vérité utile, puisqu'elle nous apprend à nous résigner et à savoir souffrir.

Vous dirai-je que, tandis que le désastre étonnant des Calas et des Sirven affligeait ma sensibilité, un homme, dont vous devinerez l'état[1] à ses discours, me reprocha l'intérêt que je prenais à deux familles qui m'étaient étrangères? «De quoi vous mêlez-vous? me dit-il; laissez les morts ensevelir leurs morts.» Je lui répondis: «J'ai trouvé dans mes déserts l'Israélite baigné dans son sang, souffrez que je répande un peu d'huile et de vin sur ses blessures: vous êtes lévite, laissez-moi être Samaritain.»[2]

Il est vrai que pour prix de mes peines on m'a bien traité en Samaritain; on a fait un libelle diffamatoire sous le nom d'*Instruction pastorale* et de *Mandement;*[3] mais il faut l'oublier, c'est un jésuite qui l'a composé. Le malheureux ne savait pas alors que je donnais un asile à un jésuite. Pouvais-je mieux prouver que nous devons regarder nos ennemis comme nos frères?

Vos passions sont l'amour de la vérité, l'humanité, la haine de la calomnie. La conformité de nos caractères a produit notre amitié. J'ai passé ma vie à chercher, à publier cette vérité que j'aime. Quel autre des historiens modernes a défendu la mémoire d'un grand prince[1] contre les impostures atroces de je ne sais quel écrivain[2] qu'on peut appeler le *calomniateur des rois, des ministres, et des grands capitaines*, et qui cependant aujourd'hui ne peut trouver un lecteur?

Je n'ai donc fait, dans les horribles désastres des Calas et des Sirven, que ce que font tous les hommes; j'ai suivi mon penchant. Celui d'un philosophe n'est pas de plaindre les malheureux, c'est de les servir.

Je sais avec quelle fureur le fanatisme s'élève contre la philosophie. Elle a deux filles qu'il voudrait faire périr comme Calas, ce sont la *Vérité* et la *Tolérance*; tandis que la philosophie ne veut que désarmer les enfants du fanatisme, le *Mensonge* et la *Persécution*.

Des gens qui ne raisonnent pas ont voulu décréditer ceux qui raisonnent: ils ont confondu le philosophe avec le sophiste; ils se sont bien trompés. Le vrai philosophe peut quelquefois s'irriter contre la calomnie, qui le poursuit lui-même; il peut couvrir d'un éternel mépris le vil mercenaire qui outrage deux fois par mois la raison,[3] le bon goût, et la vertu; il peut même livrer, en passant, au ridicule ceux qui insultent à la littérature dans le sanctuaire où ils auraient dû l'honorer; mais il ne connaît ni les cabales, ni les sourdes pratiques, ni la vengeance. Il sait, comme le sage de Montbar,[4] comme celui de Voré,[5] rendre la terre plus fertile, et ses habitants plus heureux. Le vrai philosophe défriche les champs incultes, augmente le nombre des charrues, et par conséquent des habitants; occupe le pauvre et l'enrichit; encourage les mariages, établit l'orphelin; ne murmure point contre des impôts nécessaires, et met le cultivateur en état de les payer avec allégresse. Il n'attend rien des hommes, et il leur fait tout le bien dont il est capable. Il a l'hypocrite en horreur, mais il plaint le superstitieux; enfin il sait être ami.

5 Je m'aperçois que je fais votre portrait, et qu'il n'y manquerait rien si vous étiez assez heureux pour habiter la campagne.

Vol. XLIII, 473-479.

À M. BORDES.[1]

À Ferney, 23 *mars* (1765).

Il est vrai, mon cher monsieur, que la justification des 10 Calas m'a causé une joie bien pure; elle augmente encore par la vôtre: cette aventure peut désarmer le bras du fanatisme, ou du moins émousser ses armes. Je vous assure que ce n'est pas sans peine que nous avons réussi. Il a fallu trois ans de peine et de travaux pour gagner 15 enfin cette victoire. Jean-Jacques aurait bien mieux fait, ce me semble, d'employer son temps et ses talents à venger l'innocence qu'à faire de malheureux sophismes, et à tenter des moyens infâmes pour subvertir sa patrie. Je doute encore beaucoup qu'il soit l'avocat consultant 20 de Paoli.[2] L'auteur de la *Profession de foi* a bien connu ce misérable, qui a le cœur aussi faux que l'esprit, et dont tout le mérite est celui des charlatans, qui n'ont que du verbiage et de la hardiesse. On me mande, comme à vous, monsieur, que le *Siége de Calais*[3] n'a réussi chez 25 aucun homme de goût: cependant il est bien difficile de croire que la cour se soit si grossièrement trompée. Il est vrai que le prodigieux succès qu'eut le *Catilina* de Crébillon[4] doit faire trembler: vous serez bientôt à portée de juger; je crois que le *Siége* sera levé à Pâques. C'est toujours beaucoup que les Français aient été patriotes à la Comédie. C'est une chose singulière qu'il n'y ait aucun trait dans Sophocle et dans Euripide où l'on trouve l'éloge d'Athènes. Les Romains ne sont loués dans aucune pièce de Sénèque le Tragique. Je ne crois pas que la mode de donner des coups d'encensoir au nez de la nation dure longtemps au théâtre. Le public, à la longue, aime mieux être intéressé que loué.

Adieu, monsieur; vous m'êtes d'autant plus cher que le goût est bien rare. Je vous ai voué pour la vie autant d'attachement que d'estime.

VOL. XLIII, 502, 503.

À M. BERTRAND

À FERNEY, 26 mars.

Mon cœur est pénétré, mon cher philosophe, de vos démarches pleines d'amitié, et je ne les oublierai de ma vie. Les Calas ne sont pas les seuls immolés au fanatisme : il y a une famille entière du Languedoc condamnée pour la même horreur dont les Calas avaient été accusés. Elle est fugitive dans ce pays-ci ; le conseil de Berne lui fait même une petite pension. Il sera difficile d'obtenir pour ces nouveaux infortunés la justice que nous avons enfin arrachée pour les Calas après trois ans de soins et de peines assidues. Je ne sais pas quand l'esprit persécuteur sera renvoyé dans le fond des enfers, dont il est sorti ; mais je sais que ce n'est qu'en méprisant la mère qu'on peut venir à bout du fils ; et cette mère, comme vous l'entendez bien, c'est la superstition. Il se fera sans doute un jour une grande révolution dans les esprits. Un homme de mon âge ne la verra pas, mais il mourra dans l'espérance que les hommes seront plus éclairés et plus doux.

Personne n'y pourrait mieux contribuer que vous; mais en tout pays les bons cœurs et les bons esprits sont enchaînés par ceux qui ne sont ni l'un ni l'autre.

Je vous embrasse du meilleur de mon cœur. V.

Vol. XLIII, 505, 506.

À M. * * *,

Conseiller au Parlement de Toulouse.

À Ferney, 19 *avril* (1765).

Monsieur, je ne vous fais point d'excuse de prendre la liberté de vous écrire sans avoir l'honneur d'être connu de vous. Un hasard singulier avait conduit dans mes retraites, sur les frontières de la Suisse, les enfants du malheureux Calas; un autre hasard y amène la famille Sirven, condamnée à Castres, sur l'accusation ou plutôt sur le soupçon du même crime qu'on imputait aux Calas. Le père et la mère sont accusés d'avoir noyé leur fille dans un puits, par principe de religion. Tant de parricides ne sont pas heureusement dans la nature humaine; il peut y avoir eu des dépositions formelles contre les Calas; il n'y en a aucune contre les Sirven. J'ai vu le procès-verbal, j'ai longtemps interrogé cette famille déplorable; je peux vous assurer, monsieur, que je n'ai jamais vu tant d'innocence accompagnée de tant de malheurs: c'est l'emportement du peuple du Languedoc contre les Calas qui détermina la famille Sirven à fuir dès qu'elle se vit décrétée. Elle est actuellement errante, sans pain, ne vivant que de la compassion des étrangers. Je ne suis pas étonné qu'elle ait pris le parti de se soustraire à la fureur du peuple, mais je crois qu'elle doit avoir confiance dans l'équité de votre parlement.

Si le cri public, le nombre des témoins abusés par le fanatisme, la terreur, et le renversement d'esprit qui put empêcher les Calas de se bien défendre, firent succomber Calas le père, il n'en sera pas de même des Sirven. La raison de leur condamnation est dans leur fuite. Ils sont jugés par contumace, et c'est à votre rapport, monsieur, que la sentence a été confirmée par le parlement.

Je ne vous célerai point que l'exemple des Calas effraye les Sirven, et les empêche de se représenter. Il faut pourtant ou qu'ils perdent leur bien pour jamais, ou qu'ils purgent la contumace, ou qu'ils se pourvoient au conseil du roi.

Vous sentez mieux que moi combien il serait désagréable que deux procès d'une telle nature fussent portés dans une année devant Sa Majesté; et je sens, comme vous, qu'il est bien plus convenable et bien plus digne de votre auguste corps que les Sirven implorent votre justice. Le public verra que si un amas de circonstances fatales a pu arracher des juges l'arrêt qui fit périr Calas, leur équité éclairée, n'étant pas entourée des mêmes piéges, n'en sera que plus déterminée à secourir l'innocence des Sirven.

Vous avez sous vos yeux toutes les pièces du procès: oserais-je vous supplier, monsieur, de les revoir? Je suis persuadé que vous ne trouverez pas la plus légère preuve contre le père et la mère; en ce cas, monsieur, j'ose vous conjurer d'être leur protecteur.

Me serait-il permis de vous demander encore une autre grâce? c'est de faire lire ces mêmes pièces à quelques-uns des magistrats vos confrères. Si je pouvais être sûr que ni vous ni eux n'avez trouvé d'autre motif de la con-

damnation des Sirven que leur fuite; si je pouvais dissiper leurs craintes, uniquement fondées sur les préjugés du
peuple, j'enverrais à vos pieds cette famille infortunée,
digne de toute votre compassion: car, monsieur, si la
populace des catholiques superstitieux croit les protestants capables d'être parricides par piété, les protestants
croient qu'on veut les rouer tous par dévotion, et je ne
pourrais ramener les Sirven que par la certitude entière
que leurs juges connaissent leur procès et leur innocence.
J'aurais le bonheur de prévenir l'éclat d'un nouveau
procès au conseil du roi, et de vous donner en même
temps une preuve de ma confiance en vos lumières et en
vos bontés. Pardonnez cette démarche que ma compassion pour les malheureux et ma vénération pour le parlement et pour votre personne me font faire du fond de mes
déserts.

J'ai l'honneur d'être avec respect, monsieur, votre, etc.

VOL. XLIII, 536, 537.

À M. L'ABBÉ CESAROTTI.[1]

À FERNEY, 10 *janvier* (1766).

Monsieur, je fus bien agréablement surpris de recevoir
ces jours passés la belle traduction que vous avez daigné
faire de *la Mort de César* et de la tragédie de *Mahomet*.

Les maladies qui me tourmentent, et la perte de la vue
dont je suis menacé, ont cédé à l'empressement de vous
lire. J'ai trouvé dans votre style tant de force et tant de
naturel que j'ai cru n'être que votre faible traducteur, et
que je vous ai cru l'auteur de l'original. Mais plus je
vous ai lu, plus j'ai senti que, si vous aviez fait ces
pièces, vous les auriez faites bien mieux que moi, et vous

auriez bien plus mérité d'être traduit. Je vois, en vous lisant, la supériorité que la langue italienne a sur la nôtre. Elle dit tout ce qu'elle veut, et la langue française ne dit que ce qu'elle peut. Votre Discours sur la tragédie, monsieur, est digne de vos beaux vers; il est aussi judicieux que votre poésie est séduisante. Il me paraît que vous découvrez d'une main bien habile tous les ressorts du cœur humain; et je ne doute pas que, si vous avez fait des tragédies, elles ne doivent servir d'exemples comme vos raisonnements servent de préceptes. Quand on a si bien montré les chemins, on y marche sans s'égarer. Je suis persuadé que les Italiens seraient nos maîtres dans l'art du théâtre comme ils l'ont été dans tant de genres, si le beau monstre de l'opéra n'avait forcé la vraie tragédie à se cacher. C'est bien dommage, en vérité, qu'on abandonne l'art des Sophocle et des Euripide pour une douzaine d'ariettes fredonnées par des eunuques. Je vous en dirais davantage si le triste état où je suis me le permettait. Je suis obligé même de me servir d'une main étrangère pour vous témoigner ma reconnaissance, et pour vous dire une petite partie de ce que je pense. Sans cela, j'aurais peut-être osé vous écrire dans cette belle langue italienne qui devient encore plus belle sous vos mains.

Je ne puis finir, monsieur, sans vous parler de vos ïambes latins; et, si je n'y étais pas tant loué, je vous dirais que j'ai cru y retrouver le style de Térence.

Agréez, monsieur, tous les sentiments de mon estime, mes sincères remerciements, et mes regrets de n'avoir point vu cette Italie à qui vous faites tant d'honneur.

Vol. XLIV, 174, 175.

À M. MARIOTT,

AVOCAT GÉNÉRAL D'ANGLETERRE.

26 *février* (1767).

Monsieur, je prends le parti de vous écrire par Calais plutôt que par la Hollande, parce que, dans le commerce des hommes comme dans la physique, il faut toujours prendre la voie la plus courte. Il est vrai que j'ai passé près de trois mois sans vous répondre; mais c'est que je suis plus vieux que Milton, et que je suis presque aussi aveugle que lui. Comme on envie toujours son prochain, je suis jaloux de milord Chesterfield, qui est sourd. La lecture me paraît plus nécessaire dans la retraite que la conversation. Il est certain qu'un bon livre vaut beaucoup mieux que tout ce qu'on dit au hasard. Il me semble que celui qui veut s'instruire doit préférer ses yeux à ses oreilles; mais, pour celui qui ne veut que s'amuser, je consens de tout mon cœur qu'il soit aveugle, et qu'il puisse écouter des bagatelles toute la journée.

Je conçois que votre belle imagination est quelquefois très ennuyée des tristes détails de votre charge. Si on n'était pas soutenu par l'estime publique et par l'espérance, il n'y a personne qui voulût être avocat général. Il faut avoir un grand courage, quand on fait d'aussi beaux vers que vous, pour s'appesantir sur des matières contentieuses, et pour deviner l'esprit d'un testateur et l'esprit de la loi.

Ma mauvaise santé ne m'a jamais permis de me livrer aux affaires de ce monde; c'est un grand service que mes maladies m'ont rendu. Je vis depuis quinze ans dans la retraite avec une partie de ma famille; je suis entouré du plus beau paysage du monde. Quand la nature ramène le printemps, elle me rend mes yeux, qu'elle m'a ôtés pendant l'hiver; ainsi j'ai le plaisir de renaître, ce que les autres hommes n'ont point.

Jean-Jacques, dont vous me parlez, a quitté son pays pour le vôtre, et moi j'ai quitté, il y a longtemps, le mien pour le sien, ou du moins pour le voisinage. Voilà comme les hommes sont ballottés par la fortune. Sa sacrée Majesté le Hasard décide de tout.

Le cardinal Bentivoglio, que vous me citez, dit à la vérité beaucoup de mal du pays des Suisses, et même ne traite pas trop bien leurs personnes; mais c'est qu'il passa du côté du mont Saint-Bernard, et que cet endroit est le plus horrible qu'il y ait dans le monde. Le pays de Vaud au contraire, et celui de Genève, mais surtout celui de Gex, que j'habite, forment un jardin délicieux. La moitié de la Suisse est l'enfer, et l'autre moitié est le paradis.

Rousseau a choisi, comme vous le dites, le plus vilain canton de l'Angleterre: chacun cherche ce qui lui convient; mais il ne faudrait pas juger des bords charmants de la Tamise par les rochers de Derbyshire. Je crois la querelle de M. Hume et de J.-J. Rousseau terminée, par le mépris public que Rousseau s'est attiré, et par l'estime que M. Hume mérite. Tout ce qui m'a paru plaisant, c'est la logique de Jean-Jacques, qui s'est efforcé de prouver que M. Hume n'a été son bienfaiteur que par mauvaise volonté: il pousse contre lui trois arguments qu'il appelle *trois soufflets sur la joue de son protecteur*. Si le roi d'Angleterre lui avait donné une pension, sans doute le quatrième soufflet aurait été pour Sa Majesté. Cet homme me paraît complètement fou. Il y en a plusieurs à Genève. On y est plus mélancolique encore qu'en Angleterre; et je crois, proportion gardée, qu'il y a plus de suicides à Genève qu'à Londres. Ce n'est pas que le suicide soit toujours de la folie. On dit qu'il y a des occasions où un sage peut prendre ce parti; mais, en général, ce n'est pas dans un accès de raison qu'on se tue.

Si vous voyez M. Franklin, je vous supplie, monsieur, de vouloir bien l'assurer de mon estime et de ma reconnaissance. C'est avec ces mêmes sentiments que j'ai l'honneur d'être avec beaucoup de respect, monsieur, votre, etc.

VOL. XLV, 135-137.

À M. L'ABBÉ AUDRA.[1]

À FERNEY, *le 3 janvier* (1769).

Il s'agit, monsieur, de faire une bonne œuvre; je m'adresse donc à vous. Vous m'avez mandé que le parlement de Toulouse commence à ouvrir les yeux, que la plus grande partie de ce corps se repent de l'absurde barbarie exercée contre les Calas. Il peut réparer cette barbarie, et montrer sa foi par ses œuvres.

Les Sirven sont à peu près dans le cas des Calas. Le père et la mère Sirven furent condamnés à la mort par le juge de Mazamet, dans le temps qu'on dressait à Toulouse la roue sur laquelle le vertueux Calas expira. Cette famille infortunée est encore dans mon canton; elle a voulu se pourvoir au conseil privé du roi; elle a été plainte et déboutée. La loi qui ordonne de purger son décret, et qui renvoie le jugement au parlement, est trop précise pour qu'on puisse l'enfreindre. La mère est morte de douleur, le père reste avec ses filles, condamnées comme lui. Il a toujours craint de comparaître devant le parlement de Toulouse, et de mourir sur le même échafaud que Calas; il a même manifesté cette crainte aux yeux du conseil.

Il s'agit maintenant de voir s'il pourrait se présenter à Toulouse avec sûreté. Il est bien clair qu'il n'a pas plus noyé sa fille que Calas n'avait pendu son fils. Les gens sensés du parlement de Toulouse seront-ils assez hardis pour prendre le parti de la raison et de l'innocence contre le fanatisme le plus abominable et le plus fou? se trouvera-t-il quelque magistrat qui veuille se charger de protéger le malheureux Sirven, et acquérir par là de la véritable gloire? En ce cas, je déterminerai Sirven à venir purger son décret, et à voir, sans mourir de peur, la place où Calas est mort.

La sentence rendue contre lui par contumace lui a ôté son bien, dont on s'est emparé. Cette malheureuse famille vous devra sa fortune, son honneur, et la vie; et le parlement de Toulouse vous devra la réhabilitation de son honneur, flétri dans l'Europe.

Vous devez avoir vu, monsieur, le factum des dix-sept avocats du parlement de Paris en faveur des Sirven. Il est très bien fait; mais Sirven vous devra beaucoup plus qu'aux dix-sept avocats, et vous ferez une action digne de la philosophie et de vous.

Pouvez-vous me nommer un conseiller à qui j'adresserai Sirven?

Permettez-moi de vous embrasser avec la tendresse d'un frère.

À CATHERINE II,

IMPÉRATRICE DE RUSSIE.

À FERNEY, . . . *avril* (1769).

Madame, un jeune homme des premières familles de Genève, qui, à la vérité, a près de six pieds de haut, mais qui n'est âgé que de seize ans, assistant chez moi à la lecture de l'instruction que Votre Majesté impériale a donnée pour la rédaction de ses lois, s'écria: «Mon Dieu, que je voudrais être Russe!» Je lui dis en présence de sa mère: «Il ne tient qu'à vous de l'être; Pictet,[1] qui est plus grand que vous, l'est bien; vous êtes plus sage et plus aimable que lui. Madame votre mère veut vous envoyer dans une université d'Allemagne apprendre l'allemand et le droit public; au lieu d'aller en Allemagne, allez à Riga: vous apprendrez à la fois l'allemand et le russe; et à l'égard du droit public, il n'y en a certainement point de plus beau que celui de l'impératrice.»

Je proposai la chose à sa mère, et je n'eus pas de peine à l'y faire consentir. Ce jeune homme s'appelle *Galatin;* il est de la plus aimable et de la plus belle figure; sa mémoire est prodigieuse; son esprit est digne de sa mémoire, et il a toute la modestie convenable à ses talents. Si Votre Majesté daigne le protéger, il partira incessamment pour Riga, après avoir commencé à suivre votre exemple en se faisant inoculer. Je suis fâché de n'offrir à Votre Majesté qu'un sujet; mais je réponds bien que celui-là en vaudra plusieurs autres.

Oserai-je prendre la liberté de demander à Votre Majesté à qui il faudra que je l'adresse à Riga? Sa mère ne peut payer pour lui qu'une pension modique. J'ose me flatter qu'il n'aura pas été un an à Riga sans être en état de venir saluer Votre Majesté en russe et en allemand. Qu'est devenu le temps où je n'avais que soixante ans? Je l'aurais accompagné.

Si Votre Majesté va s'établir à Constantinople, comme je l'espère, il apprendra bien vite le grec : car il faut absolument chasser d'Europe la langue turque, ainsi que tous ceux qui la parlent. Enfin, madame, au nom de toutes vos bontés pour moi, j'ose vous implorer pour le jeune Galatin, et je puis répondre qu'il méritera toute votre protection.

J'attends les ordres de Votre Majesté impériale.

À M. DE LA HARPE.

À FERNEY, 22 *janvier* (1773).

Mon cher ami, mon cher successeur, votre éloge de Racine est presque aussi beau que celui de Fénelon,[1] et vos notes sont au-dessus de l'un et de l'autre. Votre très éloquent discours sur l'auteur du *Télémaque* vous a fait quelques ennemis. Vos notes sur Racine sont si judicieuses, si pleines de goût, de finesse, de *force*, et de *chaleur*, qu'elles pourront bien vous attirer encore des reproches; mais vos critiques (s'il y en a qui osent paraître) seront forcés de vous estimer, et, je le dis hardiment, de vous respecter.

Je suis fâché de ne vous avoir pas instruit plus tôt de ce que j'ai entendu dire souvent, il y a plus de quarante ans, à feu M. le maréchal de Noailles, que Corneille tomberait de jour en jour, et que Racine s'élèverait. Sa prédiction a été accomplie, à mesure que le goût s'est formé : c'est que Racine est toujours dans la nature, et que Corneille n'y est presque jamais.

Quand j'entrepris le *Commentaire sur Corneille*, ce ne fut que pour augmenter la dot que je donnais à sa petite-nièce, que vous avez vue; et en effet Mlle Corneille et les libraires partagèrent cent mille francs que cette pre-
5 mière édition valut. Mon partage fut le redoublement de la haine et de la calomnie de ceux que mes faibles succès rendaient mes éternels ennemis. Ils dirent que l'admirateur des scènes sublimes qui sont dans *Cinna*, dans *Polyeucte*, dans *le Cid*, dans *Pompée*, dans le cinqui-
10 ème acte de *Rodogune*, n'avait fait ce commentaire que pour décrier ce grand homme. Ce que je faisais par respect pour sa mémoire, et beaucoup plus par amitié pour sa nièce, fut traité de basse jalousie et de vil intérêt par ceux qui ne connaissent que ce sentiment; et le nombre
15 n'en est pas petit.

J'envoyais presque toutes mes notes à l'Académie; elles furent discutées et approuvées. Il est vrai que j'étais effrayé de l'énorme quantité de fautes que je trouvais dans le texte; je n'eus pas le courage d'en re-
20 lever la moitié; et M. Duclos me manda que, s'il était chargé de faire le commentaire, il en remarquerait bien d'autres. J'ai enfin ce courage. Les cris ridicules de mes ridicules ennemis, mais plus encore la voix de la vérité, qui ordonne qu'on dise sa pensée, m'ont enhardi.
25 On fait actuellement une très belle édition in-4° de *Corneille* et de mon commentaire. Elle est aussi correcte que celle de mes faibles ouvrages est fautive. J'y dis la vérité aussi hardiment que vous.

> Qui n'a plus qu'un moment à vivre
> N'a plus rien à dissimuler.

30

Savez-vous que la nièce de notre père du théâtre se fâche quand on lui dit du mal de Corneille? mais elle ne peut le lire: elle ne lit que Racine. Les sentiments de femme l'emportent chez elle sur les devoirs de nièce. Cela n'empêche pas que, nous autres hommes qui faisons des tragédies, nous ne devions le plus profond respect à notre père. Je me souviens que quand je donnai, je ne sais comment, *Œdipe*, étant fort jeune et fort étourdi, quelques femmes me disaient que ma pièce (qui ne vaut pas grand' chose) surpassait celle de Corneille (qui ne vaut rien du tout); je répondis par ces deux vers admirables de *Pompée:*

> Restes d'un demi-dieu dont *jamais je ne* puis
> Égaler le grand nom, tout vainqueur que j'en suis.
> (*Acte V, scène 1.*)

Admirons, aimons le beau, mon cher ami, partout où il est; détestons les vers visigoths dont on nous assomme depuis si longtemps, et moquons-nous du reste. Les petites cabales ne doivent point nous effrayer; il y en a toujours à la cour, dans les cafés, et chez les capucins. Racine mourut de chagrin parce que les jésuites avaient dit au roi qu'il était janséniste. On a pu dire au roi, sans que j'en sois mort, que j'étais athée, parce que j'ai fait dire à Henri IV:

> Je ne décide point entre Genève et Rome.
> (*La Henriade, ch. II, v. 5.*)

Je décide avec vous qu'il faut admirer et chérir les pièces parfaites de Jean, et les morceaux épars, inimitables de Pierre. Moi qui ne suis ni Pierre ni Jean, j'aurais voulu vous envoyer ces *Lois de Minos*[1] qu'on représentera, ou qu'on ne représentera pas, sur votre théâtre de Paris; mais on y a voulu trouver des allusions, des allégories. J'ai été obligé de retrancher ce qu'il y avait de plus piquant, et de gâter mon ouvrage pour le faire passer. Je n'ai d'autre but, en le faisant imprimer, que celui de faire, comme vous, des notes qui ne vaudront point les vôtres, mais qui seront curieuses; vous en entendrez parler dans peu.

Adieu; le vieux malade de Ferney vous embrasse très serré.

VOL. XLVIII, 284-286.

À M. LE BARON DE FAUGÈRES,

OFFICIER DE MARINE.

3 mai (1776).

Vous proposez, monsieur, qu'autour de la statue élevée à Montpellier, *à Louis XIV après sa mort*, on dresse des monuments aux grands hommes qui ont illustré son siècle en tout genre. Ce projet est d'autant plus beau que, depuis quelques années, il semble qu'on ait formé parmi nous une cabale pour rabaisser tout ce qui a fait la gloire de ces temps mémorables. On s'est lassé des chefs-d'œuvre du siècle passé. On s'efforce de rendre Louis XIV petit, et on lui reproche surtout d'avoir voulu être grand. La nation, en général, donne la préférence à Henri IV, et l'exclusion à tous les autres rois; je n'examine pas si c'est justice ou inconstance, si notre raison perfectionnée connaît mieux le vrai mérite aujourd'hui qu'autrefois; je remarque seulement que, du temps de Henri IV, elle ne connaissait point du tout le mérite, elle ne le sentait point.

On ne me connaît pas, disait ce bon prince au duc de Sully, on me regrettera. En effet, monsieur, ne dissimulons rien: il était haï et peu respecté. Le fanatisme, qui le persécuta dès son berceau, conspira cent fois contre sa vie, et la lui arracha enfin, au milieu de ses grands officiers, par la main d'un ancien moine feuillant,[1] devenu fou, enragé de la rage de la Ligue. Nous lui faisons aujourd'hui amende honorable; nous le préférons à tous les rois, quoique nous conservions encore, et pour longtemps, une grande partie des préjugés qui ont concouru à l'assassinat de ce héros.

Mais si Henri IV fut grand, son siècle ne le fut en aucun genre. Je ne parlerai pas ici de cette foule de crimes et d'infamies dont la superstition et la discorde souillèrent la France. Je m'arrête aux arts dont vous voulez éterniser la gloire. Ils étaient ou ignorés ou très mal exercés, à commencer par celui de la guerre. On la faisait depuis quarante ans, et il n'y eut pas un seul homme qui laissa la réputation d'un général habile, pas un que la postérité ait mis à côté d'un prince de Parme, d'un prince d'Orange.[2] Pour la marine, monsieur, vous qui vous y êtes distingué, vous savez qu'elle n'existait pas alors. Les arts de la paix, qui font le charme de la société, qui embellissent les villes, qui éclairent l'esprit, qui adoucissent les mœurs, tout cela nous fut étranger, tout cela n'est né que dans l'âge qui vit naître et mourir Louis XIV.

J'ai peine à concevoir l'acharnement avec lequel on poursuit aujourd'hui la mémoire du grand Colbert, qui contribua tant à faire fleurir tous ces arts, et surtout la marine, qui est un des principaux objets de votre grand dessein. Vous savez, monsieur, qu'il créa cette marine si longtemps formidable. La France, deux ans avant sa mort, avait cent quatre-vingts vaisseaux de guerre et trente galères. Les manufactures, le commerce, les compagnies de négoce, dans l'Orient et dans l'Occident, tout fut son ouvrage. On peut lui être supérieur, mais on ne pourra jamais l'éclipser.

Il en sera de même dans les arts de l'esprit, comme en éloquence, en poésie, en philosophie, et dans les arts où l'esprit conduit la main, comme en architecture, en peinture, en sculpture, en mécanique. Les hommes qui embellirent le siècle de Louis XIV par tous ces talents ne seront jamais oubliés, quel que soit le mérite de leurs successeurs. Les premiers qui marchent dans une carrière restent toujours à la tête des autres dans la postérité. Il n'y a de gloire que pour les inventeurs, a dit Newton dans sa querelle avec Leibnitz; et il avait raison. Il faut regarder comme inventeur un Pascal, qui forma en effet un genre d'éloquence nouveau; un Pellisson, qui défendit Fouquet[1] du même style dont Cicéron avait défendu le roi Déjotaurus[2] devant César: un Corneille, qui fut parmi nous le créateur de la tragédie, même en copiant le *Cid* espagnol; un Molière, qui inventa réellement et perfectionna la comédie; et si Descartes ne s'était pas écarté, dans ses inventions, de son guide, la géométrie; si Malebranche avait su s'arrêter dans son vol, quels hommes ils auraient été!

VOL. L, 7, 8.

À M. LE COMTE DE LALLY.[3]

26 mai (1776).

Le mourant ressuscite en apprenant cette grande nouvelle; il embrasse tendrement M. de Lally; il voit que le roi est le défenseur de la justice: il mourra content.

VOL. L.

NOTES

NOTES.

Page 1. — 1. **M. le Brun** (1619-1690) was the favorite painter of Louis XIV, and the composer of a series of pictures representing Alexander's battles. 2. **M. de Lamotte** (1672-1731), a French critic. 3. **Coriolan.** This criticism applies in the main to the dramatic structure of Shakspere's *Coriolanus*.

Page 2. — 1. **Jodelle** (1532-1573), **Hardy** (1560-1632), French dramatic poets, the former being the author of the first French tragedy, *Cléopâtre* (1553). 2. *Cinna*, etc. Of the plays mentioned in this extract, Corneille wrote *Cinna, Œdipe, le Cid, Rodogune, Pompée;* and Racine, *Andromaque, Bajazet, Bérénice, Britannicus*.

Page 3. — 1. *Jules César.* Voltaire admired greatly Shakspere's *Julius Cæsar*, and even adapted the play in French.

Page 5. — 1. *Discours sur la Tragédie*, addressed to Henry St. John, first Viscount Bolingbroke (1678-1751), the English statesman and political writer.

Page 6. — 1. **Despréaux**; i.e., Boileau-Despréaux (1636-1711), the famous French critic and poet. 2. **Rubens** (1577-1640), the greatest painter of the Flemish school. 3. **Paul Véronèse** (1528-1588), a master of the Venetian school of painting.

Page 7. — 1. **Les bancs qui sont sur le théâtre.** Formerly persons of distinction were seated on benches on the stage itself. Their presence often hampered the action of the play. In his *Dissertation sur la tragédie ancienne et moderne*, written in defence of *Sémiramis*, Voltaire again protested against this custom, and succeeded at length in having it abolished in 1760.

Page 8. — 1. **Addison, Joseph** (1672-1719), a famous English essayist, poet, and statesman. His tragedy *Cato*, produced at Drury

418   NOTES.

Lane, April 14, 1713, was the English play that Voltaire admired most.   2. **Atalide**, a character in Racine's *Bajazet*.

Page 10. — 1. **Within that circle**, etc. Cf. : —

> But Shakespear's Magick could not copy'd be,
> Within that Circle none durst walk but he.
> DRYDEN, Prologue to *The Tempest; or, the Enchanted Island*.

Page 11. — 1. **le quatrième livre de Virgile.** Virgil, in the fourth *Æneid*, relates the story of the love and death of Dido, Queen of Carthage.

Page 12. — 1. **la loi des Douze Tables.** These engraved tables promulgated in Rome (451 and 450 B.C.), contained rules relating to the most important affairs of Roman daily life.   2. **Raguse**, Ragusa, formerly a small independent republic in Dalmatia.

Page 13. — 1. **ravir les filles.** Allusion to the rape of the Sabines.   2. **au bout de cinq siècles**; i.e., after the Latin, Punic, Illyrian, and Macedonian wars.   3. **Sylla**, Roman general and dictator, born about 138, died 78 B.C.   4. **leurs sept montagnes**; i.e., the seven hills of Rome.   5. **grand roi de Perse**; i.e., Xerxes. These Persian wars lasted from 500 to about 449 B.C.   6. **Scipion l'Africain**, Scipio Africanus, Roman general, prominent in the Second Punic War. He was born about 234, and died probably 183 B.C.

Page 14. — 1. **un dieu suprême.** Cf. the Latin *Deus optimus maximus*.   2. **jusqu'à Domitien**; i.e., until the first century A.D.   3. **Socrate**, Socrates. Cf. Voltaire, *Dict. Phil.*, Socrate.   4. **Il est encore**, etc. On this passage, cf. Voltaire, *Dict. Phil.*, Dieu, Dieux, sect. i., ii.

Page 15. — 1. **l'empereur Julien.** Julian, surnamed "The Apostate," Roman emperor (361-363), was brought up in the Christian faith, but on his accession announced his conversion to paganism, and — what endeared him particularly to Voltaire — published an edict in which he granted toleration to all religions.   2. **les Dioclétien et les Théodose.** Cf. Voltaire, *Dict. Phil.*, Dioclétien, Théodose.   3. **Marc-Aurèle**, Marcus Aurelius, a celebrated Roman emperor (161-180 A.D.), frequently called "The Philosopher."

NOTES. 419

Page 16. — 1. **Procope, Jornandès,** Procopius, Jornandes (or better Jordanes), respectively Byzantine and Gothic historians of the sixth century. 2. **Marius,** a celebrated Roman general, defeated the Cimbri at the Raudian Fields, near Vercellæ, in 101 B.C.

Page 17. — 1. **des Hortensius . . . aux Ambroise;** i.e., from the great party orators to the early saints of the church. 2. **Alaric,** king of the West Goths. He invaded Italy in 400, and again in 408, capturing and sacking Rome in 410 A.D. 3. **Honorius,** second son of Theodosius, whom he succeeded in the western half of the empire in 395. He died at Ravenna in 423 A.D. 4. **Attila,** famous king of the Huns, surnamed "The Scourge of God." He died in 453 A.D. 5. **les empereurs Théodose et Valentinien III,** emperors respectively of the East and West. This Theodosius II, not to be confused with Theodosius I, "The Great," who is mentioned above, died in 450. Valentinian III was assassinated in 455.

Page 18. — 1. **Athanase,** Athanasius, a father of the Christian church, chief defender of the orthodox faith against Arianism. He died in 373 A.D. 2. **les donatistes,** partisans of Donatus the Great, bishop of Carthage in 315. They claimed that they constituted the only true church, and held the baptisms and ordinations of the orthodox clergy as invalid. 3. **Genseric,** king of the Vandals, invaded Africa in 429, and made Carthage the capital of a Vandal Kingdom in Africa. 4. **Nestorius,** patriarch of Constantinople (428-431), deposed on account of heresy by the Council of Ephesus, presided over by Saint Cyril of Alexandria. 5. **Eutychès,** a heresiarch of the Eastern Church in the fifth century A.D., and an opponent of Nestorius.

Page 19. — 1. **du temps de Clovis;** i.e., at the beginning of the sixth century A.D. 2. **le siége.** Paris was unsuccessfully besieged by the Northmen in 885-886.

Page 20. — 1. **Charles le Gros,** born 839, died 888. He was deposed in 887 by Arnulf of Carinthia.

Page 21. — 1. **Louis IX,** King of France (1226-1270), son of Louis VIII and Blanche of Castile. He undertook a crusade in 1248, and again in 1270. He died on this latter expedition, and was canonized in 1297. 2. **Grégoire IX,** pope (1227-1241).

3. **Frédéric II**, Emperor of the Holy Roman Empire, born 1194, died 1250.

Page 22. — 1. **Henri III**, King of England (1216-1272). 2. **Jean Hus**, John Huss, a celebrated religious reformer, born in 1369, burned at the stake as a heretic in 1415. 3. **Charles IV**, Emperor (1347-1378). He founded the University of Prague in 1358. 4. **Venceslas**, Wenceslaus, son of the Emperor Charles IV, born 1361, died 1419. He renounced his right to the German crown in 1410, but continued to reign as King of Bohemia.

Page 23. — 1. **Wiclef**, Wycliffe, born about 1324, died 1384. The great English reformer, called "The Morning Star of the Reformation." 2. **Jean XXIII**, pope (1410-1415), deposed by the Council of Constance, together with the antipope, Benedict XIII. 3. **L'empereur**; i.e., Sigismund, Emperor of the Holy Roman Empire, son of Charles IV, and brother of Wenceslaus. He was born in 1368, and died in 1437.

Page 24. — 1. *a parte rei*, a scholastic expression for, "objectively," as opposed to *a parte mentis*, "subjectively." 2. **propositions de Wiclef**, denying papal power, real presence, the authority of the confessional, the power of indulgences, etc.

Page 25. — 1. **la Pucelle**, surname of Joan of Arc, the Maid of Orleans, through whose efforts the English were repelled and Charles VII consecrated King of France at Rheims in 1429. She was sold to the English after the capture of Compiègne, in May, 1430. 2. **le Prince Noir**. The Black Prince, so-called from his black armor, was Edward, Prince of Wales, son of Edward III of England. He distinguished himself at the battle of Crécy in 1346, and was the hero of the battle of Poitiers in 1356. 3. **Le régent Betford**. John Plantagenet, third son of Henry IV, Duke of Bedford, an English general and statesman. He was regent of France in 1422, abetted the execution of Joan of Arc in 1431, and died at Rouen in 1435. 4. **errant par moult de fors en**. *Par moult* is the L. *permultum*. The entire expression means "wandering far from the faith of Christ." The only instance of the intensifying particle *par* in modern French is in the expression *par trop*.

Page 26. — 1. une prison perpétuelle. These prisons were the fortresses of Beaulieu, of Beaurevoir, and of Le Crotoy, a small fishing village on the bay of the river Somme in Picardy.

Page 27. — 1. Selim I, Sultan of Turkey (1512-1520).   2. mameluks, mamelukes, a body of Egyptian cavalry, electors, and body-guard of the Sultan (1251-1517).   3. le grand Soliman; i.e., Solyman I, The Magnificent, Sultan of Turkey (1520-1566), son of Selim I. He raised the Turkish empire to its highest point of power and glory.   4. Gustave Vasa, Gustavus Vasa, King of Sweden (1523-1560). He shook off the Danish yoke by the capture of Stockholm.   5. les deux Jean Basilowitz; i.e., Ivan III Vasilovitch (son of Vasili III), surnamed "The Great," Grand Duke of Moscow (1462-1505), who freed himself in 1480 from the suzerainty of the Tartars; and Ivan IV Vasilovitch (son of Vasili IV), surnamed "The Terrible," Grand Duke of Moscow (1533-1547), and Czar of Russia (1547-1584).   6. Charles-Quint, Emperor (1519-1556).   7. François I, roi de France (1515-1547).

Page 28. — 1. Le roi d'Angleterre Henri VIII (1509-1547). 2. pape Léon X (1513-1521).   3. le schisme d'Omar et d'Ali. This great schism divides the Moslem world into two sects: the Sunnites, who recognize three califs previous to Ali (and of these Omar was the first to assume the title "Commander of the Faithful"); and the Shiites, comprising nearly the whole Persian nation, who hold that Ali was the first legitimate successor of Mohammed.

Page 29. — 1. Constantinople was captured by the Turks in 1453.

Page 30. — 1. la maison de Bourgogne. The Netherlands were united with Burgundy during the fourteenth and fifteenth centuries, until the death, in 1487, of the last Duke of Burgundy, Charles the Bold.   2. les querelles de religion. These religious wars lasted from about 1560 to 1593.   3. Cromwell, Oliver (1599-1658), Lord Protector of the Commonwealth of England, Scotland, and Ireland. Cf. Voltaire, *Dict. Phil.*, Cromwell. For Bossuet's masterly portraits of Cromwell and of Charles I, see his funeral oration over Henriette Marie de France.

Page 31. — 1. Charles I, King of England from 1625, was executed at Whitehall in 1649.   2. Charles II, son of Charles I, was King of England (1660-1685). 3. **Jacques II,** James II, son of Charles I, and younger brother of Charles II, was King of England (1685-1688). He fled before William of Orange, and escaped to France, where he died in 1701.

Page 32. — 1. **Richard Cromwell,** son of Oliver Cromwell, whom he succeeded as Lord Protector from 1658 to 1659.

Page 33. — 1. **Constantin,** The Great, Roman emperor (306-337). Cf. Voltaire, *Dict. Phil.,* Constantin. In 312 he defeated Maxentius, a rival Roman emperor (306-312). Before this battle the sign of a cross was said to have appeared in the heavens to Constantine, with a Greek inscription equivalent to "*In hoc signo vinces.*" This vision led Constantine to adopt the labarum as his standard. 2. **Un moine de Clervaux;** i.e., Saint Bernard, founder of the monastery of Clairvaux, on the river Aube, in 1114, and preacher of the Second Crusade (1147-1149). 3. **Louis VIII,** King of France (1223-1226).

Page 34. — 1. **Philippe-Auguste,** Philip Augustus, King of France (1180-1223). He won the victory of Bouvines in 1214.

Page 35. — 1. **Vernon,** an English admiral, repulsed before Cartagena in 1741. This Cartagena is a seaport city of Colombia, capital of the department of Bolivar. See also note 2 to p. 362.

Page 38. — 1. **l'Académie française.** This body, officially recognized by Cardinal Richelieu in 1635, assumed the task of perfecting the French language.

Page 39. — 1. **Louis XIII,** King of France (1610-1643). 2. **Louis XI,** King of France (1461-1483). 3. **Henri le Grand,** Henri IV of Bourbon, ruled from 1589 to 1610. He was murdered in Paris by a fanatic named Ravaillac. See note 7 to p. 297. 4. **trente ans de discorde.** An allusion to the religious wars (1560-1593) already spoken of.

Page 41. — 1. **Nous avons vu déjà.** Dans l'*Essai sur les Mœurs* (tome xiii, p. 81), chapitre clxxxi (*Note de Voltaire*).

Page 42. — 1. **grand Condé** (1621-1686), one of the greatest generals of Louis XIV.

NOTES. 423

Page 43. — 1. Descartes (1596-1650), French philosopher, author of the *Discours de la Méthode*, on which is based the philosophy known as Cartesianism.

Page 44. — 1. **Mme de Motteville** (1621-1689), a French author and "précieuse." She left valuable *Mémoires*.

Page 45. — 1. **nous ferons à part.** See *Le Siècle de Louis XIV*, chapters xxv-xxx. 2. **Ces conditions d'une paix.** During the war of the Dutch conquest, in the summer of 1672, Louis XIV attempted to impose most onerous conditions of peace upon the people of Holland.

Page 46. — 1. **le prince d'Orange**, i.e., William III (1650-1702), King of England (1689-1702), and Stadholder of the United Netherlands. He was styled Prince of Orange before his accession to the throne of England, in 1689. 2. **Jean de Witt** and his brother Cornelius, eminent Dutch statesmen, were both murdered by the populace of The Hague in 1672. The term *pensionnaire* applied to the former, inasmuch as he enjoyed an annual pension of 3,000 livres from the civil list. 3. **maréchal d'Ancre**, perhaps better known as Concini, an Italian adventurer, prime minister of France under Maria de' Medici, during the minority of Louis XIII. He was assassinated in 1617. 4. **amiral Coligny**, the celebrated Huguenot leader, among the first to fall victims at the massacre of St. Bartholomew, in Paris, 1572. 5. **Ruyter**, Dutch admiral, mortally wounded in a battle against the French off Messina, in 1676.

Page 48. — 1. **Le roi Jacques.** See note 3 to p. 31.

Page 50. — 1. **Il**, i.e., William III, King of England, just mentioned in note 1 to p. 46. He gained his power by dethroning his father-in-law, James II, in 1688-1689. See note 3 to p. 31.

Page 51. — 1. **son petit-fils**, i.e., Philip V, whose accession to the Spanish throne in 1700 caused the war of the Spanish Succession. See note 2 to p. 337.

Page 52. — 1. **Gibraltar** was taken by an English and Dutch force in 1704, and has ever since been held by England. 2. **dans le temps que j'écris.** En 1740 (*Note de Voltaire*).

Page 54. — 1. **Un chanoine de Thorn.** Nicolas Copernicus was born at Thorn in Prussia in 1473, and died in 1543. 2. **ayant**

NOTES.

demandé pardon. Cf. Galileo's famous "*E pur si muove*," "and yet it does move," referring to the motion of the earth around the sun.

Page 55. — 1. **Bourdaloue** (1632–1704), a noted French theologian and court preacher. 2. **Bossuet** (1627–1704), the greatest Catholic divine of France. Several funeral orations preached by him are still extant, and rank among the finest works in Classical French.

Page 56. — 1. **Madame**, married to Monsieur, only brother of Louis XIV, was Henrietta Anna, daughter of Charles I of England. She was born in 1644 and died in 1670. *Monsieur* and *Madame* were the official titles of the king's brother and brother's wife.

Page 58. — 1. **Le cardinal de Fleury**, a French statesman and prelate, prime minister of France (1726–1743).

Page 62. — 1. **au ministre,** i.e., the statesman Choiseul, minister of France (1758–1770).

Page 65. — 1. **Journée de la Saint-Barthélemy,** i.e., the massacre of French Huguenots in France on St. Bartholomew's Day in 1572. It was instigated by Charles IX and the queen mother Catherine de' Medici, abetted by the Duke of Guise.

Page 67. — 1. **De Thou** (1553–1617), a French historian and statesman. 2. **Le cardinal de Lorraine** (1525–1574) was a brother of the Duke of Guise, whom he joined in leading the Roman Catholic party against the Huguenots.

Page 69. — 1. **les ligueurs,** members of the Holy League, formed in France in 1576 in the interest of the Roman Catholic Church. Their efforts were directed chiefly against the Huguenot heir apparent to the throne, Henry of Bourbon, King of Navarre.

Page 73. — 1. **Charles XII** (1682–1718), the celebrated King of Sweden. He defeated the Russians at Narva, Nov. 30, 1700; but was defeated by Peter the Great at Pultowa, July 8, 1709. 2. **Gustave-Adolphe,** Gustavus Adolphus (1594–1632), King of Sweden (1611–1632). 3. **le czar Pierre,** Peter the Great (1672–1725). On his life, see Voltaire, *Histoire de l'Empire de Russie sous Pierre le Grand.*

Page 74. — 1. charpentier. On this episode of the life of Peter the Great, who turned carpenter for a while in the shipyards of the village of Saardam (1697), see Voltaire, *Histoire de l'Empire de Russie*, part i, chapter ix. 2. ayant traversé la mer, i.e., the Baltic Sea and the Gulf of Finland. Narva is in the government of St. Petersburg, 86 miles southwest of the capital.

Page 75. — 1. vingt mille, ou plutôt: huit mille (Moland). 2. strélitz. Ancien corps d'infanterie moscovite (Littré).

Page 79. — 1. Cerbère, Cerberus, the three-headed watchdog at the entrance to the infernal regions. 2. Géorgie, non-official designation for a region in Transcaucasian Russia, almost identical with the ancient Iberia. It was annexed by Russia in 1801.

Page 80. — 1. dans la suite. After the battle of Pultowa, Charles XII escaped into Turkey in 1709, and did not return to Sweden until 1714. 2. Moscou, sa capitale. Moscow is still the second capital of Russia, the place of coronation, and the seat of the Metropolitan of the Greek Church. Peter the Great founded St. Petersburg in 1703, and made it the capital.

Page 81. — 1. le roi Auguste. Augustus II, elector of Saxony, was made King of Poland in 1697. He joined Peter the Great and Denmark against Charles XII in 1700; invaded Livonia in the same year; was defeated by the Swedes at Riga 1701, and at Klissow 1702; was deposed from the Polish throne through the influence of Charles XII in 1704, and was reinstated in 1709, after the defeat of Charles at Pultowa.

Page 85. — 1. Saint-James, the official name of the British Court.

Page 86. — 1. encore vivante. L'auteur écrivait en 1727. On voit par d'autres dates que l'ouvrage a été retouché depuis à plusieurs reprises (*Note de Voltaire*).

Page 87. — 1. Pierre Alexiowitz, i.e., the czar Peter the Great, "son of Alexis." 2. Pultava, or Pultowa, is situated in southwestern Russia, at the junction of the Pultavka with the Vorskla.

Page 88. — 1. barbare qu'une fois. Voltaire veut parler du supplice de Patkul; mais Charles avait commis bien d'autres atrocités (Moland).

Page 90. — 1. drabans. Petits escadrons de deux cents gentilshommes, créés par Charles XI. Charles XII les réduisit à cent cinquante hommes (Moland).

Page 92. — 1. janissaire. Soldat de l'infanterie turque, qui servait à la garde du Grand-Seigneur (Littré).

Page 93. — 1. Le kan. A title of sovereign authority among the Tartars. 2. le fetfa. Chez les musulmans, sentence prononcée par le mufti sur un point de doctrine ou de droit difficile à résoudre; elle supplée au silence de la loi et demeure sans appel (Littré).

Page 94. — 1. l'indiscrète demande des mille bourses. The reference is to an earlier passage in the chapter from which this extract is taken: Il (Charles XII) résolut de gagner du temps. Il dit au bacha de Bender qu'il ne pouvait partir sans avoir auparavant de quoi payer ses dettes. . . . Le bacha lui demanda ce qu'il voulait; le roi répondit au hasard *mille bourses*, qui sont quinze cent mille francs de notre argent en monnaie forte — (c'est-à-dire en espèces évaluées sur un pied avantageux à celui qui reçoit).

Page 96. — 1. huit ducats d'or, a sum varying from eighty to ninety-five francs. 2. à côté de son maître. See Voltaire, *Histoire de Charles XII*, Book IV.

Page 107. — 1. boïard. Russian name for "lord," applied originally to the great feudal lords of Russia and Transylvania.

Page 109. — 1. passé à son service. Voyez *l'Histoire de Charles XII* (*Note de Voltaire*). See also the present volume, pp. 73 *seq*.

Page 110. — 1. la bataille d'Arbelles, where, in 331 B.C., 47,000 Macedonians under Alexander the Great routed, it is said, a million Persians under Darius.

Page 111. — 1. Nordberg, chaplain and confessor of Charles XII.

Page 113. — 1. le lendemain, i.e., le 8 mai 1717 (*Note de Voltaire*). 2. le régent de France. Louis XIV died in 1715, leaving his kingdom to his great-grandson, Louis XV, then five years old. During his minority, the Duke of Orleans was regent.

Page 115. — 1. **La Savonnerie.** Factory at Chaillot, in Paris, where formerly thick plush tapestries were made in the style now in vogue at the national establishment of the Gobelins.

Page 119. — 1. *Phèdre*, a tragedy written by Racine in 1677. 2. *Iphigénie*, a tragedy by Racine, written in 1674. The words *en Aulide*, "at Aulis," were added to the title in the eighteenth century.

Page 120. — 1. un juge d'Écosse, Henry Home, Lord Kames, author of *Elements of Criticism*, Edinburgh, 1762. Voltaire never forgave him for his severe criticism of his epic poem, *La Henriade*. 2. je n'ai pas entendu une souris trotter, "not a mouse stirring." [*Hamlet* I, i.]

Page 121. — 1. un transport mêlé de pitié et de crainte. Corneille beginning his second *Discours* (*sur la tragédie*) says: Outre les trois utilités du poëme dramatique dont j'ai parlé dans le discours précédent, la tragédie a celle-ci de particulière, que *par la pitié et la crainte elle purge de semblables passions.* Ce sont les termes dont Aristote se sert dans sa définition, et qui nous apprennent deux choses : l'une, qu'elle excite la pitié et la crainte ; l'autre, que par leur moyen elle purge de semblables passions. Il explique la première assez au long. Cf. Aristotle's *Poetics*, chapter vi, § 2.

Page 124. — 1. la ville des Phrygiens, i.e., Troy. Phrygia, in Asia Minor, was a country of varying boundaries.   2. fille de Léda, i.e., Clytæmnestra, daughter of Tyndareus and Leda.   3. les noces de Pélée et de Thétis, parents of Achilles. His mother, the sea-nymph Thetis, was chief of the Nereids.   4. Brumoy (1688–1741), a learned Jesuit, historian, philologist, and man of letters.

Page 125. — 1. en un seul vers. Cf. *Iphigénie*, v. 913.

                  ACHILLE.
Lui !
                  CLYTEMNESTRE.
  Sa fille !
                  IPHIGÉNIE.
     Mon père !
                  ÉRIPHILE.
        O ciel ! quelle nouvelle !

Page 127. — 1. d'Hippolyte, de Xipharès, d'Antiochus, roi de Comagène, de Bajazet. Characters respectively of Racine's *Phèdre*,

Mithridate, Bérénice, and *Bajazet*.   2. romans.   Chief among these seventeenth century novels are Mlle. de Scudéry's *Artamène, ou le grand Cyrus* (1649-1653, ten volumes), and *Clélie, histoire romaine* (1654-1661, ten volumes).

Page 128. — 1. une Électre amoureuse, i.e., the *Électre* of Crébillon in 1709. Voltaire has spoken of this play at greater length in his *Éloge de M. de Crébillon* (see vol. xxiv, pp. 348 *seq.*). Voltaire also treated this subject himself in his *Oreste* (January, 1750), and wrote an interesting letter under the same date to Mlle. Clairon, advising that celebrated actress in regard to her *rôle* of Electra.   2. Longepierre (1659-1721), a French poet, whose tragedy *Électre* (1702) was seldom acted. He scored his greatest success with his *Médée* (1694).   3. à la Foire, i.e., aux théâtres de la Foire. 4. la foule des spectateurs qui inondaient autrefois le lieu de la scène. See the note to p. 7.

Page 129. — 1. en cire colorée par Benoît. Probably an allusion to some museum of wax figures.   2. *Zaïre*. With Shakspere's *Othello* in mind, Voltaire wrote *Zaïre*, his masterpiece of tragedy, in 1732.   3. la biche de Diane. In Euripides, Diana interposes at the moment of the sacrifice, and, substituting an animal victim, translates Iphigenia to the Tauric Chersonese.

Page 130. — 1. les actions théâtrales. On the subject of scenic display, cf. Voltaire's letter of Oct. 16, 1760, to Mlle. Clairon. 2. Le savant presque universel, Diderot (1713-1784), the celebrated French philosopher and writer, and editor of the *Encyclopédie*, which is the first great compendium of knowledge in modern encyclopædic form.   3. (Charles) Perrault (1628-1703), man of letters, chief antagonist of the eminent literary critic Boileau-Despréaux in the famous *Querelle des anciens et des modernes.* He is perhaps best known popularly as author of the French form of *Cinderella, Puss in Boots*, etc.   4. Claude Perrault (1613-1688), brother of Charles, a French architect, who designed the colonnade of the Louvre in Paris.   5. Vitruve, Vitruvius, a Roman architect of the first century B.C., author of a treatise, *De Architectura*, dedicated to Augustus.   6. Ses dernières Satires, with the exception of his *Satire de l'Équivoque* (Brunel).   7. *sapere est principium et fons*, Horace, *de arte poet.*, 309.

NOTES.   429

Page 181.—1. **Pisons.** It was to these patrons of poetry, Lucius Calpurnius Piso, consul in the year 15 B.C., and his two sons, that Horace dedicated his *Ars poetica*.

Page 132.—1. **Mécène,** Mæcenas, the Roman statesman and patron of literature, a friend of Virgil and Horace. He died in the year 8 B.C.   2. **L'auteur des** *Lettres persanes,* Montesquieu (1689–1755). The *Lettres persanes* (1721) are a clever satire on French society. Two Persians, Riga and Usbeck, are supposed to visit Europe, from 1711 to 1720, and to write home their views and impressions.   3. **en disant!** "Voici les lyriques que je méprise autant que j'estime les autres, et qui font de leur art une harmonieuse extravagance."—Montesquieu, *Lettres persanes,* cxxxvii.   4. **Montaigne,** a celebrated French essayist of the second half of the sixteenth century. He says, " Puisque nous ne la pouvons aveindre, vengeons-nous à en mesdire."—Montaigne, *Essais,* III, 7.   5. **Dufresny** (1648–1724), author of *Les Amusements sérieux et comiques,* comments made supposedly by a Siamese.

Page 133.—1. **Colao,** Ministre d'État en Chine (Larousse).

Page 184.—1. **la secte de Laokium.** "Quelque temps avant Confucius, Laokium avait introduit [en Chine] une secte qui croit aux esprits malins, aux enchantements, aux prestiges. . . . Cette religion, née dans les Indes près de mille ans avant Jésus-Christ, a infecté l'Asie orientale. . . . C'est là peut-être le triomphe de la superstition humaine."—Voltaire, *Essai sur les Mœurs,* chapter ii.

Page 187.—1. **Nous en parlons ailleurs.** Cf. *Dict. Phil.,* articles Beau, Juste, Religion, sec. ii, and Zoroastre; also *Le dialogue A, B, C,* dixième entretien (*Mélanges, année* 1768).   2. **Cromwell.** On this whole passage, cf. the extracts from *L'Essai sur les Mœurs,* given on pp. 30–33 of this volume.

Page 188.—1. **le comte de Manchester,** Edward Montagu, second Earl of Manchester (1602–1671). He was general field-officer at Marston Moor, July 1, 1644, with Cromwell as commander of his horse.   2. **la bataille d'York.** York was besieged and taken by the Parliamentarians in 1644.

Page 189.—1. **une république qui force le généralissime à se démettre.** The Earl of Manchester, charged by Cromwell before the Commons with neglect and incompetency, resigned his commission in the army April 2, 1645.   2. **Un autre généralissime est nommé.** Thomas Fairfax (1612-1671) was appointed commander-in-chief of the Parliamentary army in 1645. On the establishment of the Commonwealth, he was reappointed commander-in-chief of all the forces in England and Ireland. He resigned June 25, 1650, on account of conscientious scruples about invading Scotland. 3. **de le faire enfin généralissime.** Oliver Cromwell was appointed captain-general and commander-in-chief of all the forces of the Commonwealth June 26, 1650.   4. **Newton.** Sir Isaac Newton (1642-1727), the English mathematician and natural philosopher, for whom both Voltaire and Mme. du Châtelet professed most sincere admiration. Voltaire even wrote a French paraphrase, *Éléments de la philosophie de Newton*, which he dedicated to Mme. du Châtelet.

Page 140. — 1. **votre ouvrage.** *Le Système de la nature, ou des lois du monde physique et du monde moral*, published under the name of Mirabaud (which is not, of course, intended for that of the orator Mirabeau), but written by Baron d'Holbach, 1770.

Page 141. — 1. **volant dans la poche des pénitents qu'il confesse.** This priest is the

> bon curé Fantin,
> Qui prêchant, confessant les dames de Versailles,
> Caressait tour à tour et volait ses ouailles.

See the satire *Le Père Nicodème et Jeannot*. Voltaire mentions him again repeatedly in his works.   2. **Le Tellier.** On Le Tellier, see chapter xxxvii. of Voltaire's *Siècle de Louis XIV*, and also the *Dict. Phil.*, article Bulle.   3. **Warburton.** William Warburton (1698-1779), an English divine, theological controversialist and critic. He was consecrated bishop of Gloucester in 1759. Cf. Voltaire, *La défense de mon oncle*, xv, *De Warburton;* also *A Warburton*. Vol. XXVI, pp. 396 and 435.

Page 144. — 1. **Poussin** (1594-1665), a French historical and landscape painter.   2. **Téniers**, d. 1690, a Flemish genre, landscape, and portrait painter.

Page 145. — 1. **brodequins**, chaussure à l'usage des acteurs qui jouaient la comédie (Littré). Then, figuratively, it means comedy itself.

NOTES. 431

Page 146. — 1. Horaces, a tragedy by Corneille.

Page 147. — 1. unités; i.e., the dramatic unities of time, place, and action.

Page 148. — 1. Le Brun (1619-1690) and Le Sueur (1617-1655), French historical painters.   2. Quinault (1635-1688), a French dramatist.   3. Lulli (1633-1687), a noted French composer.   4. Rameau (1683-1764), a French composer and musical theorist.

Page 149. — 1. ailleurs; i.e., in Italy.

Page 150. — 1. Locke (1632-1704), a celebrated English philosopher.   2. Halley (1656-1742), an English astronomer.   3. du temps de Fairfax et de Cromwell. See note 3 to p. 30 and note 2 to p. 139.   4. Guillaume d'Orange. See note 1 to p. 46.

Page 151. — 1. Pourquoi donc ne sont-elles pas suivies dans les autres pays? Rousseau takes up the same question, *Que toute forme de gouvernement n'est pas propre à tout pays*, and in so doing he refers in turn to Montesquieu, one of the three great thinkers of the eighteenth century. The passage in point from Rousseau reads: "La liberté, n'étant pas un fruit de tous les climats, n'est pas à la portée de tous les peuples. Plus on médite ce principe établi par Montesquieu, plus on en sent la vérité; plus on le conteste, plus on donne occasion de l'établir par de nouvelles preuves." — *Du Contrat social*, III, chapter viii.   2. en Bosnie, en Servie. Instances of downtrodden nations, oppressed under the despotic rule of petty tyrants, such as the *bachas, effendis*, and *mollahs* mentioned below.

Page 152. — 1. Christiern. Christian II, the Cruel, *monstre formé de vices sans aucune vertu*, was King of Denmark and Norway (1513-1523). His harsh treatment of the Swedes resulted in an uprising of that people under Gustavus Vasa. See note 4 to p. 27.   2. le désastre de Charles XII. Charles XII, King of Sweden (1697-1718), was defeated by Peter the Great at Pultowa, in the eastern Ukraine, July 8, 1709. On the hardships endured by the Swedish army before and after that battle, see Voltaire, *Histoire de Charles XII*, livre quatrième.   3. batailles de Crécy, de Poitiers, d'Azincourt, de Saint-Quentin, de Gravelines. Battles lost by the French, the first three to England in 1346, 1356, and 1415;

the last two to Spain in 1557 and 1558 respectively. 4 **maréchal de Saxe.** Count Maurice de Saxe (1696–1750) illegitimate son of Augustus II. of Saxony. He entered the French service at an early age, captured Prague in 1741, was made marshal of France in 1744, and won the battles of Fontenoy in 1745, Raucoux in 1746, and Lawfeld in 1747. 5. **des affaires de poste**; i.e., des affaires d'avant-poste, "outpost skirmishes." 6. **la reine Elisabeth.** In 1588, during the reign of Queen Elizabeth (1558-1603), Philip II of Spain sent a great fleet against England. This so-called "Invincible Armada" was met and defeated that same year in the English Channel.

Page 153.—1. **après neuf ans de la guerre la plus malheureuse**; i.e., from the battle of Hochstedt in 1704 until the peace of Utrecht in 1713. 2. **l'auteur des causes de la chute de l'empire romain.** Montesquieu, *Causes de la grandeur et de la décadence des Romains*, chapter xx. 3. **Justinien.** Justinian the Great, Byzantine emperor (527-565). 4. **Marc-Paul,** Marco Polo (1254-1324), a celebrated Venetian traveller, and perhaps the first European to visit China. 5. **l'aventure du roi Charles XII, etc.** Cf. Voltaire, *Histoire de Charles XII*, livre sixième.

Page 156.—1. **répétons-le encore.** Voltaire, probably, has here in mind the article Causes finales, in his *Dictionnaire Philosophique.*

Page 157.—1. Amurath II, Sultan of Turkey (1421-1451).

Page 158.—1. **par ses ouvrages immortels du XVIe siècle;** i.e., the works of Ariosto, Tasso, Machiavelli, etc.

Page 159.—1. **les Septante,** body of (72) scholars who made (according to tradition in 72 days) the Septuagint; i.e., the Greek version of the Hebrew Scriptures. *Septante* is the old French word for seventy, and is still used in that meaning in Switzerland and in some parts of France. 2. **chien de Tobie.** The story of Tobias, setting out in the company of the angel Gabriel, and followed by his house-dog, is related in the book of Tobit, an apocryphal book of the Old Testament. 3. **trempé dans le fiel de l'envie.** This entire paragraph relates to accusations brought against Voltaire by Biord, Bishop of Annecy. Cf. also the article Fanatisme, sec. iii, in the *Dictionnaire Philosophique.*

Page 161. — 1. **un récollet.** Nom de religieux réformés de l'ordre de Saint-François, ainsi nommés de ce que, par esprit de récollection, ils demandèrent au pape Clément VII, en 1531, la permission de se retirer dans des couvents particuliers, pour y observer à la lettre la règle de leur patriarche (Littré). 2. **rimes nobles et heureuses.** Moland says: Voltaire avait déjà parlé du trop petit nombre de rimes nobles dans son *Commentaire sur Corneille* (*Médée*, I, 4, et *Rodogune*, V, 2), ainsi que dans sa *Réponse à un académicien* (*Mélanges*, année 1764).

Page 162. — 1. *Armide*, produced in 1690, was one of the principal opera librettos written by the French dramatic poet Quinault (1635-1688). This subject inspired also Gluck in 1777, and Rossini in 1817.

Page 163. — 1. **les excès des Perses.** It was Voltaire's custom in his novels to resort to a species of device in order to disguise his attacks upon persons and things. Thus, here, by *les Perses* and *Persépolis* are meant the Parisians and Paris respectively.

Page 164. — 1. **une darique,** a coin worth a trifle less than five dollars. It is thus called because it bears the effigy of Darius.

Page 166. — 1. **l'ancienne entrée**; i.e., through the Faubourg Saint-Marceau in Paris.

Page 168. — 1. **une maison immense,** the Hôtel des Invalides, a veterans' home, begun by Louis XIV.

Page 169. — 1. **satrape de loi,** counsellor at law.

Page 173. — 1. **un demi-mage**; i.e., a Jansenist. (Moland). 2. **Zerdust** is the Persian for Zoroaster.

Page 176. — 1. **les fous,** again, the Jansenists.

Page 178. — 1. **un petit vieillard**; i.e., the Cardinal de Fleury.

Page 179. — 1. **la belle Téone,** probably the Marquise de Pompadour.

Page 185. — 1. **les sachets du sieur Arnoult.** Il y avait dans ce temps un Babylonien, nommé Arnoult, qui guérissait et prévenait toutes les apoplexies, dans les gazettes, avec un sachet pendu au cou (*Note de Voltaire*).

Page 193. — 1. **passer une chienne.** This reference, and those that follow here and later on, are to portions of the story that are not all quoted among the extracts contained in this volume.

Page 198. — 1. **le Li ou le Tien.** Mots chinois qui signifient proprement: *li*, la lumière naturelle, la raison ; et *tien*, le ciel ; et qui signifient aussi Dieu (*Note de Voltaire*).

Page 206. — 1. **et Zadig bénissait le Ciel.** C'est ici que finit le manuscrit qu'on a retrouvé de l'histoire de Zadig. On sait qu'il a essuyé bien d'autres aventures qui ont été fidèlement écrites. On prie messieurs les interprètes des langues orientales de les communiquer, si elles parviennent jusqu'à eux (*Note de Voltaire*).

Page 208. — 1. **Blaise Pascal** (1623-1662), a celebrated French geometrician, philosopher, and writer. Unaided, he discovered geometry at the age of twelve, and at seventeen he achieved renown with his *Traité des sections coniques* (1640).   2. **qui lui fit quelques affaires,** translate, "which brought him into trouble."

Page 209. — 1. **Derham,** William (1657-1735), an English divine and natural philosopher.   2. **le secrétaire de l'Académie de Saturne;** i.e., Fontenelle (1657-1757), a French advocate, philosopher, poet, and miscellaneous writer. He was a nephew of Pierre Corneille.

Page 213. — 1. **ce que Virgile a dit de fabuleux sur les abeilles.** Cf. Virgil, *Georg.* IV.   2. **Swammerdam** (1637-1680), a noted Dutch naturalist, distinguished as an anatomist and entomologist.   3. **Réaumur** (1683-1757), a French physicist and naturalist, best known as the inventor of the Réaumur thermometer. His chief work is *Mémoires pour servir à l'histoire naturelle des insectes* (1734-1742).

Page 214. — 1. **quelque tas de boue ;** i.e., Crimea, the bone of contention in the Turco-Russian war of 1736-1739.

Page 216. — 1. **une entéléchie.** The term *entelechy* was originated by Aristotle to designate a force tending toward an end.

Page 219. — 1. **les Bulgares** are here taken to represent the Prussians under King Frederic II, while the Abares, mentioned below, are the French. The Seven Years' War was in progress at the time this story was written. Cf. the note to p. 163.

Page 222. — 1. la Cayenne has been a French possession since 1625. La Cayenne is nowadays La Guyane, capital Cayenne.

Page 227. — 1. le chevalier Raleigh. Sir Walter Raleigh (1552-1618), the famous English courtier, conducted two colonizing expeditions to the Orinoco in 1595 and 1616.

Page 229. — 1. le Canada. The French lost Canada to the English by the capitulation of Montreal in 1760. 2. gens à lier, "cases for strait-jackets, madmen." 3. un assez gros homme. Admiral John Byng (1704-1757); of the English navy, failed to relieve Minorca when threatened in 1756 by the French under the Duke of Richelieu. He was convicted of neglect of duty, and shot, in spite of Voltaire's efforts to save him.

Page 230. — 1. Candide frémit. In an earlier part of the story Candide is represented as being in trouble through having killed a man at Lisbon. Cf. the note to p. 193.

Page 231. — 1. six étrangers, all of them deposed rulers.

Page 232. — 1. Le quatrième, Augustus, Elector of Saxony and King of Poland. 2. Le cinquième, Stanislaus Leczinski.

Page 233. — 1. un autre État; i.e., Lorraine.

Page 252. — 1. Quinze-Vingts, an asylum for the blind, founded in Paris by Saint Louis (Louis IX, 1215-1270). See note 1 to p. 21. It was intended to accommodate three hundred patients, or, in other words, *fifteen score* ; hence the name of the *Quinze-Vingts*.

Page 256. — 1. jeune basse-brette, young woman from lower Brittany, " Basse-Bretagne."

Page 262. — 1. *Nos patriam fugimus.* Virgil, *Eclogues*, I, 3.

Page 263. — 1. un petit homme noir, meaning here any Protestant minister. 2. le pape régnant, Innocent XI (1611-1689). Pope (1676-1689). See note 2 to p. 339.

Page 264. — 1. comme ils nous chassent. The Jesuits were driven out of France in 1764. 2. Mons de Louvois (1639 1691), noted French statesman, minister of war under Louis XIV and organizer of the French standing army (1666-1691). *Mons*, as an abbreviation of *monsieur* or *monseigneur*, is intimate or insulting, except when used by royalty addressing archbishops and bishops.

Page 265. — 1. **pot de chambre.** C'est une voiture de Paris à Versailles, laquelle ressemble à un petit tombereau couvert (*Note de Voltaire*).

Page 267. — 1. **le château,** the fortress and prison of the Bastille.

Page 268. — 1. **solitaire de Port-Royal;** i.e., Jansenist recluse. See note 3 to p. 303. 2. **La fable des deux Pigeons,** of La Fontaine. 3. **un tartufe,** synonym of a false devotee, a hypocrite, from the leading character of Molière's *Tartufe.*

Page 269. — 1. **L'*Iphigénie* moderne, *Phèdre, Andromaque, Athalie,*** are all plays of Racine. 2. ***Rodogune,*** by Corneille, was its author's favorite play. He claimed for it ideal unity of time, inasmuch as the events were supposed to take place in the time necessary to act the play. The fifth act of *Rodogune* ranks among Corneille's best work.

Page 273. — 1. **Xaca.** Nom de Bouddha au Japon (Moland).

Page 274. — 1. **une licorne,** unicorn.

Page 279. — 1. **dictame,** an aromatic plant of remarkable medicinal power in the healing of wounds.

Page 283. — 1. **ayant fait un pacte avec les hommes.** Voyez le chapitre IX, v. 10 de la *Genèse;* et le chapitre III, v. 18 et 19 de *l'Ecclésiaste* (*Note de Voltaire*). 2. **Locman,** an old Indian poet, forerunner of Æsop. His fables, together with those of Pilpay, were for a long time the only books of Asia. 3. **Du temps que les bêtes parlaient.** Formula used also by La Fontaine. Cf. Book IV, Fable 1.

Page 289. — 1. **Son premier nom.** Paris was formerly called *Lutèce,* or, in Latin, *Lutetia,* which Voltaire connects with *lutum,* meaning "mud."

Page 292. — 1. **Un gazetier druide.** *Druide* renders the idea of "priest;" the *gazetier druide* wrote for the *Gazette ecclésiastique.*

Page 298. — 1. **une dame;** i.e., Mme. Geoffrin, whose salon was frequented especially by philosophers. In the course of her travels,

presently to be mentioned, she went to Poland, to visit King Stanis
laus Poniatowski, whom she had befriended in his youth.

Page 295. — 1. sans confusion. Il faut ici bien soigneusement
peser les termes. Le mot de *roi* ne signifie point partout la même
chose. En France, en Espagne, il signifie un homme qui, par les
droits du sang, est le juge souverain et sans appel de toute la nation.
En Angleterre, en Suède, en Pologne, il signifie le premier magistrat
(*Note de Voltaire*).

Page 297. — 1. Dans les temps détestables de Charles IX et
de Henri III; i.e., during the religious wars. Charles IX reigned
from 1560 to 1574, and his brother, Henry III, from 1574 to 1589,
in which year he was murdered by a monk named Clément. 2.
Guises. The Duke of Guise, Henri le Balafré (1550-1588), became,
in 1576, head of the Catholic League, which carried on a religious war for many years against Henry of Navarre. In 1588 he
entered Paris with an army, purposing to depose the king, Henry
III. At the latter's instigation he was assassinated the same year
at Blois. 3. la dernière guerre de Paris ; i.e., *la Fronde*, a civil
war waged from 1648 to 1653, and finally repressed by Mazarin.
4. le cardinal de Retz (1613-1679), a French politician and author.
Desirous of becoming a political leader, he took an active part in
the movement against Cardinal Mazarin (1648-1649), and rose
himself to the dignity of cardinal. 5. nos guerres civiles sous
Charles VI. These civil wars broke out after 1407, between the
Burgundian and Armagnac factions. Charles VI reigned from 1380
to 1422. 6. Henri VII empoisonné par son chapelain. "Un
dominicain, nommé Politien de Montepulciano, qui le communiait,
mêla, dit-on, du poison dans le vin consacré. Il est difficile de
prouver de tels crimes." — Voltaire, *Annales de l'Empire* (anno
1313). 7. le dernier. This last and successful attempt to murder Henry IV of France was made by the fanatic Ravaillac, in 1610.
8. Descartes. See note to p. 43.

Page 299. — 1. le mouvement de la terre. Cf. his famous "*e
pur si muove.*" See above, note 2 to p. 54. 2. Lope de Véga
(1562-1635), celebrated Spanish dramatist and poet.

Page 300. — 1. Otway (1651-1685), the principal tragic poet of
the English classical school. His *Venice Preserved* is dated 1682.
2. Naki, or, as she is named in the play, Aquilina.

Page 301. — 1. **Sésostris**, in ancient Greek legend, a king of Egypt, said to have conquered the world. 2. **Bacchus**, son of Jupiter. In classical mythology he was the god of wine, personifying both its good and its bad properties. 3. **Alexandre insensé.** Cf. Juvenal, Sat. X, 168, and Boileau, Sat. VIII, 99 and 109-110.

Page 302. — 1. **Scanderbeg** (1403-1468), an Albanian commander and patriot. He succeeded in maintaining his independence against Amurath II and Mohammed II. 2. **Huniade.** János Hunyady (1387-1456), a Hungarian general and patriot, celebrated for his successful defence of Belgrade against the Turks under Mohammed II in 1456. 3. **Scanderon.** Skanderun is the Turkish name for Alexandretta in Asiatic Turkey; it serves as seaport town to Aleppo, some 87 miles distant. 4. **Charles-Quint, Léon X, François Ier.** See notes 6 and 7 to p. 27, and note 2 to p. 28. 5. **les Médicis.** An Italian family which ruled in Florence and Tuscany, celebrated for the number of statesmen which it produced, and for its patronage of art and letters. 6. **Je travaille depuis longtemps.** In point of fact, Voltaire spent twenty years on his *Siècle de Louis XIV.* He had the work begun in 1732 (see his letter to Thieriot, dated May 13 of that year). The first edition is from Berlin, 1752, although the title-page is inscribed 1751.

Page 303. — 1. **le grand Colbert** (1619-1683), a noted French statesman, minister of finance under Louis XIV. 2. **un ministre de la guerre**; i.e., Louvois (1639-1691). See note 2 to p. 264. 3. **le janséniste,** disciple of the Dutch theologian Jansenius. His doctrines, as set forth in the *Augustinus*, were adopted soon after they appeared by the religious community of Port-Royal. 4. **le moliniste,** Jesuit sectary, follower of the doctrines of the Spanish theologian Molina. The disputes between Jansenists and Jesuits in the seventeenth century brought forth the famous *Lettres provinciales* of Pascal, who was one of the *solitaires* of Port Royal, the stronghold of Jansenism. 5. **la mauvaise foi.** In the Punic Wars (264-241, 219-202, and 149-146 B.C.), the Romans charged the Carthaginians with disloyalty in warfare.

Page 304. — 1. **Marie Stuart.** Mary Stuart, Queen of Scots, was married to Francis II, King of France (1559-1560). On his death she returned home; she abdicated the throne of Scotland in

1567, and was beheaded in 1587 on a charge of conspiracy against the life of Queen Elizabeth of England. 2. **les troubles de Hongrie.** Reference to the most disturbed period of Hungarian history (1526–1711) when the Austrian dynasty and the Turkish sultans were almost constantly at war for the possession of the country. It was marked by several insurrections, the most important of which were those of Toekoeli and of Rakoczy. 3. **le concile de Trente.** This council held at Trent (1545-1563) condemned the leading doctrines of the Reformation concerning the Bible, original sin, and justification. 4. **la révocation de l'édit de Nantes.** The repeal of the Edict of Nantes, which was promulgated in 1598 by Henry IV. This edict substantially gave to the Protestants religious freedom. It was repealed by Louis XIV in 1685, and this repeal was followed by years of violent persecution, which drove over eight hundred thousand Protestants out of France. Religious liberty did not reappear until decreed in revolutionary days by the Assemblée Constituante (1789-1791).

Page 306. — 1. **dès le troisième jour.** *Le Misanthrope* was given twenty-one times consecutively. In the course of these representations, the sale of seats fell only four times below the normal standard. The play was, therefore, not a failure, but, considering the times in which it was produced, a distinct success. 2. **Baron** was born in 1653, and was at the height of his activity from 1680 to 1690. He abandoned the stage from 1691 to 1720, and died in 1729.

Page 307. — 1. **duc de Montausier,** a member of the court of Louis XIV, " homme d'une vertu très austère." Cf. Voltaire, *Siècle de Louis XIV*, chapter xxi.

Page 308. — 1. **sous la ligne,** "under the line, under the equator." 2. **la justice fait sa main.** Cet exemple a été suivi par M. le duc de Rohan-Chabot, dans ses terres de Bretagne, où il a établi, depuis quelques années, un tribunal de conciliation (Kehl edition of Voltaire). —— Justices of the peace were created in France by the law of Aug. 24, 1790.

Page 309. — 1. **M. l'abbé de Saint-Pierre,** né en 1658, gentilhomme de Normandie. . . . Il écrivit beaucoup sur la politique. La meilleure définition qu'on ait faite en général de ses ouvrages est ce qu'en disait le cardinal Dubois, que c'étaient les rêves d'un bon citoyen. . . . Il mourut en 1743, âgé de quatrevingt-six ans. Je lui demandai, quelques jours avant sa mort, comment il regardait ce passage ; il me répondit : " Comme un voyage à la campagne." — Voltaire, *Siècle de Louis XIV*, notes préliminaires.   2. **un ministre plein d'esprit** ; i.e., Cardinal Dubois. He was councillor of state in 1715, and prime minister in 1722.   3. **traduits chez les Italiens et chez les Anglais.** Horace est traduit en vers italiens par (Stefano) Pallavicini ; Virgile, par Annibal Caro ; Ovide, par Anguillaral ; Théocrite, par Ricolotti. Les Italiens ont cinq bonnes traductions d'Anacréon. A l'égard des Anglais, Dryden a traduit Virgile et Juvénal ; Pope, Homère ; Creech, Lucrèce, etc. (*Note de Voltaire*).

Page 310. — 1. **le génie des langues.** On n'a pu, dans un discours d'appareil, entrer dans les raisons de cette difficulté attachée à notre poésie. . . . Ce génie est l'aptitude à rendre heureusement certaines idées, et l'impossibilité d'en exprimer d'autres avec succès. Ces secours et ces obstacles naissent . . . d'une infinité de finesses qui ne sont senties que par ceux qui ont fait une étude approfondie d'une langue. . . . Chaque langue a donc son génie, que des hommes supérieurs sentent les premiers, et font sentir aux autres. Ils font éclore ce génie caché de la langue (*Note de Voltaire*).

Page 311. — 1. **l'auteur du *Cid* et de *Cinna* ;** i.e., Corneille. 2. **ô ami tendre.** Le jeune homme qu'on regrette ici avec tant de raison est M. de Vauvenargues, longtemps capitaine au régiment du roi (Voltaire).   3. **Prague . . . Fontenoy . . . Laufelt.** See note 4 to p. 152.

Page 312. — 1. **un ouvrage.** L'ouvrage dont M. de Voltaire parle est une *Épître* de M. de Marmontel, production de sa jeunesse, où l'on trouve une philosophie et des vers dignes de son maître (Kehl edition of Voltaire). This *Épître*, prefaced to Marmontel's tragedy *Denis le Tyran*, is addressed to Voltaire, the opening words being : —

> Des amis des beaux-arts ami tendre et sincère,
> Toi l'âme de mes vers, ô mon guide ! ô mon père !

Page 313. — 1. *Remerciement sincère à un homme charitable.* Cet ouvrage est une défense de Montesquieu contre l'auteur des

Nouvelles Ecclésiastiques. M. de Voltaire a eu constamment la générosité et le courage de défendre contre les fanatiques ceux même des philosophes ou des hommes de lettres qui s'étaient déclarés ses ennemis (Kehl edition of Voltaire). The *homme charitable* is *l'auteur des Nouvelles Ecclésiastiques*; i.e., the editor of a weekly publication better known as *Gazette Ecclésiastique*. 2. **Pope** (1688-1744), famous English poet, translator of Homer (1720-1725), (see note 3 to p. 309), author of the *Essay on Man* (1732-1734).

Page 814. — 1. **Spinosa,** Spinoza (1632-1677), a famous Dutch philosopher of Judaeo-Hispanic extraction. He is the greatest modern expounder of pantheism. 2. **le célèbre poëte philosophe**; i.e., Alexander Pope. The words " An honest man's the noblest work of God " are quoted from his *Essay on Man*, iv, 247. 3. **libertinage.** In its eighteenth-century acceptation, the word meant " license of thought and speech." A *libertin* was a free-thinker. 4. **volenti et conanti,** " although willing and eager." 5. **Locke,** a celebrated English philosopher, d. in 1704. 6. **Bayle,** a noted French sceptical philosopher, born in 1647. In the year 1681 he removed to Rotterdam, where he died in 1706.

Page 815. — 1. **Les Quand.** Jean-Jacques Lefranc, Marquis de Pompignan (1709-1784), ayant été élu membre de l'Académie française à la place de Maupertuis, prit séance le 10 mars, 1760, et, dans son discours de réception, dit que *l'abus des talents, le mépris de la religion, la haine de l'autorité,* font le caractère dominant des productions de ses confrères; que *tout porte l'empreinte d'une littérature dépravée, d'une morale corrompue, et d'une philosophie altière qui sape également le trône et l'autel;* que *les gens de lettres déclament tout haut contre les richesses,* et qu'*ils portent envie secrètement aux riches,* etc. —— Ce fut l'origine des *Quand,* qui parurent en avril . . . (Beuchot). 2. **Prière du déiste.** Pope's *Universal Prayer* had been translated into French verse by Lefranc de Pompignan in 1740. 3. **sa charge en province.** Dans un *Mémoire présenté au roi par M. de Pompignan,* le 11 mai, 1760, Pompignan dit n'avoir jamais été suspendu de sa charge (Moland).

Page 816. — 1. **un homme bizarre**; i.e., Maupertuis (1698-1759), a French mathematician, astronomer, and philosopher, appointed President of the Academy of Berlin in 1740. He quarreled with

Voltaire during the latter's stay at Berlin (1750–53), and was satirized by him in the *Diatribe du Docteur Akakia*.   2. **un mauvais livre**; i.e., Maupertuis's *Essai de Cosmologie*.   Cf. Voltaire, *Extrait de la Bibliothèque raisonnée*, vol. xxiii, p. 535: Le traité roule principalement sur deux points : le premier infirme les preuves de l'existence de Dieu les plus naturelles ; et dans le second on cherche la preuve de cet Être suprême dans une loi de la réfraction.   *Œuvres de Maupertuis*, 1752, in 4º, p. 54.

Page 317. — 1. **À Monseigneur le Chancelier.** Le chancelier était alors Lamoignon, père de Malesherbes (Beuchot).

Page 318. — 1. **les pièces ci-jointes**; i.e., les *Pièces originales*, se composant de l'*Extrait d'une lettre de la dame veuve Calas*, et de la *Lettre de Donat Calas*. . . . Elles avaient été rédigées par Voltaire d'après les renseignements donnés par les personnes qui les ont signées (Beuchot). —— For further information on the Calas, see in this volume extracts from Voltaire's correspondence, pp. 390 *seq.* 2. **sur votre esprit et sur votre cœur.**   Voltaire s'est souvent moqué de cette expression; voyez dans le tome xxi, pages 69, 107, 356, 507; et dans le tome ix, le 2ᵉ vers du chant viii de *la Pucelle* (Moland).   Cf., in particular, in the present volume of extracts, the passage on p. 208, l. 27.

Page 320. — 1. **iman**, a priest of the Mohammedan religion; **talapoin**, name given by the Europeans to the Buddhistic priests in Siam.

Page 323. — 1. **Un prêtre irlandais.** Jean Tuberville de Needham (1713–1781), an Irish Jesuit, conducted several experiments in physics that were held up to ridicule by Voltaire.   2. **un malheureux fanatique.**   Damiens made a childish and unsuccessful attempt upon the life of Louis XV, Jan. 25, 1757.

Page 324. — 1. **un prêtre**; i.e., the Abbé de Caveyrac, author of an *Apologie de Louis XIV et de son conseil sur la révocation de l'édit de Nantes, etc., avec une Dissertation sur la journée de la Saint-Barthélemy*, 1758.   2. **des Calas et des Sirven.**   Victims of religious fanaticism, tortured to death in southern France in the second half of the eighteenth century.   3. **Un autre**; i.e., the Abbé de La Menardaye, author of an *Examen et Discussion de l'Histoire des diables de Loudun*, 1749.   4. **Urbain Grandier** (1590–1634) was a priest at Loudun, where he became notorious for his scandalous conduct. Arrested and convicted of immorality, he was condemned to death, and burned alive. 5. *Traité de la Tolérance*, written by Voltaire on the occasion of the death of Jean Calas, and published in 1763. 6. **le seul pays**; i.e., France. 7. **Bretagne . . . Languedoc**. The former of these provinces is in western France, on the Atlantic; the latter in the south, on the Mediterranean. 8. **la maxime d'une chambre n'est pas celle de la chambre voisine**. Voyez sur cela le président Bouhier (*Note de Voltaire*).

Page 825. — 1. **mainmortable**. "Ce mot de mainmortable vient, dit-on, de ce qu'autrefois, lorsqu'un de ces serfs décédait sans laisser d'effets mobiliers que son seigneur pût s'approprier, on apportait au seigneur la main droite du mort, digne origine de cette domination." — Voltaire, *Précis du Siècle de Louis XV*, chapter xlii. "Lorsque autrefois nos maîtres n'étaient pas contents des dépouilles dont ils s'emparaient dans nos chaumières après notre mort, ils nous faisaient déterrer; on coupait la main droite à nos cadavres, et on la leur présentait en cérémonie comme une indemnité de l'argent qu'ils n'avaient pu ravir à notre indigence, et comme un exemple terrible qui avertissait les enfants de ne jamais toucher aux effets de leurs pères, qui devaient être la proie des moines nos souverains." — Voltaire, *La Voix du curé sur le procès des serfs du Mont-Jura*, Art. 1. 2. **Turc, Guèbre, Malabare**. The Turks worship Mohammed. Guebers is the Mohammedan name for the followers of Zoroaster. The Malabar district in Madras, British India, is the seat of Brahmanism.

Page 826. — 1. **un dictionnaire**. *Le Jargon, ou Langage de l'argot réformé*. (Paris, veuve Du Carroy, 12mo, no date.)

Page 827. — 1. *Pompée*, also called *La Mort de Pompée*. This tragedy was written by Corneille in 1643.

Page 828. — 1. **sire**. This extract is from a *Profession de foi*, addressed to *R. D.* A third initial, *P.*, may have dropped out, for D'Alembert refers to this *Profession* as being addressed to the *Roi De Prusse*; i.e., Frederic II. 2. **Penn**. William Penn (1644–1718), the founder of Philadelphia. 3. **le roi d'Angleterre Charles II**, ruled 1660–1685.

444   NOTES.

Page 329. — 1. **Hérodote,** a celebrated Greek historian, called "The Father of History." He lived about 484 to 424 B.C.   2. **cet empereur;** i.e., the Persian King, Xerxes. He ruled about 485–465 B.C.

Page 330. — 1. **Lépante.** The naval victory of Lepanto in 1571 was won over the Turks by the Italian and Spanish fleets, under Don John of Austria. Marco Antonio Colonna commanded the papal contingent.   2. **Salamine.** The naval victory of Salamis in 480 B.C. was won by the Greek fleet, under Themistocles, over the Persians. Eurybiades commanded the Spartan naval contingent at this battle.   3. **Le dauphin François, fils de François Ier**, died of pleurisy, in 1536, aged eighteen.   4. **la paume** is the name by which the game of tennis has been known in France for years.   5. **deux provinces.** In 1536 the armies of Charles-Quint invaded Provence in southern France and Picardy in the north.   6. **deux frères;** i.e., Henry II, King of France (1547–1559); and Charles, Duke of Orleans, who died of the plague in 1545.   7. **l'auteur de l'*Essai sur les Mœurs;*** i.e., Voltaire himself. His *Essai sur les Mœurs* is his most important work in history. —— On this whole subject, cf. the *Essai*, chapter cxxv.

Page 331. — 1. **Mézerai, Daniel,** French historians of the seventeenth century. The latter's *Histoire de France* appeared in 1713.   2. **massacre ecclésiastique.** On the condemnation of the Knights Templars in 1310, see Voltaire, *Annales de l'Empire*, Henry VII; also *Essai sur les Mœurs*, chapter lxvi.

Page 333. — 1. **Ulysse et Rhésus.** Dans le dixième livre de l'*Iliade*, Ulysse et Diomède font une expédition nocturne; Rhésus est une de leurs victimes, et non le compagnon d'Ulysse (Moland).   2. **C'est mon pays;** i.e., England.

Page 334. — 1. **Jeffreys.** George Jeffreys, Chief-justice of England in 1683, and lord chancellor in 1685, became notorious for the flagrant injustice and brutality which he displayed on the bench during the entire reign of James II (1685–1688).   2. **punir des indécences.** Allusion au supplice de La Barre; voyez la *Relation*, etc., tome xxv, p. 501 (Moland).

Page 335.   1. **on ne vend point chez nous une place de magistrat.** Voltaire ne cesse de s'élever contre la vénalité des charges (Moland). — Thus note the sarcasm in note 2 to p. 343.

NOTES. 445

Page 836. — 1. deux partis ; i.e., the two great political parties which arose in England at the end of the seventeenth century, the Whigs and the Tories.   2. que la mère et les filles ne se battent pas. Ce conseil était donné par Voltaire en 1768. Les Anglais, plusieurs années après, ont pu juger combien son avis était sage (Kehl edition of Voltaire). —— This note refers to the declaration of independence on the part of the North American colonies in 1776.

Page 387. — 1. celui ; i.e., the King Louis XIV himself.   2. la guerre de la Succession. The war of the Spanish Succession was fought from 1701 till 1714. The Duke of Anjou, grandson of Louis XIV and second son of the Dauphin, finally succeeded to the throne of Spain under the name of Philip V. His accession was in accordance with the terms of the will of Charles II of Spain.   3. le roi d'Espagne d'adjourd'hui. Charles III (1716-1788), King of Spain, was the second son of Philip V.   4. le roi de Naples, Ferdinand IV, grandson of Philip V.   5. le duc de Parme ; i.e., Ferdinand, another grandson of Philip V.   6. la guerre contre la Hollande, qui lui attira celle de 1689. The second war of Louis XIV was against Holland (1672-1678), and ended with the peace of Nimwegen. His third war (1689-1697) was with England, the Netherlands, the Empire, Spain, Savoy, and Sweden, and concerned the Palatinate, to which he laid claim ; it was ended by the peace of Ryswick.

Page 888. — 1. l'ouvrage de ton grand-père. See note 4 to p. 304.   2. Guillaume III, William III (1650-1702), King of England (1689-1702), and Stadholder of the United Netherlands. He opposed Louis XIV in both wars mentioned in note 6 to p. 337. "Guillaume III eut des régiments entiers de protestants français à son service." — Voltaire, *Anecdotes sur Louis XIV*.   3. un prince catholique, presumably, the elector of the Rhenish Palatinate. Many French Protestants had sought refuge in this region.   4. le fanatisme barbare des Cévennes. On the wars of the fanatics in this province, cf. Voltaire, *Le Siècle de Louis XIV*, chapter xxxvi.

Page 889. — 1. nom de Grand. This surname was solemnly conferred by the municipality of Paris on Louis XIV when at the height of his glory, in 1680.   2. **Odescalchi, Innocent XI.** Benedetto Odescalchi was pope under the name of Innocent XI (1676-1689).   3. prince d'Orange ; i.e., William III, mentioned just

above. See note 1 to p. 46. 4. **la grâce suffisante.** These re
ligious dogmas were bitterly discussed by Jesuits and Jansenists in
the seventeenth century. The stronghold of the latter was at Port-
Royal, and their principal champions were Pascal and the celebrated
Arnauld family. 5. **Arnauld.** The most distinguished member of
this Arnauld family was Antoine Arnauld, surnamed "The Great
Arnauld" (1612-1694). He died in the Netherlands, and was
buried in the choir of the parish church of St. Catherine in Brussels.
For a long time his place of burial was unknown. Boileau alludes to
this fact in saying: —

> Si Dieu lui-même ici de son ouaille sainte
> A ces loups dévorants n'avait caché les os.
> *Épitaphe de Mr. Arnauld, docteur de Sorbonne.*

In an *Épître à Mlle. Clairon* (1765), Voltaire said: —

> Arnauld, qui dut jouir du destin le plus beau,
> Arnauld manquant d'asile, et même de tombeau.

6. *L'Encyclopédie.* The celebrated dictionary of sciences, arts, and
trades, explained by a society of men of letters, edited and published
by Diderot. D'Alembert wrote the introduction and edited the
mathematical articles. It was a repository of the learning and
knowledge of the eighteenth century. 7. **Trianon.** Two villas
in the park at Versailles bear this name. The larger was erected by
Louis XIV for Mme. de Maintenon. The smaller was built by
Louis XV. 8. **Le duc de La Vallière,** grand-nephew of Mlle.
de La Vallière, a favorite of Louis XIV. 9. **M. le duc de Nivernois,** member of the French Academy. His grandfather, likewise a
man of literary aspirations, was by marriage a nephew of Cardinal
Mazarin.

Page 340. — 1. **Mme. de Pompadour** had a very strong influence over Louis XV. She died in 1764. At that time seven only of
the twenty-one volumes mentioned farther on in the text had been
published. This is an anachronism on Voltaire's part. 2. **Cent
pistoles.** The pistole had a value of ten francs. 3. **métier,**
"weaver's loom." 4. **la machine,** "the mechanism."

Page 341. — 1. **comme les filles de Lycomède sur les bijoux
d'Ulysse.** When searching for Achilles, Ulysses, clad as a mer-

chant, displayed jewels and rich weapons at the court of Lycomedes, King of Scyros. His plan was to detect Achilles, in spite of his girl's attire, through his predilection for the weapons in particular. 2. **le comte de C . . .** Cette initiale désigne le comte de Ccigny (Moland).

Page 842. — 1. **quatre éditions.** This article was published in 1774, and previous to that date the *Encyclopédie* had been printed abroad only at Geneva, Lucca, and Leghorn. Moland confesses: " Je ne sais quelle est la quatrième." 2. **dix-huit cent mille écus.** *Écu*, specifically, is a silver coin stamped on one side with the royal coat of arms ; viz., a shield (*écu*, from the Latin, *scutum*) emblazoned with three *fleurs-de-lis*. The face value was generally three francs, sometimes six. In present usage, *écu* means money ; *le pouvoir des écus*, the power of money. If applied to a silver coin, it means a five-franc piece. When spoken of in quantities, e.g., *mille écus*, it means three francs. 3. *L'Esprit des Lois.* This work, published in 1748, is the masterpiece of Montesquieu (1689–1755). See also note 2 to p. 132, note 1 to p. 151, and note 2 to p. 153. Mme. du Deffant spoke wittily of *l'Esprit des Lois*, saying : " Ce n'est pas *l'esprit des lois*, c'est *de l'esprit sur les lois.*" 4. *l'Espion turc*, or *l'Espion du Grand Seigneur*, was by Marana cf Genoa, who died in 1693. Voltaire says elsewhere : " Après que *l'Espion turc* eut voyagé en France sous Louis XIV, Dufresny fit voyager un Siamois. Quand ce Siamois fut parti, le président de Montesquieu donna la place vacante à un Persan, qui avait beaucoup plus d'esprit que l'on n'en a à Siam et en Turquie." — *Les Honnêtetés littéraires* (1767). 5. **Grotius, Puffendorf.** Respectively, Dutch and German jurists of the seventeenth century, considered then with Vatel, the greatest authorities on international law.

Page 848. — 1. **un roi alors indigent et prodigue** ; i.e., François I, King of France (1515–1547). 2. **Lorsque François Ier prit la grille d'argent de Saint-Martin.** In order to carry on his first war with Italy in 1521, " François I . . . fut obligé de prendre dans Tour' une grande grille d'argent massif dont Louis XI avait entouré l tombeau de saint Martin ; elle pesait près de sept mille marcs : cet argent, à la vérité, était plus nécessaire à l'État qu'à saint Martin ; mais cette ressource montrait un besoin pressant. Il y avait déjà quelques années que le roi avait vendu vingt charges nouvelles de conseillers du parlement de Paris." — Voltaire, *Essai sur les Mœurs* chapter cxxiii. On this bit of sarcasm, cf. the note to p. 335.

Page 346. — 1. **Entelle ne terrassa point Darès.** The struggle between these two comrades of Æneas is described by Virgil in the fifth *Æneid*.

Page 348. — 1. **calottes.** Under the heading *Des satires nommées calottes*, Voltaire says : " Aux satires en vers alexandrins succédèrent les couplets ; après ces couplets vinrent ce qu'on appelle *les calottes*." He defines the latter as " une plaisanterie ignoble, toujours répétée, toujours retombant dans les mêmes tours, sans esprit, sans imagination, sans grâce." Cf. vol. xxiii, p. 56. 2. **Bayle.** See note 6 to p. 314.

Page 350. — 1. **les Triptolèmes.** The Triptolemus of Greek mythology invented the plough, and was the patron of agriculture.

Page 351. — 1. **Le centième de l'argent des cartes,** "the hundredth part of the money spent at gambling." 2. **Au Prince royal de Prusse,** Frederick II (1712-1786), surnamed the Great. His fondness for literature led him to correspond with men of letters from all countries, and to invite them to his court. For some years Voltaire was his guest at the palace of Sans-Souci in Potsdam.

Page 352. — 1. **L'illustre reine Christine.** On this Queen of Sweden, cf. in the text of this book, pp. 42-44. 2. **un argument in ferio** ou *in barbara.* These terms are borrowed from an old formula of logic relating to the validity of syllogistic arguments.

Page 353. — 1. **M. Wolff.** Christian von Wolff (1679-1754) was a celebrated German philosopher and mathematician who throve under the patronage of Frederick the Great. He developed the philosophy of Leibnitz, and exerted considerable influence upon subsequent metaphysical speculation in Germany.

Page 354. — 1. *la Henriade,* an epic poem composed by Voltaire in his youth in praise of Henri IV, and directed in the main against religious intolerance and persecution.

Page 355. — 1. **dans la retraite où je suis.** These words have evidently been overlooked by Beuchot, and would justify him in his surmise that this letter, although purporting to be written from Paris, was really written at Cirey, where Voltaire lived with the Marquise du Châtelet from 1734 till 1749. 2. **Julien.** See note 1 to p. 15.

Page 856. — 1. **M. Lévesque de Burigny**, né à Reims en 1692, un an après son frère Lévesque de Pouilly, cité ici. Il avait publié, en 1720, sous le voile de l'anonyme, un *Traité de l'autorité du pape*, ouvrage que Voltaire loue indirectement dans le troisième alinéa de sa lettre (Moland).

Page 857. — 1. **M. l'abbé Dubos.** Son *Histoire de la ligue de Cambrai* est profonde, politique, intéressante; elle fait connaître les usages et les mœurs du temps, et est un modèle en ce genre. Tous les artistes lisent avec fruit ses *Réflexions sur la poésie, la peinture et la musique*. C'est le livre le plus utile qu'on ait jamais écrit sur ces matières chez aucune des nations de l'Europe. . . . Mort en 1742. — Voltaire, vol. xiv, pp. 66, 67. The most important work of the Abbé Dubos is his *Histoire critique de l'établissement de la monarchie française dans les Gaules* (1734).

Page 858. — 1. **la Régale**, droit qui appartenait au roi de France sur les revenus des bénéfices vacants et la nomination aux charges ecclésiastiques dépendant des évêchés et abbayes pendant leur vacance (Larousse). 2. **Rameau** (1683-1764), a French composer and musical theorist. 3. **M. de Barbésieux**, fils du marquis de Louvois, secrétaire d'État de la guerre, après la mort de son père, jeune homme qui commença par préférer les plaisirs et le faste au travail. Mort à trente-trois ans, en 1701. See Voltaire, vol. xiv, p. 30. 4. **Pellisson.** Eminent lawyer of the time of Louis XIV. Cf. Voltaire, vol. xiv, p. 114.

Page 859. — 1. **l'homme au masque de fer.** The identity of this French state prisoner has never been satisfactorily established. 2. **la Bastille**, notorious fortress and state prison in Paris under the old monarchy. The populace, taking it as a symbol of oppressive rule, razed it to the ground, July 14, 1789. 3. **M. Hardion**, member of the French Academy. 4. **M. l'abbé de Saint-Pierre.** On this writer, see note 1 to p. 309. 5. *bienfaisance.* On fait communément honneur de ce mot à l'abbé de Saint-Pierre; mais Palissot, dans ses *Mémoires*, dit que c'est Balzac qui est le créateur du mot *bienfaisance* (Beuchot). 6. **Gassendi** (1592-1655), a celebrated French philosopher, physicist, and astronomer.

450   NOTES.

Page 360. — 1. **Père Tournemine,** a Jesuit friend and former teacher of Voltaire.   2. **Père Porée,** also a Jesuit friend and former teacher of Voltaire.

Page 361. — 1. **Malebranche** (1638-1715), a French metaphysician, and disciple of Descartes, q. v. in note to p. 43.

Page 362. — 1. **Milord Hervey** (1696-1743), an English politician, lord privy seal (1740-1742).   2. **Porto-Bello,** a port on the Caribbean coast of the Isthmus of Panama, taken by the English, under Vernon, in 1739. See also note to p. 35.

Page 363. — 1. **Guglielmini,** a famous Tuscan astronomer, and a recipient of liberal gifts at the hands of Louis XIV.

Page 364. — 1. **les plus éloquents et les plus savants hommes de l'Europe,** in particular Bossuet and Fénelon. See note 2 to p. 55, and the note to p. 409.

Page 365. — 1. **M. Picard,** a French astronomer, contemporary and co-laborer of Cassini.   2. **un Cassini et un Huygens,** the former an Italian astronomer (1625-1712); the latter a celebrated Dutch physicist, astronomer, and mathematician (1629-1695).   3. **L'évêque Burnet** (1643-1715), a British historian and theologian.

Page 366. — 1. **Van Robais,** a manufacturer whose industry was encouraged by Louis XIV. " Il encourageait à la fois un Racine et un Van Robais." Cf. Voltaire, vol. ii, p. 542.

Page 367. — 1. **Boyle** (1627-1691), a celebrated British chemist and natural philosopher, best known, perhaps, as the discoverer of Boyle's law of the elasticity of air. It is identical with Mariotte's law, although discovered independently.

Page 369. — 1. **Mariotte** (1620-1684), a noted French physicist. Mariotte's law is that at any given temperature the volume of a given mass of gas varies inversely to the pressure which it bears. 2. *Transactions* d'Angleterre, known in English as the *Philosophical Transactions*, a voluminous collection in 4°.   3. **M. de Vauvenargues** (1715-1747), a French moralist. See note 2 to p. 311. 4. **M. le duc de Duras,** a nephew of the great Turenne, whom he succeeded as marshal of France.

Page 370. — 1. **Sévère** and **Pauline** are characters in Corneille's *Polyeucte*.   2. **In domo patris mei mansiones multae sunt.**

NOTES. 451

Gospel of St. John xiv, 2. 3. **Voiture à Horace.** See Boileau-Despréaux, *Satire* IX, v. 27.

Page 871. — 1. **M. de Catinat,** marshal of France under Louis XIV, and a philosopher as well as a soldier.

Page 872. — 1. **M. Senac de Meilhan** (1736-1803). He was the son of Louis XV's first physician.   2. **Délices** was the name given by Voltaire to an estate, bought by him in 1755, in the neighborhood of the Lake of Geneva.

Page 873. — 1. **J.-J. Rousseau** (1730-1778), one of the greatest writers of the eighteenth century. His writings, especially the *Contrat Social*, and the *Profession de foi du vicaire savoyard* which is included in his book on education, *Émile*, were the main sources of inspiration for many revolutionary leaders, especially Robespierre. 2. **votre nouveau livre**; i.e., Rousseau's *Discours sur l'origine de l'inégalité parmi les hommes*, published in 1755.   3. **auprès de votre patrie.** Rousseau was born at Geneva. This letter was written at *Les Délices*.   4. **se rétracter.** See note 2 to p. 54.   5. **vos amis**; i.e., Diderot and D'Alembert, editors of *l'Encyclopédie*. See note 6 to p. 339.

Page 874. — 1. **jansénistes.** See note 3 to p. 303.   2. **un prêtre ex-jésuite**; i.e., l'abbé Desfontaines, one of the bitterest enemies of Voltaire.   3. **un homme, plus coupable encore**; i.e., La Beaumelle. Voltaire refers again to him with contempt on p. 397, ll. 4-7.   4. **Chapelain** (1595-1674), one of the earliest members of the French Academy. His chief poetic work, *la Pucelle*, was greatly ridiculed; but as a critic, especially of Corneille's *Cid*, he was held in high esteem. For an estimate of Voltaire's *Pucelle*, see the Introduction, p. xiii. On the personality of *la Pucelle*, see note 1 to p. 25.

Page 875. — 1. **Camoens,** the most celebrated Portuguese poet; he flourished in the sixteenth century.   2. **Sylla,** d. 78 B.C., a celebrated Roman general and dictator.   3. **Antoine . . . Lépide,** members of the Second Triumvirate formed in 43 B.C. The third in this alliance was Octavianus, who became emperor in 27 B.C., with the title, "Augustus."

Page 876. — 1. **Marot,** a noted French poet of the first half of the sixteenth century. He was court poet to François I. In addition to much original work he translated portions of Virgil, Ovid, and Petrarch, also 52 psalms of David. 2. **La Fronde.** See note 3 to p. 297. 3. **Thomas Kouli-kan,** a Persian usurper of the eighteenth century.

Page 377. — 1. **MM. Cramer Frères,** Voltaire's publishers.

Page 379. — 1. Mme. **de Sévigné** (1626-1696). She is renowned for her very interesting correspondence, especially with her daughter Mme. de Grignan. 2. Mme. **Deshoulières.** "Celle des femmes françaises dont on a retenu le plus de vers." See Voltaire, vol. xiv, p. 64.

Page 380. — 1. M. **Deodati de Tovazzi,** author of a *Dissertation sur l'Excellence de la langue italienne* (pp. iv, 60. 1 vol., in 8°, 1761).

Page 384. — 1. du général; i.e., the Maréchal de Richelieu, in 1756. This marshal was the grandnephew of Cardinal Richelieu. 2. un de nos chefs; i.e., the Maréchal de Belle-Isle, in 1742. 3. le petit-neveu du héros de la Valteline; i.e., the Prince de Soubise, on Nov. 5, 1757.

Page 385. — 1. celui qui a gardé **Cassel et Goettingen;** i.e., the Maréchal de Broglie at Cassel, but the Comte de Vaux, at Goettingen. 2. celui qui a sauvé **Vesel;** i.e., the Marquis de Schomberg.

Page 386. — 1. **Buonmattei.** Benedetto Buonmattei was born at Florence in 1581, and died in 1647. 2. **Académie de la Crusca,** established at Florence in 1582, similar in many respects to the French Academy; it is the only academy older than the French Academy that has survived to the present day. The name indicates its purpose, — the separation of the good seed from the bran (*crusca*).

Page 387. — 1. M. **de La Harpe** (1739-1803), a French critic and poet. The tragedy of his which is here alluded to is *Le Comte ae Warwick.*

Page 388. — 1. l'abbé **d'Aubignac,** one of the most eminent theorists on dramatic construction in the seventeenth century. His *Pratique du Théâtre,* in four books, appeared in 1657. 2. **Fréron** (1719-1776), a French journalist and critic, known from his fierce quarrels with Voltaire. 3. M. **Bertrand,** minister of the church at Berne in Switzerland.

NOTES. 453

Page 889. — 1. **mon ami Jean-Jacques ne veut point de comédie.** Rousseau's diatribe against the stage contained in the *Lettre sur les Spectacles* had appeared in 1758. The date of the present letter is 1764. 2. **M. de Chabanon,** member of the Académie des Belles-Lettres, and a friend of D'Alembert, who introduced him to Voltaire.

Page 890. — 1. **Sarpédon.** In Greek legend, an ally of the Trojans. He was killed by Patroclus. 2. **les Welches,** the Gauls: i.e., the French. 3. **M. Damilaville,** a life-long friend of Voltaire. He died in 1768. 4. **M. de Beaumont,** a lawyer at the Paris parliament. It was to him that Voltaire sent the widow Calas, that he might undertake her case. 5. **Calas,** the name of a French Protestant merchant at Toulouse, who fell a victim to fanatical persecution. He was judicially murdered in 1762 on the baseless charge of killing his eldest son (a suicide) to prevent his joining the Catholic Church.

Page 893. — 1. **M. Mariette . . . Loiseau,** lawyers intrusted with the Calas case. 2. **Une dame;** i.e., Mme. la duchesse d'Enville. 3. **Amerinus.** See Cicero's oration for Sextius Roscius Amerinus.

Page 894. — 1. **Simon de Montfort,** a French commander and crusader, leader of the crusade against the Albigenses in 1208. 2. **Sirven,** the name of a French Protestant family persecuted on charges similar to those made against the Calas.

Page 896. — 1. **un homme, dont vous devinerez l'état.** C'était sans doute un prêtre (Beuchot). 2. **laissez-moi être Samaritain.** Cf. the Gospel of St. Luke x. 34. 3. *Instruction pastorale . . . Mandement,* composed by Jean-George Lefranc de Pompignan, Bishop of Le Puy.

Page 897. — 1. **un grand prince;** i.e., the Duc d'Orléans, grandson of Louis XIV, and regent of France (1715-1723) during the minority of Louis XV. 2. **je ne sais quel écrivain.** It was La Beaumelle. See the reference to him on p. 374, ll. 11-14. 3. **le vil mercenaire qui outrage deux fois par mois la raison;** i.e., Fréron, whose *Année littéraire* appeared, by the way, three times a month. See also note 2 to p. 388. 4. **le sage de Montbar;** i.e., Buffon

(1707-1788), the celebrated French naturalist.   5. celui de Voré; i.e., Helvétius (1715-1771), French philosopher and *littérateur*.

Page 398. — 1. M. Bordes, member of the Academy of Lyons. 2. Paoli, military commander-general of Corsica. 3. *le Siége de Calais*, a tragedy written by De Belloy in 1765. 4. Crébillon (1674-1762), a noted French tragic poet. His play *Catilina* was brought out in 1749.

Page 402. — 1. M. l'abbé Cesarotti, né à Padoue en 1730, mort en 1808, venait de publier *il Cesare e il Maometto, tragedie del signor di Voltaire, trasportate in versi italiani con alcuni ragionamenti del traduttore;* Venezia, 1766, in 8o (Moland).

Page 406. — 1. M. l'abbé Audra (1714-1770) was a *docteur en Sorbonne*, and a friend of Voltaire.

Page 408. — 1. Pictet, Genevois d'une haute taille, secrétaire de Catherine II, qui le surnommait *le Géant* (Moland).

Page 409. — 1. Fénelon (1651-1715), a celebrated French prelate, orator, and author. He became preceptor of the duke of Burgundy, son of the Dauphin, in 1689, and for his edification wrote *Les aventures de Télémaque*, published in 1699.

Page 411. — 1. *Lois de Minos*. This tragedy of Voltaire was never produced on the stage.

Page 413. — 1. moine feuillant, a reformed monk of the Cistertian order. Littré derives *feuillant* from *fuliensis*. Cf. the old abbey founded in 1108 in Southern France, and called *Beata Maria fuliensis, fulium dicta a nemore cognomine*. 2. un prince de Parme, un prince d'Orange; i.e., respectively, Alexander Farnese (1547-1592) and William III (1650-1702) q. v. in note 1 to p. 46.

Page 414. — 1. Fouquet, French superintendent of finance (1652-1661). He was condemned for peculation in 1664, and sent to prison. 2. Déjotaurus, a tetrarch and king of Galatia. He was an ally of the Romans. In 45 B.C. he was defended before Cæsar by Cicero. 3. Voltaire's last letter, dictated on hearing that young Lally's efforts, helped by his own, had succeeded in vindicating the memory of Count de Lally, unjustly put to death (1766) as a traitor, because of his surrender of Pondichéry, which he had valiantly defended (1761).

www.ingramcontent.com/pod-product-compliance
Lightning Source LLC
Chambersburg PA
CBHW051239300426
44114CB00011B/802